经济管理学术文库·管理类

中国社会保障概论

Generality to Social Security in China

程安东/总策划

党兴华　吴艳霞　王文莉 等/著

经济管理出版社
ECONOMY & MANAGEMENT PUBLISHING HOUSE

图书在版编目（CIP）数据

中国社会保障概论/党兴华等著．—北京：经济管理出版社，2022.8
ISBN 978-7-5096-8680-5

Ⅰ.①中… Ⅱ.①党… Ⅲ.①社会保障—概论—中国 Ⅳ.①D632.1

中国版本图书馆 CIP 数据核字（2022）第 152765 号

组稿编辑：赵天宇
责任编辑：赵天宇
责任印制：黄章平
责任校对：张晓燕

出版发行：经济管理出版社
　　　　　（北京市海淀区北蜂窝 8 号中雅大厦 A 座 11 层　100038）
网　　址：www.E-mp.com.cn
电　　话：（010）51915602
印　　刷：唐山昊达印刷有限公司
经　　销：新华书店
开　　本：720mm×1000mm/16
印　　张：25.5
字　　数：491 千字
版　　次：2022 年 9 月第 1 版　2022 年 9 月第 1 次印刷
书　　号：ISBN 978-7-5096-8680-5
定　　价：98.00 元

前　言

　　社会保障作为以国家或政府为主体，依据法律，通过国民收入再分配，对公民在暂时或永久丧失劳动能力以及由于各种原因而导致生活困难时给予物质帮助，以保障其基本生活的一项制度，其毫无疑问是现代文明的重要标志。社会保障作为中国经济社会发展的一项重要制度，一方面有利于国民的安居乐业，另一方面有利于社会的稳定和谐，因此，中国十分重视社会保障体系的建设。尽管中国的社会保障制度体系建设与国外发达国家相比起步较晚，但随着经济社会的快速发展以及改革的不断推进、深化，中国基本建成了以社会保险为主体，包括社会救助、社会福利、社会优抚等制度的功能完备的社会保障体系，并且在不断改革和重构下，社会保障制度建设得越来越完善，取得的成就举世瞩目。然而在肯定中国社会保障体系建设取得重大成就的同时，也应清楚地意识到中国与发达国家社会保障体系之间仍存在较大的差距，如社会保障水平较低，社会保障支出占GDP比重远低于其他发达国家，社会保障对社会问题的覆盖程度落后于发达国家社会保障体系覆盖面，尤其是对一些特殊社会问题的预防与应对能力更为有限，相关社会群体的社会保障制度也存在严重不公平。目前，中国已进入社会主义新时代，面临着新的发展格局，需要在新时代社会主要矛盾转换的大背景下，重新定位社会保障的作用，围绕"人民对美好生活的向往"这一奋斗目标，转换社会保障发展的新动能，谋划社会保障发展的新蓝图。

　　基于以上背景，西安理工大学城市战略研究院成立了"中国社会保障概论"课题组。陕西省原省长程安东具体策划了本书，并对课题研究的总体思路进行了把握与梳理。本书的总负责（组长）由西安理工大学城市战略研究院常务副院长党兴华教授担任。本书是在课题研究成果的基础上修订、充实而形成的。全书共分三篇十三章内容，第一篇为总论，阐明了社会保障制度的作用及重要意义，明确了社会保障的发展目标和发展方向。结合中国社会保障的演变历程，阐述我国在每一阶段社会保障的体系、构成和评价，并分析了当前中国社会保障制度面临的问题。第二篇为社会保障之社会保险，从社会保障体系中的五个社会保险构成部分细致阐述养老保险、医疗保险、失业保险、工伤保险、生育保险的发展历史沿革、现状、国内外比较及经验借鉴、改革方案和方案实施保障措施等。第三篇为社会保障之社会救助，从自然灾害、突发公共卫生事件与突发社会安全事件救助，失业救济与孤寡病残救助，住房救助与城乡困难户救助，意外事故救助与优抚安置，以及跨区救助与国际救援方面对其发展历史沿革、现状、国内外比较及经验借鉴、改革方案和方案实施保障措施进行分析，以期能为我国社会保障制度的完善提供参考。

本书的主要撰写人员为：党兴华（西安理工大学城市战略研究院常务副院长，西安理工大学教授）、吴艳霞（西安理工大学教授，西安理工大学城市战略研究院研究室主任）、王文莉（西安理工大学教授，西安理工大学城市战略研究院副院长）、杨毅（西安理工大学副教授，西安理工大学工商管理系副主任）、赵璟（西安理工大学教授，西安理工大学经济贸易系主任）、赵立雨（西安理工大学教授）、史耀波（西安理工大学副教授，西安理工大学经济贸易系副主任）、杨沁（西安理工大学副教授）、蔡俊亚（西安理工大学副教授）、吕霄（西安理工大学讲师）。全书由党兴华、吴艳霞进行了总纂。

社会保障体系的建立是一个复杂领域，我国尚处于发展与完善阶段，许多问题还有待进一步深化研究。本书的研究内容如有不足之处，敬请各位专家、学者和读者批评指正。

目　录

第一篇　总论

第二篇　社会保障之社会保险

第三篇 社会保障之社会救助

第一篇　总论

第一章 研究综述

第一节 问题提出

一、研究背景

古今中外各国在原始公有制社会时，生产力极为低下。人们为了生存，自然而然地形成了具有合作特点的群体生活方式，一切生活保障都由氏族或群体内部解决。当其发展至农业文明时代，人类生存主要依靠土地，此时主要社会关系是血缘关系、宗族关系，家庭保障随之成为主要的保障方式。当各国由农业社会向工业社会转变时，随着社会化大生产的发展，大量农民离开土地，进入城市，家庭规模逐渐缩小，主要社会关系也逐渐转变为雇用关系。然而在生产力水平不断提高的同时，社会风险也随之增加，各国难以避免地遇到劳工疾病、伤残、养老、失业等问题以及家属成员甚至其他社会成员在市场竞争条件下的基本生活保障等问题，家庭逐渐难以抵御和防范这些风险。在此背景下，贫富差距和各种各样愈加尖锐的社会冲突使保障社会弱势群体的呼声不断出现，社会保障应运而生。

社会保障作为以国家或政府为主体，依据法律，通过国民收入的再分配，对公民在暂时或永久丧失劳动能力以及由于各种原因而导致生活困难时给予物质帮助，以保障其基本生活的一项制度，其毫无疑问是现代文明的重要标志。社会保障通过构成一个包括社会保险、社会救济、社会福利、社会优抚和社会互助的体系，在一定程度上消除社会发展过程中因意外灾害、失业、疾病等因素导致的机会不均等，保障公民的基本生活，免除劳动者的后顾之忧，与此同时其也有助于缩小社会贫富差距，增进社会整体福利，从根本上维护社会稳定。随着社会保障的不断发展，现代社会保障不仅承担着"救贫"和"防贫"的责任，而且还要为全体社会成员提供更广泛的津贴、基础设施和公共服务，使人们尽可能充分地享受经济和社会发展成果，不断地提高物质生活和精神生活的质量。

中国的社会保障制度是伴随 1949 年中华人民共和国成立而建立并逐渐发展

起来的，70多年来，随着经济社会的快速发展及改革的不断推进深化，我国基本建成以社会保险为主体，包括社会救助、社会福利、社会优抚等制度的功能完备的社会保障体系。在我国社会保障制度不断改革和重构下，社会保障制度建设得越来越完善，取得的成就举世瞩目：社会保障体系基本建成；社会保障的覆盖面不断扩展；社会保障项目不断增加；社会保险制度的统筹层次不断提高。统计数据表明，截至2020年末，我国参与城镇职工基本养老保险人数为45638万人，参加城乡居民基本养老保险人数为54244万人；参加基本医疗保险人数为136101万人，参加失业保险人数为21689万人，参加工伤保险人数为26770万人；参加生育保险人数为23546万人。并且全国共有805万人享受城市最低生活保障，3621万人享受农村最低生活保障，447万人享受农村特困人员救助供养，全年临时救助1341万人次。全年国家抚恤、补助退役军人和其他优抚对象837万人。由此可见，我国社会保障以广覆盖、保基本、多层次、可持续为方针，实现了对我国医疗、养老、贫困等主要社会问题的覆盖，基本实现了职业群体全覆盖，逐步建立起了社会救助制度和最低生活保障制度，已经初步形成了社会保障网络。

从纵向上来看，我国社会保障发展迅速，并取得较大成就。由表1-1和图1-1可见，2015~2020年我国社会保险参保人数稳步上升。由表1-2可知，我国各类保险参保人数占全国从业人员的比例逐年上升，特别是养老保险和医疗保险参保人数超过从业人数。这表明民众的保障意识增强且社会保障范围逐渐变广，不仅覆盖从业人群，还覆盖部分失业人群或无业人群，真正做到了安全网的作用。但由于我国人口众多，经济发展起点较低，社会保障起点较晚，导致现行的社会保障制度与社会主义市场经济体制的建立和发展的客观要求仍有较大的差距。

表1-1　2015~2020年社会保险参保人群变化趋势　　单位：万人

年份	2015	2016	2017	2018	2019	2020
养老保险	85833	88709	91454	94240	96748	99882
医疗保险	66570	74839	117664	134452	135436	136101
失业保险	17326	18089	18784	19643	20543	21689
工伤保险	21404	21887	22726	23868	25474	26770
生育保险	17769	18443	19240	20435	21432	23546

资料来源：《人力资源和社会保障事业发展统计公报》（2015~2019）、《人力资源和社会保障统计快报》（2020）数据。

表1-2　全国从业人员中参加部分社会保险情况　　单位：%

年份	养老保险占比	医疗保险占比	失业保险占比	工伤保险占比	生育保险占比
2015	110.82	85.95	22.37	27.64	22.94
2016	114.31	96.44	23.31	28.2	23.77

续表

年份	养老保险占比	医疗保险占比	失业保险占比	工伤保险占比	生育保险占比
2017	117.79	151.55	24.19	29.27	24.78
2018	121.47	173.29	25.32	30.76	26.34
2019	124.88	174.82	26.52	32.88	27.66
2020	125.9	171.55	27.34	33.74	29.68

资料来源：《人力资源和社会保障事业发展统计公报》（2015～2020）、《人力资源和社会保障统计快报》（2020）、中华人民共和国人力资源和社会保障部网站。

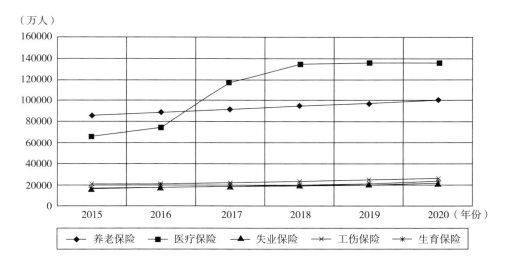

图1-1 2015～2020年社会保险参保人群变化趋势

　　然而在肯定我国社会保障体系建设取得的重大成就的同时，也应清楚地意识到我国与发达国家社会保障体系之间仍存在较大的差距。

　　从横向上来看，我国社会保障全国平均水平还远远落后于国际上一些发达国家的平均水平。如表1-3、图1-2和图1-3所示，我国发展水平远不如发达国家，2020年GDP总额大约只有美国的70%。并且由于我国人口众多，人均GDP较低，大约为美国和新加坡的1/6，英国的1/4。做大蛋糕是分好蛋糕的前提。改革开放以来，在党的领导下，我国经济总量有了巨大增长，但是与世界一些发达国家相比，我国国力和人均收入水平还相对较低，并且，由于我国是一个人口大国，所以每个国民所能分到的"蛋糕"相对较小。这在社会保障层面的体现是保障程度低于发达国家水准，从表1-4可以看出，我国的社会保障水平较低，社会保障支出占GDP比例远低于其他发达国家。

表 1-3　2020 年各国国内生产总值对比

项目 \ 国家	美国	英国	新加坡	中国
社会保障类型	社会保险型	福利国家型	强制储蓄型	—
GDP 总额（亿美元）	209328	27110	3400	147228
人均 GDP（美元）	63416	40406	58902	10484

（亿美元）

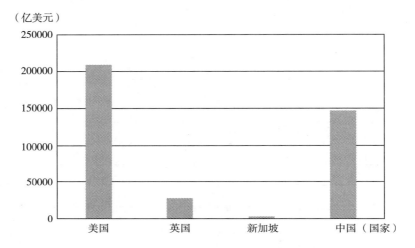

图 1-2　2020 年各国 GDP 总额对比

（美元）

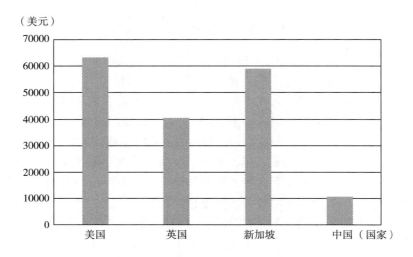

图 1-3　2020 年各国人均 GDP 对比

表 1-4　社会保障支出占 GDP 比例　　　　　　　　　　单位：%

类型	国家	2016 年	2017 年	2018 年	2019 年
福利型	瑞典	20.6	20.0	19.6	19.0
	英国	15.6	15.1	15.0	14.8
	丹麦	22.9	22.2	21.9	21.4
保障型	美国	7.7	7.6	7.5	7.6
	德国	19.5	19.4	19.3	19.7
	日本	16.2	16.1	16.1	16.1
—	中国	2.9	3.0	2.9	3.0

资料来源：中华人民共和国财政部官方网站、经济合作与发展组织官方网站。

　　与国外社会保障体系建设较为完善的国家相比，我国法制化建设还不足。以美国为例，其作为世界上最早实行系统的社会保障法律制度的国家，1935 年便已经颁布了《社会保障法》，而我国最早涉及社会保障的法律《中华人民共和国残疾人保障法》颁布于 1990 年。社会保障法律体系在美国是一个独立的法律体系，而且立法层次高，一般由国会通过，主要的社会保障法律议案由联邦议会通过，联邦和州在社会保障项目上的权力划分也是依法而定的。如表 1-5 所示，与美国相比，我国社会保障大多是条例、办法，立法层次总体较低，大多数社会保障工作仍然依靠政策调节和推进。立法工作滞后，落后于现实需求。并且规定得比较笼统，具体实施办法少。同时，制度公平性不足，存在立法质量较低、地区与城乡间社会保障差异大、法律责任缺失、社会保障监督机构作用流失等问题。

表 1-5　中国与美国部分社会保障法律法规比较

国家\项目	美国	中国
工伤	美国联邦雇员伤害赔偿法 劳工伤害赔偿法 职业卫生安全法等	中华人民共和国职业病防治法 工伤保险条例
失业	失业保险法	失业保险条例
优抚安置	老兵权利法 退役军人紧急职业训练法 退役军人优先权法 双重补偿法	退伍义务兵安置条例 军人抚恤优待条例
残疾人	美国残疾人法 康复法	中华人民共和国残疾人保障法 残疾人就业条例

此外，如表 1-6 所示，我国社会保障对社会问题的覆盖程度也同样落后于发达国家社会保障体系覆盖面，尤其是对一些特殊社会问题的预防与应对能力更为有限，相关社会群体的社会保障制度也存在严重的不公平。美国社会保障制度侧重于"保险"形式，社会保险是整个社会保障制度中最基本、最核心的部分。年老退休、丧偶、未成年子女丧父母和残疾保险是社会保险中最重要的一项，其资金支出约占社会保险支出的 80%。并且美国对其他弱势群体的权益保护也十分重视，如对单亲有子女家庭或父母失业家庭和丧失劳动能力的家庭会进行现金资助。英国的社会保险主要有退休保险、失业保险、工伤保险、丧葬补贴、产妇保险。除此之外，还包括寡妇津贴、特殊困难津贴、低收入家庭补助津贴、社会补助等。由此可见，与发达国家相比，我国对弱势人群的保障还不够全面。

表 1-6　美国、英国、中国社会保障制度对比

国家	社会保障体系	项目
美国	社会保险	养老、残疾、遗嘱保险
		失业保险
		工伤事故保险和健康保险
	社会福利	联邦社会保险
		失业补助金
		公共援助金
		儿童和孕妇福利等
	社会救济	医疗救助
		抚养未成年子女的贫困家庭补助
		食品券救助
		社会优抚和补充保障收入
英国	社会保险	退休年金（养老金）
		失业保险金
		疾病津贴
		工伤与伤残津贴
		寡妇津贴
	国民保健服务	医院与社区保健服务
		家庭保健服务
		中央健康与杂务服务
	社会救济	无捐年金
	社会补助	子女津贴
		家庭信贷
		住房津贴
		病残看护补助

续表

国家	社会保障体系	项目
中国	社会保险	养老保险
		医疗保险
		工伤保险
		失业保险
		生育保险
	社会福利	政府出资为生活困难的老人、孤儿和残疾人等特殊困难群体提供生活保障
	社会救助	最低生活保障
		特困人员供养
		受灾人员救助
		医疗救助
		教育救助
		住房救助
		就业救助
		临时救助
	社会优抚	拥军优属活动
		伤残军人安置
		退役军人就业安置
		军人抚恤
		军烈属优待等

资料来源：李超民：《美国社会保障制度》；郑春荣：《英国社会保障制度》；社会保障制度，人民网［引用日期：2016-10-16］。

综上所述，中国与发达国家存在着制度、经济发展水平等的差异，一味地照搬其他社会保障制度并不符合我国当前发展社会保障的需求。因而，我们要广泛、深入学习不同国家的社会保障制度，从中吸取教训、总结经验，并结合中国特色社会主义制度，对其余国家的社会保障制度进行批判继承，从而更好地建设我国社会保障体系，以符合新阶段发展要求对我国社会保障提出的新需求。

二、研究意义

2021年2月26日，在中共中央政治局就完善覆盖全民的社会保障体系进行第二十八次集体学习中，中共中央总书记习近平在主持学习时强调，社会保障是保障和改善民生、维护社会公平、增进人民福祉的基本制度保障，是促进经济社会发展、实现广大人民群众共享改革发展成果的重要制度安排，是治国安邦的大问题。要加大再分配力度，强化互助共济功能，把更多人纳入社会保障体系，为广大人民群众提供更可靠、更充分的保障，不断满足人民群众多层次多样化需求，健全覆盖全民、统筹城乡、公平统一、可持续的多层次社会保障体系，进一步织密社会保障安全网，促进我国社会保障事业高质量发展、可持续发展。

社会保障本质上是为了让每个社会成员都能拥有稳定无忧的生活保障，让每一位公民都能够享受国家和社会发展的成果。目前，我国社会保障在收入再分配领域的调节方面发挥着一部分作用，一定程度上缩小了收入差距，减少了我国分配不公的现象，有利于维护社会公正，缓解社会矛盾，保持社会稳定，实现社会和谐。同时，作为民生保障的"安全网"，社会保障通过深化改革，努力解决人民在医疗、养老、教育等方面的难点，消除大多数成员的不安感和焦虑感，使越来越多的民众没有后顾之忧。这种马斯洛需求层次理论基础部分的满足使民众在一定物质基础上能够不断追求精神生活的满足，从而提升幸福感。

中国特色社会主义进入新时代，我国社会主要矛盾已经转化为人民日益增长的美好生活需要与不平衡不充分的发展之间的矛盾。因此，我们需要在新时代社会主要矛盾转换的大背景下，重新定位社会保障的作用，围绕"人民对美好生活的向往"这一奋斗目标，转换社会保障发展的新动能，谋划社会保障发展新蓝图。这一深刻而重大的认识，使我国社会保障体系的完善与发展方向更加明晰：更加关注社会保障在服务和改善民生、促进人民幸福生活方面的作用，更加关注人民对于社会保障的切实需求。要坚持把实现好、维护好、发展好最广大人民根本利益作为发展的出发点和落脚点，尽力而为、量力而行，健全基本公共服务体系，完善共建共治共享的社会治理制度，扎实推动共同富裕，不断增强人民群众获得感、幸福感、安全感，促进人的全面发展和社会全面进步。综上所述，要进一步深入研究社会保障，使其符合时代发展的要求。

第二节　中国社会保障的作用及发展方向

一、中国社会保障的作用

社会保障作为现代国家最重要的社会经济制度之一，其本质是追求公平，目标是满足公民基本生活水平的需要，特别是保障公民在年老、疾病、伤残、失业、生育、死亡、遭遇灾害、面临生活困难时的特殊需要。中华人民共和国成立70多年来，在党中央领导下，我国社会保障制度建设与改革取得了举世瞩目的成就，一个政府主导、责任分担、社会化、多层次的覆盖城乡居民的开放性社会保障制度的框架基本确立，民生福祉日益增进，民生保障日趋牢靠。

与此同时也要意识到，我国作为世界人口大国，根据国家统计局发布的第七次全国人口普查主要数据情况，全国人口约占世界人口的18%，其中年龄在0~14岁的人口占17.95%，60岁及以上人口占18.7%，65岁及以上人口占13.5%，与前几年相比，我国少儿人口比重回升，人口老龄化程度同样进一步加深，预期未来一段时间将持续面临人口长期均衡发展的压力。由此可见，现阶段中国人口众多的国情没有改变，经济社会发展和资源环境仍然面临较大压力，劳动年龄人口在到达峰值后缓慢下降，人口老龄化进程明显加快。尽管我国已经全面建成小康社会，但由于物价走高、收入分配失衡等，"民生之艰"难题依然存在，影响着人民的幸福感。党的十九大报告指出，我们要坚持人人尽责、人人享有，坚守底线、突出重点、完善制度、引导预期，完善公共服务体系，保障群众基本生活，不断满足人民日益增长的美好生活需要。因此，社会保障体系对于我国建设社会主义现代化强国有着不可忽视的作用，体现在以下几点：

1. 有利于保障人民基本生活

社会保障是指国家对社会成员在年老、疾病、伤残、失业、遭受灾害等面临生活困难时，给予物质帮助的制度，一般由社会保险、社会救济、社会福利、优抚安置等组成。其中，社会保险作为社会保障的核心内容，具有在劳动者暂时或者永久丧失劳动能力以及其他原因中断工作，没有经济收入或者劳动收入减少时，给予经济补助的作用；社会救济是指国家和社会对生活在贫困线以下的低收入者或者遭受灾害的生活困难者提供无偿物质帮助；社会福利是指国家为改善和提高全体社会成员的物质生活和精神生活所提供的福利津贴、福利设施和社会服务的总称；优抚安置是指国家对从事特殊工作者及其家属，如军人及其亲属予以优待、抚恤、安置的一项社会保障制度。由此可见，社会保障体系能够使人民群众在年老、失业、患病、工伤、生育时的基本收入和基本医疗不受影响，无收入、低收入以及遭受各种意外灾害的人民群众有生活来源，满足他们的基本生存需求。随着我国社会保障体系的建设与改革逐渐加深，我国社会保障制度逐渐从企业保险走向社会保险，相较于企业保险，社会保险由国家立法强制实施，其有效解决了下岗职工的养老、医疗保障问题，从而减轻了人民生活的后顾之忧。随着我国社会建立了以社会保险为主、以最低生活保障为辅的社会保障制度体系，社会保障制度的覆盖面持续扩大，保障项目日趋健全，基本实现了制度全覆盖，为人民生活提供了"安全网"的作用。如今，我国建立了惠及全民的新型社会保障体系，伴随着全民医保、全民养老保险、保障性住房等制度的确立，以及养老服务、儿童福利、残疾人保障等其他社会保障制度覆盖面的逐步扩大，人民群众的后顾之忧越来越少，新型社会保障制度成为全民共享国家发展成果的基本途径与有效的制度保障。

2. 有利于维护社会和谐稳定

世界各国在历经工业革命之后，商品经济最终取代了自然经济，机器生产取代手工劳动，然而其在极大程度上提高了社会生产力的同时也带来了财富的两极聚集。财富的两极化将导致贫富差距不断扩大，国家的绝大多数财富将由少数人掌控，富人因聚集财富而穷奢极侈，穷人却不得不面临着入不敷出的生活状况，贫富双方难免会产生矛盾从而引发严重危害社会和谐安定的事情。社会保障作为一种社会安全制度，致力于为社会全体成员提供基本生活权利的保护。健全的社会保障体系可以为人生中可能出现的各种风险提供相对应的保障，从而保障社会成员不会因突发状况而暂时或长久地陷入困境中。因此，社会保障制度作为一个国家和谐发展和文明的标志，对于维护社会和谐与稳定，防范和应对社会风险毫无疑问起着至关重要的作用。一方面，社会保障具有强制性，每个社会成员均需要缴纳社保费用，而社会保障税具有累进性，社会成员财富越多，需要缴纳的税额越多。因此，社会保障通过对国民收入进行再分配，从而在一定程度上减小了贫富差距。另一方面，受经济制度的缺陷、个人能力的差异、社会资源分配结构的不合理等因素影响，社会中一定会存在一些矛盾和冲突，而完善的社会保障制度通过社会救助、社会养老保险、医疗保险、生育保险、工伤保险、失业保险、社会优抚等多个方面，有效地应对社会风险，能在很大程度上缓解这类社会风险对社会成员的影响，从而维持社会稳定。观察世界各国的社会保障，凡是社会保障制度健全的国家，社会一定是高度和谐的，社会保障健全与否直接决定着社会的和谐程度。

3. 有利于调节并促进经济发展

社会保障制度是社会制度的同时也是经济制度，其实质上是一种对国民财富再分配的资源配置方式。社会保障水平的高低，不仅关系到社会成员的生活水平，也极大程度地影响经济的发展。一方面，社会保障可以调节社会供求，稳定经济发展。市场经济条件下，经济的运行往往呈现周期性的特点，经济膨胀期和衰退期会交替出现。当经济发生危机时，失业人数不可避免地增加，贫困人群的占比也随之提高，消费能力降低，不利于经济发展，而社会保障通过对失业职工等给予失业保险和社会救济，保障其购买能力，从而有助于提高社会购买力，在一定程度上促进经济复苏；当经济发展高涨时，需要社会保障救助的人群减少，社会保障支出相应地缩减，基金规模增大，使社会总需求与总供给达到平衡。因此，社会保障以支出为手段，调节社会总供给与总需求的关系，有效抑制经济过热或过冷现象，促进和保持国民经济良性发展。另一方面，社会保障制度还可以促进经济发展。随着社会保险覆盖面不断扩大，社会保险基金收入不断增加，基金使用的监督管理不断加强，基金得以长期积累，在保证基金安全的情况下，实行多渠道投资营运，不仅能使基金保值增值，而且有助于资本市场的繁荣。另外，社会保障体系的建设与完善还可以增加劳动者对自身以及整个社会抵御风险和危机的信心，人们会减少储蓄，增加消费支出，进一步促进经济发展，为经济发展创造良好的环境。因此，社会保障也可以称为经济发展的"稳定器"与"推动器"。

4. 有利于促进社会公平

世界经济的不断发展尽管极大程度上提升了社会成员的生活质量，但同样对社会公平也产生了巨大的挑战。而社会保障制度作为社会公平的重要调节器，是实行市场经济的国家保持社会公平的一项重要手段。社会保障是对收入再分配范畴的一种再调节，通过社会保障功能的发挥，实行对收入再分配领域的调节，从而在一定程度上缩小收入差距，促进社会公平。作为社会保障制度的重要组成部分，社会保险制度、社会福利制度以及社会救助制度分别以不同的方式维护社会公平。社会保险制度通过强制性地规范雇主分担劳动者的保险缴费义务，保障劳工权益、增进劳工福利，同时也平衡了劳资利益关系，是对劳资双方利益分配格局的极大调整；社会福利制度建立在财政拨款和社会筹资的基础上，是老年人、残疾人、妇女、儿童等群体参与分享国家发展成果的基本途径；社会救助制度则是以高收入阶层的国家财政来救助低收入群体，保障低收入人群的基本生活，同时也起到缩小贫富差距的作用。社会主义市场经济条件下，产业结构不平衡与市场竞争激烈致使贫富差距的产生，行业差距、城乡差距、地区差距、管理者与工薪层的收入差距等一直存在，贫富差距的扩大会影响社会公平与社会稳定，因此未来要建立更加完善的社会保障体系，促进社会公平正义，促进全体社会成员逐步实现共同富裕，共享社会利益。

5. 有利于提高人民生活幸福感

幸福感是指人类基于自身的满足感与安全感而主观产生的一系列欣喜与愉悦的情绪。马斯洛需求理论认为，"幸福"是一个专属人的问题，由于人是一种不断需求的动物，满足相应的需求后就会产生相应的幸福感，其中高级需求带给人们的幸福感远远高于低级需求。然而高级需求出现之前，必须先满足低级需求，人一般情况下是在满足生理需求、安全需求的基础上才会去追求更高层次的需求，获得更高层次的幸福。因此，社会保障通过保障人民基本生活、提高人民生活水平等实现人民的生理需求、安全需求，为人民创造客观的幸福环境，保障人民的主观幸福感。随着社会保障制度覆盖面的扩大，人民基本生活得到保障，生活水平提高，社会环境安全稳定，人们才拥有能力去逐渐追求更高层次的需要以及幸福。新时代人民日益增长的美好生活需要和不平衡不充分的发展之间的矛盾已经转变为我国社会主要矛盾，社会保障的意义与作用正是为了解决这些矛盾，满足人民不断提高的美好生活需要，提高人民幸福感。站在两个百年的历史交汇点，倡导人民幸福不仅是个人的追求，也是我国社会发展的必然需求，故而通过不断发展完善社会保障制度，提高人民幸福感对于我国建设社会主义现代化强国有着重要意义。

二、中国社会保障的发展方向

我国社会保障制度经过 70 多年的变迁，从计划经济时代的居民专利发展到全社会人民的社会福利，社会保障体系的建设取得举世瞩目的成就。如今覆盖城乡居民的多层次社会保障体系基本建立，民生福祉日益增进，民生保障日趋牢靠。与此同时，我们仍需清楚地认识到我国社会保障仍面临着城乡差距大、权责不清晰、资源配置不优等问题，社会保障体系有待完善。

从社会保障的政策目标看，社会保障质量主要体现在公平性，即能否确保每个社会成员的基本生存、基本发展和基本尊严；从社会保障制度的长期性看，社会保障质量主要体现于可持续性，即能否长期持续健康运行，尤其是社会保险基金能否实现长期收支平衡；从社会保障活动的经济性看，社会保障质量主要体现于制度运行的效率，即社会保障资源配置的效率。根据我国特色社会主义制度的要求以及经济发展水平，我国社会保障未来应沿着以下方向发展：更加公平化、可持续和有效率。

1. 公平化程度不断加深

社会保障的首要功能就是为社会公平提供制度基础。公平的社会保障制度需要平等地对待每一个社会成员并保障满足其基本生活需求，普遍性地增进其福利，不因其性别、身份、民族和地域等因素的不同而不同，或者歧视排斥任何人。随着人们对美好生活的向往以及社会公平意识的不断增强，我国社会保障公平性也面临着更高的要求。现阶段中国社会保障制度已经确立起具有一定公平性的制度框架，但离制度应达到的公平度要求仍有很大差距。我国社会保障在公平性上仍有两个问题依然比较突出：一是部分社会成员的保障项目较少、保障待遇很低，现在的实际保障水平与其基本风险保障需求还有不小的差距；二是社会保障制度对于改善全社会收入分配状况的贡献不足，某些项目甚至扩大了群体间收入分配的差距。如今我国正处于百年难遇的大发展格局中，社会保障是否公平在很大程度上既影响着人民的幸福程度，也影响着社会的安定与和谐。因此，社会保障的发展必须要解决不公平的问题，向着更加公平的方向发展。

2. 可持续程度不断加强

我国发展不平衡不充分问题仍然突出，人口老龄化程度持续加深，"十四五"期间，新退休人数将超过 4000 万人，劳动年龄人口将减少 3500 万人，社会保障制度的可持续发展面临挑战。人力资源和社会保障公共服务与人民群众的期待尚有差距。

社会保障可持续发展观就是以人为本，任何社会保障制度的实施与发展归根结底都应该是为了满足广大人民群众的基本生活需要，保障人的全面发展。社会保障制度可持续发展要做到社会保障水平与我国社会生产力发展水平以及各方面的承受能力相适应，并且社会保障制度可以长期有效运行，为社会稳定、经济发展、人民幸福提供稳定的支撑。社会保障政策设计得当，就可以为社会成员提供基本风险保障、提供稳定的安全预期，并且保持长期健康运行，有助于经济发展、社会稳定和国家长治久安；反之，设计不当、持续性不强则可能影响经济发展、社会稳定，甚至成为社会动荡的诱发因素。我国现行社会保障体系可持续性上存在一些问题，如社会保障支出增加，社会保障筹资具有一定难度；我国社会保障的法制化较弱；一些社会保障领域的权责关系并不很清晰。为了使社会保障制度更完善，能够长期有效地起到维护社会稳定，保障人民幸福的作用，未来必须要建立更加可持续的社会保障体系。

3. 效率化程度不断提升

社会保障是政府以国家公权力实施的一类社会政策，是对风险保障市场的一种干预，由此积聚起来的社会保障资源具有公共性。为此，既要考量其对国民基本风险保障职责的履行情况，也要考量其运行的效率，即是否以较少的资源实现既定的社会保障政策目标。有效率的社会保障可以最大限度地发挥社会保障制度对经济社会发展的促进作用和对人力资源有效供给的作用。我国现行社会保障各项制度及其运行机制，是在经济、社会和行政管理体制不断变革过程中逐步形成的，缺乏整体性设计。加上制度运行环境和人们认知的变化，表现出一些不适应和低效的情况，如补充性保障发展缓慢，部分基本保障承担过重职责、某些项目定位不清晰、社会保险基金贬值、某些社会保障项目的精准度较低等问题。因此，社会保障未来需要朝着更加有效率的方向发展。

第三节　我国社会保障发展目标

一、2021~2025 年发展目标

"十四五"时期，我国发展仍然处于重要战略机遇期，但机遇和挑战都有新的发展变化。我国社会保障制度优势显著，社会大局稳定，继续发展具有多方面优势和条件。但与此同时，我国发展不平衡不充分问题仍然突出，社会保障事业发展面临较大压力：社会保险制度不完善，覆盖范围有待扩大，缺乏社会救助制度。"十四五"时期社会保障发展主要指标如表 1-7 所示。

表1-7　"十四五"时期主要指标

社会保障指标	2020年	2025年	属性
基本养老保险参保率（%）	91	95	预期性
失业保险参保人数（亿人）	2.17	2.3	约束性
工伤保险参保人数（亿人）	2.68	2.8	约束性
城乡居民基本养老保险基金委托投资资金总额（亿元）	2077	>4000	预期性
补充养老保险基金规模（万亿元）	3.6	>4.0	预期性

资料来源：《人力资源和社会保障事业发展"十四五"规划》。

因此，这一时期需要使多层次社会保障体系更加健全。法定人员应保尽保，实现企业职工基本养老保险全国统筹、失业保险省级统筹、工伤保险省级统筹更加完善。社会保障待遇水平稳步提高，基金运行安全平稳。基本养老保险参保率达到95%。补充养老保险覆盖面不断扩大，基金规模超过4万亿元。

二、2025~2035年发展目标

当前，社会保障体系在质量方面表现欠缺，例如，国民基本保障权益差距过大、社会保险基金可持续性不强、社会保障体系运行效率不高。展望2035年，随着我国基本实现社会主义现代化，社会保障制度体系更加科学完善。这一时期要实现多层次社会保障体系高质量发展、可持续发展，形成社会保障全民共建共享的发展局面。

社会保障高质量发展，就是要按照兜底线、织密网、建机制的要求，全面建成覆盖全民、城乡统筹、权责清晰、保障适度、可持续的多层次社会保障体系。要通过更加科学合理的制度安排和必要的利益调整，确保每个社会成员的基本风险都能够得到基本的保障，确保社会保障领域的每项制度都能够长期持续健康运行，而所投入的社会保障资源规模始终保持在适度的范围之内，使社会保障制度更加公平、更可持续、更有效率，从而实现社会保障治理现代化，实现社会保障事业与经济社会协调发展，为国家长治久安和社会主义现代化做出贡献。

三、2035~2050年发展目标

2035~2050年处于我国预计基本实现现代化后十五年，根据我国两个百年奋斗目标，该阶段我国将建成富强民主文明和谐美丽的社会主义现代化强国，全体人民共同富裕基本实现，我国人民将享有更加幸福安康的生活。这一阶段，在完善社会保障制度并实现这一制度可持续发展的同时，应不断提高保障水平，确保国民的生活质量，全方位满足国民对社会保障及相关服务的需求，迈向中国特色社会主义福利社会。

建设社会主义现代化强国需要有完善的社会保障制度做支撑，该阶段，我国社会保障应在全面有效的社会保障体系基础上，促使社会保障制度现代化，使之能与经济社会发展相适应，完善社会保障的治理体系与治理结构。因此，该阶段将以"制度现代化、体系与机制成熟化、重视精神关怀"作为发展目标。

（1）制度现代化。现代化是指社会保障制度对于外部经济社会环境的适应性，要适应并积极促进经济发展方式的转型，力争成为经济成果为人民共享；要积极适应劳动力市场和就业方式的变化，重新界定雇佣劳动的认定标准，创新针对真正自雇劳动者的新社会保障模式，确保劳动者在跨职业流动和跨行业流动中的福利不受损失；要适应全球产业链和生产分工的再造与重组，将社会保障从狭隘的劳动力成本转变为吸引高素质劳动者的"法宝"。

（2）体系与机制成熟化。治理得科学、高效是社会保障改革的重要目标。2035~2050年，需要解决社会保障治理效果的一些问题，如社会保障的管办不分现象突出，经办服务体系的独立性和专业化程度不高，经办服务能力不足；财政、税收、社保、民政等不同部门在社会保障治理中的合作不充分，出于整体利益的考量不多；社会保险费的征收体制改革尚未完成，改革压力依然较大；基于风险防范的社会保障监管体系尚不完善，相关利益主体的参与不够；社会保障基金管理与投资体制不完善，基金保值增值压力较大；社会保障部门之间难以实现信息共享，大数据与现代科技手段在社会保障管理、服务和监督中的作用发挥不充分；社会保障法制建设不完善；等等。

（3）重视精神关怀。以养老保障为例，国家层面和个人层面都出现了重物质支撑，轻人文关怀的问题。从国家层面来看，尽管财政投入增加且调动社会资源发展养老服务业，但准备仍不充分，既未形成专业化的人才队伍，也未形成更具人文关怀的服务体系，老人大多不愿进入养老院，养老院成为"困老院"；现今的制度安排也未涉及对老年人的人文关怀与精神保障。从个人层面来看，未将政府责任与个人责任有机统一，"泛福利化"的思想仍然存在，子女赡养老人也多存在物质丰沃、情感投入缺乏的问题。要建成精神文明、社会文明丰富的社会主义强国，未来社会保障必须更加注重对于人民精神世界的关注。

第四节 本书的主要内容及研究框架

一、研究内容

本书以社会保障的概念为基础，阐明社会保障制度的作用及重要意义，明确社会保障的发展目标和发展方向。结合中国社会保障的演变历程，阐述我国在每一阶段社会保障的体系、构成和评价，并分析当前中国社会保障制度面临的问题。从社会保障体系的五个构成部分细致阐述养老保险、医疗保险、失业保险、工伤保险、生育保险、住房救助与城乡困难户救助、自然灾害救济与突发公共事件救助、失业救济与孤寡病残救助、意外事故救助与优抚安置，以及跨区救助与国际救援十个方面的主要内容，并分别对每一方面的发展历史沿革、现状、国内外比较及经验借鉴、改革方案和方案实施保障措施进行分析，以期能够为我国社会保障制度的完善提供参考。

二、研究框架

本书总体框架如图 1-4 所示。

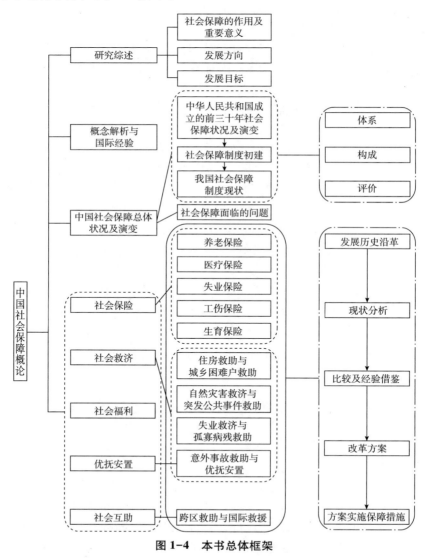

图 1-4 本书总体框架

第二章 概念解析与国际经验

第一节 概念解析

一、社会保障

1993 年 11 月，党的十四届三中全会通过的《中共中央关于建立社会主义市场经济体制若干问题的决定》中，首次对社会保障做了官方权威的界定，对社会保障的范围进行了明确，即社会保障体系由社会保险、社会救济、社会福利、优抚安置和社会互助以及个人储蓄积累保障共同组成。社会保障政策要统一，管理要法治化，建立统一的社会保障管理机构，与社会发展水平以及各方面承受能力相匹配，由政府有关部门和社会公众代表参加的社会保险基金监督组织进行监督和管理。

社会保障是以国家或政府为主体，依据法律，通过国民收入的再分配，对公民在暂时或永久丧失劳动能力以及由于各种原因而导致生活困难时给予物质帮助，以保障其基本生活的制度。其本质是追求公平，责任主体是国家或政府，目标是满足公民基本生活水平的需要，同时必须以立法或法律为依据。根据社会和经济的发展状况，逐步增进公共福利水平，提高国民生活质量。现在社会保障逐渐融入了市场经济体制的特征，具有个人责任回归、风险共担、权利与义务相结合、注重公平、社会化运行等特征。

二、社会救助

社会救助即社会救济与扶助，是指国家和社会对疾病、自然灾害等原因导致生存困境的公民，给予生活救济和帮助，以保障其最低生活需求的制度。社会救助是社会保障的重要内容。对于调整社会资源配置、实现社会公平、维护社会稳定以及构建社会主义和谐社会具有重要作用。

社会救助的目标是扶贫救济，救助社会脆弱群体，对象是社会低收入人群及困难人群。每一个公民当其收入低于最低生活保障线而生活发生困难时，都有权力得到国家、社会按照公布的法定程序和标准提供的现金及实物救助。根据不同的出发点、依据和标准，社会救助从多角度做出不同的划分：依据实际内容来划分，可以分为生活救助、住房救助、医疗救助、教育救助、法律援助等；依据救助手段划分，可以分为资金救助、实物救助和服务救助等；以困难的持续时间长短划分，可以分为长期性贫困、暂时性贫困和周期性贫困。社会救助体现了浓厚的人道主义思想，是社会保障的最后一道防护线和安全网。

第二节　国际经验

西方等发达国家社会保障的建设起源于 16 世纪初期，发展至今已形成较为完善的社会保障体系。拉美、非洲等发展比较迟缓地区的国家社会保障仍处于一种初级的、未成熟的、不完备的阶段。根据不同国家的不同国情，可将目前社会保障大致分为福利国家型、社会保险型等五种类型，具体分类如表 2-1 所示。

表 2-1　社会保障五种类型

类型	特征	典型国家和地区
福利国家型	实行累进税制与高税收 实现普遍覆盖与全民共享 政府负责与法制健全 福利开支责任主要由政府和企业负担 社会保障项目众多，待遇标准较高	英国 瑞典
社会保险型	以劳动者为核心 责任分担 权利与义务有机结合 互助共济	德国 美国
救助型	社会保险的覆盖和内容迅速扩大，健全的社会保障制度开始形成 政府立法为实施救助的依据 救助的对象为因失业或天灾人祸而陷入贫困的公民、弃婴、孤儿、残疾人、老年人 受保人不用缴纳任何费用，保障资金完全由政府从一般政府预算中筹资	智利 墨西哥 巴西 阿根廷
国家保障型	国家宪法把社会保障确定为发展中的国家制度 社会保障支出全部由政府和企业承担，个人不缴纳保障费 工会组织保障事业的决策与管理 保障对象为全体公民	苏联 东欧国家
政府主导与责任分担型	自保性 强调个人责任 建立分担机制 社会主义国家保障体系的特点是由政府主导，人民可以当家做主，社会主义意识流充分发挥作用	日本 新加坡 印度 印度尼西亚 朝鲜 越南 古巴

资料来源：世界社会保障制度五种类型［J］. 经济论坛，1998（18）：5.

一、福利国家型社会保障制度

福利国家型社会保障制度模式在一定程度上促进了英国、瑞典等国经济的稳定与发展。福利国家型社会保障制度模式以各种转移支付的形式直接向低收入阶层提供生活补贴，使这些国家的社会贫困问题有了较大的缓解。高福利政策通过各种社会保险和社会救济使低收入阶层得到了一定补偿，有助于改变社会结构，从根本上改变了贫困问题。福利国家型社会保障制度模式的运行需要政府大量财力支持，而政府财力主要来自税收，高累进税率制度具有较强的再分配性，使社会贫富差距趋于缩小，社会财富分配趋于公平。但是，20 世纪 70 年代末开始，福利国家型社会保障制度模式的国家先后面临一些问题。高福利在促进社会公平的同时也损害了效率，福利的"普遍性"与"统一性"挫伤了人们工作积极性。福利国家型社会保障制度模式国家的企业工资和福利开支持续增长，产品成本迅速提高，企业的国际竞争能力受损，成为福利国家经济增长减慢的内在因素。福利国家型社会保障制度模式国家的公共支出呈直线上升趋势，公共支出增长率远高于同期国民收入增长率，使福利国家财政状况日益恶化，导致财政赤字长期化和过高的通货膨胀率，反而降低了人们的实际收入，使其高福利政策大打折扣。

1. 起源

该模式起源于 20 世纪 40 年代末的英国，回顾其起源的历史，可以发现该模式的起源是多种因素共同作用并形成综合动力的结果：

从经济因素看，"二战"后的英国虽然经济发展遭受了重创，但从绝对数量来看，英国的经济还是发展了，另外美国通过"马歇尔计划"还对其进行了大量的经济支持，1945 年在华盛顿开始的援助谈判中，美国贷给了英国 37.5 亿美元，这对英国政府解决建设福利国家的资金筹措问题发挥了积极作用。1946 年，英国工党政府将英国 20% 的工业国有化，政府直接控制国民经济命脉，掌管着国有化企业的利润，在建设福利国家方面拥有了足够的资源。另外，政府还实施了一系列凯恩斯主义的财政税收政策，也为建设福利国家筹集到一批重要的经济资源。

从社会因素看，"二战"期间，为了赢得战争的胜利，英国动员全社会的力量来提高"国民斗志"，面向全社会实行了"普遍主义"，让全社会平等地分担战争的灾害，战争中所制定的各种政策措施，与阶级、宗教信仰及军队内的等级无关，集中考虑满足全体公民的需要，这促进了英国社会格局的改变，使原来的阶级分明向着社会融合发展。

从政治因素看，在英国国内，虽然保守党的丘吉尔领导英国人战胜了法西斯，但英国人没有忘记 20 世纪 30 年代保守党当政时的经济大危机，当时张伯伦政府对社会改革的不热心使民众把希望寄托在年轻的工党身上。1945 年，英国工党领袖艾德礼提出建设福利国家的主张，立即产生强烈的社会影响，史称"艾德礼共识"。在同年 7 月的大选中，工党赢得了绝对多数席位，开始执政，这次大选使人民要求改革的意志得以明确表达，以艾德礼为首的工党政府登台不久就颁布了一系列新的社会保障立法。在国际上，当时欧洲地区出现了社会主义国家，社会主义国家以马克思主义为理论指导，以工人阶级的政党为执政党，宣传由国家负责全体民众的生活保障，为了防止共产主义的"侵入"，英国政府也开始寻求增进国民福利的途径。可见，英国当时国内与国际政治形势对福利国家模式的建立起了重要作用。

从思想文化因素看，庇古 1920 年出版的《福利经济学》中"收入均等化"等学说，以及 20 世纪 30 年代凯恩斯国家干预经济主张的盛行以及"战后"社会民主主义的主张与影响，都为英国福利国家模式的产生奠定了思想理论基础。当然，最直接的思想方面的影响是著名的《贝弗里奇报告》，该报告发表于 1942 年，发表后立即引起巨大轰动，民心大受鼓舞，可以说该报告描绘的蓝图使得工人阶级英勇奋战。正是为了战后胜利建设一个美好的新生活，而非回到战争前的状态，《贝弗里奇报告》使人们的思想发生了巨大转变。加上战争期间政府全面组织干预政治经济与社会生活，使自由放任主义的最后残余也不复存在了。另外，战争也使各群体间的认同及互助文化得到长足发展，这都为福利国家模式的产生奠定了基础。

在多种因素的影响下，英国 1945 年颁布了《家庭津贴法》，1946 年颁布了《国民保险法》《国民健康服务法》《工业伤害法》，1948 年颁布了《国民救助法》，在原有基础上颁布的这些新法令使得英国社会保障制度安排得以全面发展，英国由此成为世界上第一个福利国家。

2. 沿革

在英国首先形成了福利国家模式之后，瑞典、挪威、丹麦等许多北欧国家纷纷效仿英国，采纳了"从摇篮到坟墓"的福利国家模式，使这种模式成为经济社会发展水平高层次及社会文明进步的象征，在 20 世纪五六十年代风靡一时。但 20 世纪 70 年代以来，由于失业人口增长、人口老龄化及经济滞胀等社会经济因素的影响，这种模式产生了不少棘手问题，如福利开支庞大导致政府负担沉重、高额税率影响了生产率，以及滋生依赖与懒惰思想等。进入 20 世纪 80 年代，采取该模式的各个国家纷纷进行改革，包括控制管理费用、削减福利开支、提高个人与企业积极性等措施，比较著名的是英国撒切尔的改革，这次改革推行私有化，降低保障标准，措施十分激进，受到了民众的反对，也成为其下台的主要原因之一。布莱尔政府则采用了"第三条道路"，强调均衡权利义务，把积极福利转为消极福利等。瑞典等北欧国家也进行了一系列改革，但力度都没有英国大。总的来看，福利国家模式对制度实施环境有一定要求与限制，如它一般要求实施该模式的国家有较高的经济发展水平、民主的政治制度和公平的价值理念，因此，目前这种模式不如社会保险型普及，但也有一定影响力，许多发达国家都在实施着福利国家的制度安排模式。

3. 特征

虽然福利国家模式近期进行了改革与调整，但该模式的根本点没有发生改变，其特点主要包括以下几方面：

（1）实行累进税制与高税收。国家通过确立累进税制对国民收入所得进行再分配，使社会财富不再集中在少数人手里；同时，国家为维持高水平的福利支出，也必然需要高税收来支撑。

（2）实现普遍覆盖与全民共享。"普遍性"和"全民性"构成福利国家型社会保障的基本原则，其目标在于维持社会成员一定标准的生活质量。各种社会保障制度，不仅限于被保险者一人，而且推及其家属；不限定于某一社会保险项目，而且推及所有维持合理生活水平有困难的所有事件，以最适当的方法给予保障。

（3）政府负责与法制健全。政府是当然的责任主体，不仅承担着直接的财政责任，而且承担着实施、管理与监督社会保障的责任。各种社会保障制度均依法实行，并设有多层次的社会保障法律监督体系。

（4）福利开支责任主要由政府和企业负担，个人通常不需要缴纳或低标准缴纳社会保障费用。

（5）社会保障项目众多，待遇标准较高，保障项目设置涵盖了社会成员"从摇篮到坟墓"的一切福利保障需求，不仅包括失业、养老、医疗、工伤等各种社会保险，还包括各种儿童补助、住房补助、丧葬补助及低收入家庭补助等，还有免费教育、带薪假期等福利措施。

4. 典型国家

（1）英国。英国既是世界上第一个工业化国家，也是世界上最早建立社会保障制度的国家之一。经历了300多年的历史发展，英国形成了比较完善的社会保障制度，对于调节社会再分配、保障社会公平公正、维护社会稳定都起到了重要的作用。英国的社会保障制度包括国民健康保险、社会保险、社会福利、社会救济四个部分，其中，社会保险是英国社会保障制度的主体部分。通过分析英国社会保障制度的发展历程，可以总结出英国社会保障制度的一些特点：

1）遵循普救主义原则。"从摇篮到坟墓"的福利国家英国，其社会保障制度覆盖到方方面面，社会保障体系广覆盖，保障项目齐全，满足了各个阶层的保障需求，不仅涵盖英国几乎所有工作生活者，而且在生老病死伤残各个方面都有详细的保障项目。《济贫法》的颁布就奠定了其传统，英国的各项保障待遇都是以立法形式推出的，并且法律适用于全部的英国公民，充分体现了社会保障再分配的功能，保证了其公平和效率。

2）政府起主导作用。最早的济贫委员会的出现即体现了政府在社会保障制度中的主导地位，社会保障资金主要来源于国家的税收，并且由国家进行统一的管理，政府具有较强的影响力，并且运营机制上也由政府负责，英国的社会保障制度建立在高税收、高消费和高福利的基础上，政府在其中具有主导作用。

3）向家庭渗透较深。由于英国社会保障制度涉及项目全、覆盖面广泛，因而在一定程度上取代了传统家庭赡养职能。英国国民保险在待遇设计上的指导原则不是工资丧失的补偿，而是着重考虑劳动者的家庭赡养情况，把待遇分解成两部分，一部分维持受保人的生活，另一部分维持赡养人的生活，在这方面，国民保险待遇为受保人承担了赡养家庭的责任。

（2）瑞典。瑞典的社会保障制度框架由养老保障、医疗保障、失业保障、基本生活保险、住房和教育保障，以及社会服务的福利制度构成。其实质是政府按照与工业化社会的需求，基于公平给付的原则，利用国家的再分配、社会服务功能促进社会保障计划的设计和实施，为全体社会成员提供维持一定标准生活质量的物质生活需要。主要具有以下特征：

1）社会保障水平高、覆盖面宽、内容广。在养老、医疗和福利方面支付的比重较大，范围相对广泛很多，这样的支付模式保证了支付水平，同时大大地提升了人民的生活质量。瑞典政府本着确保社会保障的高水平，以及照顾社会成员方方面面的宗旨开展相关工作。

2）瑞典本着在社会福利制度实施中坚持公平优先、兼顾效率，在建设中坚持与国别特色相结合的社会保障原则，形成了与收入相匹配且内容涉及人民生活各方面的社会保障制度。

3）现收现付制和高税收的社会保障制度。现收现付制这种以支定收的支付方式在一定程度上避免了通货膨胀的影响，能够根据物价不断地调整，具有一定的灵活性，并与瑞典宽松的经济环境相适应。这种现收现付的支付模式配合了社会保障水平的高税收，以高税收维持高福利。

4）瑞典的社会保障体系中，政府在各项费用的支付中占主体地位。经过社会保障制度的不断发展，瑞典社会保障制度经历了在责任中强调政府占主体到雇主占主体的过程，最终将政府、雇主、个人三者相结合，强调三者之间的相互协调与配合。

5. 福利国家型社会保障制度对我国的启示

（1）高福利是社会发展到一定阶段的重要特征。目前，我国社会经济发展虽然取得了较大进步，但各个地区仍然存在不平衡状态。因而需要政府出台和完善相关系列规章措施，在城市及农村地区如何进行有效的福利供给，尤其是在基本公共服务等方面满足广大人民需求仍是时代的主题。

（2）在公共产品、公共服务等福利供给过程中要考虑公平与效率等多个方面，可以采取多元化供给方式，如 PPP 等模式，提高效益，同时要注意公平等基本问题。

二、社会保险型社会保障制度

社会保险型社会保障制度模式起源于德国，后为西欧许多国家以及美国等国仿效。实行社会保险型社会保障制度的前提条件是工业化的高度发展。工业化使社会财富高度发达的同时，也使人们面临更多和更大的风险，国家有责任也有条件为其社会成员统筹安排防范风险的各种保障措施，社会保险型社会保障制度模式自然产生。社会保险型社会保障制度模式在发展过程中，由于各国社会、政治、经济与历史文化传统的影响，在政府、企业和个人的责任划分、权利与义务关系、给付水平高低等方面表现出不同于福利国家型社会保障制度模式国家的特点。

1. 起源

该模式起源于 19 世纪 80 年代的德国，是最早出现的社会保障制度安排模式。回顾其起源的历史，可以发现该模式的起源是以下多种因素共同作用并形成综合动力的结果：

从经济因素看，德国的工业革命虽然晚于英国，大概 1845 年才开始大规模输入英国的机器设备与熟练劳动者，自此拉开了德国工业革命的序幕，但其发展十分迅速，截至 19 世纪末，德国的煤矿、铁矿、冶金与化学工业已居欧洲各国之首，加上 1871 年德国获得普法战争的胜利成果——50 亿法郎的赔款，使德国在发展社会保险方面有了一定的经济基础。同时，德国的产业结构也随着工业革命发生了变化，从以农业为主转向了以工业为主，工人的生存风险日益社会化，而资本家不愿也无力解决这个问题，这就要求国家通过社会化的保障方式来解决。

从社会因素看，第一，随着工业革命的进展，德国的社会结构发生了一定变化，产业工人数量大增，1852 年产业工人大约有 199 万人，1894 年已经增至 613 万人，这些产业工人数量庞大，组织化程度较高，而与此同时，新兴的资产阶级势单力薄、软弱无力，这使德国当时的工人阶级成为不容忽视的社会力量；第二，德国工人当时的互助基金会组织已初具规模，这些组织通过基金会会员定期缴纳会费的形式来防备会员失业、工伤、疾病等风险，截至 1885 年底，这样的互助组织已拥有约 73 万会员，这为德国社会保险的产生奠定了社会群众基础；

第三，由于 19 世纪七八十年代德国工人的劳动条件恶劣，工伤、职业病的危害上升，粮食、房租价格大幅上涨，这些工人组织起来积极反抗，工人阶级的斗争频繁。比如，1872 年夏的鲁尔矿工为争取 8 小时工作日和提高工资的罢工斗争震惊了整个欧洲大陆，其后纽伦堡、莱比锡、柏林也相继爆发了罢工，以争取相应的生活保障。

从政治因素看，一方面，德国当时的政治形势要求有社会保险，1871 年德意志帝国建立，德国历史上第一次实现了全国统一，德国既要增强国力，又有对外扩张的野心，因此为了缓和国内此起彼伏的工人运动并瓦解包括互助基金会在内的各种工人自发组织，由政府强制实施社会保险是比较合适的手段；另一方面，政治家的决断也起了重要作用，当时有"铁血宰相"之称的俾斯麦十分看好社会保险，他认为社会保险是一种"消除革命的投资"，因此他积极推动了德国社会保险制度的建立。

从思想文化因素看，一方面，德国当时已具备了形成社会保险模式的思想理论基础，早在 19 世纪 40 年代，以李斯特为代表的德国历史学派就主张国家干预经济生活，19 世纪 70 年代新历史学派（又称社会主义学派）开始盛行，其代表人物瓦格纳、斯莫勒等既反对自由放任的资本主义举措，同时又极力维护刚刚统一的德意志帝国，该学派主张国家必须通过立法实施包括社会保险在内的一系列社会政策措施，自上而下地实行经济与社会改革，借以平衡劳资双方对立的关系。这些理论观点的反复宣扬，加上德国根深蒂固的法制思想与法制制度传统，使德国自 19 世纪 80 年代起通过颁布一系列社会保险法律，确立了社会保险模式。另一方面，德国的民族文化也促成了该模式在德国的起源，由于德国地处中欧，作为东欧与西欧的交接点，它兼具两个地区的特质，因缺乏地政学上的统一性，使德国易受四面八方的影响，使德意志民族既善于借鉴经验，又造就了其自信的品格以及既注重个体能力又注重整体强力的民族文化，因此，面对当时工业化发源地英国的强大，德国既借鉴其技术，又不愿对其制度盲目跟从，所以采取了社会保险这种既自己缴费又有互助共济作用的形式，这也是其既注重个体能力又注重整体强力的民族文化的体现。在以上多种因素共同作用下，德国于 1883 年颁布了《疾病社会保险法》，于 1884 年颁布了《工伤事故保险法》，于 1889 年颁布了《老年、残疾、死亡保险法》，并于 1911 年将上述三部法律确定为德意志帝国统一的法律文本，另增《孤儿寡妇保险法》，成为著名的《社会保险法典》。1923 年、1927 年德国又先后制定了《帝国矿工保险法》和《职业介绍和失业保险法》，基本确立了社会保险型社会保障制度模式。

2. 沿革

在德国基本确立了社会保险型模式后，许多发达国家以及众多发展中国家纷纷效仿德国颁布了社会保险法令，并确立了以社会保险制度为主的社会保障制度安排。通过这些国家的实践，社会保险型模式得到了长足的发展，成为具有旺盛生命力的一种模式。20 世纪 70 年代前，极大地推动了众多采取该模式国家的工业化进程及经济社会的发展，并解除了其国民生活的后顾之忧，维护了社会的稳定。然而，20 世纪 70 年代后，由于人口老龄化、失业人口增多以及经济低速增长甚至停滞等经济社会因素，采取该模式的国家均暴露出一些问题，如社会保障支出增长过快导致财政负担加剧、管理费用开支大、机构众多等。20 世纪八九十年代，采取社会保险型模式的国家纷纷实施了一些改革措施，多在对不断上升的缴费率进行必要的预期与准备、控制管理费用等方面。比较有名的改革包括美国克林顿政府的医疗保险与社会福利制度的改革以及德国施罗德政府的医疗保险结构改革等。

总之，社会保险型模式对制度实施环境的要求并不高，只要是经历工业化的国家，无论是发达国家还是发展中国家，都可采取这种模式来缓解劳资矛盾，化解劳动者面临的各种社会风险。因此，这种模式是迄今为止最普及的一种社会保障制度模式。

3. 特征

虽然社会保险型模式经历了发展与改革，但其基本的特点不会发生根本的变化，其特点主要包括以下几个方面：

（1）以劳动者为核心。社会保险制度面向劳动者，且主要是工薪劳动者，围绕着劳动者面临的年老、疾病、工伤、失业等风险设置保险项目，用以保障劳动者遭遇这些事件时的基本生活。在某些情况下，社会保险制度还通过劳动者惠及其家庭成员。

（2）责任分担。社会保险强调雇主与劳动者个人分担社会保险缴费责任，国家财政给予适当支持，基金的筹集以现收现付为主，因而是一种风险共担的社会保障机制。

（3）权利与义务有机结合。社会保险强调劳动者享受社会保险的权利与缴纳社会保险费的义务相联系，劳动者享有的社会保险水平也常常与缴纳社会保险费的多少和个人收入情况相联系，不参加社会保险或者未缴纳社会保险费是不能享受社会保险待遇的。

（4）互助共济。雇主与劳动者个人缴纳的社会保险费形成养老、医疗、失业、工伤、生育等社会保险基金，当劳动者遭遇风险时，享受相应的社会保险待遇，社会保险基金在受保成员之间调剂使用，充分体现出互助共济、共担风险的原则。

（5）在项目构成方面，以包括养老保险、失业保险、工伤保险、医疗保险等在内的各种社会保险项目为主体，辅之以社会救助与社会福利项目，如家庭生活补助、住房补贴等。

4. 典型国家

（1）德国。德国福利体制被认为是社会保障制度的先驱。19世纪末，德国就已建立了工伤、医疗和养老保险。除社会保险外，该体系还涵盖由联邦、州、市或者福利机构支持的社会权利和基础设施。德国福利国家由于其众多不同的元素，被称之为福利多元主义。德国社会保障制度的发展具有以下几个鲜明的特点：

1）社会保障制度的发展与经济发展紧密相连、相互适应。20世纪二三十年代，德国社会经济从初步发展走向大危机带来的萧条和动荡，德国社会保障制度的发展呈现出从初步发展到陷入动荡进而转变为法西斯专制管理与发展并存的过程。德国社会保障制度的发展与德国经济发展变化之间密切联系并相互适应，既有利于德国社会保障制度的发展，也有利于德国社会经济的发展。

2）体现出强烈的国家干预色彩。德国社会保障制度发展的阶段与国家干预理论的发展阶段基本吻合，20世纪二三十年代，德国社会经济理论从以前的有限的国家干预走向极端化国家干预，法西斯主义对这一时期的德国社会产生重要影响，德国社会保障制度的发展表现出法西斯专制管理与发展并存的过程；第二次世界大战后，德国社会经济发展的指导思想从极端的国家干预主张转变为社会市场经济理论，德国社会保障政策也经历了从恢复和重建到走向福利国家的趋势，进而出现社会保障制度既发展也改革的过程。

3）呈现出明显的共同责任原则。德国社会保障制度发展过程中始终遵循政府、雇主与雇员间共同责任的原则。这种责任机制使德国的社会保障基金具有自助化特征，除工伤保险费由企业单方面负担外，德国的养老、医疗与失业保险费用均由雇主和雇员共同负担，政府只对各种社会保险项目的亏空给予补贴并承担社会救助的资金。

（2）美国。美国社会保障制度由社会保险、社会福利、社会救济三部分组成。美国自20世纪30年代建立保障制度以来，已形成庞大的社会保障体系，这种模式主要表现为充分运用市场机制解决社会保障方面的问题，政府、雇主和个人分别作为社会保障的重要组成部分，扮演着不同的角色。不同的保险项目针对不同的工作人员，不同收入的社会成员可以根据自身情况确定保障项目并选择相应的保障标准，保险项目的设置以养老、医疗项目为主，当投保人面临生活困难时，可以申请享受相应类别的保险金。美国社会保障制度具有以下几个特征：

1）作为社会保障主体部分的社会保险为"基金化"运作。社会保险是美国社会保障的主体部分，其支出占社会保障总支出的绝大部分。而这些社会保险是具有长远规划的自筹资金项目，不需政府的财政拨款。

2）"选择性"是美国社会保障制度的基本原则。美国采用了"选择性"原则构建自己的社会保障体系。所谓选择性原则，是指社会利益的分配依据个人的需要来设计，通常依据个人收入状况而定。这种"选择性"原则使社会保障项目的利益被限制在特定的群体之中。因此，美国社会保障制度的一个重要特点是面向特定的、特殊的群体提供特殊的服务。

3）社会保障项目的"多层次性"特点。美国社会保障制度的"选择性"原则决定了其社会福利保障项目呈现多层次性的特点。这种多层次性特点，首先表现在国民社会保障体系中存在两种不同性质的社会保障系统，其次表现在社会保障项目的受益形式方面。

4）社会保障主体的多元性和企业在社会保障制度中发挥着核心作用。在美国，许多社会保障项目是由志愿组织执行的，政府只负责监管。这种多元化体制体现为联邦政府和州、地方政府的兼顾，政府承担与社会、公司及私人承担的公私兼顾体制，使政府在社会保障中的主导作用与公司、社会及私人发挥的能动作用有机地结合起来，不同层次的政府之间的分工与分享相结合。

5）社会保障制度的法治化。美国的社会保障制度是先立法，后实施，以法律的力量推动社会保障制度的建立与完善是其重要特点。美国社会保障制度建立的过程清楚地表明，每一个社会保障项目的建立都是依靠法律实现的。

5. 社会保险型社会保障制度对我国的启示

（1）随着我国社会经济的快速发展，工业化进程不断加快，需要不断完善各种类型的社会保险，尤其是随着三胎政策的逐步放开，社会保险显得尤为重要，为公众家庭提供完善的各类社会保险才能够使民众感受到国家政策带来的实惠。

（2）落实好各种社会保险政策。当前我国虽然在制定和完善相关社会保险政策，但政策的落实和执行还不到位，尤其是关系到普通民众的相关政策，在落实过程中还没有"打通最后一公里"，需要进一步完善。

（3）应向有关发达国家借鉴和学习各类社会保险政策，加强交流，尤其是在社会保险人才培养等方面，以促进我国社会保险不断完善。

三、救助型社会保障制度

救助型社会保障制度是指国家通过建立健全社会保障的有关规章制度，保证每个社会成员在遇到各种不测事故时，能得到救助而不至于陷入贫困。对于已经处于贫困境遇的人，则发放社会保障津贴，以维持其基本生活。这种救助型社会保障制度是工业化开始前后所实行的单项或多项救助制度。按社会保障的标准来衡量，只能说它处于起步阶段，是社会保障制度中的一种初级的、不成熟的、不完备的形式。这种制度目前主要在一些发展较为迟缓的国家实行，如拉美国家及非洲国家。

1. 起源

救助型社会保障制度的建立起源于20世纪初期，在该时期，智利、巴西、阿根廷、乌拉圭等国逐步建立社会保险账户，开始实施社会保障制度。20世纪60年代左右，拉美大多数国家已经建立社会保障制度。拉美国家救助型社会保障制度建立初期，受到欧洲国家社会保障模式的影响，大部分采用现收现付的社会保险制度，主要包括养老保障、就业保障。但该时期拉美国家社会保障制度保障面较小，许多非正规就业人员无法享受社会保障待遇。除此之外，该时期拉美国家社会保障制度呈现碎片化现象，不同行业、不同部门、不同社会阶层有不同的制度内容，在一定程度上增加了社会保障制度的运行难度，无法发挥社会保障制度的保障作用。同时，初期阶段的拉美国家社会保障制度，保障权益公平性不足，加上大多数保障费用由政府承担，社会保险债务逐步增加，给拉美国家社会经济发展带来巨大挑战，因此开始了社会保障制度的改革。

2. 沿革

救助型社会保障制度改革始于20世纪80年代，该时期的改革主要是社会保障的私有化改革，在一定程度上减轻了政府的财政负担，提高了社会保障制度的保障能力，为缓解拉美国家贫困做出了积极贡献。以智利为例，1981年，该国引入私营管理社会保障计划，并设立私人养老金账户，养老金全部来自个人缴费，并成立专门的私人养老金管理公司。医疗保障方面同样如此，许多拉美国家开始私有化改革，如设立私营机构开展医疗保险计划，允许私营企业进入医疗服务管理系统，如哥伦比亚、阿根廷、智利等，都提高了私人医疗机构在医疗保障中的比重。

救助型社会保障制度改革阶段，许多国家积极制定社会救助政策，形成了以私营保障计划为主、以社会救助为支撑的社会保障模式。该模式下，不同群体能够享受到相应的社会救助，如针对贫困家庭的社会风险管理项目，针对残障人士和青年群体的救助计划。社会保障私有化改革在一定程度上缓解了政府部门的社会保障支出压力，扩大了社会保障范围，但在改革的过程中也呈现出许多问题，如社会保障制度的分层造成社会阶层分化，进而导致了保障的不平等性，许多贫困人口因支付不起私有化社保费用，从而无法进入社会保障范围，还有部分群体受自身经济因素影响，只能选择低层次的保障项目，最终造成富人与穷人社会保障的两极分化，无法更好地发挥社会保障的扶贫作用。

3. 特征

救助型社会保障制度的特征有以下几点：

（1）社会保险的覆盖和内容迅速扩大，健全的社会保障制度开始形成。早期建立社会保险制度的国家，社会保障制度扩展与资金紧缺的矛盾突出，并开始统合分散的保障机构，这一时期的国家以建立统一的社保制度为目标。

（2）政府通过相应的立法，作为实施救助的依据。公民申请和享受社会救助是其依法应享受的权利，不附带屈辱条件，不同于慈善机构的"施善"或"恩赐"，也不同于资本主义初期的济贫和赈济。社会救助的费用列入政府的财政支出，其资金来源于国家税收，个人不缴纳保险费。

（3）救助的对象为因失业或天灾人祸而陷入贫困的公民，如弃婴、孤儿、残疾人、老年人等。救助的标准为低水平，以维持生存为限。

（4）受保人不用缴纳任何费用，保障资金完全由政府从一般政府预算中筹资。受保人享受保障计划的津贴需要经过家庭收入及财产调查，只有经济条件符合受保人资格的才享受政府的津贴。

4. 典型国家

（1）智利。智利社会保障制度建立初期，受到欧洲国家社会保障模式的影响，大部分采用现收现付的社会保险制度，主要包括养老保障、就业保障。但是该时期智利社会保障制度保障面较小，许多非正规就业人员无法享受社会保障待遇。除此之外，该时期智利社会保障制度呈现碎片化现象，不同行业、不同部门、不同社会阶层有不同的制度内容，这在一定程度上增加了社会保障制度的运行难度，无法发挥社会保障制度的保障作用。20世纪70年代前后，智利福利保障体系达到100多个，社会保障基金项目更是多达150多个。

2008年，智利在原来私有养老金的基础之上，增加了社会基础养老金项目，让许多贫困老年人获得相应的保障，减少了该国贫困老年人口数量。

智利自1975年建立非缴费型家计调查养老金制度后，开展了"福利养老金"和"最低养老金"项目，该国贫困人口数量逐渐减少，尤其2008年养老保险制度改革中完善了团结支柱（即最低养老金项目），即在原有养老金制度基础上建立新的团结支柱，主要包括老年、伤残和遗属津贴，因而该国2008年后总贫困发生率大幅下降，且老年人贫困发生率得到了控制，整体发展较为平稳，扶贫效果显著，为整个国家社会经济的稳定奠定了基础（见图2-1）。

（2）墨西哥。墨西哥为了更好地提升国民的身心健康，降低他们的贫困风险，制定了符合自身发展的医疗保障制度。在公共医疗卫生支出方面，不断增加人均支出费用，满足本国民众的医疗需求，确保他们的健康水平。2006年，墨西哥人均公共医疗卫生支出为812.24美元，2017年该支出为1104.97美元。

墨西哥为降低民众医疗风险，不断提高社会健康保险覆盖率。相关数据显示，2006年墨西哥政府健康保险的参保率仅为58.8%，2015年达到92.3%，虽然2017年有所回落，参保率为89.3%，但回落幅度相对较小。这样不仅增强了

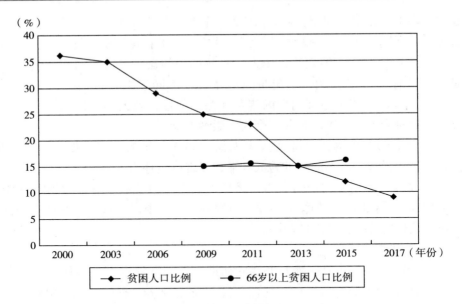

图 2-1　2000~2017 年智利养老金扶贫效果

资料来源：http：//data.oecd.org 及 https：//data.worldbank.org.cn。

民众的医疗参保意识，还能够降低他们因病致贫的风险，有利于整个地区社会的稳定发展，一定程度发挥了扶贫的功能。

医疗资源方面，墨西哥不断进行优化配置，2006 年，该国执业医师数为 20.23 万人，2012 年增加到 24.77 万人，2017 年则为 29.73 万人，增长速度加快，且每千人医师数量、护士数量、医院数量、每百万人医疗扫描仪数量也在不断增长，虽然医院病床数量有所下降，但整体下降幅度较小（见表 2-2），医疗资源得到充分发展，进一步提升了该国的医疗服务质量。

表 2-2　2006 年、2012 年、2017 年墨西哥医疗资源状况

类别	2006 年	2012 年	2017 年
执业医师数量（万人）	20.23	24.77	29.73
每千人医师数量（万人）	1.87	2.12	2.43
护士数量（万人）	23.89	29.89	35.57
医院数量（家）	4245	4421	4538
医院病床数量（万张）	17.63	16.49	16.88
每百万人医疗扫描仪数量（台）	3.17	5.11	5.83

资料来源：https：//data.oecd.org。

（3）巴西。数据显示，2001~2015年，巴西极端贫困人口数量整体下降了8.2%，而养老保险金投资规模则从2015年的1982.85亿美元增加到2017年的2426.55亿美元，增长了将近22.38%（见图2-2），在很大程度上减少了巴西极度贫困人口的规模，充分发挥了养老保险制度的扶贫作用，实现了巴西社会的稳定。此外，养老金作为普惠型社会福利，它在提高老年人生活水平的同时，再配合其他社会保障制度，还能够改善老年人的心理健康状况，使其保持乐观、积极的生活态度，提升老年人在家庭中的地位。尤其对于一些贫困家庭来说，老年人虽然在家庭中的劳动收入减少，但养老金依然能够保障整个家庭的基本生活，因此具有较为显著的扶贫效果。

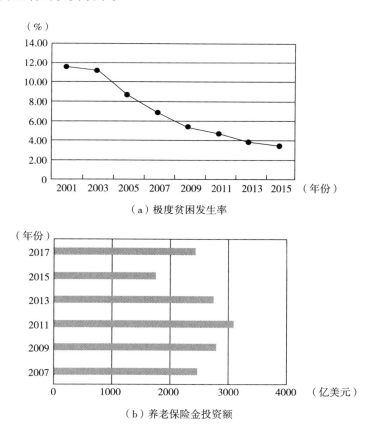

（a）极度贫困发生率

（b）养老保险金投资额

图2-2 巴西极度贫困发生率和养老保险金投资额

资料来源：https://data.oecd.org。

人口素质对家庭经济收入有着较大影响，因此教育保障在扶贫工作中发挥着重要作用，政府部门需要加大教育投入，提高人口素质，这样才能达到扶贫目标。巴西因此制定了相应的教育保障政策，如2003年实施的"零饥饿计划"，其目的是保障穷人孩子的营养健康，并成立社会发展部，为贫困学生发放食品券和奖学金。2011年，巴西又制定了"巴西无贫困计划"，并增加了家庭救助保障金，扩大救助范围，确保贫困人口能够享受到优质、公平的教育。数据显示，巴西的教育投资力度不断加大，公共教育支出占政府支出的比重不断上升，巴西2006年的比重为12.42%，2012年为15.73%，到2017年时为17.68%，比2006年增长了5.26个百分点。

5. 救助型社会保障制度对我国的启示

（1）确保社会保障水平与经济发展相适应。养老金保障水平要符合我国经济发展现实。20世纪80年代后，拉美大部分国家经济陷入衰退，政府社会支出负担逐步加重，推动了养老保险制度的改革。1990年后，拉美国家养老金开始向私人化发展，完全或部分替代原有的现收现付养老金制度，希望将更多非正规部门的工人纳入保障范围内，逐步扩大保障范围。

要适当增加全民医疗保障支出。拉美国家大多数实行全民医保政策，但与发达国家相比，其医疗保障水平相对较低，无法满足民众的医疗保障需求，该状况与当前我国医疗保障状况相似。因此，我国政府部门在开展医疗保障工作时，也要适当增加全民医疗保障支出，提高医疗保障支出在政府支出中的比重。

科学制定教育、就业、生活等方面的保障标准。与养老保障和医疗保障相同，我国在制定教育、就业、生活等方面的保障标准时，应与我国现实经济发展水平相适应，既不能过高，也不能过低，这样才能提高社会保障扶贫效果。

（2）提高社会保障发展的平衡性。更加注重农村贫困群体养老、医疗保障工作。与拉美国家相似，我国也存在城乡发展不平衡的问题，因此我国在进行养老、医疗保障改革时，应加大对农村地区的财政支持力度，以提高农村养老、医疗保障水平。

（3）提高就业保障的公平性。拉美国家存在就业保障不公平问题，我国应吸取相关教训。首先，政府应适当提升失业保险金的支付待遇，让失业人员在择业期内享受到更好的保障，避免其陷入贫困，降低他们失业致贫的风险。其次，要继续提高贫困劳动力人口就业率，这是因为贫困劳动力人口与一般劳动力人口相比，其家庭负担更重，再加上他们自身就业能力不足，不利于他们进入劳动力市场，所以，政府部门需要调整社会就业结构，让贫困劳动力群体充分就业，以促进社会经济发展，提高就业扶贫质量。最后，政府要创新就业激励政策，增强劳动人口的就业积极性，尤其要做好贫困群体就业指导和失业群体的再就业工作。

（4）加大贫困群体社会救助力度。当前，我国许多贫困地区和贫困群体的基本生活无法得到保障，如缺少收入来源、生活物资不足。在此状况下，政府部门应发挥出我国社会救助制度的作用，首先，要对贫困人口进行精准识别，了解他们的生活困难，并给予针对性的帮助。其次，政府部门要健全社会救助体系，形成政府、社会、企业、个人合力救助模式，增加社会救助金，并根据不同贫困群体情况给予救助，以提高我国社会救助水平。最后，政府要给予贫困群众更多的精神支持，提高他们对生活的热爱程度，从而达到社会保障扶贫目标。

四、国家保障型社会保障制度

国家保障型社会保障制度是传统的社会主义国家以公有制为基础的社会保障制度，属于国家保障性质。其宗旨是"最充分地满足无劳动能力者的需要，保护劳动者的健康并维持其工作能力"。国家把社会保障作为解决劳动的社会经济问题的杠杆之一。苏联及东欧国家是这一类型的首创与代表。

1. 起源

早在1912年列宁就对俄国沙皇政府制定的《关于工人不幸事件保险法案》进行了批判，并在十月革命后建立了由国家全权负责的社会保障模式，在该模式下国家通过财政收入，以食品、燃料、资金等形式向社会居民提供保障。

苏联建国初期，由于常年的社会动荡导致国内经济困难，资金紧缺，社会保障工作开展缓慢，当时的苏联政府为缓解战争所带来的对社会成员的创伤，基于自身特殊的经济水平而选择使用了一系列与战争有关的应急措施，如开创了以免费和国家义务提供原则为基础的医疗保健模式，推动了劳动者效率的提高。

政府在1918年4月将国家救济人民委员会改名为苏维埃社会保障人民委员会，负责支付退休金和各类补贴，向困难家庭提供食品、燃料等补贴。并先后颁布了《劳动者社会保障条例》《抚恤金条例》《退休者条例》等多达100余项条例，用立法的手段将社会保障作为社会出资供养社会脆弱群体以法律的手段固定下来。这一时期所制定的许多政策奠定了后来苏联社会保障制度的基础，形成了一整套由法律、物质及组织形式组成的社会保障生态系统。基本确定了国家保险型社会保障模式，并且在20世纪40年代前，苏联就已创立了具有其自身特色的社会保障制度。

2. 沿革

随着社会环境的稳定以及自身的发展，社会各个方面得到休养生息。国家废除了向全体社会成员提供免费且平均的社会保障。由于国家正处于社会性集体生产时期，国家社会保障制度将重点放在了劳动者，尤其是工人劳动者身上。在集体农庄制度建立后，根据农庄自身条件设立了对农民专项的保障制度。该阶段的社会保障发展框架基本上是以工人为基础，逐渐向全体社会成员过渡，直到保障制度覆盖全体社会成员。

"二战"结束后到 20 世纪 70 年代，苏联国内经济和物质文化生活水平高速发展，这对社会保障的改革进程起到了积极的促进作用。政府在这一时期对社会保障制度进行了完善和细化。在积极对因战争受到伤害的个人及家庭进行补助的同时，推动了国家经济重建，对在国家重要生产部门工作的劳动者也出台了许多相关带有激励措施的社会保障法案。其间所订立的法案首先对过去实行的诸多条例进行梳理，总结不足，并且重新对退休金的数额、受惠人群、退休条件等方面做出明确规定，大幅提高了养老金的数额并且额外建立了各种津贴，也大幅度地提高了养老金的水平。随着法案的落实，老年人、残疾人及社会困难家庭的生活保障有了很大的提高。

1956 年苏联颁布《国家退休法》，对退休条件、退休对象及退休金发放的具体额度进行了详细的规定，使在计划经济下全体社会成员的退休问题得到很大程度的改善，免除了社会成员的后顾之忧，推动了社会的发展，是苏联社会保障制度中的一座重要里程碑。

20 世纪 60~80 年代，苏联一直在进行经济体制改革，苏联政府在 1985 年颁布了《关于改善低收入退休人员及其家属的物质福利以及加强对单身公民关注的首要措施》的决议，逐渐减少农民与城市职工之间社会保障福利差异。1990 年，苏联政府颁布了《苏联公民退休后金法》，这也是苏联时期最后的一部社会保障法案。

3. 特征

国家保障型社会保障制度几度改革，最终形成接近"保守主义"的社会保障模式，其特征有以下几点：

（1）国家宪法把社会保障确定为发展中的国家制度，公民所享有的保障权利是由生产资料公有制保证的，是根据国家社会经济政策在整个国家国民经济范围内实行管理取得的。

（2）社会保障支出全部由政府和企业承担，个人不缴纳保障费。其传统观念认为国家已经事先对社会保障费用作预留和扣除。

（3）工会组织保障事业的决策与管理，一方面，劳动者通过人民代表机构对社会保障施加影响；另一方面，工会从基层工会到中央理事会，都参加实施社会保障。

（4）保障对象为全体公民。宪法规定，每一个有劳动能力的人都必须积极参加社会生产，对无劳动能力的一切社会成员提供物质保障。保障的经济来源靠全社会的公共资金无偿提供。

4. 典型国家

（1）苏联。在当今我国居民收入差距拉大的现实下，社会保障制度由于其在化解社会危机和稳定社会秩序方面的显著作用而日益受到重视。研究苏联（1922~1991年）社会保障制度中的改革，可以为我国通过社会保障制度解决收入差距的问题提供经验。苏联1977年颁布的宪法规定，社会的全体成员都享有社会保障权利，而且全社会的居民都应当平等享受这种保障。另外，出于各种经济、社会原因，在社会保障制度的实践中产生了保障范围的差异性和保障待遇方面的多样性。

苏联养老金计算中退休前工资越高者，养老金计算比例越低的规定，是在社会保障制度中力求减小按劳分配过程中造成的收入差距的主要表现（见表2-3）。

表2-3 工人职员养老金的计算比例

月工资（卢布）	一般工种的工人和职员		在地下、高温车间、有害健康条件下工作的工人和职员	
	工资的百分比（%）	不包括补贴的养老金最低额（卢布）	工资的百分比（%）	不包括补贴的养老金最低额（卢布）
35以下（含35）	100	30	100	30
35~50（含50）	80	35	90	35
50~60（含60）	75	42.5	80	45
60~80（含80）	65	45	70	48
80~100（含100）	55	52	60	56
100以上	50	55	55	60

资料来源：《苏维埃社会主义共和国联盟国家保证金法》，1975年莫斯科版。

由表2-3可以看出，工资越低，计算养老金的比例越高；工资越高，则比例越低。这一规定可以在一定程度上缩小按劳分配所造成的劳动者收入水平方面的差距。苏联社会保障制度中关于退休金与工资计算比例方面的规定，对我国通过社会保障制度来缩小居民收入方面的差距有一定的借鉴意义。在我国也可以考虑针对工资高的人，确定相对较低的退休金计算比例；反之，工资低的人确定较高的退休金计算比例。

首先，苏联的退休金制度由养老金制度、残疾金制度及抚恤金制度共同组成，是苏联社会保障制度改革的重中之重。它由宪法保障，并建立在生产资料公有制基础上。其次，苏联的补助金的项目有很多，且面向各类人群，所以其内容比较复杂。且补助金发放数额也有很大复杂性，但一般按社会成员月工资的一半或全部比例发放。苏联的医保制度主要由医疗服务、疾病预防及保护及起促进康复作用的疗养制度三部分共同组成。虽然名义上保障全体社会成员享有免费医疗，但由于经费不足、设备落后、药品供应不充分等问题，严重拉低了患者的满意度。最后，苏联同样具有专门抚养社会脆弱群体的社会福利部门，如老年人福利机构、特殊关爱学校、残疾人工厂及相关福利部门等；给予乘车、逛公园等设施的优惠、残疾人复健、就业等方面的帮助等。

（2）东欧国家。社会主义制度下，完全就业和压制工资差别都是为了实现收入和福利平等的目标，因而所实行的社会保障政策并不是为了在人口中实行再分配，或是对低收入群体进行救助。而随着东欧国家纷纷进入转型期，国家对生产和劳动力市场的垄断已经不复存在，但劳动者在收入和消费上对国家的依赖仍不同程度地存在。而此前设计的福利项目虽在资金来源上有了更多部门的参与，但社会主义时期形成的各种制度仍发挥着巨大的作用。

东欧国家的社会保障政策主要包括三大类：第一类是以现金体现的社会保障（包括养老金、伤残抚恤金、患病津贴、家庭补贴、育儿津贴、奖学金和失业补偿金等）；第二类是以服务体现的社会保障（包括医药补贴、教育和培训以及其他形式的补贴性服务）；第三类是住房和消费津贴。这些福利项目的设定带有浓厚的社会主义分配制度色彩，在社会主义体制下，劳动者以得到工资的形式从生产收益中取得一小部分收益，由国家从企业抽取高份额的收益，而后通过发放补贴产品、社会保障服务和转移支付等形式回馈劳动者。

5. 国家保障型社会保障制度对我国的启示

迫于人口老龄化的巨大压力，中东欧国家在参量式改革中，都不约而同地在退休合格标准中提高了退休年龄和缴费的年限。从中东欧国家的改革实践中，至少可以得到两点启示：一是延迟退休，二是抓紧对名义账户制的研究，并适时向个人名义账户制转变。

（1）逐步提高退休年龄，延迟退休。中国出生人口已经连续 4 年下跌，2016～2020 年，中国出生人口分别为 1786 万人、1723 万人、1523 万人、1465 万人和 1200 万人。

根据全国第七次人口普查结果，近 10 年间，中国老年人口规模庞大，老龄化进程明显加快，而同时，当前国内生育率已处于较低水平。从老龄人口总量上来看，中国 60 岁及以上人口有 2.6 亿人，占总人口的 18.70%，其中，65 岁及以上人口为 1.9 亿人，占总人口的 13.50%，60 岁及以上人口比重和 65 岁及以上人口比重分别提高了 2.51 个和 2.72 个百分点。中国人口预测分析表明：到 2050 年中国老龄化将达到峰值，中国 65 岁以上人口将占到总人口的 27.9%。届时中国将面临严重的人口老龄化问题。由于现收现付制的最大弱点是难以承受人口变化的冲击，为了保持制度的可持续性，减少财政赤字，必须要对其进行系列的参量式的调整。国际劳工组织的研究表明，将退休年龄从 60 岁提高到 65 岁，公共养老金支出可以减少50%。有学者在分析中国公共养老金对退休年龄的敏感性时指出，退休年龄每提高1%，基金缺口将缩小22.69%。因此，将中国城镇职工的退休年龄适当提高，既可以适应人口预期寿命不断延长的发展趋势，又能够在一定程度上缓解中国统筹养老金基于指数化调整所带来的统筹基金缺口的压力。

（2）适时向个人名义账户制转变，逐步实现养老资金的全国统筹。"名义账户制"是仿照缴费确定型计划而进行的一项制度设计，个人养老金待遇的给付最终取决于个人的缴费与投资回报之和，并且个人的缴费会全部划入其终身账户之中，它基本等同于制度内缴费工资的增长率。

当人口从生育高峰转向生育低谷，老年赡养就需要社会予以承担。在传统的待遇确定型养老金制度下，因为存在福利刚性，这些责任主要由在职一代承担，从而直接或间接地增加了企业的生产成本，降低了产品在国际市场上的竞争力，丧失了出口优势，使经济发展受困于人口的老龄化。由于名义账户制中的账户与完全积累制的个人账户类似，退休者就会不自觉地承受一定的人口转型成本。有时看似降低养老金待遇标准的做法实则是在极力保全退休者以及后代的利益，更有利于平稳度过人口转型期，从而解决人口老龄化带来的各种问题。

五、政府主导与责任分担型社会保障制度

所谓政府主导与责任分担主要是指各类社会保障以政府为主导力量，同时利用多种社会力量，确保能为民众提供较为完善的社会保障。他山之石可以攻玉，了解和学习亚洲周边地区的文化、传统、经济等能够有效地给我国带来一些经验的借鉴，与西方国家相比，更具有直接性和现实性。目前具有代表性的国家有亚洲的日本，新兴工业化国家新加坡，以及发展中国家代表印度、卡塔尔、印度尼西亚等，探求其内在的规律性，对完善我国社会保障制度具有借鉴与启迪意义。

1. 典型国家

（1）日本。在日本的保障系统中，养老保险已经实现了多层目标，同时与慈善组织进行联合作用，确保养老、儿童、残疾人员的福利和保障。我们以养老服务为例，其首要的资本来源是私人投资，其次才是财政性的扶持，最终使养老服务能够实现稳定。在儿童福利方面，日本的幼儿园教育系统包含私立和公立两种。针对两种不同类型的主体，对儿童给予的多是相同服务质量的福利，在收费方面两者也相同，私立幼儿园主要通过政府补贴优惠来实现自己的长期稳定发展。日本的保障制度建立的时间较短，但是其发展速度迅猛，已经形成了较为完整的保障制度体系。其保障制度有社会保险、社会福利、公共扶持和医疗卫生等几方面，包含年金保险、医疗健康保险、护理保险、雇佣失业保险、劳动者灾害保险、儿童福祉、障碍者福祉、母子福祉、老人福祉等40多项制度。这些制度涵盖范围广阔，基本做到对全体国民进行覆盖，日本因此也成为亚洲国家中福利设施和保障措施较为完善的国家之一。在推行保障措施的过程中，日本非常重视其法律保障。1946~1953 年，日本围绕其国民保障措施制定了一系列的相关法律，随后制定的新《国民健康保险法》《国民年金保险法》使日本在 1961 年实现了"国民皆保险""国民皆年金"的目标。而在生活福祉领域，日本所依据的是"福祉六法"。在实施这些法律的过程当中，日本管理当局根据实时变化对法律进行的修正，使其不断适应社会的发展变化。在日本文化演变过程中深受儒家思想的影响，直系血亲和兄弟姐妹、夫妻之间都有相互的抚养责任与义务。此外，在对待老幼病残等弱势群体上，日本政府也充分发挥家庭的作用，使老有所依、幼有所养。

在日本政府的管理过程中，政府的主要管理方式为"结果参与"，即当参保者参加社会保险制度时，雇主同时为其参保雇员缴费，而政府则不同时为参保者缴纳费用。政府为每个参保者所承担的责任体现在，当参保者领取某项社会保险津贴时，政府财政承担参保者所领取的某项社会保障津贴的规定的比例或者额度。显然，这是一种当参保者领取社会保障津贴时才体现出的政府社会保障责任履行方式，相比较前一种过程方式来说，这是一种结果参与方式。这种参与方式显然不可能强化政府在社会保障制度管理中的地位和作用，使日本的社会保障制度管理带有明显的国家与社团共同管理特色。

（2）新加坡。新加坡政府社会保障体系由社会保险和社会福利两部分组成。其中，社会保险由国家强制实施个人储蓄的中央公积金制度构成，是新加坡社会保障体系的主体部分；社会福利是指政府对无法维持最低生活水平的成员给予救助，如对低收入家庭发放住房补贴、生活救济和救助金等，它是社会保障制度的辅助部分。新加坡选择了独特的公积金模式。早在 1955 年，新加坡就实施了中央公积金制度。它是政府立法强制个人储蓄，采取完全积累模式和集中管理模式的社会保障制度，是一种自助性的社会保障模式，因不具有收入再分配功能而受到国际社会的质疑。中央公积金制度成功解决了新加坡国民养老、住房、医疗等社会难题，成为一项行之有效、独具特色的社会保障体系，是发展中国家在不断探索中所形成的迥异于福利国家模式和传统社会保险模式的另一种社会保障模式。

1）老有所养。退休养老是中央公积金制度设立的最先动因，也是这一制度最基本的功能。新加坡的养老保险采取全部缴纳的制度，即雇主和雇员分别按一定比例为雇员存储退休金。当公积金会员年龄达到 55 岁并且退休账户达到最低存额这两个要求后，可一次性提取公积金。若最低存款未达到规定数额，可选择推迟退休以继续增加公积金账户积累，或用现金填补差额，或由其配偶、子女从各自的公积金账户中转拨填补。政府鼓励已达退休年龄但身体健康的会员继续工作，以使他们积蓄更多的公积金存款。此外，新加坡政府还利用东方人孝文化的传统道德，在养老保险上注重家庭养老保险。中央公积金局同时推出了"最低存款填补计划"，规定公积金会员可在父母年龄超过 55 岁而公积金存款少于最低存款额的情况下，自愿填补父母的退休户头，填补金额是最低存款额和他的父母年龄达 55 岁时退休账户结存额之差。会员也可以为配偶填补，以保障其晚年生活。

2）病有所依。新加坡的医疗保障制度是世界上最为完善的医疗保障制度之一。20 世纪 80 年代以来，中央公积金局制订了多项医疗保健计划，主要包括"保健储蓄计划"（Medisave）、"健保双全计划"（Medisheild）和"保健基金计划"（Medifund），简称为"3M"计划。

3）居有所屋。新加坡是一个城市国家，国土面积狭小而人口密度很大。恶劣的住房条件导致公共卫生状况恶化和一系列社会问题，成为社会不稳定的重要因素。政府主导组屋的开发与建设，提供强有力的土地和资金保障。新加坡是市场经济国家，但住房的建设与分配并不完全通过市场来实现，而是由政府主导。新加坡政府十分明确自身在解决住房问题上的责任，制定了符合其国情特点的住房政策和分阶段建房计划，采取了一系列行政、法律、金融和财政手段，大规模兴建公共住房。在资金方面，新加坡政府以提供低息贷款的形式给予建屋发展局资金支持，支付大笔财政预算以维持组屋顺畅运作。此外，为保障普通老百姓能够买得起组屋，其售价是由政府根据中低收入阶层的承受能力来确定的，而不是靠成本来定价的，因此价格远远低于市场价格，并造成建屋发展局的收支亏损。实行"公共住屋计划"，以家庭收入水平为依据，实行公有住宅的合理配售政策，同时出台法律严格限制炒卖房屋，确保政策顺利实施。

4）学有所教。中央公积金局推出教育计划。会员可动用其公积金户头里的存款，为自己或子女支付全日制大学学位或专业文凭课程的学费。可动用的款项是扣除最低存款额之后总公积金存款的 80%。学习毕业后一年需还本付息，分期付款的最长年限为十年。这项计划使公积金功能扩大到教育保障，有利于国民教育水平的提高，促进了新加坡教育事业的发展。

2. 特征

纵观新加坡、日本等地社会保障制度的发展，政府主导与责任分担是其始终坚持的原则。新加坡政府主张"人民的事，由人民自己掏钱"，从保障资金的来源上强调个人对自己的福利保障要承担足够的责任。因此，新加坡社会保障制度的一个突出特点是国民的自保性，强调个人责任，建立分担机制。从发挥政府、个人和社会三者的积极性出发，政府有所为有所不为，积极介入，但不包办代替，在以政府责任为主的传统社会保障中强调更多的个人责任。日本政府在其社会保障制度发展过程中发挥了积极的主导作用，同时日本企业和个人也承担了各自的责任。以日本社会保险为例，它既强调政府的社会责任，又突出企业的社会责任和个人的自我保障责任。例如，日本政府负担每年 1/3 的年金支付额，免除生活困难者的保险费缴付等，而劳资双方共同负担保险费用。在印度推行社会保障制度过程中，政府发挥了十分重要的作用，所需资金主要由政府提供，但同时也注意拓宽渠道，积极吸纳各种社会资金用于发展社会保障。例如，印度除推行强制性社会保险外，保险公司、信托公司等在医疗保险、失业保险领域非常活跃。中国香港社会保障制度的一个最大特点和优点是充分发挥民间组织的作用，官民合作办福利。

总体来看，社会主义国家的保障体系的重要特征是由政府主导，多元社会力量共同参与。首先，体现出政治稳定、社会稳定的政治优势，社会主义政治制度为人民提供了最重要的国家公益性产品，即天下大治、安定团结，政治有序、社会井然。社会主义意识形态牢牢占据社会意识形态主流。其次，人民可以当家做主，能够充分反馈到每个人意见建议，使得社会保障体系能够真正惠及个人。最后，社会主义制度有统一的意识流形态，能够使社会主义的意识形态牢牢占据主流，对团结社会、凝聚人心发挥了至关重要的作用，维护了社会思想上的团结统一，为社会主义保障体系奠定了良好的思想基础。

第三章 中国社会保障总体状况及演变

　　中国现代化社会保障制度是伴随 1949 年中华人民共和国成立而建立并逐渐发展起来的，70 多年来，我国的社会保障项目越发齐全、保障能力稳步提升、待遇水平不断提高，成为群众的社会保障获得感和幸福感不断增强的政府公共服务项目。其间，中国社会保障的发展始终秉持中国共产党的执政理念和社会主义的本质要求，但具体制度安排和实践方式却有明显差异，具体可划分为三大阶段：一是从中华人民共和国成立到改革开放之间的三十年，社会保障与计划经济体制相适应，以劳动保险为主体的社会保障雏形阶段；二是改革开放后到党的十八大，追求与市场经济体制相适应，以社会保险为主体的社会保障制度改革阶段；三是党的十八大以来，推进制度一体化发展，实现了社会保障治理从框架建设转向体系的完善阶段。

　　与发达国家相比，中国对社会保障的研究以及制度体系建设起步较晚。社会保障作为中国经济社会发展的一项重要制度，一方面有利于我国人民的安居乐业，另一方面有利于社会的稳定和谐，因此中国十分重视社会保障体系的建设。尽管中国社会保障体系建设落后于西方发达国家，且面临着经济加速转型与国际社会保障规则的挑战，但我国社会保障改革仍旧在短时间内取得了巨大的成就。

第一节　中华人民共和国成立的前三十年社会保障制度演变

　　中华人民共和国成立以前，全球掀起一股建立现代社会保障制度的热潮，当时的中国，除中央苏区、抗日根据地和解放区外，难觅社会保障的踪影。直到 1949 年中华人民共和国成立，拉开了建立现代社会保障制度的序幕。1951 年《中华人民共和国劳动保险条例》的制定，标志着我国的社会保障制度的正式建立。在此之后，城镇建立了职工劳动保险制度并覆盖城镇机关和企事业单位职工及供养直系亲属；同时，农村建立了面向乡村孤老残幼的"五保"制度，面向农民的合作医疗制度。与西方建立的社会保障制度不同，我国在中华人民共和国成立以后的经济发展起步阶段，就建立了门类齐全、覆盖广泛的社会保障制度。

一、中华人民共和国成立的前三十年我国社会保障制度的体系构成

中华人民共和国成立后，我国进入全面社会主义经济制度建立阶段，社会保障制度作为经济制度和体制的重要组成部分被提上了议事日程。首先，主要集中于对社会救济事业的接手和改造，1950 年 6 月和 1951 年 2 月，政务院相继颁布了带有失业保障性质的《救济失业工人暂行办法》和《中华人民共和国劳动保险条例》，对职工的养老、医疗、生育、工伤、失业等待遇都作了最低标准的规定。到了 1956 年，我国已初步建立了以城乡养老保险、医疗保险、失业保险、工伤保险和生育保险、社会救济和社会福利为基本内容的社会保障法制体系，确立了国家、农村集体、城镇企业单位普遍承担社会保障任务的社会主义保障制度新格局。

1. 养老保险

改革开放前的城镇养老保险制度经历了从 1951～1958 年企业职工的养老保险与机关和事业单位的养老保险相互分离，到 1958 年后两种养老保险制度逐渐走向统一的过程。1951 年颁布的《中华人民共和国劳动保险条例》对企业养老保险的受益资格、资金来源和待遇给付方式等作了详尽的规定。此后 1953 年和 1956 年《中华人民共和国劳动保险条例》经过两次修订，进一步扩大了职工养老保险覆盖范围，提高了养老金待遇。1955 年，国务院限定并颁布了《国家机关工作人员退休处理暂行办法》和《国家机关工作人员退职处理暂行办法》，建立了针对机关事业单位工作人员的养老保险制度，规定了机关事业单位工作人员享受退休待遇的前提是必须具备一定的工龄，养老金的替代率限定为本人工资的50%～80% 不等。鉴于企业和机关事业单位的退休养老制度的不统一，1958 年，国务院颁布了《关于工人、职员退休处理的暂行规定》，该暂行规定重新规范了养老保险的覆盖范围、放宽了工人和职员的退休条件，并适度提高了退休待遇标准，这实际上是将工人、职工的养老保险统一化，建立一个统一的城镇养老保险制度。此后在"文化大革命"期间，我国的养老保险制度处于停滞、倒退阶段，养老保险蜕化成"企业保险"。

2. 医疗保险

我国的医疗保险制度建立于 20 世纪 50 年代，城镇的医疗保险制度主要分为两种：一种是适用于机关和事业单位职工的公费医疗制度，另一种是面向企业职工的劳动保险医疗制度。1952 年 6 月，政务院颁布了《关于全国各级人民政府、党派、团体及所属事业单位的国家工作人员实行公费医疗预防的指示》以及《国家工作人员公费医疗预防实施办法》。指示规定，公费医疗预防制的受众群体为全国各级人民政府、党派、各种工作队以及各级文化、教育、卫生、经济建设等事业单位的国家工作人员和革命残废军人。随后《关于公费医疗的几项规定》《国家机关工作人员退休后仍应享受公费医疗待遇的通知》等法规的颁布使公费医疗的覆盖范围进一步扩大。文件中提出政府负责办医，医疗费用由各级人民政府领导的卫生机构和国家财政拨款统筹统支，免除干部费用，通过核定单位的编制人数来核定医药费，费用发放至各个医疗机构。劳动保险医疗制度是根据1951年的《中华人民共和国劳动保险条例》建立起来的另一种福利型医疗社会保险，因此其覆盖范围与企业养老保险的覆盖范围一致，是对企业职工实行免费、对职工家属实行半费的一种企业医疗保险制度。"文化大革命"开始后，随着劳动保险管理机构——工会的撤销，劳保医疗和其他险种一样，蜕化成了企业内部保险。

3. 失业保险

中华人民共和国成立之初，新的经济秩序尚未建立起来，这一时期的劳动就业面临严峻的形势，1950年，政务院和劳动部分别发布了《关于救济失业工人的指示》《救济失业工人暂行办法》，救济办法以"以工代赈"为主，资金来源以政府拨款为主。其目的就是解决旧中国留下来的失业问题，国家设置的专门的失业救济委员会，全面负责此方面的工作。1957年，失业被认为已在中国境内消失，故停止执行失业救济，失业救济制度从此被搁置。

4. 工伤保险

在中华人民共和国成立初期，我国工伤保险覆盖的范围只有两个类型：面向机关和事业单位的工伤保险和面向企业职工的工伤保险，覆盖范围比较窄，没有形成统一体系。机关和事业单位的工伤保险制度最早可追溯到1950年颁布的《革命工作人员伤亡褒恤暂行条例》，后经三次修改，逐步提高了待遇标准。企业职工的工伤保险制度同样也是根据1951年颁布的《中华人民共和国劳动保险条例》（以下简称《劳动保险条例》）建立起来的，其覆盖范围与养老保险和医疗保险的覆盖范围一致。工伤保险待遇的支付分为企业支付和保险基金支付两部分。1953年，《劳动保险条例》经过修正，提高了工伤保险待遇，但是企业职工工伤保险的基本架构没有改变。1957~1966年，国家相继颁布了法规政策，对于工伤保险的范围和待遇作出详细的规范及调整。这一时期的工伤保险制度福利特征明显，在特定的历史阶段发挥了稳定工业生产、保障工人权益的重要作用，但明显超出了当时的经济发展水平。中华人民共和国成立一直到"文化大革命"结束，工伤保险制度也没有得到快速发展和完善，只停留在雏形阶段，并存在很多问题，具体体现在：政策性强、缺乏法律效力；保障范围有限，覆盖面窄；待遇标准低，规定的内容不全；保证和补偿功能难以实现；社会化程度低，评价机制不健全；缺乏相应的保障机制。

5. 生育保险

中国的社会生育保险形成过程是从中华人民共和国成立之后开始的，一直到社会主义改造结束。列宁的国家保险是我国这一时期生育保险制度形成的基础，生育保险对象主要是国有企业和机关事业单位的女职工，其支付水平比较高、灵活性强、内容全面，但是保险水平比较低，究其原因在于受到国家实力的限制。《劳动保险条例》中进行了明确规定，其保障对象包括女工人与女职员，保障范围为百人以上的单位。生育保险制度内容比较全面，包括产假的时间、保险待遇的标准等。之后，劳动部对《劳动保险条例》进行了补充和完善，扩大了生育保险的覆盖范围，调整了部分补助标准，提高了支付水平。国务院于 1955 年出台了《关于女工作人员生产假期的通知》，明确指出通知中机关女工作人员可以享有国家的生育保险。

6. 社会救济和社会福利

中华人民共和国成立初期的国家救济补助分为两种类型：一种是长期定期定量救济，另一种是临时救济。上述两种形式在城市比较普遍，但在农村主要采取的是临时救济，定量救济的比例非常低。针对孤老残幼等弱势群体，1956 年国家出台了《高级农业生产合作社示范章程》，章程中设置了五保制度，针对农村孤老残幼提供保障。中国农村社会保障制度自此形成。

中华人民共和国成立初期社会福利主要体现在职工福利方面，包括企事业单位、政府机关。当时的社会福利通常和社会救济相提并论，统一称之为救济福利事业，20 世纪 50 年代之后，两项内容开始分别发展，社会福利的对象主要是"三无"人员、老人、儿童、残疾人、病人或者精神病患者，国家为此设置了专门的福利机构、公共福利设施，为此类人员提供社会福利帮助。

7. 集体供养模式下的农村五保制度

20 世纪 50 年代中期是我国五保制度初步形成的时期，"五保户"源于《1956 年到 1967 年全国农业发展纲要》，纲要指出，农村合作社对于社内缺乏劳动力、生活没有依靠的鳏寡孤独的社员，应当统一筹划，在生活上给予适当照顾，做到保吃、保穿、保烧（燃料）、保教（儿童和少年）、保葬。随后，人民公社制度的建立为五保制度的施行提供了较为稳定的资金支持和运行平台，促使集体供养模式更加统一化、规范化、标准化、精细化。与单人供养相比，这种集体供养模式更有优势：首先，集体经济为五保工作提供了充足的资金来源；其次，集体供养从照顾困难人员心理的角度来说，避免了个人对个人的供养，使五保对象接受救助时更加坦然，有利于使接受救助真正成为个人的一项权利。这期间，农村虽然非常贫穷，但五保对象最基本生活还是得到保障，五保工作执行较好，其原因在于，一是五保工作体现社会主义本质要求，在政治气氛浓厚时代，具备强大思想保证；二是全能的人民公社体制为其提供组织保证。这时的农村五保老人几乎做到了应保尽保。

8. 农村合作医疗制度

合作医疗作为中华人民共和国成立后在农村大范围普及的医疗保障制度，其实早在中华人民共和国成立之前就出现了萌芽，随后在1955年农业合作化时期真正确立。1956年第一届全国人民代表大会第三次会议通过了《高级农业生产合作社示范章程》，明确规定合作社对于因公负伤或者因公致病的社员合作社要负责医治，并且酌量给以劳动日作为补助。1960年2月2日，中共中央转发了卫生部《关于农村卫生工作现场会议的报告》，并称这一制度为集体医疗保健制度。1965年9月，中共中央批转卫生部党委《关于把卫生工作重点放到农村的报告》，报告着重强调了加强农村卫生保障工作的重要性，推动了农村合作医疗运动的迅速发展。合作医疗的大面积普及是在1966～1976年，1966年，合作医疗被当成政治任务在全国迅速地大面积铺开，实现了农村合作医疗"一片红"，到1976年，实行合作医疗制度的生产大队的比重高达93%，全国已有90%的农民参加了合作医疗，全国卫生经费的65%以上用于农村，形成了集预防、医疗、保健功能于一体的三级（县、乡、村）卫生服务网络，农村合作医疗在此期间得到了空前的发展。1978年全国五届人大正式把"合作医疗"列入《中华人民共和国宪法》。在第27届世界卫生大会上，联合国妇女儿童基金会高度肯定了中国农村医疗制度，称其"为不发达国家提高医疗卫生水平提供了样本"。

二、中华人民共和国成立的前三十年我国社会保障制度的特征

1. 国家负责，单位（集体）包办

建立了以国家为主体、城镇乡村单位共同承担责任的"国家保障型社会保障模式"。由国家统一履行制定保障政策、直接供款和组织实施等社会保障事务的顶层设计职能。由单位为主体包办一切社会保障事务，城镇企业单位负责缴纳职工的劳动保险费用，农村集体则担负着救济"五保户"优待烈军属等责任，各种单位各司其职承担实施社会保障政策的任务。

2. 高福利性和高公益性

从筹资上看，由国家和集体从财政、国有企业成本、人民公社公积金和公益金中直接列支，受益不取决于个人的缴费，而是普惠地享有待遇；从服务提供上看，主要由公共拨款支持运行，自身缺乏逐利性。因此中华人民共和国成立初期的社会保障能够按照社会需要提供服务，避免服务机构的商业化导致的社会保障成本压力；但同时由于国家与企业对社会保障项目包揽过多，个人在社会保障过程中的权利与义务互相脱节，有些项目的保障程度超过当时的经济承受能力，导致国家和企业背上了沉重的包袱。

3. 制度性的城乡"二元"分割

特定阶段的政治经济形势造成了我国初期社会保障制度的城乡二元分割。中华人民共和国成立初期，我国的城乡经济发展已经呈现出明显的"二元化"特征，为了顺应经济的发展，社会保障实行制度性的城乡分割。财政投入的主要方向是城市社会保障，农村仍然主要依靠集体组织的互助合作，这在一定程度上促进了我国的工业发展，也使农民得到了最基本的生活保障，但同时也使城乡发展不平衡的局面加剧。

三、中华人民共和国成立的前三十年我国社会保障制度的效果评价

中华人民共和国成立的前三十年，我国的社会保障制度着眼于社会事业优先发展，把社会保障嵌入基本的政治经济制度中，发挥了促进经济、稳定社会、改善民生的重要作用，取得一系列斐然的成绩：第一，保障人民生活，实现经济发展。以相对低成本的社会保障和公共服务，保障了人民群众的基本生活，降低了经济运行的成本，集中资源向工业化倾斜，实现资源的优化配置，实施"高积累、低消费"的战略。第二，人口素质大幅度提高。国家通过传统的公费医疗、劳保医疗和农村合作医疗，不但使国民的健康得到了有效保障，而且使人均预期寿命日益接近发达国家水平；同时社会保障的完善，提高了妇女地位，降低了生育率，使家庭更加注重子女的教育投资，实现人口质量全面提高。第三，有效地促进了社会公平和社会稳定。社会保障制度的建立深得人心，得到广大职工的普遍拥护，有效缓解了广大人民群众挣扎在生死线上的局面；劳动保险、社会救济、公费医疗等社会保障制度的相互建立，使国民在各种灾祸及贫困面前免除了生存危机，这正是社会公平和稳定发展的重要前提与基础。第四，为改革开放创造了基础和前提。改革开放之前我国的国民健康、教育水平显著上升，生育率大幅下降，积累的人力资本对改革开放之后的经济增长做出了显著贡献。

尽管中华人民共和国成立初期，我国的社会保障制度取得累累硕果，但同时要注意到：这一时期的社会保障制度毕竟建立在中华人民共和国成立初期较低的经济发展水平上，且受制于当时要集中力量实现工业化的需要，因此社会保障制度的缺陷日益显露：一是覆盖面限于全民所有制企业。从所有制角度看，中华人民共和国成立之初的社会保障制度的覆盖面并不窄，但是经过社会主义改造后社会保障覆盖范围就主要集中在全民所有制企业。二是保障层次单一。根据计划经济下的分配理论，职工的社会保障费用应当全部由国家或国家通过国有企业来承担，如此一来，职工自我保障意识和费用节约意识不强，导致社会保障支出，如药品等支出的严重浪费，国家负担过重、平均主义盛行、运转机制僵化等。三是制度性的城乡分割。财政投入的主要方向是城市社会保障，农村仍然主要依靠集体组织的互助合作，城乡居民的待遇差距较大。四是限制劳动力流动。社会保障高度依赖单位，劳动力流动性不高。这些缺陷决定了，这种制度进入市场经济阶段之后不适应生活水平提高、劳动力市场流动、所有制多元化等新情况。

第二节 改革开放后社会保障制度演变

从中华人民共和国成立至今社会保障制度发展可以划分为两个大的阶段，改革开放前 30 年和改革开放后 30 年。从改革开放之后一直到党的十八大这个时期，我国社会保障制度进入全面系统的改革创新阶段。

一、改革开放后我国社会保障制度的体系构成

改革开放后我国社会保障制度的演变过程可以划分为三个阶段：1978～1992年是养老、医疗和失业保险为重点的改革探索阶段。1993～2002 年是社会保障制度进入改革深化和制度框架初步形成阶段。2002 年到党的十八大是社会保障制度改革进入全面覆盖和全面深化阶段。

党的十一届三中全会召开以后，国家开始全面恢复经济建设和各项工作，中国的社会保障进入恢复阶段。国家开始对社会保险制度进行局部的修改和调整，并进行初步改革，主要表现在：1978 年国务院颁布《关于安置老弱病残干部暂行办法》和《关于工人退休、退职的暂行办法》，恢复、修订了干部和工人的退休离休制度，放宽了离职休养的条件，并规定了最低生活保证数额和职工退休退职后的异地安家补助费，提高了相应的待遇。整顿和改革企业职工养老保险制度。逐步恢复发展救灾救济、农村五保供养等社会救助制度，1987 年开始通过发行福利彩票（有奖募捐券）筹集社会福利资金。

1993 年，党的十四届三中全会通过《中共中央关于建立社会主义市场经济体制若干问题的决定》，将社会保障制度作为构筑我国社会主义市场经济的五大体系之一，提出建立包括社会保险、社会救济、社会福利、优抚安置、社会互助和个人储蓄保障的多层次社会保障体系，养老和医疗保险制度实行社会统筹和个人账户相结合模式。这一阶段，围绕企业职工基本养老保险基金模式的转变，在扩大养老保险覆盖面、提高基本养老保险统筹层次、实行属地化管理、推动退休职工社会化管理、探索机关事业单位养老保险改革、试行企业年金制度等方面取得了一定进展，多层次、广覆盖的企业职工养老保险制度框架初步建立。

2002 年 11 月，党的十六大提出要把社会保障作为全面建设小康社会的重要内容，明确要求建立健全同经济发展水平相适应的社会保障体系。2006 年 10 月，党的十六届六中全会通过《中共中央关于构建社会主义和谐社会若干重大问题的

决定》，党的十六届六中全会提出到 2020 年基本建立覆盖城乡居民的社会保障体系的重要目标。2007 年 10 月，党的十七大提出"加快建立覆盖城乡居民的社会保障体系，保障人民基本生活"。在这一大背景下，我国社会保障制度进入了以政府基本公共服务均等化为主线的全面覆盖、加快发展的新阶段。

二、改革开放后我国社会保障制度的特征

（1）1978～1992 年，主要以养老、医疗和失业保险为重点进行探索。在养老保险方面，为平衡不同企业的退休费用负担，广东、江苏等地的企业开始试行退休费用社会统筹，使"企业保险"向社会保险迈出了第一步。1986 年，国务院决定在国有企业新招工人中实行劳动合同制，建立劳动合同制职工的养老保险制度，个人按本人工资的 3%缴费，改变了过去完全由国家和企业负担的办法，第一次实行个人缴费制度。1991 年，国务院颁布《关于企业职工养老保险制度改革的决定》，确定了基本养老保险、企业补充养老保险和个人储蓄养老保险相结合的多层次养老保险体系，规定社会养老保险费用由国家、企业和个人三方共同负担，实行社会统筹。在医疗保险方面，针对公费医疗和劳保医疗的固有问题，各地探索医疗费用与个人利益挂钩、医疗费用定额管理、大病医疗费用社会统筹等改革办法。在失业保险方面，1986 年，国务院颁布《国营企业职工待业保险暂行规定》，第一次明确对国营企业职工实行待业保险制度，标志着我国失业保险制度的建立。

（2）1993～2002 年，进入社会保障制度改革深化和制度框架初步形成的阶段。围绕企业职工基本养老保险基金模式的转变，在扩大养老保险覆盖面、提高基本养老保险统筹层次、实行属地化管理、推动退休职工社会化管理、探索机关事业单位养老保险改革、试行企业年金制度等方面取得了一定进展，多层次、广覆盖的企业职工养老保险制度框架初步建立。在养老保险方面，1997 年 7 月，国务院发布《关于建立统一的企业职工基本养老保险制度的决定》，统一了养老保险的账户规模、缴费比例、计发办法等主要指标，正式确立了目前养老保险制度的基本框架。2000 年 8 月，党中央、国务院决定建立全国社会保障基金，同时设立全国社会保障基金理事会，负责管理运营全国社会保障基金，为应对人口老龄化带来的资金压力建立战略储备。在医疗保险方面，1998 年，国务院颁布《关于建立城镇职工基本医疗保险制度的决定》，确立了社会统筹和个人账户相结合、用人单位和个人共同缴费的城镇职工基本医疗保险制度。在失业保险等方面，1993 年，国务院颁布《国有企业职工待业保险规定》，把保障对象的覆盖面扩大到所有国有企业职工，并对待业救济金的发放标准作出调整。针对国有企业改革下岗职工凸显等问题，1998 年，中央提出"两个确保""三条社会保障线"等重大政策，对国有企业下岗职工基本生活和企业离退休人员基本养老金实行按时足额发放，建立相互衔接的国有企业下岗职工基本生活保障、失业保险和城市居民最低生活保障"三条社会保障线"。1999年，国务院颁布《失业保险条例》，正式将待业保险改为失业保险，将失业保险的保障对象扩大到城镇所有企业职工，统一了缴费标准和待遇标准。在工伤和生育保险方面，1994年，劳动部发布《企业职工生育保险试行办法》，对生育保险制度改革的内容、标准、形式等予以规范。1996年，劳动部颁发《企业职工工伤保险试行办法》，统一了工伤保险待遇标准，扩大了覆盖范围，工伤保险由企业保险向社会保险迈出了一大步。在社会救助等方面，20世纪90年代以来，国家不断完善面向城乡贫困居民的最低生活保障制度，构建社会保障体系的最后一道"安全网"。1997年，国务院发布《关于在全国建立城市居民最低生活保障制度的通知》，决定在全国建立城市居民最低生活保障制度。1999年，国务院颁布《城市居民最低生活保障条例》，对城市居民最低生活保障的保障对象、保障标准、资金来源等进行规范，并提出实现应保尽保的目标。

（3）2002年到党的十八大，进入社会保障制度全面覆盖和全面深化的阶段。在养老保险方面，2005年12月，国务院发布《国务院关于完善企业职工基本养老保险制度的决定》，将城镇企业职工基本养老保险的覆盖面进一步扩大到个体工商户和灵活就业人员，调整个人账户规模和基本养老金计发办法，扩大做实个人账户试点，建立基本养老金正常调整机制，并加快提高统筹层次，实现省级统筹。同时，加快发展企业年金制度，开始探索农村养老保险制度。在医疗保险方面，进一步扩大城镇职工基本医疗保险覆盖范围，制定和完善农民工参加大病医疗保险的办法，大力发展农村新型合作医疗制度。2002年10月，《中共中央国务院关于进一步加强农村卫生工作的决定》明确提出，各级政府要积极组织引导农民建立以大病统筹为主的新型农村合作医疗制度。为保障因工作遭受事故伤害或者患职业病的职工获得医疗救治和经济补偿，促进工伤预防和职业康复，分散用人单位的工伤风险，2003年4月，国务院颁布《工伤保险条例》，为健全工伤保险制度确立了基本的法律框架。2006年1月，为统筹城乡发展，保障农民工合法权益，改善农民工就业环境，国务院制定《国务院关于解决农民工问题的若干意见》。同年6月，为妥善解决被征地农民的基本生活和长远生计问题，维护其合法权益，国务院办公厅印发《国务院办公厅转发劳动保障部关于做好被征地农民就业培训和社会保障工作指导意见的通知》。2007年7月，为解决城镇非从业居民的基本医疗保障问题，国务院发布《关于开展城镇居民基本医疗保险试点的指导意见》，开始探索建立城镇居民基本医疗保险制度。在社会救助和社会福利方面，全国建立农村最低生活保障制度，逐步提高城市最低生活保障标准，建立由政府为主体投入支持的城乡医疗救助制度，为特殊困难群体提供基本医疗保障。积极推进社会福利事业的发展，通过多渠道筹集资金，积极培育相关社会工作人员，为老年人、孤儿和残疾人等群体提供社会福利。随着人口老龄化程度不断加深和人民生活水平逐步提高，老年群体多层次、多样化的服务需求持续增长，对扩大养老服务有效供给提出了更高要求，2011 年 9 月，国务院印发《中国老龄事业发展"十二五"规划的通知》。为加快推进养老服务业供给侧结构性改革，让广大老年群体享受优质养老服务。

改革开放后中国社会保障制度的改革主要是将其作为国有企业改革的配套措施展开，在与国有企业改革紧密相关的一些项目上突破了原有计划经济的束缚，开始建立与社会主义市场经济相适应的保险项目，如提出建立多层次的养老保险体系、探索医疗保险社会统筹、初步建立失业保险制度等。在这一阶段确立了养老和医疗保险的制度模式，建立了城镇失业保险制度，生育保险、工伤保险制度进一步完善，城市居民最低生活保障制度得以建立并不断完善。注重城乡统筹发展，着力扩大覆盖面，以社会保险、社会救助、社会福利为基础，以基本养老、基本医疗、最低生活保障制度为重点，加快建立以居家为基础、以社区为依托、以机构为补充、医养相结合的养老服务体系建设，建立覆盖城乡居民的社会保障体系。总之，这一阶段社会保障制度改革的同时，社会保障制度建设也进入规范化和法治化阶段，我国社会保障制度框架初步形成。

第三节　我国社会保障制度现状

一、基本概况

党的十八大以来，我国全面推进制度的一体化发展，公平与效率兼顾的价值导向更加深入人心，实现了社会保障治理从框架建设转向体系完善，在"自下而上"的政策实验与"自上而下"的顶层设计中走向协同整合。这一时期国家的社会保障治理理念遵循工具理性与价值理性的统一，通过治理主体权责关系的进一步明确和治理机构的职权重塑，实现制度的统一发展，以此减少过去社会保障体系碎片化带来的福利差距。这为人民创造更美好的生活奠定了坚实的基础，为如期全面建成小康社会和实现第一个百年奋斗目标创造了有利条件。同时，随着我国社会主要矛盾的变化和城市化进程的加快、人口老龄化、就业方式的多样化，我国社会保障体系仍然存在不足，必须高度重视并切实加以解决。

中国社会保障制度的主要内容及形式见表 3-1。

表 3-1　中国社会保障制度的主要内容及形式

中国社会保障制度	主要内容及形式
社会保险	医疗保险、养老保险、失业保险、工伤保险、生育保险
社会救济	自然灾害救济、失业救济、孤寡病残救济和城乡困难户救济等
社会福利	社会福利院、敬老院、疗养院、儿童福利院、各类福利企业、福利彩票等
优抚安置	抚恤金、优待金、补助金，举办军人疗养院、光荣院，安置复员退伍军人等
社会互助	工会、妇联等团体组织的群众性互助互济；民间公益事业团体组织的慈善救助；城乡居民自发组成的各种形式的互助组织等

1. 社会保险

当下，我国日益重视采用科学的管理机制，遵循精算平衡的原则，在此基础上同时建立了可持续的社会保障基金管理制度。按照不同的社会保障类型确定其资金来源和保障方式。重点加强和完善了企业养老及失业保险制度，通过加强社会整体的服务功能，建立统一的社会保障管理机构，形成了有效的管理，社会保险的筹集、运营能够良性循环。

（1）医疗保险。我国当前医疗保险事业可持续发展的必要前提是"保证基础、广泛覆盖"。近年来，我国医疗保险参保人数快速增长，目前已经基本建立起覆盖全民的医疗保险制度。2016 年 1 月，建立了统一的城乡居民基本医疗保险制度。这是促进医疗卫生体制改革、实现城乡居民公平享有基本医疗保险权益、促进社会公平正义、改善人民福祉的重要措施。2017 年 6 月，基本医疗保险支付方式的改革进一步深化。2019 年 3 月，生育保险和职工基本医疗保险的合并实施，是保障职工社会保险待遇、增强基金共济能力、提高服务水平的重要举措。

在新冠肺炎疫情防控的过程中，我国及时出台有关政策，将新冠肺炎的诊断和治疗纳入医保基金支付范围并预付部分资金，确保患者不受费用问题和医院付款政策而影响救治，体现了我国社会主义制度的优越性。但是，由于监管制度体系不健全、激励约束机制不完善，我国医保基金使用效率不高、欺诈骗保问题屡见不鲜，基金监管形势较为严峻。

从图 3-1 可以看出，2020 年参加全国基本医疗保险人数为 136101 万人，参保覆盖稳定在 95% 以上。其中，参加职工基本医疗保险人数 34423 万人，比 2019 年同期增加 1498 万人，增幅 4.5%；参加城镇居民基本医疗保险人数 101678 万人，比 2019 年减少 806 万人，降幅 0.8%。全年基本医疗保险基金（含生育保险）总收入 24638.61 亿元，总支出 20949.26 亿元；年末基本医疗保险（含生育保险）累计结存 31373.38 亿元，其中基本医保统筹基金（含生育保险）累计结存 15396.56 亿元，职工基本医疗保险个人账户累计结存 9926.95 亿元。

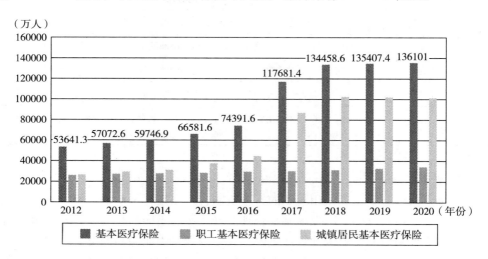

图 3-1　2012～2020 年基本医疗保险年末参保人数

资料来源：国家统计局。

从参保人数可以看出，医疗保险几乎做到了全民覆盖，同时对于城镇居民的覆盖面增长幅度可见，我国医疗保险以 2015 年为基准，到 2020 年城镇居民参保人口增长近乎一倍。

（2）养老保险。目前，我国养老保险制度实行的是一种社会统筹与个人账户相结合的模式，覆盖城镇企业职工、机关事业单位职工、个体工商户、灵活就业者和城乡居民。2014 年，国务院发布了《城乡养老保险制度衔接暂行办法》与《关于建立统一的城乡居民基本养老保险制度的意见》，合并了新农保和城居保两项制度，建立了全国统一的城乡居民基本养老保险制度（城乡居保），迈出了社会养老保险整合的第一步。通过实施"全民参保登记计划"，引入全国统一的社保卡与社保信息平台，促进了社会保障经办体系的整合，提高了行政管理与服务效率。2015 年，机关事业单位退休制度和企业养老保险实现并轨，结束了"双轨制"的养老保险运行的历史，并成为整合社会保障制度的又一重要步骤。自 2018 年 7 月 1 日起，我国实行的养老保险基金中央调剂制度，可以平衡地区间企业职工基本养老保险基金负担，确保基本养老保险制度可持续发展。

我国的养老保险有四个组成部分，分别为基本养老保险、企业补充养老保险、个人储蓄型养老保险、商业养老保险。其中，基本养老保险为最高层次，由国家主导，其具有强制性、互济性和社会性。当前基本养老保险的缴纳比例针对职工个人、企业缴纳部分、个体劳动者分别按照8%、20%、18%进行缴纳，截至2020年末，全国城镇职工基本养老保险参保人数为45638万人，相较于2019年末增加2150.1万人，增幅4.94%。城乡居民基本养老保险参保人数为54244万人，比2019年末增加978万人，增幅1.84%（见图3-2）。覆盖面几乎超过90%，与参保率同时提升的，还有与之相匹配的待遇。2019年，城镇职工基本养老保险基金收入52918.8亿元，基金支出49228亿元，年末基金累计结存54623.3亿元。

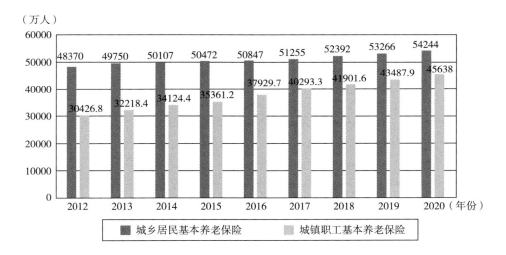

图 3-2 2012~2020 年基本养老保险年末参保人数

资料来源：国家统计局。

（3）失业保险。我国的失业保险遵循"覆盖面广、水平低"的原则，失业保险金是通过"以收定支、略有结余"来确定给付水平的。作为社会保险的重要组成部分之一，但是自2016年5月1日起，我国阶段性地降低失业保险，经国务院常务会议决定，将缴纳比例在先前的3%下降到2%的基础上，再进一步阶段性地降至1%至1.5%，个人费率不超过0.5%。

如图3-3和图3-4所示，截至2020年，全国失业保险参保人数21689万人，比2019年增加1146.3万人，增幅5.58%，全国领取失业保险金人数达270万人。2019年失业保险基金收入1284.2亿元，支出1333.2亿元，年末失业保险基金累计结余4625.4亿元。

对于国内经济结构的调整，不可避免地造成部分人员的失业，而降低失业保险费率，可以降低企业的支出成本，减轻企业的经营负担，从而使企业可以稳步发展，进而扩大经营，才能增加就业岗位。

（万人）

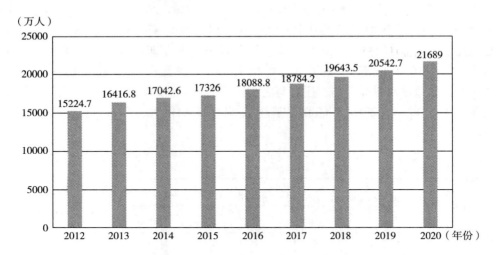

图 3-3　2012~2020 年失业保险年末参保人数

资料来源：国家统计局。

（万人）

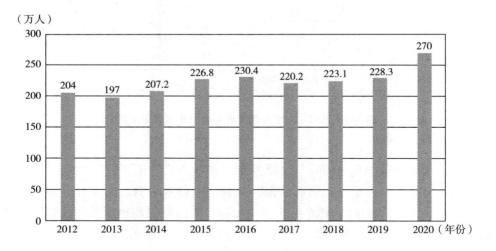

图 3-4　2012~2020 年年末领取失业保险人数

资料来源：国家统计局。

（4）工伤保险。与其他社会保险项目相比，工伤保险的最大区别在于工伤保险费只由雇主支付，而雇员无须承担任何费用。工伤保险待遇主要分为三类：医疗待遇、伤残待遇、死亡待遇。

近年来，我国相继颁布了《中华人民共和国职业病防治法》等一系列法律法规、规划和职业卫生标准，逐步加强监管力度，进一步加强职业病的防治能力和服务体系，不断改善诊断服务的可及性和诊断水平。2014 年，为进一步贯彻党的十八大和党的十八届三中、四中、五中全会精神，各部门联合制定了《关于加强农民工尘肺病防治工作的意见》，切实保护农民工职业健康和相关权益。在 2020 年新型冠状病毒肺炎预防和治疗工作中，因履行工作职责，感染新型冠状病毒肺炎或因感染新型冠状病毒肺炎死亡的医护及相关工作人员，依法享受工伤保险待遇。

　　如图 3-5 和图 3-6 所示，截至 2020 年，工伤保险参保人数为 26770 万人，与 2019 年相比增加 1291.6 万人，增幅 5.07%，其中参加工伤保险的农民工 8934 万人，与 2019 年相比增加 318 万人。2019 年全年享受工伤保险待遇人数为 194.4 万人，全年工伤保险基金收入 819.4 亿元，支出 816.9 亿元，年末工伤保险基金累计结余 1783.2 亿元（含储备金）。

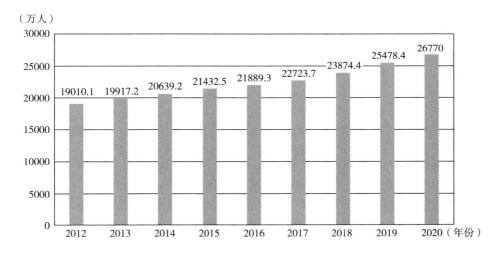

图 3-5　2012~2020 年工伤保险年末参保人数

资料来源：国家统计局。

　　工伤保险因为行业的不同，并不存在统一的缴纳比率，而是实行浮动比率缴纳，而截至 2021 年 4 月 30 日，工伤保险基金累计结余可支付月数在 18~23 个月的统筹地区，以现行费率为基础下调 20%，累计结余可支付月数在 24 个月以上的可以下调 50%。这样的调整同样也是出于降低企业负担而考虑的。

　　（5）生育保险。生育保险基金由社会保险经办机构负责收缴、支付和管理，根据"以支定收，收支平衡"的原则进行社会统筹。2015 年 12 月 27 日第十二届全国人民代表大会常务委员会第十八次会议通过《关于修改〈中华人民共和

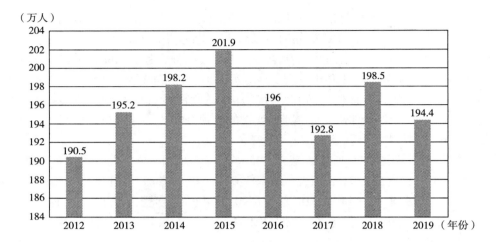

图 3-6 2012~2019 年享受工伤保险待遇的人数

资料来源：国家统计局。

国人口与计划生育法〉的决定》，结束了我国长达数十年的一胎计划生育政策，国家提倡一对夫妻生育两个子女，在这两个儿童的生育过程中，申领人均可享受生育保障待遇。根据《企业职工生育保险试行办法》，企业按照其工资总额的一定比例向社会保险经办机构缴纳生育保险费，生育保险费的提取比例由当地人民政府根据计划内生育人数和生育津贴、生育医疗费等项费用确定，但最高不得超过工资总额的 1%。

2020 年全年生育保险参保人数达 23546 万人，比 2019 年底增加 2128.7 万人，增幅 9.9%（见图 3-7）。生育保险待遇支出 902.75 亿元，同比增长 1.8%。2019 年 3 月 25 日，国家医疗保障局提出将生育保险与职工医保合并进行统筹，其并非意味五险变四险，而是减轻缴付负担，参保人待遇保持先前待遇，并不会发生变动，但是手续会简化。

2. 社会救济

社会救济是社会保障体系的最后一道防线，是解决贫困问题、帮助弱势群体的重要制度安排和措施。2014 年，国家颁布《社会救助暂行办法》，对低保、特困、教育、就业、医疗、住房与受灾等救助制度进行统一规范，有效地推进了全国整合城乡社会救助工作。

在各级财政支持下，我国儿童福利事业取得了长足发展，孤儿的生活状况得到了明显改善。国务院要求，各省、自治区、直辖市政府要按照不低于当地平均生活水平的原则，合理确定孤儿基本生活最低养育标准，并向全体孤儿发放基本生活费。为帮助地方做好孤儿基本生活费的发放工作，中央财政下拨资金，对地

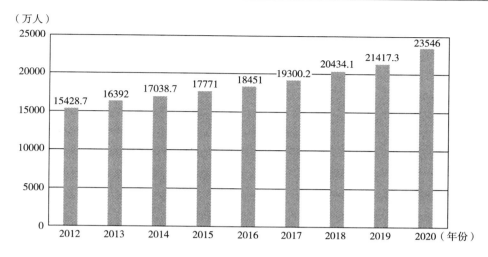

图 3-7　2012~2020 年生育保险年末参保人数

资料来源：国家统计局。

方发放的孤儿基本生活费进行补助，标准为东部地区每人每月 180 元、中部地区每人每月 270 元、西部地区每人每月 360 元。

随着社会的发展和人民生活水平的提高，我国孤儿数在逐年下降，且降幅一直在升高，在 2019 年降幅达到 23.6%，与此同时，我国家庭儿童收养登记总数也在逐年下降（见图 3-8、图 3-9）。

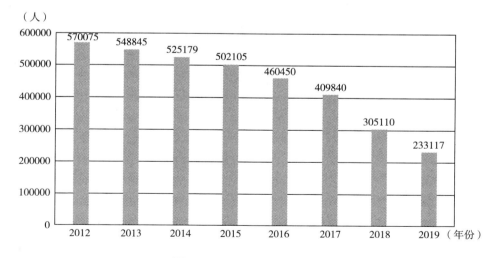

图 3-8　2012~2019 年孤儿数

资料来源：国家统计局。

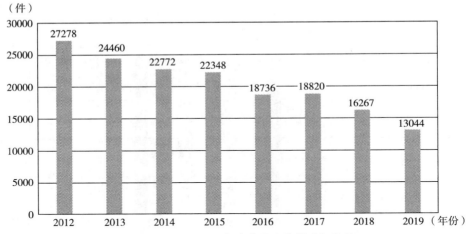

图 3-9　2012～2019 年家庭儿童收养登记总数

资料来源：国家统计局。

作为国家和社会给予残疾人以保障其基本生活的一种制度安排，残疾人的社会保障是衡量社会公正与文明进步程度的基本指标。经过"十二五""十三五"期间对残疾人社会保障体系的强化建设，残疾人社会保险现已基本实现了全覆盖，残疾人社会救助和福利覆盖范围不断扩大、保障水平不断提升，基本实现了托底民生的政策目标。但也必须看到，社会福利与保障是永恒的追求，只能前进，没有终点。

2019 年，国家建立困难残疾人生活补贴和重度残疾人护理补贴标准动态调整机制，各地需研究确定合理的残疾人两项补贴标准，确保残疾人两项补贴现行补贴标准与当地经济社会发展水平相适应，并能兼顾残疾人生活保障需求和长期照护需求。有条件的地区可以根据护理等级、服务提供方式等制定差别化的待遇保障政策。从图 3-10 可以看出，在 2015 年我国安排就业人数逐渐增长，超过扶持贫困残疾人人数，从根本上解决残疾人就业难的问题。

2015 年，中央发布《中共中央　国务院关于打赢脱贫攻坚战的决定》，提出将社会救助制度与精准扶贫有机结合，力保脱贫攻坚取得实效，促进农村低保制度、城乡特困人员救助制度与扶贫开发政策有机衔接，多元扶贫治理格局伴随着社会救助制度规范化与法治化发展进入新阶段。

截至 2019 年底，全国有农村五保供养对象 364.1 万人，降幅 1.27%。从图 3-11 可以看出，我国农村集中供养五保人数逐年减少，且从 2018 年开始减少率由逐年升高转为逐年降低。目前，我国已基本建立了以农村居民最低生活保障制度和农村五保供养为基础，以医疗、住房、教育、司法等专项救助和临时救助为重要内容的新型社会救助制度体系。

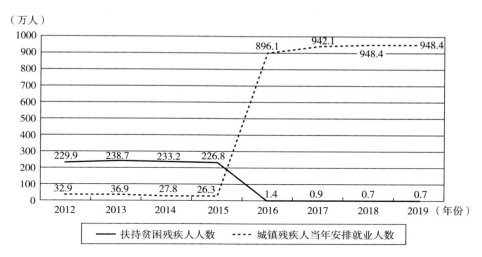

图 3-10　2012~2019 年残疾人扶持和就业情况

资料来源：国家统计局。

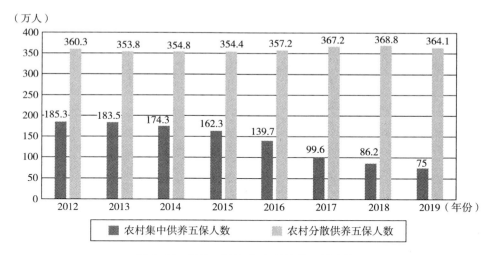

图 3-11　2012~2019 年农村供养五保人数

资料来源：国家统计局。

　　2020 年，全国城市最低生活保障平均标准为 677.6 元/人·月，农村最低生活保障平均标准为 5962.3 元/人·年。如图 3-12 所示，截至 2020 年末，全国共有 805 万人享受城市居民最低生活保障，3621 万人享受农村居民最低生活保障，446.5 万人享受农村特困人员救助供养，全年临时救助 1341.1 万人次。

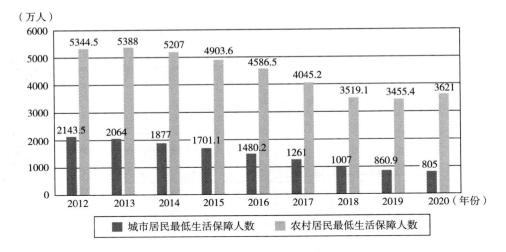

图 3-12　2012~2020 年居民最低生活保障人数

资料来源：国家统计局。

3. 社会福利

为了积极应对人口老龄化，全国各地相继出台了老龄津贴制度。《关于加快发展养老服务业的若干意见》从制度层面助推多元化养老服务体系快速发展。同时，《关于全面建立困难残疾人生活补贴和重度残疾人护理补贴制度的意见》有效推进了残疾人福利制度的发展完善。而 2016 年《中华人民共和国慈善法》的实施，则标志着社会慈善事业法制化进程的开启。至此，以扶老、助残、爱幼、济困为重点的社会福利制度得到全面建设。

特困人员供养服务设施（敬老院）是提供基本社会服务的重要载体，在脱贫攻坚中发挥重要兜底保障作用。当前，一些供养服务机构法人地位缺失、运营管理滞后、照护人员短缺、服务质量不高、管理工作亟待加强。根据《国务院关于进一步健全特困人员救助供养制度的意见》《国务院办公厅关于推进养老服务发展的意见》要求，2019 年我国各地于 10 月底前开展了一次特困人员供养服务设施（敬老院）法人登记情况摸底，积极协调提出落实法人登记的解决办法，并要求其加强队伍建设、经费保障和安全管理，同时提高服务质量。

如图 3-13 和图 3-14 所示，从 2017 年开始，我国服务机构单位数和儿童福利机构单位数逐渐稳步上升，2020 年老年人与残疾人服务机构单位数为 38000 个，与 2019 年相比，增加了 4000 个，2020 年儿童福利机构与 2019 年相比增加了 72 个，2020 年新冠肺炎疫情防控期间的后期，主要社会保障措施就是进一步做好疫情防控期间困难群众兜底保障工作，对监护缺失儿童进行救助保护，对疫情治疗定点医院开展心理援助与医务社会工作服务，保护关心医务人员，全面落实疫情防控一线城乡社区工作者关心关爱措施。

图 3-13　2012~2020 年服务机构单位数

资料来源：国家统计局。

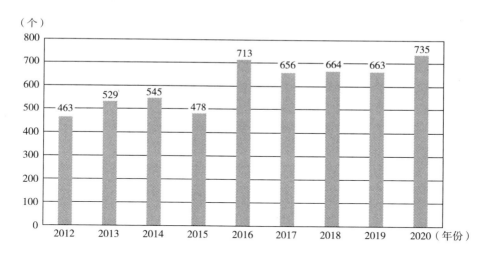

图 3-14　2012~2020 年儿童福利机构单位数

资料来源：国家统计局。

　　除服务机构外，还有一些福利企业对社会的捐赠也发挥了很大作用，在生活中很常见的福利彩票也做出了相应的举动。

　　党的十八大以来，每年从福利彩票提取的公益金均在 400 亿元以上，而这些提取的公益金每年的支出率均在 35% 以上，在 2015 年更是达到了 51.24%（见图 3-15）。由此可见，福利彩票的公益金对我国社会福利的贡献也是很大的。

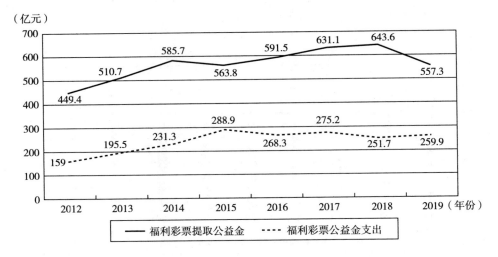

（亿元）

图 3-15 2012~2019 年福利彩票公益金

资料来源：国家统计局。

4. 优抚安置

优抚安置，是指国家对从事特殊工作者及其家属，如军人及其亲属予以优待、抚恤、安置的一项社会保障制度。

国家为了保障烈士军属、伤残军人、退役军人等生活所需，给予具有保障性质的社会优惠政策，诸如政府机构提供抚恤金、优待金、补助金等措施。

在我国，优抚安置的对象主要是烈士军属、复员退伍军人、残疾军人及其家属；优抚安置的内容主要包括提供抚恤金、优待金、补助金，举办军人疗养院、光荣院，安置复员退伍军人等。

优抚工作作为一项政府的重要行为，其资金大多由政府承担，《中华人民共和国宪法》第四十五条规定，"国家和社会保障残废军人的生活，抚恤烈士家属，优待军人家属"。保障优抚对象的生活是国家和社会的责任。社会优抚制度的建立，对于维持社会稳定，保卫国家安全，促进国防和军队现代化建设，推动经济发展的社会进步具有重要的意义。

2019 年 2 月 27 日，国家退役军人服务中心挂牌成立。打通解决政策落实、服务保障的"最后一公里"加速推进。按照"五有"要求，全国各级退役军人服务中心（站）相继成立。同时，原有的转业军官培训中心、优抚医院、光荣医院、军休所、军供站等事业单位陆续转隶至退役军人事务部门。

2021 年 6 月 10 日，第十三届全国人民代表大会常务委员会第二十九次会议通过《中华人民共和国军人地位和权益保障法》，从全方位的角度保证军人的合法权益。

5. 社会互助

社会互助是特定的社会群体包括家庭、社区、团体、企业、组织成员之间的民间互助行为，是非正式的制度安排，有别于政府组织的社会保障和社会救助。社会互助形式多样，不仅包括经济形式的互助行为，还包括精神上的互助，是社会自发地对社会脆弱群体的关爱，体现全社会以人为本的价值理念。不是单向的关怀和帮助，而是一种社会交换，对于补充政府保障的盲点起着重要的作用。政府应在其中起到规范、引导的作用。

社会互助包括两个方面：其一，为受助者提供资金的社会互助，包括社会（国内）捐赠、海外捐赠、互助基金和义演义赛义卖，等等；其二，为受助者提供服务的社会互助，包括邻里互助、团体互助和慈善事业，等等。

在我国的表现形式主要为员工工会和中华全国妇女会。

工会的存在主要是出现一些企业无视职工的劳动条件与安全，随意延长劳动时间、克扣职工工资、不提供劳动安全保护，甚至限制职工人身自由，严重侵犯了职工的合法权益，以致引发恶性安全事故和职工群体性事件，影响社会稳定。为保障劳动者合法权益，代表职工与企业方面就维护职工劳动权益的问题进行交涉，使企业予以纠正，避免矛盾进一步激化，维护改革发展稳定。

现阶段，全国工会会员总数 3.0 亿人，其中农民工会会员 1.4 亿人，基层工会组织 280.9 万个，覆盖单位 655.1 万个。而且中国工会依然在不断改善、不断壮大，更是不断地注入新的活力。

工会的存在不仅是党联系工会会员的桥梁和纽带——及时地对于党进行反映，才能让党在制定政策时更好地体现群众的意志和利益。更要维护国家政权，协助人民政府开展工作，在政府行使国家行政权力过程中，发挥民主参与和社会监督作用，成为国家权力的重要社会支柱。充分发挥工会在协调劳动关系，调节社会矛盾中的作用。

妇联的存在则是为了代表和维护妇女利益，促进男女平等。同样也是中国共产党和中国政府联系妇女群众的桥梁和纽带，是国家政权的重要社会支柱之一。团结、动员广大妇女参与经济建设和社会发展，代表和维护妇女利益，促进男女平等和团结、动员妇女投身改革开放和社会主义现代化建设，促进经济发展和社会全面进步。

二、中国社会保障面临的问题

中华人民共和国成立 70 多年来，社会保障事业稳步推进，改革开放后发展更是迅猛。但是应当清醒地看到，当前我国社会保障制度建设和实施中仍然存在一些亟待解决的矛盾和问题，不平衡不充分的特点在社会保障领域也有所体现。

1. 社会保障相关法规制度不健全

失业保险、工伤保险、生育保险、社会救助等社会保障制度发挥着社会"安全网"的作用，但由于经济社会的快速发展，历史遗留问题的存在等原因，相关的法规、制度尚不完善。首先，我国社会保障制度建设使用的是试点先行的方法，即先进行试验，再将经验加以总结，最后推广到各地，采取渐进式变革的路线。因此，我国在社会保障制度方面的立法是比较滞后的。虽然，我国已明显加快了社会保障的法制建设，在 2010 年颁布了《中华人民共和国社会保险法》，将有关条例和法规纳入其中，但其对具体实施措施、费用标准和年限以及缴纳方式均未明确规定，对于具体保险项目的内容规定得过少，保险项目之间的法律关系模糊，不同机关的立法职责并未划分。其中，该法多处提到"参照相关法律的规定"，然而具体哪些"相关法律"并未指明。这些过于框架性的法条在实际使用中缺乏指导作用，也导致社保部门在具体操作上"无法可依"。此外，零散的地方规定难以协调一致，容易造成各地对社会保障制度内容和覆盖范围理解的偏差，导致一些地方政府会根据当地的不同情况做出不同的决议，影响我国社会保障制度立法的稳定性。同时，我国有关社会保障制度的法律建设还不完善，没有形成有效的管理和监督机制。对于那些拖欠失业救济金、退休人员保险金和不缴纳社会保险费的行为，没有相关的制裁措施，管理部门无法对此进行处罚，从而导致资金难以筹集，侵占挪用的事情常常发生。另外，社会成员就社会保障问题发生争议时，也无法通过诉讼、仲裁等司法程序来维护自身的权益。

2. 社会保障管理体制不健全

科学、高效是社会保障的重要目标，从现实来看，距离这一目标还有较大差距。经过多次改革，社会保障的行政管理体制基本理顺，从分散管理走向适度集中管理为社会保障改革提供了可靠的管理保障，但是依然存在改进的空间。第一，对社会保障的认识还不准确。计划经济时期，我国的社会保障制度实质上是企业保险而非社会保险，主要是针对机关、事业单位和企业的职工。随着改革开放和经济社会的发展，当前社会保障制度的目标已经向着全覆盖、体系化发展。但仍有不少人还认为社会保障制度主要是针对所谓的"铁饭碗"，一定程度反映了我国在社会保障制度的解读上宣传还不到位。第二，社会保障的管办不分现象突出，经办服务体系的独立性和专业化程度不高，经办服务能力不足。社会保障是基于形式上的整合管理还是基于需求的专业化管理值得进一步研究。尤其是人口老龄化背景下健康保障与养老保障的行政管理体制有待进一步改革完善。第三，目前的社会保障大多需要各个部门的配合来完成，但现实中各个部门缺乏信息联动机制，如在社会救助中往往需要和司法救助相结合，才能更好地保障救助者的权利，但在实际运用中经常产生不受理救助申请的问题。这主要是由于缺乏有效的沟通协调机制，从而导致难以在部门之间配合完成工作，这极大地浪费了资源，且降低了救助效率。第四，我国突发公共事件的发生，对我国的应急管理机制都是一种考验，同时也体现出我国在风险防范机制和应急救援机制方面的薄弱。在风险防范上，对突发公共事件的预警重视程度较低，且投入过少。在事后的应急救援上，缺乏对突发公共事件的具体应对措施。第五，缺乏有效的监督机制。社会保障制度在实践中难免会产生各种各样的问题，如社会救助主体重复救助或者不受理救助，以及救助过程中的流程冗余等问题，需要有专门的监督机制查明产生的原因，以期在之后的救助过程中更好地为救助主体服务。第六，社会保障制度在现行的标准下，经常还存在"一刀切"的问题，合理的"因地制宜""因人制宜"还不充分，使部分群众满意度较低。总体来看，社会保障体制还不健全。

3. 社会保障资金运行效率低

经过不断的改善，我国的社会保障制度已经由"国家型"转变为政府、单位和个人共同负担的"互助型"。运作模式也实现了由现收现付制到统账结合制的转变。但在运作过程中，也有一些问题出现导致运行效率低下。就社会保障资金的筹集而言，2019 年之前，我国的社会保险费实行"二元制"的征收制度，既可以由社保经办机构征收，也可以由税务部门征收。由于两个部门之间沟通协调不畅通，增加了社会保险资金的筹集成本，也不利于社会保障资金的集中统一管理。2019 年以后，统一由税务部门征收，社保经办机构负责核算，但具体的经办人员仍要实行"二元制"的办理流程，不仅增加了办理手续，而且导致一些不一致的问题。

4. 社会保障制度覆盖面有限

在覆盖人群方面，我国已经基本建立了针对企业职工、机关事业单位工作人员、城镇居民及农村居民的社会保障制度，但在这个注重高质量的新时代，高质量的社会保障建设也强调要补全漏洞、查漏补缺。我国社会保障全覆盖的漏洞是尚未实现"人员全覆盖"的人群，他们主要为流动人口、灵活就业人员、农民工和失地农民；短板是由于关联性参保、强制性参保等措施，部分参保人的主动性不强、积极性不高，已参保人员中实际缴纳社会保险费的人数少于应缴费人数，社会保障覆盖人口面临退保风险。这种过多强调提升覆盖面而不顾发展质量的方式不符合社会保障高质量建设的要求

5. 社会保险基金在使用和管理上存在问题

首先，从基金管理体制来看，个人账户资金的管理缺乏明确的体制保障。目前，其与社会统筹基金是混合在一起管理的，是否单独列出来以及是否进行市场化管理的问题还不是很突出。但是，如果按照基金积累制去做实个人账户，个人账户基金的管理和投资问题将会浮出水面，必须建立与之相适应的管理体制。其次，在社会保险基金的运行管理方面，资金运行效率较低。由于社会保险基金安

全性的要求，制约了社会保险基金的投资行为，使我国社会保险基金面临增值困境。在近年来通货膨胀率居高不下的情况下，社会保险基金不能做到顺势而动，将造成社会资金的人为闲置和巨大浪费。同时，社会保险基金在监管方面较薄弱。社会保险基金的筹集乏力、挤占挪用社保基金的事件时有发生。

第二篇
社会保障之社会保险

第四章　养老保险制度

　　养老保险，全称社会基本养老保险，是国家和社会根据一定的法律和法规，为解决劳动者在达到国家规定的解除劳动义务的劳动年龄界限，或因年老丧失劳动能力退出劳动岗位后的基本生活而建立的一种社会保险制度，是社会保障制度的重要组成部分，在社会保险五大险种中是其最重要的险种之一。其目的是保障老年人的基本生活需求，为其提供稳定可靠的生活来源，可保证劳动力再生产，可维护社会安全稳定，可促进经济稳步发展。中华人民共和国成立以来，我国养老保险制度从无到有，不断完善，但随着国民生活水平的稳步提高，养老保险制度仍有待改善，因此本章通过梳理我国养老保险制度发展的历史沿革，深入分析我国养老保险制度发展的现状及存在问题，通过中外制度比较及经验借鉴，提出我国养老保险制度改革方案。

第一节　历史沿革

　　中华人民共和国成立以来，我国养老保险制度也在不断的完善和发展。按照制度阶段性发展的主要特征可将养老保险制度历史沿革大体划分为两个阶段：中华人民共和国成立至改革开放前（1949～1978 年）、改革开放至今（1979 年至今），按照制度时序性发展特征以及时代特点又可将上述两大阶段细化为三个时期，即"国家-企业"养老保障时期（1949～1978 年），"统账结合"的基本养老保险制度主导时期（1979～2014 年）、多支柱养老保险制度自主创新时期（2015年至今），如图 4-1 所示。

一、"国家-企业"养老保障时期（1949～1978 年）

　　自中华人民共和国成立以来，我国就开始探索和完善养老制度。最早的《中华人民共和国劳动保险条例（草案）》对国营、公私合营、私营及合作社经营的工厂、矿场等企业，以及铁路、航运等重要部门职工和供给制人员的养老待遇作出了一系列规定。1955 年，国务院发布了《国家机关工作人员退休处理暂行办法》，并将供给制分配制从原来的劳动保险制度剥离出来，改为工资制。1957 年，

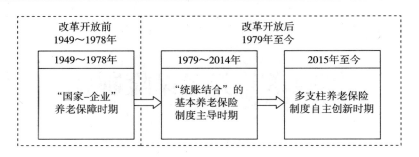

图 4-1　中国养老保险制度发展的历史沿革

国务院制定的《关于工人、职员退休处理的暂行规定》中规定由政府和企业支付相关养老费用，养老制度基本确立。1964 年，《关于轻工业、手工业集体所有制企业职工、社员退休统筹暂行办法》的实施进一步推动了养老制度的发展。1969 年，财政部颁布的《关于国营企业财务工作中几项制度的改革建议（草案）》规定由企业支付社会保险金，并取消了社会保险费统筹制度。1978 年，我国基本恢复了中华人民共和国成立之初的退休政策，进一步明确了全民所有制企业、事业单位和党政机关、群众团体的工人的退休办法，并明确了城镇集体所有制养老保险社会化的思路，在这一时期，农村养老仍处于不确定的、临时的"五保"制度阶段。

　　这一阶段我国养老保险制度是由社会主义三大改造的完成以及以公有制为主的计划经济体制确立而建立和发展的，经历了由"国家-企业"双主体保障到单主体保障的演进。在这一时期，个人不缴费、养老金水平与退休前的工资水平相关联，企业与机关各成系统。覆盖群体包括部分重点领域工人、党政机关、事业单位等公有制企业的工人，但并不包括农村人口，因此，其覆盖面窄、社会化程度低。另外，由于职工个人不缴纳任何保险费，企业不为职工办理补充养老保险，个人储蓄养老保险意识淡薄，导致养老保险给付层次单一。其阶段特点如表4-1 所示：

表 4-1　"国家-企业"养老保障时期特点

阶段类别	享受对象	优缺点	资金来源
"国家-企业"养老保障时期	部分重点领域工人、党政机关、事业单位等公有制企业的工人	优点：个人不缴费、养老金水平与退休前的工资水平相关联 缺点：覆盖面窄、社会化程度低，养老保险给付层次单一	政府和企业

二、"统账结合"的基本养老保险制度主导时期（1979~2014 年）

　　改革开放后，随着国家整体形势的改变，养老保险制度发生了一系列的变革。自 1985 年起，我国开始对养老制度进行改革，并采取了一系列的措施来探索现代化养老制度的发展。1986 年，《国营企业实行劳动合同制暂行规定》规定劳动合同制的工人的养老保险由个人、企业以及国家共同承担，其个人和企业缴费比例为 3% 和 5%，其余由国家缴纳，由此我国基本养老保险制度框架初步建立。之后几年开始对社会统筹方式展开探索。1995 年，国务院颁布《关于深化企业职工养老保险制度改革的通知》，确立了基本养老保险制度模式，将"统账结合"即"城镇职工养老和医疗保险金由单位和个人共同负担，实行社会统筹和个人账户相结合"作为养老保险行业改革的重点方向。1997 年，国家规定企业养老保险缴费比例不高于职工工资的 20%，个人缴费比例不超过 4%，并逐步提高至 8%，按个人缴费工资的 11% 建立个人账户，个人缴费不足的从企业缴费中划入，明确了改革内容与渐进式思路。2000~2006 年，政府通过"试点—推广"的方式对企业职工基本养老保险费的缴费比例调整至 20%，个人缴费比例调整为 8%，企业缴费不再划入个人账户，社会统筹基金与个人账户基金实行分别管理，"统账结合"的企业职工基本养老保险制度初步形成。

我国养老保险制度是根据"身份特征"进行划分的制度体系。20 世纪 80 年代初期，中国刚刚步入改革开放的新时期，在坚持以经济建设为中心的战略指导下，将企业职工基本养老保险制度作为改革的重点，农村养老保险制度以及机关事业单位紧随其后，并由民政部与人事部分别负责。农村养老保险制度历经四个阶段，分别是"老农保""制度缺失""新农保""城乡居民基本养老保险"。初期，"老农保"实行个人账户储备积累制，以个人缴费为主、集体补贴为辅，以县级机构为基本核算单位。在 1991 年开始试点，1992 年开始推广。但是，该制度由于政策执行过程中集体补贴难以落实到农民个人身上，且银行利率较低，于1999 年停止。到 2009 年，国家开启新型农村社会养老保险（又称"新农保"）试点工作。紧随其后，2011 年，城镇居民社会养老保险试点开始，并于 2015 年与新农保合并为城乡居民基本养老保险制度。机关事业单位养老保险制度改革从1992 年开始，直至 2008 年才有实质性的成果，山西、上海、浙江、广东、重庆五省份作为试点进行养老保险制度的改革。2015 年，社会统筹与个人账户相结合的基本养老保险制度的确立，结束了"双轨制"的模式，开启了覆盖全体成员的"统账结合"的阶段。

我国基本养老保险制度的改革措施从城镇企业职工基本养老保险制度开始，逐步推进到城乡居民基本养老保险以及机关事业养老保险制度。在这一阶段主要完成了我国基本养老制度的框架构建，进一步完善了基本养老保险制度的体系建设，推动了养老保险制度从覆盖部分群体到全体国民。但其仍然有两个突出问题：由于制度模式不同，机关事业单位与企业之间养老保险关系相互转移接续困难，制约了人力资源合理流动和有效配置；机关事业单位与企业之间的退休费待遇确定和调整难以统筹协调，同类人员之间的待遇差距拉大，产生不平衡的特点。其阶段特点如表 4-2 所示：

表 4-2　"统账结合"的基本养老保险制度主导时期特点

阶段类别	享受对象	优缺点	资金来源
统账结合的基本养老保险制度主导时期	全国城乡居民	优点：统一了个人账户的规模和资金来源；统一了企业缴费比例；基本养老保险制度的体系建设得到完善 缺点：人力资源合理流动和配置受制约；同类人员之间的待遇差距拉大，公平性有待提高	企业和个人共同负担

三、多支柱养老保险制度自主创新时期（2015 年至今）

随着我国基本养老保险制度的日渐完善，改革重点从原来的基本养老保险制度参量改革转移到结构性改革，也就是多支柱养老保险自主创新时期。2016 年，《"十三五"国家老龄事业发展和养老体系建设规划》将构建包括职业年金、企业年金和商业保险在内的多层次养老保险体系，推进个人税收递延型商业养老保险试点作为完善养老保险制度的重点任务。由于第二支柱养老保险尤其是企业年金制度发展缓慢，2014 年 10 月，国家开始施行《机关事业单位职业年金办法》，"倒逼"和引导企业年金发展，减少了养老金"并轨"阻力。2018 年 2 月，由人社部、财政部审议通过的《企业年金办法》将企业年金修订为"企业及其职工在依法参加基本养老保险的基础上，自主建立的补充养老保险制度"，并开展 EET 型税收优惠政策实践，弱化了企业自愿性，强调企业自主性。尽管如此，除央企外的其他类型的企业参加年金制度的情况并未达到预期。具体表现为：企业年金积累规模逐年增高，但是参加的企业数量及覆盖人群增长速度却极为缓慢，发展动力严重不足。2017 年 7 月，《关于加快发展商业养老保险的若干意见》提出在 2020 年要建立专业化的商业养老保险体系。2018 年 4 月，《关于开展个人税收递延型商业养老保险试点的通知》的实施使商业养老保险的发展得到贯彻执行。之后我国商业养老保险行业进一步发展，其产品数量以及创新程度都有所提升，保险的深度以及密度大大提升。

这一阶段是国家推进养老保险制度改革的新时期，是从单支柱基本养老保险制度向多支柱养老保险制度演化的创新式变迁的开始。养老保险制度改革第一次作为国民经济运行的独立要素（之前是作为劳动制度或事业单位分类改革的配套政策），并由政府主导进行的主动性变革，在整个国民经济建设中扮演着重要角色。但由于改革处于起步阶段，养老保险行业发展缓慢，发展动力不足，其可持续性有待提升。其阶段特点如表 4-3 所示：

表 4-3 多支柱养老保险制度自主创新时期特点

阶段类别	享受对象	优缺点	资金来源
多支柱养老保险制度自主创新时期	全国城乡居民	优点：养老保险制度改革作为国民经济运行的独立要素，由政府主导进行的主动性的变革 缺点：发展动力不足，持续性有待提升	政府、集体及个人共同筹资

第二节 现状解析

2014 年，国务院决定合并新型农村社会养老保险和城镇居民社会养老保险两项制度，建立全国统一的城乡居民基本养老保险制度。2017 年，习近平同志在党的十九大报告中指出，加强社会保障体系建设。全面建成覆盖全民、城乡统筹、权责清晰、保障适度、可持续的多层次社会保障体系。全面实施全民参保计划。完善城镇职工基本养老保险和城乡居民基本养老保险制度，尽快实现养老保险全国统筹。完善统一的城乡居民基本医疗保险制度和大病保险制度。完善失业、工伤保险制度。建立全国统一的社会保险公共服务平台。自 2018 年 7 月 1 日起，国务院《关于建立企业职工基本养老保险基金中央调剂制度的通知》实施，标志着我国城乡一体化养老保险制度发展迈向新的台阶。

一、当前我国养老保险的构成

当前我国的养老保险由四个层次（或部分）组成：第一层次是基本养老保险，第二层次是企业补充养老保险，第三层次是个人储蓄性养老保险，第四层次是商业养老保险。在这种多层次养老保险体系中，基本养老保险可称为第一层次，也是最高层次。

1. 基本养老保险

基本养老保险（亦称国家基本养老保险），它是国家和社会根据一定的法律和法规，为解决劳动者在达到国家的解除劳动义务的劳动年龄界限，或因年老丧失劳动能力退出劳动岗位后的基本生活而建立的一种社会保险制度。基本养老保险以保障离退休人员的基本生活为原则。它具有强制性、互济性和社会性。它的强制性体现在由国家立法并强制实行，企业和个人都必须参加而不得违背；互济性体现在养老保险费用来源，一般由国家、企业和个人三方共同负担，统一使用、支付，使企业职工得到生活保障并实现广泛的社会互济；社会性体现在养老保险影响范围很大，享受人多且时间较长，费用支出庞大。

2. 企业补充养老保险

由国家宏观调控、企业内部决策执行的企业补充养老保险，又称企业年金，它是指由企业根据自身经济承受能力，在参加基本养老保险基础上，企业为提高职工的养老保险待遇水平而自愿为本企业职工所建立的一种辅助性的养老保险。企业补充养老保险是一种企业行为，效益好的企业可以多投保，效益差的、亏损的企业可以不投保。实行企业年金，可以使年老退出劳动岗位的职工在领取基本养老金水平上再提高一步，有利于稳定职工队伍，发展企业生产。

3. 个人储蓄性养老保险

职工个人储蓄性养老保险是我国多层次养老保险体系的一个组成部分，是由职工自愿参加、自愿选择经办机构的一种补充保险形式。实行职工个人储蓄性养老保险的目的，在于扩大养老保险经费来源，多渠道筹集养老保险基金，减轻国家和企业的负担；有利于消除长期形成的保险费用完全由国家"包下来"的观念，增强职工的自我保障意识和参与社会保险的主动性；同时也能够促进对社会保险工作实行广泛的群众监督。

4. 商业养老保险

商业养老保险是以获得养老金为主要目的的长期人身险，它是年金保险的一种特殊形式，又称为退休金养老保险，是社会养老保险的补充。商业养老保险的被保险人，在缴纳了一定的保险费以后，就可以从一定的年龄开始领取养老金。这样，尽管被保险人在退休之后收入下降，但由于有养老金的帮助，他仍然能保持退休前的生活水平。商业养老保险，如无特殊条款规定，则投保人缴纳保险费的时间间隔相等、保险费的金额相等、整个缴费期间内的利率不变且计息频率与付款频率相等。

截至 2018 年底，全国参加基本养老保险的人数为 94293 万人，比上年增加 2745 万人。全年基本养老保险基金总收入 55005 亿元，基金总支出 47550 亿元。年末基本养老保险基金累计结存 58152 亿元。年末全国参加城镇职工基本养老保险人数为 41902 万人，比上年末增加 1608 万人。其中，参保职工 30104 万人，参保离退休人员 11798 万人，分别比上年末增加 836 万人和 772 万人。年末城镇职工基本养老保险执行企业制度参保人数为 36483 万人，比上年末增加 1166 万人。

全年城镇职工基本养老保险基金收入 51168 亿元，基金支出 44645 亿元。年末城镇职工基本养老保险基金累计结存 50901 亿元。2018 年 7 月 1 日，建立实施企业职工基本养老保险基金中央调剂制度，2018 年调剂比例为 3%，调剂基金总规模为 2422 亿元。年末城乡居民基本养老保险参保人数 52392 万人，比上年末增加 1137 万人。其中，实际领取待遇人数 15898 万人。2018 年，全国 60 岁以上享受城乡居民基本养老保险待遇的贫困老人 2195 万人，实际享受代缴保费的贫困人员 2741 万人，城乡居民基本养老保险使 4936 万贫困人员直接受益。全年城乡居民基本养老保险基金收入 3838 亿元，基金支出 2906 亿元。年末城乡居民基本养老保险基金累计结存 7250 亿元。

二、当前我国养老保险体系发展的不足

（1）养老基金的筹资范围窄。就我国人口结构而言，我国已经迈入了老龄化社会，为了老龄人口的基本生活得到保障，当务之急是如何筹集到更多的养老资金。尽管早在 1991 年国务院发布的《关于深化企业职工养老保险制度改革的通知》（国发〔1995〕6 号）文件中确定的养老保险体制改革的目标之一就是要求建立资金来源多渠道的养老保障体系，但目前我国养老保险基金筹资面依然狭窄，主要来源是国家预算和企业营业外列支的生产性收益。并且，国家并不鼓励人民多存养老金，而世界上一些发达国家，如美国、日本等国则鼓励多存养老金，为国家财政减轻负担。随着我国社会老龄化的加重，如果不采取措施，我国财政负担会越来越重。

（2）行政管理体制与养老金制度不相匹配。首先，目前我国大部分地区的社会养老保险统筹层次较低，主要原因是我国对养老保险的行政管理模式是属地化管理，即市（县）养老保险经办机构由地方政府管理，所以市（县）养老保险经办机构必然成为地方政府利益的首选目标。省级政府的统筹目标是综合平衡全省各市（县）、各行业部门之间的利益，便出现了省级养老保险机构与市（县）级养老保险机构利益的冲突，使省级统筹难，全国统筹难，全国高度统筹更是难上加难。2011 年 7 月 1 日，国务院启动了城镇居民养老保险试点，目标是覆盖全国 60%的地区，2012 年覆盖全国。很明显，在"量"上我国社会养老保险将是完美的蜕变，但经过上面的分析我们不难发现，这种分级行政管理体制使省级统筹、全国统筹难以实现"质"的飞跃。

其次，由于征收、支出、管理全部由社保部门负责，造成了行政工作人员的浪费。我国社会养老保险的政策制定、费用收缴、投资运作、监管查处都是由社保部门负责。社保局通过单独组织一批专业人士对企业进行财务核算、监控企业员工工资，通过专业征管软件对各个企业进行调查、稽核、收缴。这一过程造成了社保基金的额外支出，甚至有些地方的社保基金 40%以上被当作行政费用浪费掉了。与我国相比较，在智利、新加坡、美国等国家对养老金的征收都是由税务部门操作，独立的政府或者私营的基金管理公司负责投资，最后统一由社保部门负责养老保险金的支出及政策标准的制定。

（3）养老保险基金违规挪用现象严重。企业缴纳的 20%的养老金纳入社会统筹账户中，而养老基金的征收、支出、管理监督均由劳动和社会保障部门负责，这不免会出现"左手监管右手"的现象。统筹账户中的社会养老基金在被使用时，各省市没有任何的披露，养老保险个人账户也不会汇报基金的投资用途、投资回报率，造成了基金违规挪用现象愈演愈烈，进而将影响扩散到全国。这种缺乏

制约与监管的管理体制使养老保险基金最终可能成为沉没成本，得不到任何投资回报。我国人口基数很大，在老龄化社会来临的情况下，这种违规挪用保险基金的行为会给国家财政带来沉重的打击。

（4）养老金的收益性较低。从辽宁省做实个人账户的实践结果来看，我国养老金投资于银行协议借款和国债的投资回报率低于2.5%，远低于我国社会平均工资增长率。随着生活水平的提高，通货膨胀等因素的影响，使养老基金的低收益难以支撑我国老龄人口的正常生活。以美国为例，美国养老基金与资本市场对接，养老金成为美国资本市场上三大主要机构投资者之一。美国逐渐科学地协调养老金的安全性与收益性，运用投资组合，分散风险，在风险一定（尽量低风险）的情况下，实现养老基金投资高收益。20世纪80年代以来，美国的养老金投资收益均在10%以上（扣除通胀因素后）。在中国对养老基金体制改革的过程中，我们应借鉴美国的养老保险体制，以部分积累制为根本，实现与资本市场相结合的模式。

2010年10月28日，第十一届全国人大第十七次会议通过了《中华人民共和国社会保险法》，该法于2011年7月1日开始实施，按照"十二五"规划，基本养老保险有望在五年内实现全国统筹。在我国养老金体制实现由市（县）统筹到省级统筹，最终达到全国统筹的过程中，我们也看到了我国养老保险制度存在的以上种种问题，我国养老保险体制的改革必然会形成一种趋势，因此我们应探索出一条符合我国国情的社会养老保险体制。

（5）养老保险基金管理过程不透明、不公开，且管理机构分散，管理层次过多。按照国务院要求，养老保险管理各项目应该公开化、透明化，但实际上人们对自己的养老保险基金的管理过程并不了解，而且各级别、各部门都参与养老保险基金的统筹和管理，造成地区、部门间难以协调和集中运营，无法发挥规模效应，同时也扩大了养老保险基金的投资风险。另外，各部门设置的多层管理机构臃肿，效率低下，浪费严重。

第三节　各类养老保险制度比较及经验借鉴

一、各类养老保险模式比较研究

世界各国实行养老保险制度有三种模式，可概括为投保资助型（也叫传统型）养老保险、国家统筹型养老保险和强制储蓄型养老保险（也称公积金模式）。

1. 传统型养老保险制度

传统型养老保险制度又称为与雇佣相关性模式或自保公助模式，最早为德国俾斯麦政府于 1889 年颁布养老保险法所创设，后被美国、日本等国家所采纳。这一养老保险制度的显著特点是个人领取养老金的权利与缴费义务联系在一起，即个人缴费是领取养老金数额的重要保障，养老金水平与个人收入挂钩，基本养老金按退休前雇员历年指数化月平均工资和不同档次的替代率来计算，并定期自动调整。除基本养老金外，国家还通过税收、利息等方面的优惠政策，鼓励企业实行补充养老保险，基本上也实行多层次的养老保险制度。

美国的养老金体系是典型的三支柱模式：第一支柱联邦养老计划由政府主导，第二、第三支柱具有私人性质并且是养老金的主要来源。2018 年末，美国的养老资产总计为 27.06 万亿美元，是当年 GDP 的 1.32 倍。[①] 在美国的养老资产中，第二支柱雇主养老金计划和第三支柱个人养老储蓄计划资产占比超过 60%。

日本经过不断的改革和完善，逐步形成了由三大支柱组成的养老保险制度：第一支柱是国民年金；第二支柱是厚生年金；第三支柱是补充养老保险。国民年金是日本养老保险制度的基石，是一项普惠全民的基础养老保险。根据日本宪法第 25 条规定精神，居住在日本的年龄在 20~59 岁的所有人（包括外籍居民）均须依法为国民养老保险体系缴纳保费。

2. 国家统筹型养老保险制度

国家统筹型（Universalprograms）分为两种类型：①福利国家所在地普遍采取的，又称为福利型养老保险，最早为英国创设，目前适用该类型的国家还包括瑞典、挪威、澳大利亚、加拿大等。该制度的特点是实行完全的"现收现付"制度，并按"支付确定"的方式来确定养老金水平。养老保险费全部来源于政府税收，个人不需缴费。享受养老金的对象不仅是劳动者，还包括社会全体成员。养老金保障水平相对较低，通常只能保障最低生活水平而不是基本生活水平，如澳大利亚养老金待遇水平只相当于平均工资的 25%。为了解决基本养老金水平较低的问题，一般大力提倡企业实行职业年金制度，以弥补基本养老金的不足。该制度的优点在于运作简单易行，通过收入再分配的方式，对老年人提供基本生活保障，以抵销市场经济带来的负面影响。但该制度也有明显的缺陷，其直接的后果就是政府的负担过重。由于政府财政收入的相当一部分都用于了社会保障支出，而且维持如此庞大的社会保障支出，政府必须采取高税收政策，这样加重了企业和纳税人的负担。同时，社会成员普遍享受养老保险待遇，缺乏对个人的激励机制，只强调公平而忽视效率。②苏联所在地创设的，其理论基础为列宁的国家保险理论，后为东欧各国、蒙古国、朝鲜以及我国改革以前所采用。该类型与福利国家的养老保险制度一样，都是由国家来包揽养老保险活动和筹集资金，实行

---

① 数据来源于美国投资公司协会（ICI）。

统一的保险待遇水平，劳动者个人无须缴费，退休后可享受退休金。但与前一种类型不同的是，适用的对象并非全体社会成员，而是在职劳动者，养老金也只有一个层次，未建立多层次的养老保险，一般也不定期调整养老金水平。随着苏联和东欧国家的解体以及我国进行经济体制改革，采用这种模式的国家也越来越少。

3. 强制储蓄型养老保险模式

强制储蓄型主要有新加坡模式和智利模式两种：①新加坡模式是一种公积金模式。该模式的主要特点是强调自我保障，建立个人公积金账户，由劳动者于在职期间与其雇主共同缴纳养老保险费，劳动者在退休后完全从个人账户领取养老金，国家不再以任何形式支付养老金。个人账户的基金在劳动者退休后可以一次性连本带息领取，也可以分期分批领取。国家对个人账户的基金通过中央公积金局统一进行管理和运营投资，是一种完全积细小的筹资模式。除新加坡外，东南亚、非洲等一些发展中国家也采取了该模式。②智利模式作为另一种强制储蓄类型，也强调自我保障，同样采取了个人账户的模式，但与新加坡模式不同的是，个人账户的管理完全实行私有化，即将个人账户交由自负盈亏的私营养老保险公司规定了最大化回报率，同时实行养老金最低保险制度。该模式于 20 世纪 80 年代在智利推出后，也被拉美一些国家所效仿。强制储蓄型养老保险模式最大的特点是强调效率，但忽视公平，难以体现社会保险的保障功能。

二、各类养老保险模式的经验借鉴

通过对国外社会保障体系的比较和介绍，我们可以看到在面临老龄化危机之际，无论是在继承原有社会保障体系基础上进行创新、改良还是在转型过程中加大改革力度，重构社会保障体系，世界各国都在积极探索建立适合本国国情的，有自己特色的社会保障制度。在此过程中，我们得到以下启示：

（1）我国宜加快扩大社会养老保险制度的覆盖面，积极实施"低水平、广覆盖"工程。发达国家在社会保障覆盖面方面优势较为明显，突出表现在基本养老方面基本实现了全覆盖，医疗、失业和工伤保险方面也针对不同阶层实施普惠计划。如英国、美国、日本等国家均是如此。反观我国，据国家劳动和社会保障部与国家统计局发布的统计公报，被养老金制度覆盖的人员只占第二、第三产业就业人员的 1/3 左右，若以全部老年人为统计口径，我国享有养老金的老年人占全部老年人的比例就更小了。因此，从长远发展着眼，我国宜加快扩大社会养老保险制度的覆盖面。从中近期考虑，首先应积极实施养老保险制度在城镇非国有企业职工中的"低水平、广覆盖"工程。"十四五"期间及未来一段时间里，我国劳动年龄人口继续下降的趋势仍将延续，这将对我国经济社会发展带来重要影响，如何积累养老保险金弥补未来养老保险基金的支付缺口是当下亟须考虑的问题。另外，要随着公共支出的增长，逐步提高对城乡低保人员的补贴标准，尤其要关注城乡 65 岁以上的老年人的生活状况，对老年人享受低保的条件应比其他人适当放宽，建立起真正符合我国国情的覆盖面广的社会保障体系。

（2）在健全社会保障体系过程中要注重加强市场作用，发挥商业保险在社会保障领域的作用。美国的社会保障制度设计体现了"政府主导公平，市场主导服务"，共同建设社会保障体系的特点，与其他国家相比，其市场的参与和作用要大得多。商业机构在社会保障领域创新不断，既推出了丰富的满足不同阶层需求的产品为公众服务，又活跃了金融市场，刺激了金融服务和金融创新水平。在医疗保障领域，美国、英国、日本等发达国家也都注重发挥市场功能，通过税收优惠等措施，鼓励商业机构参与以弥补公共服务不足。我国在健全社会保障过程中，可借鉴国外经验，通过政府补贴、税收优惠等措施，促进商业组织在补充社会保险、社会救助、社会优抚和社会福利领域里的成长。比如，在基本社会保障领域，可以尝试将社保基金交由专业养老基金公司运作以弥补长期以来社保资金收益水平不高、管理效率低下的缺点。在补充养老保险领域，通过税收优惠等措施鼓励商业养老保险与企业年金共同发展以满足不同阶层需求，提高服务水平。

（3）社会保障要体现社会公平原则，突出国家作用。社会公平与效率是一个社会保障体系设计之初就要面临的抉择问题。综观各国社会保障制度，可以发现各国在这个问题的处理上各有不同，主要是在考虑本国国情下有所偏重，但注重照顾低收入阶层的利益，努力体现国家作用。例如，美国社会保障制度中社会救助、社会福利设计、医疗保障和担保机制，英国社会福利和 DB 担保机制，日本公共养老制度交叉补贴等都在体现社会公平的同时也突出了国家作用，以国家财政为社会保障提供担保，免除公众因基金管理不善等造成的损失。究其原因主要是由于社会保障属于公共产品或者准公共产品，国家需要对之承担一定责任。计划经济时代，我国社会保障基本上由国家和企业大包大揽。

改革开放后对社会保障制度进行了一系列改革，逐步由原来的国家统筹转变为国家、企业、个人三者责任分担。在此过程中，我们认为改革的最终目的不是转移国家财政负担，而是如何最终实现"全民皆有保障"。逐步减少国家财政负担是对的，但不能一味只顾及转移负担而忽视社会保障的公共产品性质。在健全社会保障体系的过程中，我们还应该注意突出国家在社会保障领域的作用，体现国家责任和社会公平。

（4）要加强对社会保障资金的监督检查，发挥各个监管部门作用，为社会保障体系的平稳运作保驾护航。各国在社会保障监管方面做法各不相同，如美国将联邦社保体系和私营养老计划区分开，由劳工部负责监督各种私营养老计划，社会保障署负责社会保障税的缴纳记录、资格认定和发放等工作。而社保基金的资金流入流出统筹管理工作由社保和医疗统筹基金信托董事会负责，财政部是社保基金信托董事会的具体办事机构。

此外，社会保障咨询理事会负责跟踪社保基金并对社会保障体系提出咨询意见。可见美国社会保障的监管是严格按照服务领域和性质进行划分的，并由一个中立机构（社会保障咨询理事会）对整个社会保障基金进行跟踪评估，实现了监管上的协同和管理。智利则由养老金管理总监署负责基金管理公司的准入，而这些养老基金管理公司都是私营保险公司，因此，从某种程度上来说，智利的社会保障监管是统一监管，但由于其政府承担养老基金的最终责任，所以，从这个意义上来说，智利也注重发挥监管效率，体现了国家责任。日本监管与美国类似，也是按照性质划分监管责任，如厚生省负责监管适格退职年金制度（Tax-Qualified Pension Plan，TQPP）计划，健康劳动和福利部（the Ministry of Health, Labor and Welfare，MHLW）将监管新的确定缴费型（Defined Contribution，DC）计划和所有确定给付型（Defined Benefit，DB）计划，金融监管厅（Financial Service Authority，FSA）负责监管养老基金资产的同时也监管证券、保险、银行等金融机构。波兰则由国家养老基金监督管理局统一负责监督和协调养老保险体制的正常运行。

当前我国基本社保由劳动和社会保障部负责，社保基金管理理事会负责社保基金的具体运作。企业年金实行与智利类似的市场准入制度，由劳动和社会保障部负责制定相关政策和资格的审批。此外，我国还按照银行、保险、证券性质不同分别划分三个不同部门银监会、保监会、证监会负责监管。在社会保障监管方面，我们建议加强各监管部门的日常联系和沟通，建立联席会议制度，加大对跨行业业务行为的监督检查，发挥各监管部门在各自监管领域的优势，杜绝监管盲点，真正做到"协同监管、良性互动"，为社会保障体系的平稳运行提供良好的监管环境。

第四节　改革方案

一、改革思路

在对国外几个具有代表性国家的养老保险制度进行对比之后，可以看出全世界各个国家在养老保险制度发展的情况上有所不同，但整体的发展方向和内容趋于一致。具体而言，近年来全世界养老保险制度发展的主要方向和内容集中在以下几点：建立完善的养老保险制度、建立健全完善的市场与政府均衡制度、鼓励个人积累与国家补贴相结合、拓展养老保险制度的支柱。此外，对我国养老保险发展分析之后，可以看出我国养老保险制度存在着诸如养老基金的筹资范围窄、行政管理体制与养老金制度不相匹配、养老保险基金违规挪用现象严重、养老金的收益性较低、养老保险基金管理过程不透明、不公开，且管理机构分散，管理层次过多等不足。结合国际发展趋势以及国内发展现状，我国养老保险制度改革应在进一步建立健全完善基本养老保险制度的基础上，推动保险制度与我国市场的结合，以此为出发点，促进对养老基金的灵活运用。此外，采用专业的管理模式，对基金管理的中间环节进行裁剪，在减少违规现象发生的同时，减少资金无意义的浪费，保障养老保险行业的健康发展。其具体改革思路如图 4-2 所示：

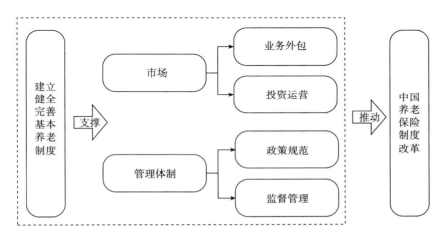

图 4-2　中国养老保险制度改革思路

二、改革目标

1. 养老保险改革目标的构建依据

养老保险制度是社会保障体系的重要组成部分之一。"十三五"时期，我国建成世界上规模最大的社会保障体系，基本养老保险覆盖近十亿人。养老保险制度的公平性、财务可持续性和适应性得到不同程度的提升，但在实践中仍然存在政策不完善、机制不健全、发展不平衡不充分等问题。因此，根据党的十九届五中全会"健全多层次社会保障体系"的指导理念，从"十四五"规划出发，站在建党 100 年和中华人民共和国成立 100 年两个百年交汇的重要历史节点上，提出中国养老保险制度改革分三步走的目标。

从纵向来看，中国养老保险制度改革是一项长期任务，不可能一蹴而就，必须分阶段实施，为每个阶段制定具体合理的目标。站在"十四五"开局之年，构建未来三十年的养老保险制度改革目标，可划分为三个阶段，分别是代表"十四五"收官之年的 2025 年、基本实现社会主义现代化的 2035 年和中华人民共和国成立 100 年的 2049 年。

从横向来看，养老保险制度改革是一项系统工程，涉及方方面面，不仅需要养老保险制度自身的综合改革，而且需要其他社会或经济改革的预先出台或及时跟进。改革目标的构建不是空喊口号，而是要科学全面地研判各阶段可能存在的问题，使养老保险制度改革的目标具有针对性、全面性与指导性，从而保证改革的成果具有可持续性与广泛性。

2. 养老保险改革目标的总体构建

通过对我国养老保险体制发展的现状和问题分析，从我国社会保障制度和人口老龄化的发展来看，我国养老保险制度的改革需要分三个阶段从制度完善、管理体制改造、信息化建设等方面来进一步完善，如表4-4所示。

表4-4　养老保险改革目标的总体构建及指标要求

时间节点	社会现状	总体目标	指标要求
2025 年	我国将进入深度老龄社会（65 岁以上人口占总人口的 14%）	中国特色养老保险制度基本定型	能够基本满足城乡居民的养老需求，衡量养老保障水平的相关指标在世界主要国家中达到中等水平
2035 年	我国将进入超级老龄社会（65 岁以上人口占总人口的 20%）	中国特色养老保险制度基本完善	能够充分满足人民的各项养老保障及相关服务需求，衡量养老保障水平的相关指标达到发达国家水平
2049 年	我国老龄人口将接近 4 亿，超过经济合作与发展组织国家 25.7% 的平均水平（占总人口的比重将达到 28.9%）	中国特色养老保险制度实现现代化	人民能够享有充分的养老福利保障，衡量养老保险水平的相关指标超过中等发达国家水平

（1）第一阶段：2025 年之前。"十四五"时期是养老保险制度走向更加成熟、更加定型的改革攻关时期。这一时期，中国特色社会保障制度将基本定型，能够基本满足城乡居民的养老需求，衡量养老保障水平的相关指标在世界主要国家中达到中等水平，此时我国将进入深度老龄社会（65 岁以上人口占总人口的 14%）。

在制度完善方面：在 2025 年之前，我国要有选择地借鉴美欧等国的先进福利制度，完善具有中国特色的养老保险制度，同时要提高养老保险金的筹资增值能力，实现基础养老保险金的夯实巩固，进一步完善养老保险金的三支柱结构和协同发展的运行机制。当前不论是地方性的养老保险缺口还是全国性的养老保险缺口，都需要中央财政补贴，所以如何通过扩大税源，进行财税体制改革以及规范基本养老保险基金投资运营多元化、专业化等手段为第二支柱和第三支柱发展提供更优厚税收比例和投资收益奠定基础，最终实现养老金自身造血能力的增强是这一阶段要考虑的问题。

在管理体制改造方面：在 2025 年之前，要优化养老保障管理服务体制，建立高层级养老保障统筹管理部门。合理划定养老保险管理部门职能和机构，建立专门的社会保障经办机构，提升养老保障管理人员的专业素养和执业能力。

在信息化建设方面：在 2025 年前，实现养老保险金动态追踪的大数据信息平台的初步建立。在这一阶段我国将着力于加大信息建设，补充并完善个人缴费信息，实现所有人缴费历史可查询、可追溯、可量化，同时实现中央和地方以及各个相关部门之间的信息共享。

（2）第二阶段：2035 年之前。在 2035 年，中国特色社会保障制度基本完善，能够充分满足人民的各项养老保障及相关服务需求，衡量养老保障水平的相关指标达到或者超过发达国家水平，与此同时，我国将进入超级老龄社会（65 岁以上人口占总人口的 20%）。

在制度完善方面：到 2035 年，必须实现国家养老保险金体系的健全完善。经过前一阶段的改革，我国养老保险金的筹资能力已经有所提高，所以这一阶段重在划分不同层次的功能和定位，尽快促使第一层次走向成熟、定型；加快提升保险公司等市场主体的内生动力、养老金产品创新能力、市场开拓能力和公信力，完善全方位、多层次的养老金体系。

在管理体制改造方面：到 2035 年，全面实现养老保险管理体制的统一和规范。这一阶段要加快完善养老金制度体系的顶层设计，尽快明确不同层次的结构与功能定位，形成统一却有别的政策支撑体系，同时全方位发挥制度的刚性约束力，形成针对管理体制正常运行的有效监督管理系统。

在信息化建设方面：到 2035 年，实现养老保险相关大数据信息平台的功能多样化与对象全覆盖。由中央投入专项资金，保障养老保险金征缴大数据平台和云计算公共服务平台的开发和维护。拓展社会保障服务网络，探索"跨境"的养老保险服务。

（3）第三阶段：2049 年之前。在 2049 年，我国将迈入中国特色社会主义福利阶段，人民能够享有充分的养老福利保障，此时我国的老龄人口将接近 4 亿，占总人口的比重将达到 28.9%，超过经济合作与发展组织国家 25.7% 的平均水平。因此，结合我国社会保障制度和人口老龄化发展的具体国情来看，关于养老保险制度的改革不能一蹴而就，应当分阶段、多维度同步构建，合理制定改革目标。

在制度完善方面：在 2049 年，我国多层次养老保险制度已趋于完善，全民能充分享有多层次、全方位的养老保障体系。这一阶段，我国养老保险金的自我造血能力已逐步提高，主要是保持养老保险金的持续增值能力，防范资金方面的重大风险。

在管理体制改造方面：在 2049 年，我国的养老保险管理体制改革将初见成效，这一阶段将以兼顾公平和效率为价值取向，加快推进农村地区养老保障体制的全覆盖，稳步提高养老保险的待遇水平，统筹城乡发展，建立贫困人群全方位的保障网络体系。

在信息化建设方面：在 2049 年，我国的养老保险信息化建设已逐步完善，这一阶段的主要目标就是提高数据平台的安全性，加强各个职能部门的合作，探索更先进的信息技术支撑系统。

放眼全球，养老保险改革都是"一揽子"改革措施，没有哪个国家通过一次改革或一项改革就彻底解决了养老保险缺口问题，所以我国的养老保险制度改革分阶段有计划地实施，就是不只局限于养老保险制度本身的变革，而是从整个社会福利体系的改造甚至重构出发。

三、改革重点内容

1. 养老保险从县市级、省级统筹向全国统筹迈进

目前，世界上很多国家的养老保险普遍采用统筹到国家层级的形式。就国内而言，国内地区收支失衡和个人异地缴纳社保的问题都可通过提高统筹层级得到缓解。在人社部贯彻 2016 年全国"两会"精神会议上，人社部部长尹蔚民明确表示，在社会保障方面，要坚持全民覆盖、保障适度、权责清晰、运行高效，稳步提高社会保障统筹层次和水平。可以说，由国家统筹养老保险是全面建立公平合理的养老保险体系的重要一环。在顶层设计上率先对提高统筹层级做出规划，是养老保险制度改革的关键之处。

在制度改革上，提高统筹层级仍将面临两大难点：第一，由于各地收入水平不一、缴费率不尽相同，要在机制上同时确保收入不减少和保障水平全国统一，防止"低缴纳、高领取"的养老金跨区域套利情况发生，就需要大量的细节设计；第二，改革之后各地养老保险收支的"职""责"分离，防范道德风险，确保基层收支不打折扣。在加强管理之外，还需要一套过渡机制，使各地适应新的管理方式。

2. "统账结合"模式更新

个人账户基金积累，统筹账户现收现付，是当前"统账结合"模式的核心。由于诸多历史问题，个人账户"空账运行"饱受各方争议。自 2001 年起，"做实个人账户"试点艰难运行，至今收效甚微。究其原因无非两点：地方财政做实账户的支出压力大，做实之后的管理压力更大。在如此巨大的管理规模下，要在确保资金安全的同时追求不低于 GDP 增速和工资增速的投资收益，需要强大的投资能力作为支撑。

因此，实施名义个人账户是下一步完善养老保险个人账户的重要方向。名义个人账户运行的核心是个人缴纳部分只记账，资金进入统筹。在发放时则根据个人记账的缴纳水平实施差异化标准，多缴多得。在这种模式下，财政收支匹配，管理压力得到极大缓解。同时，个人账户激励约束机制将进一步强化，缴费者和

管理者的目标一致，更加有利于养老保险的收缴。

3. 渐进式延迟退休年龄方案的出台

延迟退休可以有效延长缴费时间，延缓养老金领取时间，相应降低抚养比例，是缓解养老保险兑付压力的有效手段。美、德、英、日等主要发达国家均采用了延迟退休制度，因此也可称其为国际惯例。国际上通行的延迟退休往往是附带奖励制度的弹性退休制度，即晚退休，得到的养老金比例相应提高。弱化行政强制，增加鼓励性因素，将是顺利推行延迟退休的捷径。

在 2016 年的二十国集团劳工就业部长会议上，人社部部长尹蔚民不仅确定了渐进式延迟退休政策即将出台，还指出了该政策的三个设计实施原则：第一，小步慢走、逐步到位，经过若干年时间逐步达到最终延迟退休年龄的界限；第二，区分对待，分步实施，针对不同退休年龄群体区别对待；第三，事先预告、做好公示，广泛听取各界意见，在此基础上修改完善。

四、改革举措

（1）建立与统筹层次相适应的养老保险行政管理体制。从中国养老保险制度现实出发，统筹层次（即基金管理层级）即是养老保险制度的责任本位。如县级统筹以县级为责任本位，市级统筹以市级为责任本位，省级统筹以省级为责任本位，这种责任本位不仅是行政管理的责任本位，更是养老财政的责任本位和养老保险经办机制的责任本位。因此，有必要明确养老保险经办机构和行政管理机构与统筹层级相一致，在所辖区域内对养老保险经办机构实行扁平化的垂直管理，以此保证制度统一、高效运行。在此基础上，探索建立健全风险管控和分级考核机制。

（2）借助市场力量优化养老保险体系。基于基本医保制度追求公平而制度运行需要提高效率的原则，强调医保经办机构垄断经办医保业务不等于经办机构包办医保实施中的全部事务。在不损害医保制度公平性及健康发展的前提下，本着节约成本、提高管理效率的原则，可以将基本医疗保险业务经办中的某些内容采取委托或外包方式交由市场主体承担。例如，委托商业保险公司在大病保险环节参与经办，吸引科技企业介入医疗运行监管，委托第三方评估医疗经办绩效等。此外，大力发展商业健康保险并由保险公司按照市场规则自主经办，同时积极引导补充医疗保险融入商业健康保险市场，以此分担基本医疗保险制度及其经办机构的负担。

（3）逐步做实个人账户。个人账户区别于现收现付的主要特点之一，是可以保证养老保险基金可持续发展，并且对老龄化有良好的抵御能力。考虑到目前养老保险资金缺口较大，可以采取"名义账户制"的形式，逐渐过渡到真正的实账积累。随着我国进入老龄化社会的高峰期，养老保险的负担日益增大，如果按照现行的养老保险制度的规定，做实个人账户必然是困难重重。可以选择一种折中的做法：将个人缴费的8%部分做实，进入个人账户，企业缴费的3%可以进入社会统筹基金，应付当期退休人员的养老金的支付以减轻政府的压力。

（4）确保养老基金运营的安全完整。一是要对养老基金投资运营实行严格的特许经营权管理制度，严格控制投资公司的数量和质量；二是要对养老保险基金的投资营运制定相应的法规和政策，用政策法规指导基金投资管理公司的营运活动；三是要明确投资公司的责任权限，防范和化解基金运营中的投资风险；四是建立健全养老保险基金投资的监督管理体系，包括加强养老保险基金的财务管理、严格审核各项投资计划，检查基金投资经营状况等。

第五节　改革方案实施保障措施

（1）建立灵活高效的养老保险经办服务供给机制。无论从国外经验还是从中国现实国情来看，完全依靠政府来提供经办服务是不现实的，所以必须切实转变思路，建立更加灵活且切合实际的养老保险经办服务供给机制。有些服务必须政府提供的就由政府提供，有些服务可交给社会（如社会组织）完成的就交给社会，而有些经办服务靠政府和社会提供不占优势或效率较低的就交给市场来提供，即由政府或经办机构向市场（商业服务机构）购买。经济欠发达县区财政较紧张，人员编制和经费供给难以维持经办工作开展和提供更优质的经办服务，此时政府不妨以优惠政策或适当市场价格，将其委托给资质条件好且信誉高的商业保险公司或其他机构（社工机构、金融机构、农民合作社、公益组织等），以保证经办质量和效率。但是，委托只是功能委托而不是责任迁移，对外包项目仍要承担最终责任。

（2）建设全国统一的养老保险信息管理系统。一是研发和建设全国统一信息系统，在中央建成信息集中库，并实现中央系统库与各省系统库连接；二是完善和提升省系统库技术服务功能，使其能满足居民便利缴费、待遇领取、信息查询、关系转移接续等需要，并有效控制重复参保及冒领等违法行为；三是建设省市县乡村信息网络，实现省级范围内居民经办信息即时共享；四是建设省级养老保险信息监控系统，确保经办业务及基金运行即时监控；五是建设居民综合信息平台，为经办服务提供信息保障。

（3）强化政府养老保险供给责任。根据国情和农村实际，中国当前须加快推进政府及公共财税体制改革，建设公共责任政府及中央和地方财权和事权统一的公共财税制度，切实转变政府施政理念。而且，通过健全监督机制，规范和约束好各级政府权力，使其真正从不必要的、应让市场起决定作用的领域撤回来，坚决投身于社会管理和公共产品供给及服务建设，切实担当起主导责任，做好养老保险发展的主导者、组织者和推进者。在制度建设、财政供给、经办服务、监督管理等方面都要保证高质量和高效率，真正成为推动养老保险发展的主体。

（4）健全养老保险法律法规体系。全国人大常委会须单独制定"养老保险法"，明确养老保险法律地位，统一指导思想、基本原则、基本制度、主体责任、发展目标及评估标准等；国务院须出台《养老保险基金管理条例》《养老保险经办服务条例》《养老保险法律救济条例》等配套法规；地方根据上述法律法规及地区实际制定实施细则。所有法律法规保持协调和统一，形成从中央到地方完整的法律法规体系，以保障养老保险制度实施具有最权威、最规范的法律法规依据。同时，还要建立社保争议或纠纷法律救济机制。制度实施中不可避免地要出些争议或纠纷。一般来说，争议或纠纷常发生在参保者与经办机构、参保者与基金管理机构、基金投资主体与基金监管主体等之间，如果双方或多方能协商解决的就协商解决，协商不成的就通过行政复议解决，而复议也不成或无法复议的就依法向法院起诉，由法院社保法庭判决或裁决。当然，在这个过程中，须保持案件的独立性和程序的简化性，以保障协商、复议及审判过程的公平高效和城乡居民的养老保险权益。

（5）加强养老保险政策宣传。基层政府及其经办部门要采取措施并投入必要财力加强政策宣传，通过创新宣传形式、方法、手段等让城乡居民真正理解政策设计机制、关系及精神，提高城乡居民政策认知水平：一是基层县乡镇政府要通过财政预算拨出专项资金用于政策宣传，以便解决政策宣传中的资金困难；二是充分利用好社会中的各种新闻媒体（电视、广播、网络等）和社会组织的政策宣传和信息传播优势，让城乡居民对养老保险政策认知始终发生在自己身边，可时刻学习和领会社保知识和政策精神；三是基层经办机构要充分利用各种时机（如农闲、节日等）举办培训班，聘请社保专业人员到村社上课或作报告，对城乡居民开展社会保险知识辅导，着力为其讲清待遇给付水平、缴费标准、计发办法等，彻底计算好其参保利益账，让其真正消除顾虑；四是充分发挥好村社干部政策宣传优势，在对其系统培训后利用各种便利时间向居民普及参保知识及政策精神；五是基层经办机构及人员要增强宣传意识，真正做好政策实施的基层代言人。同时，政策宣传中也要做好家庭养老和社会养老之关系的解释，真正让城乡居民认识到两者根本不矛盾，社会养老是家庭孝道精神的现代拓展形式，通过参保能更好地提高养老水平和弘扬孝道精神。另外，对村社普遍盛行的不合理消费、养老观念及短视自满心理等，也要通过宣传正确引导，让其将更多资金投向养老保险，以使人生中的消费储蓄得到合理的安排。

第五章　医疗保险制度

医疗保险一般指基本医疗保险，是为了补偿劳动者因疾病风险造成的经济损失而建立的一项社会保险制度。通过用人单位与个人缴费，建立医疗保险基金，参保人员患病就诊发生医疗费用后，由医疗保险机构对其给予一定的经济补偿。基本医疗保险制度的建立和实施集聚了单位和社会成员的经济力量，加上政府的资助，可以使患病的社会成员从社会获得必要的物资帮助，减轻医疗费用负担，防止患病的社会成员"因病致贫"。医疗一直是国民关注的重要内容，与生活质量息息相关，医疗保险制度的优化与改革迫在眉睫，因此本章通过梳理我国医疗保险制度发展的历史沿革，深入分析我国医疗保险制度发展的现状及存在问题，通过中外制度比较及经验借鉴，提出我国医疗保险制度改革方案。

第一节　历史沿革

中华人民共和国成立以来，我国的基本医疗保险制度也在不断完善和发展。按照制度阶段性发展的主要特征可将养老保险制度历史沿革大体划分为两个阶段：中华人民共和国成立至改革开放前（1949~1978 年）、改革开放至今（1979 年至今），按照制度时序性发展的主要特征结合时代特点又可将上述两大阶段细化为四个时期，即公费、劳保医疗保障制度时期（1949~1978 年）；医疗保险制度探索试验时期（1979~1997 年）；全面进行医疗保障制度改革，建立全民医保制度时期（1998~2016 年）；全面建成中国特色医疗保障体系，推进中国医保高质量发展时期（2017 年至今），如图 5-1 所示。

一、公费、劳保医疗保障制度时期（1949~1978 年）

1951 年，《中华人民共和国劳动保险条例》的颁发使我国劳保医疗制度初步建立，规定由企业从职工福利费中列支。1952 年颁布的《国家工作人员公费医疗预防实施办法》规定，由国家统一拨付给各级卫生主管部门统筹统支，建立以公有制为主导的计划经济时期的公费、劳保医疗保障制度。该制度为国家事业单位以及企业员工提供了基本的医疗保障。1955 年，农村开始实行合作化，部分

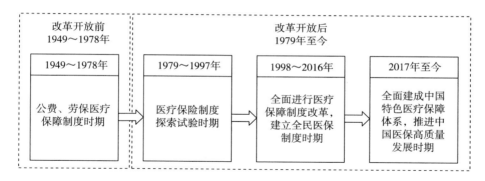

图 5-1 我国医疗保险制度发展

区域由社员出资建立联合保健站，探索"医社结合"的道路。直至 20 世纪 60 年代，在国家的大力倡导下，农村合作医疗制度在全国农村基本建立。该制度基于自愿互助的原则，依靠集体经济建立起来的互助合作医疗保障制度以及赤脚医生制度在很大程度上缓解了农村医疗问题，极大地促进了农民群体的集体福利事业，发挥了历史性的作用。

40 多年的公费、医保医疗保障制度，在当时的历史条件下，极大地保障了企业工人和机关事业单位工作人员、革命残废军人的身体健康，推动了我国医疗保障事业的发展，促进了我国社会主义的建设，具有历史性的作用。然而，随着经济的发展、社会的进步，该制度的弊端也日益凸显：保障人群覆盖面小；保障待遇参差不齐，缺乏公平性与共济性；医疗资源分配不合理，社会资源浪费严重；企业参加程度未达预期，拖欠职工医疗费的情况时有发生。到了 20 世纪 70 年代后期，该制度已经无法满足大众需求，到了难以为继的地步。特别是随着改革开放的进行，市场体制发生了变化，该制度赖以生存的计划经济体制已不复存在，探索与社会主义市场经济体制相适应的社会医疗保险制度已成为必然趋势。其阶段特点如表 5-1 所示：

表 5-1 公费、劳保医疗保障制度时期特点

阶段类别	享受对象	优缺点	资金来源
公费、劳保医疗保障制度时期	国家事业单位以及企业员工、农民	优点：很大程度上缓解了农村医疗问题，极大地促进了农民群体的集体福利事业 缺点：保障人群覆盖面小；保障待遇参差不齐，缺乏公平性与共济性；医疗资源分配不合理，社会资源浪费严重	职工福利费中列支、国家统一列支

二、医疗保险制度探索试验时期（1979~1997 年）

20 世纪 80 年代，我国开始从医疗费用与个人利益适当挂钩、职工大病医疗费用等方面探索符合中国特色社会主义的医疗保障制度。

1989 年，国务院同意经济体制改革委员会《经济体制改革委员会 1989 年经济体制改革要点》中提出将湖南省的株洲市、湖北省的黄石市、吉林省的四平市以及辽宁省的丹东市作为进行医疗保障制度改革的试点；将深圳市、湖南省作为进行社会保障制度综合改革试点。1993 年，党的十四届三中全会通过的《中共中央关于建立社会主义市场经济体制若干问题的决定》中明确提出建立社会保障制度，并将该制度作为社会主义建设的重要组成部分，要求职工养老、医疗保险全由企业以及个人承担，实现"统账结合"，即社会统筹和个人账户相结合。1994 年，国家经济体制改革委员会等四个部委颁布了《关于职工医疗保险制度改革的试点意见》。1996 年，"两江试点"完成之后，国务院决定扩大试点的范围，以期进一步完善医疗保障制度。

历经 10 年探索，医疗保障制度改革初见成效，进一步推动了我国医保事业的发展，为我国医保制度的改革提供了宝贵的经验，奠定了我国医保制度改革的基础。同时，也正式开启了我国医保制度全面改革的征程，为之后的发展提供了理论基础以及实践依据。但由于我国市场经济处于起步阶段生产力水平不高整个医疗保障行业处于初级阶段，仍存在保障人群覆盖面小、制度亟待完善的问题。其阶段特点如表 5-2 所示：

表 5-2   医疗保险制度探索试验时期特点

阶段类别	享受对象	优缺点	资金来源
医疗保险制度探索试验时期	国家事业单位以及企业员工	优点：实现"统账结合"，推动我国医保事业的发展 缺点：保障人群覆盖面小；制度亟待完善	企业及个人承担

三、全面进行医疗保障制度改革，建立全民医保制度时期（1998~2016 年）

以 1998 年《国务院关于建立城镇职工基本医疗保险制度的决定》（国发〔1998〕44 号）为标志，我国建立起了全民基本医疗保险制度。

1999~2003 年：全面建立城镇职工基本医疗保险制度阶段。从 2003 年起，首先，在 2003 年建立起了新型农村合作医疗制度（简称"新农合"），该制度以大病统筹为主，实行农民医疗互助共济，政府、集体及个人共同筹资，并由政府组织引导农民自愿参加。其次，为了解决重度残疾人、"五保户"、"低保户"等困难群体的基本医疗保障问题，建立了社会医疗救助制度。这项制度充分体现了社会政策托底功能的制度安排。2007 年，国务院出台《关于开展城镇居民基本医疗保险试点的指导意见》。在试点一年后，以政府提供财务支持并鼓励居民自愿参加为基础，建立起了全国城镇居民医疗保险制度。该项制度着眼于城镇居民中的非就业人群基本医疗保障。2009年3月,《中共中央　国务院关于深化医药卫生体制改革的意见》的颁布,标志着我国医疗卫生体制正式开启了新的改革。此次改革建成了"四个体系"(即覆盖城乡居民的公共卫生服务体系、医疗服务体系、医疗保障体系、药品流通供应保障体系),以达成短期内解决民众"看病贵、看病难"的问题以及实现公立医疗机构"四个分开"(政事分开、管办分开、医药分开、营利与非营利分开)的长期目标。2012年,我国基于基本医保制度,建立了"大病保险制度"。2012年3月,在国务院的《政府工作报告》中正式宣告,中国已基本建立全民基本医疗保险制度。这一制度覆盖全国城乡居民,参保人数超过13亿,参保率占全国总人口的95%以上,是全世界保障人数最多的医疗保险制度。从2013年开始,我国正式进入健全完善全民医保制度阶段。首先是将城乡居民基本医疗保险制度进行整合。直到2016年3月该项改革正式进入"快车道"。

截至2017年,全国除少数几个省份外,基本完成了整合任务。从2017年开始,根据党的十八届五中全会要求,人社部出台相关指导意见,在15个城市开展长期护理保险试点。该项制度解决了社会老龄化以及失能人群的日常生活和医疗需求,保障了基本医保制度的可持续性和完整性,成为我国社保体系中一项"压阵殿后"的制度,在我国社保体系中发挥着不可替代的重要作用。同时,由于各地方发展水平不一,其地方医保水平也存在较大差异,该制度仍需进一步完善。其阶段特点如表5-3所示:

表5-3　全面进行医疗保障制度改革,建立全民医保制度时期特点

阶段类别	享受对象	优缺点	资金来源
全民医保制度时期	全国城乡居民	优点:城乡居民基本医疗保险制度进行整合,覆盖面广,解决了社会老龄化以及失能人群的日常生活和医疗需求 缺点:该制度才刚建立,还需逐步完善	政府、集体及个人共同筹资

四、全面建成中国特色医疗保障体系,推进中国医保高质量发展时期(2017年至今)

2017年,党的十九大报告明确指出,要建成全民覆盖、城乡统筹、权责清晰、保障适度、可持续的多层次社会保障体系,就要遵循兜底线、织密网、建机制的要求。这标志着我国全面建成中国特色医疗保障体系,进入医保高质量发展的新时期。这也是我国医保制度历史沿革中的更高层级,至此,我国医保制度将迎来更可靠、更完善、更成熟、任务更艰巨复杂的阶段。其阶段特点如表5-4所示:

表5-4   全面建成中国特色医疗保障体系，推进中国医保高质量发展时期特点

阶段类别	享受对象	优缺点	资金来源
中国医保高质量发展时期	全国城乡居民	优点：建成中国特色的医疗保障体系 缺点：进入高质量发展时期意味着我国医保制度将进入任务更艰巨复杂的阶段	政府、集体及个人共同筹资

第二节　现状解析

一、我国医疗保险制度现状特点

建立科学合理的社会保障是保障企业职工享受国家福利、缓解广大人民群众的生活经济压力、提升人们生活满意度的主要途径。医疗保险制度是社会保障体系中最重要的一环，它为广大劳动者提供了身体健康管理的便利性，通过医疗保险基金分担个人医疗压力，是保证社会安定、经济可持续发展的必要性。中国医疗保障制度主要由城镇职工基本医疗保险（以下简称城镇职工医保）、城镇居民基本医疗保险和新型农村合作医疗等内容组成。城镇职工基本医疗保险是针对城镇所有用人单位和职工，以强制参保为原则的一项基本医疗保险制度；城镇居民基本医疗保险是以大病统筹为主，针对城镇非从业居民的一项基本医疗保险制度；新型农村合作医疗是以政府资助为主、针对农村居民的一项基本医疗保险制度。医疗保障制度是实现"健康中国"伟大目标的重要手段，对促进社会主义物质文明和精神文明建设都有着积极作用，对人们的幸福感、获得感、安全感都有着重要意义。当前我国医疗保险制度平稳有序运行，呈现出以下特点：

（1）医疗保险改革有效推进。自2009年新医改提出以来，医疗保险改革一直作为新医改的前沿阵地，可以说是目前我国医疗改革中改革力度最大，成效最显著的模块。目前，我国多地试点进行了多种方式的医保支付制度改革，不断完善医保总额预算付费制度，积极推进按病种付费、按人头付费，积极探索按疾病诊断相关分组付费（DRGs）、按服务绩效付费，形成总额预算管理下的复合式付费方式，全医保经办机构与医疗机构的谈判协商与风险分担机制。此外，2018年中央决定组建国家医疗保障局，打破了长期制约医保改革的体制性障碍，实现了全国医保事业的集中统一管理。

（2）参保覆盖面持续增加。整合城乡居民医疗保险制度缩小了城乡医疗保障的差距、提高了公平性、提升了城乡居民的参保积极性。如图5-2所示，城镇基本医疗保险年末参保人数在近三年达到新高，2015年与2016年参保人数大体相当，集中在70000万人左右。随后几年，制度保障能力进一步增强，覆盖面持

续扩大，2017～2019 年，基本医疗保险制度参保人数分别为 117681.4 万人、134458.6 万人、135436 万人。相比 2015 年，2019 年的基本医疗参保人数增加了 68854.4 万人，增长了 103.4%，全国参保率达到约 97%（见图 5-2）。

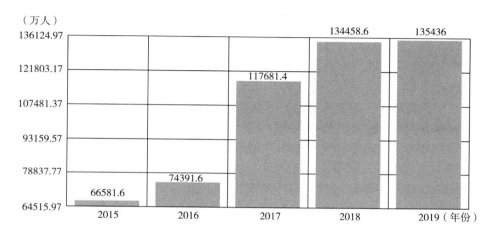

（万人）

图 5-2　2015～2019 年城镇基本医疗保险年末参保人数

资料来源：国家统计局。

（3）基金规模持续增长。医保制度的有效运行使医保基金规模持续增加，如图 5-3 所示，医疗保险基金收入、支出和累计结余都呈稳定上升趋势，截至 2018 年，城镇基本医疗保险基金收入 21384.4 亿元，支出 17822.5 亿元，累计结余 23439.9 亿元。相比 2015 年，收入增长了 91%，支出增长了 91.4%，累计结余增长了 87%。

（4）保障待遇不断提高。定点医疗机构覆盖范围不断扩大，截至 2018 年末，跨省异地就医定点医疗机构数量达到 15411 家。其中，二级及以下定点医疗机构 12803 家。跨省异地就医结算规模稳步增长，2018 年全年跨省异地就医直接结算 131.8 万人次，是 2017 年的 6.3 倍；医疗费用 319.4 亿元，是 2017 年的 6.6 倍；基金支付 18.5 亿元，是 2017 年的 6.7 倍。此外，城乡居民基本医疗保险筹资标准不断提高，2019 年城乡居民基本医疗保险人均财政补助标准新增 30 元，达到每人每年不低于 520 元，个人缴费同步新增 30 元，达到每人每年 250 元。同时，大病保险保障功能不断提升，2019 年城乡居民基本医疗保险财政补助人均增加 30 元，其中的一半用于提高大病保险保障能力。具体措施包括：降低并统一大病保险起付线，原则上按上一年度居民人均可支配收入的 50% 确定；政策范围内报销比例提高至 60%；加大大病保险对贫困人口的倾斜力度，起付线降低 50%，支付比例提高 5 个百分点，全面取消建档立卡贫困人口大病保险封顶线。

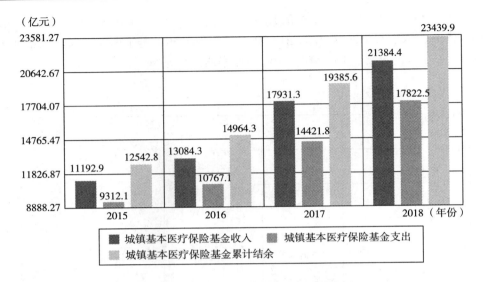

图 5-3　2015～2018 年城镇基本医疗保险基金规模

资料来源：国家统计局。

二、当前我国医疗保险制度发展的不足

1. 社会医疗保障力度有限

现阶段限制人民"幸福感指数"提高的一大原因是医疗保障制度有限，以新农合为例，其医疗补助费用大多不是全额补助，补助额度根据农民患病就医的定点医疗机构级别确定，定点医疗机构级别越高，补助费用比例越低。农民患病就医，个人仍然需要负担较大比例的医疗费用及相关费用，这就使"看病难""看病贵"的现象涌现，由此，居民医疗幸福感指数低。值得注意的是，药品目录范围以外的医药费用不包括在大病补助中，患大病就医的农民所能得到的医疗保障也是有一定限制的。

此外，面对突发性传染疾病，仅靠现有的居民医疗保险补助是远远不够的，在这方面缺乏明确的医疗费用财政补助政策，如在此次的新冠肺炎疫情防控期间，地方政府出台的补助政策在时间上明显落后，同时对于补助范围的划定，从最初的确诊病例，到疑似病例，再到留观病例，医保部门和财政部门确定的范围不统一，给医疗结算机构工作也带来一定影响。对突发疫情的有效妥善处理能极大增进人民的幸福感，虽然此次疫情的突袭让陕西省措手不及，在应对疫情的过程中出现医疗保障力度薄弱等现象，但最终我们战胜了疫情。相对于国外目前仍严峻的疫情，我国人民幸福感倍增。这也给我们一个启示，要加强幸福产业的建设，需建设有效医疗保险政策。

2. 参保人参保机会不公平

以大病保险制度为例，在新农合和城镇居民医疗保险未实现城乡统一之前，城镇居民与农村居民大病保险的起付线标准不同，显然城镇居民人均可支配收入高于农村居民，但大病保险确定的城镇居民的高额医疗费用标准却大幅低于人均可支配收入，而且制度保障范围宽泛，而农村居民高额医疗费用标准略高于人均纯收入，制度保障范围略窄，这种不公平的现象促使医疗行业还没有达到幸福产业的标准。此外，2015 年大病保险制度对社会实行统一的起付线之后，城镇居民高额医疗费用标准并没有随着人均收入水平的增长而增长，两项指标缺乏相匹配的动态调整趋势，以致参保人均难以拥有公平的制度参与机会。

3. 医疗服务水平地区差异较大

由于不同地区经济发展能力不同，造成地区间医疗服务水平存在差异，各地的生产总值增长水平与该地卫生机构数量和床位数成正比。以陕西省为例，西安市医疗水平历年均处全省最高位置，卫生机构床位数 2016 年达到 56332 张，与 2009 年相比增长了 5.29 倍，而发展缓慢的铜川市在 2016 年卫生机构床位数仅拥有 5939 张，与 2009 年相比增长了 31%，总量和增速都持续处于最低位。截至 2016 年，西安市和铜川市两个地区医疗人员相差 78099 人，卫生机构床位数相差 50393 张，增速相差近 7 倍。然而两地所有参保人均按统一标准缴纳保费，却享受着不一样的医疗资源，这在一定程度上损害了参保人的利益，也促使一部分居民对医保不满意，由此带来"幸福感指数"的降低，限制幸福产业的发展。

第三节　各类医疗保险制度比较及经验借鉴

一、各类医疗保险制度比较研究

1. 国家医疗保险模式

国家医疗保险模式也称政府医疗保险，是指由政府直接举办医疗保险事业，通过税收形式筹集医疗保险基金，并采用国家财政预算拨款的形式将医疗保险资金分配给医疗机构，向国民提供免费或低收费服务，医疗服务机构的所有权及控制权为政府所有。主要有以下几方面的特征：医疗保险资金绝大部分来源于税收；政府卫生部门直接参与医疗服务机构的建设（拨款给公立医疗机构或通过合同购买民办机构或私人医生的医疗服务）；医疗服务覆盖的一般是本国公民，医疗服务基本为免费或低收费服务，体现社会分配的公平性和福利性；但在该模式下医疗卫生资源的配置、医疗服务的价格几乎不利用市场机制的调节作用，医疗需求往往受到一定程度的限制，同时，医疗机构微观运行缺少活力，医疗服务效率低，医疗供需矛盾较大，宏观上财政不堪重负。主要代表国家有：英国、加拿大、瑞典、爱尔兰、丹麦等。

英国的国家医疗服务体系（NHS）建立于 1948 年，经历半个多世纪的发展与完善，已经成为英国福利制度的重要组成部分。其实行政府统一管理，卫生部是英国医疗制度的最高权力机构，下设地区和地段卫生局，共三级，能为英国的全体国民提供免费医疗服务。在英国，大多数城市和大型市镇都有自己的医院联合体。这些医疗单位能够提供国民日常所需的医疗服务，能够满足大多数患者的需求。有些联合体医院还起到了专科会诊中心的作用，也有一些联合体医院是大学的附属医院，承担医护人员的培训工作。联合体通过健康中心和门诊部进行诊疗，预约和治疗都是免费的。

2. 社会医疗保险模式

社会医疗保险模式由国家通过立法形式强制实施，其医疗保险基金主要由雇主和雇员缴纳，政府酌情补贴，参保者及家属因患病、受伤或生育而需要医治时，由社会医疗保险机构提供医疗服务和物质帮助。主要有以下几方面的特征：筹资方式大多通过法律法规限定在一定收入水平范围内的居民按规定数额或比例缴纳保险费；社会医疗保险资金管理的基本原则是"以支定收、以收定支，收支平衡"；医疗服务的消费方式为免费或先付后报销；根据不同经济发展水平和卫生服务目标，保障基本医疗服务；由于采取第三方付费方式，对需求方缺乏制约和引导，公众过分依赖社保系统，对疾病的预防保健重视不够，会造成医疗费用上涨；社保基金没有积累，抗风险能力弱。主要的代表国家和地区有：德国、日本、法国、韩国、中国台湾等。

德国于 1883 年正式颁布《疾病保险法》，是世界上第一个强制性医疗保险制度，也标志着德国成为世界上最早实行强制性医疗保险的国家。经过不断的发展完善，德国形成以法定医保为主，私人医保为辅，其他保障体系为补充的医疗保险体系。法定医疗保险主要涵盖义务参保人（月税前收入不超过法定义务界限者）、自愿参保人（月税前收入超过法定义务界限者）和连带参保人（投保者配偶及子女）；私人医保主要包括享受政府医疗补贴的就业者、月税前收入超过法定义务的雇员；其他保障体系包括工伤事故保险、法定护理保险等。对于医疗保险筹资，德国没有统一的医疗保险缴费率，保险费率由各医疗保险经办机构根据收支预算自行解决，报监督机关审核后实施，且缴费基数有上限下限规定，每年调整一次。

日本医疗保险制度的建立时间，跟欧洲一些国家相比不算早，但却取得非常卓越的成绩。在日本，全民保险制度下国民具有缴纳保险金的义务。就诊时在医疗机构的窗口出示健康保险证明后，个人仅缴纳一定比例的金额就可以接受医疗服务。根据个人需求，可以在全国范围内的所有医院、诊所自由看病的制度受到了全体国民强大的支持。

3. 商业医疗保险模式

商业医疗保险模式将医疗保险作为一种商品按照市场原则自由经营的保险形式。即通过市场来筹集费用和提供服务，对医疗保险机构、医疗服务机构和医疗服务实行市场调节，属营利性质，政府基本不干预或很少干预。主要有以下几方面的特征：社会人群自愿投保，保险人与被保险人签订合同，双方履行相应的权利与义务，多投保多保障；医疗保险被视为特殊商品，通过市场调节机制来实现；"第三方支付"，医疗费用由保险公司向医疗服务提供；除一些非营利的保险组织外，大多以盈利为目的；但同时，商业医疗运作形式导致医疗费用过高，且难以保证社会公平，采用第三方付费方式，缺乏费用控制的动力机制。主要代表国家为美国。

美国是没有政府承担社会保险责任的国家，医疗保险基本依靠国民自己购买商业保险为其医疗费用"买单"，医疗管理呈现多部门、多层次的特征，各级政府和民间机构分别管理、相互协作，形成遍布全美的医疗保险组织机构体系，医疗服务质量高，医疗保险制度多元。此外，国家预算支出主要保两头、舍中间，即重点保障儿童和老人，劳动人口由雇主及个人承担。例如，美国国家安全网诊所是由公立医院、诊所、社区卫生中心以及其他医疗组织共同组成的不考虑患者支付能力的提供医疗服务关怀的组织。同时其还是约4400万无保险美国人最后的"避风港"，但其他如联邦医疗保险、医疗补助计划等参保患者对于国家安全网的依赖性明显较低。

4. 储蓄医疗保险模式

储蓄医疗保险模式是强制储蓄保险的一种模式，通过立法，强制劳方或劳资双方缴费，以雇员的名义建立保健个人账户，用于支付个人及家庭成员医疗费用支出，政府给予适当补贴，强调个人责任，节约医疗资源。主要有以下几方面的特征：强调以个人责任为基础，要求每个有收入的国民在年轻时就要为其终身医疗需求储蓄资金，能较好地解决人口老龄化带来的人口保健筹资费用问题，从而避免了代际转移；政府保证个人医疗储蓄资金的保值增值，拨款建立保健信托资金，扶助贫困居民保健费用的支付；具有资金纵向积累特点，有利于抑制对医疗服务的过度利用和超前消费；在运行中，不但消除了传统社会医疗保险和国家预算型保健制度的第三方付费弊端，还能克服商业医疗保险消费不公平现象，管理效率较高。但该种保险模式不能在社会成员互济使用，不具备社会保险模式的互济性原则，也不及国家保险模式的社会公平性，对于低收入或无收入的人群，因其个人账户资金储蓄不足，患病时就可能没钱治病。主要代表国家有新加坡、马来西亚、印度尼西亚、印度等。

新加坡的医疗保险开始时间较晚，几乎晚于实行社会保障制度的所有国家，但是，在1990年开始实行健保双全计划以来，新加坡在医疗资源相对少的情况下取得了良好的医疗卫生成就。此外，新加坡的医疗保险制度高度强调政府和个人的责任，即使有政府的补贴，也同样需要个人按照一定标准缴费，医疗费用由政府和个人共同负担。如果需要获得更高标准和规格的医疗服务，患者就必须支付更高的医疗费。其医疗保险储蓄是根据年龄不同按照工资的6%~8%缴纳，由雇主雇员平均分摊。根据不同年龄阶段缴纳工资不同比例的金额，35岁以下为6%，35~40岁为7%，45岁以上为8%。月薪超过6000新加坡元的部分不用纳税。

二、各类医疗保险模式的经验借鉴

（1）充分发挥财政的作用，加大对卫生行业的投入，合理分配卫生资源。中央财政和地方财政都要扩大卫生事业的支出。近几年政府对卫生行业的投入有所加大，但现在的医疗消费水平与我国的经济发展水平仍不相适应。同时，卫生资源地区分布不均匀的现象也较为严重，大、中城市的卫生资源远远丰富于农村、偏远地区，应合理规划卫生资源的配置，积极进行有效调整。

（2）加强医疗保障立法，加快卫生体制改革。有关部门应尽快完善有关医疗保障制度的法律法规和相关措施，明确各相关主体的权利和义务，对医疗机构的行为给予规范的制度约束，控制社会保障资金的使用，使其支出有章可循、有法可依。有效控制医疗费用，同时要发挥多方主体的作用，建立综合完善的控制体系。

第四节　改革方案

一、改革思路

在对国外社会医疗保险制度进行比较研究后，虽国与国之间的状况不同，但对城乡医疗保险制度发展的内容和方向趋于一致。具体而言即为覆盖全体居民的健康保障体系、完善卫生筹资的长效机制、改革和完善医疗卫生服务的支付制度以及建立老年人医疗和护理保险制度四大特点。就我国而言，从1994年至今，尽管我国社会医疗保险制度取得了长足的发展，医疗保险改革有效推进、参保覆盖面持续增加、基金规模持续增长、保障待遇不断提高，但仍存在诸如医疗保险制度发展不协调、医保基金管理不完善、信息化程度不够等问题。结合国际发展趋势以及国内发展现状，我国应进一步推进社会医疗制度统筹协调发展，在巩固现有成果的同时，扩展为覆盖全体居民的健康保障体系。以此为出发点，完善医疗卫生服务的支付制度，科学管理并严格执行医保基金收支预算。此外，利用信息化的技术为医保建设提供技术支撑，进一步推进医保行业信息化发展，提高行业整体效率，具体改革思路如图5-4所示。

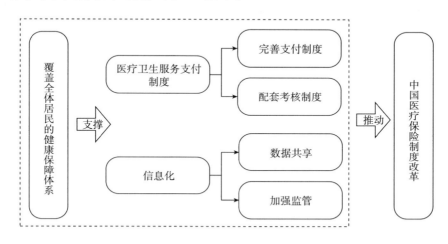

图5-4 中国医疗保险制度改革思路

二、改革目标

1. 医改目标的构建依据

本着"分阶段、多层次"的构建原则，在借鉴2020年2月25日中共中央、国务院印发的《关于深化医疗保障制度改革的意见》对未来10年深化医保制度改革目标的基础上，面向未来30年，即从建党100年到中华人民共和国成立100年两个百年交汇的重要历史时期，对中国医疗保险制度改革目标进行合理构建。

从纵向来看，中国医疗保险制度改革是一项长期任务，必须进行合理划分，使各个阶段都有合理的、科学的、可实现的短期目标来指导改革进展。站在"十四五"开局之年构建未来三十年的医改目标，可划分为三个阶段，分别是代表"十四五"收官之年的2025年、基本实现社会主义现代化的2035年和中华人民共和国成立100年的2049年。

从横向来看，中国医疗保险制度改革要深入方方面面，医改目标的构建不是空喊口号，而是要科学全面地研判各阶段医改可能存在的问题，分析归类抓核心，进而从核心层面向下渗透，使医改目标涉及筹资、支付、管理、保障等基本层次，并对各层次进行多维度挖掘，保证医改目标的全面性与指导性。

2. 医改目标的总体构建

本书以三个阶段对医改目标进行总体构建，如表5-5所示。

表5-5 医改目标的总体构建及指标要求

时间节点	总体目标	指标要求
2025年	中国特色医疗保险制度基本定型	衡量医疗保险水平的相关指标在世界主要国家中达到中等水平
2035年	中国特色医疗保险制度得以完善	衡量医疗保险水平的相关指标在世界主要国家中达到中等偏上水平
2049年	中国特色医疗保险制度实现现代化	衡量医疗保险水平的相关指标达到或者超过中等发达国家水平

（1）2025年医改目标：中国特色医疗保险制度基本定型，能够基本满足城乡居民的各项医疗保障需求，基本完成待遇保障、筹资运行、医保支付、基金监管等重要机制和医药服务供给、医保管理服务等关键领域的改革任务，蓄力追赶高医疗保障水平的国家，同时遵循保障适度原则，使衡量医疗保险水平的相关指标在世界主要国家中达到中等水平。

2025年医改目标的具体表现为，在医保筹资方面：基本医保筹资机制基本定型，筹资更加公平公正，为最终制度覆盖全民创造条件。具体表现为：筹资责任更公平，合理调整用人单位或政府与个人的筹资责任分担比例，向1：1靠拢；缴费额度更公平，改居民医保按人头等额缴费为与可支配收入挂钩缴费制化解逆向调节问题；缴费对象更公平，统筹安排医保缴费制度与退休制，发挥最大力量使二者有效衔接实现平稳过渡。在医保支付方面：医保支付机制更加成熟定型，支付更加高效管用。医保基金支付方和医疗服务提供方之间的协商谈判机制逐步健全，成本费用进一步控制，同时各试点城市的按疾病诊断相关分组付费（Diagnosis Related Groups，DRGs）系统开发因地制宜进行优化。在管理体制方面：覆盖全民、城乡统筹、权责清晰、保障适度、可持续的多层次医疗保障体系初步定型，制定医疗保障法全面步入法治化轨道。完善待遇保障机制使其更公平适度，健全基金监管机制使其严密有力，同时协同推进医药服务供给侧改革，优化医疗保障公共管理服务，必须克服医保领域监督、管理、经办混同的现实缺陷，开拓针对治理目标及运行方式调整的新局面，提升医疗保险相关的治理能力与水平。

（2）2035年医改目标：中国特色医疗保险制度得以完善，能够较充分地满足人民的各项医疗保障及相关服务需求，在全面建成以基本医疗保险为主体，医疗救助为托底，补充医疗保险、商业健康保险、慈善捐赠、医疗互助共同发展的医疗保障制度体系的基础上，进一步实现待遇保障更加公平适度，基金运行更加稳健持续，管理服务更加优化便捷，医保治理现代化水平显著提升，持续追赶高医疗保障水平的国家，同时兼顾保障适度原则，使衡量医疗保险水平的相关指标在世界主要国家中达到中等偏上水平。

2035 年医改目标的具体表现为，在医保筹资方面：医疗保险金筹资机制更加完善，实现高质量发展，筹资更加稳健可持续。具体表现为筹资责任更科学可持续，将筹资责任与缴费能力相匹配，针对贫困人口，落实资助参保责任，将贫困人口纳入基本医疗保险、大病保险和医疗救助制度覆盖范围，同时积极推进省级统筹，建立中央调剂基金，以解决区域不平衡问题；缴费额度更合理可持续，在缴费与可支配收入挂钩缴费制的基础上，考虑经济社会发展水平、各方承受能力、基本健康需求，实现筹资机制的多方面协同与年度动态调整；缴费对象更稳健可持续，对人口老龄化背景下的筹资缴费政策进行创新。在医保支付方面：医保支付机制进一步完善，医疗服务购买双方谈判协商机制更加完善并实现制度化。DRGs 付费国家试点城市在全国范围内进行推广开展，同时按疾病诊断相关分组付费、按服务绩效付费等多元复合式支付方式不断完善、落地实施。在管理体制方面：多层次医疗保障体系更加成熟完善，全面实现监督、管理和经办的适度分离，最大限度发挥出医保的管理效能。全面优化现行法定医疗保障制度，并建立护理保险制度与发展补充医疗保障，增强医保制度统筹保障能力，推进医保制度统筹协调发展。

（3）2049 年医改目标：中国特色医疗保险制度实现现代化，正式迈入中国特色社会主义福利阶段，人民能够充分地享有较高水准的医疗保险福利，中国特色医疗保险制度成为普惠公平的制度安排，实现进入世界高医疗保障水平国家行列，同时科学统筹医疗保障的福利性与适度性，衡量医疗保险水平的相关指标达到或者超过中等发达国家水平。

2049 年医改目标的具体表现为，在医保筹资方面：筹资运行机制实现基本现代化，筹资机制更具动态性、系统性。在医保支付方面：医保支付水平实现基本现代化，走向高质量发展。医保经办机构与医疗机构的谈判协商与风险分担机制达到现代化水平，倒逼医疗服务资源配置总量适宜、结构合理。在管理体制方面：医保管理体制与治理能力的现代化水平显著提升，医保与医药、医疗协同改革、整合发力。追求不断提高医保福利的同时不可违背可持续原则，通过制度叠加和不断优化，有效防范风险，持续释放新时期医保制度的社会效应、经济效应和健康效应。

三、改革重点内容

1. 提高医疗保险制度的统筹层次，全面实现省级统筹

针对统一医保目录、基于法定医疗保险统筹层次大多停留在市县级的现实及其带来的不良效应，"十四五"期间应当确立全面做实法定医疗保险市级统筹，

基本实现省级统筹的目标，以进一步促进制度公平并增强制度在区域之间的互助共济功能。同时，有必要建立法定医疗保险统筹基金调剂机制，重点补助在医保转移接续过程中引发的利益分配问题和突发公共卫生事件导致的医保基金支付负担不均问题，进而使这一制度在全国范围内具备更强的保障能力与可持续发展能力。

2. 建立健全基金监管长效机制

医保基金是百姓的"看病钱""救命钱"，涉及百姓切身利益。但是，医保基金使用主体多、链条长、风险点多、监管难度大，欺诈骗保问题持续高发频发，监管形势一直比较严峻。

加强基金监管、维护基金安全一直是国家医保局重要的政治任务。其中，国家医保局主要从两方面开展工作：一是持续形成基金监管高压态势，深入开展打击欺诈骗保专项治理和飞行检查，落实线索移交举报奖励措施，向社会曝光重大案情；二是建设基金监管长效机制。仅靠突击性行动不能从根本上治理医保欺诈顽疾，还需建立健全医保基金监管制度体系。"条例是在医保基金监管形势严峻的条件下，对近年来反医保欺诈实践经验的制度化"。中国社会保障学会会长郑功成说，这将为医保基金的监管奠定有力的法律基础。

3. 医院信息化是与公共卫生信息平台进行数据交换的桥梁

面对医改方案中提出的多层次、广覆盖、强公益、政府管的指导思想，医院要想生存和发展，就必须进行信息化建设，利用网络技术建好数据交换的高速公路，利用信息系统实现与区域公共卫生信息平台、区域医疗卫生信息平台、医疗保险信息平台、区域内医院内信息系统、社区卫生服务机构信息系统、新型农村合作医疗信息系统的互联互通和信息共享。充分体现医院提供给患者的方便就诊、准确的诊治、优质的服务、合理的收费，以得到医管机构的认同和患者的满意，从而扩大就医市场，为医院生存和发展赢得机遇。因此，无医院的信息化建设，就没有信息交换，就没有桥梁和纽带，就没有发展空间。

四、改革举措

党的十九大报告中提出，要在"病有所医"上不断取得新进展，要"完善国民健康政策，为人民群众提供全方位全周期健康服务"。我国医疗保障体系多层次稳中有进，但为了更好地提高制度运行效率，以确保医疗保障制度长期可持续性发展，为人民群众提供全方位全周期健康服务，让居民获得切实幸福感，需要从以下几个方面进行改革：

（1）推进医疗保险制度统筹协调发展。目前，医疗保障制度仍然存在发展不平衡的问题，如图 5-5 所示，农村每万人拥有卫生技术人员数在 2015～2018年占比不到城市每万人拥有卫生技术人员数的 50%。统筹层次低和地区分割、人群分割、制度分割，不利于互助共济分散风险，不利于制度的长期健康可持续发展，不利于人口流动。总之，随着城市化的发展，以及老龄化的加快，基本医疗保险制度的财务可持续将成为一个必须解决的问题。因此，要加快整合资源和统筹规划，推动全国基本医疗保险制度的优化协调发展。一方面，要推进制度内部统筹，巩固提升统筹层次，规范制度政策。另一方面，在整合城乡居民基本医疗保险制度的基础上，需要调整城乡居民和职工两个基本医疗保险制度的参保条件、筹资方式和保障待遇，并依靠信息技术等手段区分收入情况，促使就业人群参加职工基本医疗保险，无收入人群参加城乡居民基本医疗保险，从而使两个制度分别发挥各自作用，促进公平参保，减轻财政负担，有效推动制度可持续发展。在此基础上，逐步形成全民统一的基本医疗保险制度，实现《"健康中国2030"规划纲要》所提出的"逐步缩小城乡、地区、人群间基本健康服务和健康水平的差异，实现全民健康覆盖，促进社会公平"的目标。

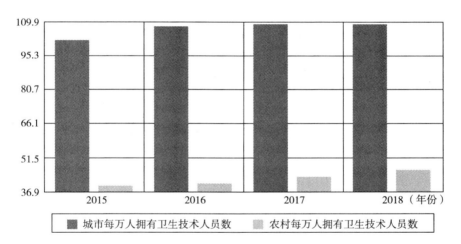

图 5-5　2015~2018 年城市和农村每万人拥有卫生技术人员数

资料来源：《中国统计年鉴》（2016~2019）。

（2）加强医保基金预算管理，完善医保支付制度改革。坚定按照以收定支、收支平衡、略有结余的原则，科学管理并严格执行医保基金收支预算。进一步完善总额预付制的推进，从而实现科学、合理、高效地推进医保基金预算管理。同时制定配套的考核制度以维持改革期间医疗机构运行的动态平衡，根据实际考察医疗机构总额预算运行情况，如有超总额预算的合理工作量存在相应医疗机构予以补偿，从而维系医保经办机构与医疗机构之间的良好联系。

完善医保支付制度改革，严格规范医保支付边界，坚持基本医保"保基本"的原则，规范收取药品、治疗项目和诊疗相关服务项目的费用。充分考虑医保支付能力，坚持在基本保障和责任分担的原则下完善医保支付制度改革。同时纵向探讨医联体及家庭医生签约制度，对其进行医保总额付费，充分发挥基层医疗机构和家庭医生的"守门人"作用，合理引导双向就诊，通过医疗保险改革推动分级诊疗发展。

（3）以信息化推动医保快速发展。大数据、"互联网＋"医药服务的快速发展，为医保信息化建设提供了数据和技术支撑。医保在扩面、经办、支付、监管方面的改革发展、提升质量，也必须充分利用信息技术手段：第一，充分利用参保人员信息登记库，排查重复参保和漏保等情况，有助于有效推动医保扩面，实现参保尽保。进一步加强与银行、税务等部门共享数据库，摸清人员收入情况，优化城乡居民和职工两个医保制度的功能定位，为医保政策的改革调整提供数据支撑，为全民参保搭建制度基础。第二，提升医保运行效率，助力医保改革科学化。充分利用先进的信息技术，推进医保缴费、查询、结算便捷化；开展医保诊疗信息历史数据的挖掘分析，运用大数据聚类、决策树等算法，为按病种付费、DRGs 等支付方式的改革探索提供数据支持。第三，利用信息化手段对诊疗服务加强监管。通过人工智能技术开展智能监控和异常数据分析，有效预防和打击各类违法、违规行为，保障医保基金安全。

第五节　改革方案实施保障措施

（1）提高政策支持力度，强调政府责任。社会保障事业作为现代社会一项重要的政策，从社会政策的本质来看，实际上是一种国民收入再分配的手段，其目的在于保障社会成员的生活水平，提高整体的社会福利水平。城乡社会养老保障制度关注的是社会的退休老龄人员，该部分人群作为社会弱势群体，应当得到政府和全社会的关注，保障其基本的生活水平，参与享受社会发展成果，是社会养老保障制度建立的初衷，为达到制度建设之目的，在政府公共财政、社会政策中给予支持应是题中之义。根据国务院有关文件的规定，全社会整体保障支出的水平应当逐步提高，至少要达到全部财政支出的水平。因此，在今后的经济社会发展过程中，要逐步提高财政支出的支持比例，确保政府在城乡养老保障一体化发展过程中的责任落实，并适当向农村社会养老保险倾斜，积极克服过去社会养老保险事业发展过程中重视城市不管乡村的片面做法。

（2）加强城乡养老保障的法制建设。从西方发达国家的经验来看，城乡养老保障一体化制度的建立都是以法律的颁布与事实为基础的。法律是社会保障的基础。在一个市场化、法制化的现代社会，法律才是一项社会保障制度稳定发展的保障。在立法体制上，首先，全国人大常委会应尽快制定《城乡社会保障法》，就城乡社会保障应遵循的原则、城乡社会保障的主要内容及形式、管理体制、资金来源与发放、保障项目的标准、社会保障的监督、法律责任等方面做出明确规定。

其次，国务院根据《城乡社会保障法》的要求，进一步修订完善《基本方案》，并制定《城乡养老保障一体化条例》《城乡社会养老基金管理条例》《农民工养老保障条例》《老年社会福利保障条例》等行政法规和一些地方性法规，形成规范的城乡养老保障一体化制度体系。为城乡养老保障一体化制度走向完善、监管体系的顺畅运行和健全提供法治环境保障。

（3）加强社会养老保险与其他养老保险措施的协调。受人类社会生产力发展水平、社会组织结构以及家庭结构等因素影响，在经济社会发展的各个阶段，人类解决养老的模式和措施并不完全相同。结合国外经验和国内实际情况可以发现，养老保障要求高低取决于各个农民家庭不同的经济水平，因此单一的城乡养老保障一体化已不能满足农民的需要，还需发挥家庭养老、土地养老和商业保障的功能。就我国目前的经济社会发展实际情况而言，传统的家庭养老模式还将在很长的一段时间内成为社会养老模式运行的重要组成部分，对于陕西省而言该模式也必将在很长一段时间内存在并发挥不可替代的作用。中华民族素有尊老、敬老、养老的传统，这为家庭养老制度的实行和巩固奠定了思想和文化基础。在工业社会，家庭养老功能只是弱化而不是消失。从发达国家的经验看，养老机制中经济供养实现社会化后，生活服务的社会化要经历长期的一段过程才能实现。即使在高福利的国家，家庭也始终是老年人最理想的养老场所。因此，要充分重视家庭在养老中的作用。政府可以从制度建设上鼓励城乡家庭养老，例如，给予税收政策的优惠和适当的收入补贴。在我国现阶段，随着工业化程度的逐步提高，土地对于农民家庭收入增收的贡献率逐步下降，但是不可否认，土地经营对于农村社会发展仍然具有重要意义。传统的土地养老模式还会在很长的时间内发挥作用。

（4）大力发展城镇老年福利事业。老年福利事业发展是一个社会问题，其发展速度和质量直接影响到整体社会福利水平。城乡老人养老工作是一项复杂的系统工程，它需要政府、家庭、社会各方面的力量支持。陕西省城乡的养老工作走在全国的前列，它逐渐形成了养老场所以居家养老为主，经济来源以社会供养和家庭供养相结合，生活照料以家庭照料为主的新型的城乡养老模式。

但是也应当看到，受经济社会总体发展水平的影响，陕西省的老年福利事业发展的规模还远远不能满足社会的需要，与老年福利事业发展相适应的机构建设、制度建设、设施设备建设相对滞后。因此，陕西省城乡养老保障一体化发展过程中，要依靠政府和社会力量，积极发展社区老年服务，兴办老年福利设施和老年服务产业。陕西城乡尽管已经基本建立起了城乡基本养老保障制度和新型的城乡合作医疗制度，但这只能保障城乡老人的日常基本生活。面对城乡家庭的日益小型化和核心化，城乡老龄化速度加快并不断向高龄化发展的趋势，政府在城乡快速的城市化发展过程中，应把城乡社区服务和老年人的福利设施建设纳入社会发展的大局中综合考虑，逐步增加投入，积极利用和依靠社会各种力量兴办福利设施和老年服务产业，建立服务网络，以灵活多样的方式为老龄人口提供多种多样的服务。

第六章　失业保险制度

　　失业保险是国家通过立法强制实施的，通过参保人、用人单位等筹资形成基金，对因失业而暂时失去工资收入的参保缴费者提供物质帮助，以保障其基本生活，维持劳动力再生产，为其重新就业创造条件的一项社会保险制度。当前世界主要国家和地区的失业保险制度可以分为强制性失业保险制度、自愿性失业保险制度、失业救助制度和双重性的失业保障制度四种类型。失业保险制度的主要目的是帮助失业者在遭受失业时能够维持基本的生活、实现再就业，进一步预防大规模失业的发生，维护社会经济稳定可持续发展。因此，失业保险制度主要有以下作用：保障失业人员基本生活、促进就业、预防失业、优化劳动力配置和维持社会稳定。

第一节　历史沿革

一、中华人民共和国成立的前三十年（1949~1978 年）

　　中华人民共和国成立初期，政府重点任务在于恢复生产，国家建设需要大量劳动力，失业问题并不突出，整个社会保障制度处于初建阶段。但是为了保障城镇失业人口的基本生活，按照"人人有饭吃，人人有工作"的社会主义理念，实行了终身雇佣制，劳动力市场只进不出，人民就业后就不担心失业问题。因此，这一阶段以失业救济制度为主，失业保险制度建设尚属空白。

　　中华人民共和国成立的前三十年，人才和劳动力均为单位或部门所有，没有社会化，只有养老金制度，还没有失业保险的概念。吃的是社会主义"大锅饭"。形成人才固化，只要进入国家单位就终身无忧。大中专毕业生也由国家统一分配，既没有就业的压力，也没有选择的自由。政府和企事业单位职工基本上是一张调配单定终身，执行的是全体就业人员的终身保险，是低水平的福利化社会保障。

二、改革开放至党的十八大（1978~2012 年）

　　1. 配套国企改革应运而生待业保险制度：失业保险制度初建阶段
　　为了增加国企经营自主权，在 1978~1993 年实行了"放权让力"和"两权分离"政策,这一政策同时也为国企带来了大量破产问题,造成大量工人下岗,成为社会不安定因素。为解决国企职工失业问题,1986 年 7 月出台《国营企业职工待业保险暂行规定》、1993 年 4 月出台《国有企业职工待业保险规定》等一系列政策文件,旨在保障待业职工基本生活问题,维护社会安全,并对待业保险基金的来源、支出项目、发放的期限和标准等进行了初步规定。由此开始对下岗的国企职工提供生活保障,也为计划用工向市场用工转变提供了制度保障。

在党的十四届三中全会通过的《中共中央关于建立社会主义市场经济体制若干问题的决定》中,系统阐述了我国社会保障体系建设的方针、原则、体制架构、制度模式和重要机制,为推进社会保障制度建设指明了方向。同时,首次提出"失业保险制度"建设是社会保障制度改革的重点之一。1997 年 9 月,党的十五大再次要求"完善失业保险和社会救济制度",并于 1998 年组建了劳动和社会保障部,解决了社会保障多个部门分散管理中政策协调性差、缺乏总体布局的问题。至此,计划经济体制下的"待业保险制度"开始向"失业保险制度"演变。

2. 下岗职工基本生活保障向失业保险并轨:失业保险制度成型阶段

在我国社会保障体系尚不健全的情况下,马上把下岗职工推出企业进入失业大军,必然导致社会动荡。第九届全国人民代表大会第一次会议明确提出,实施再就业工程,确保下岗职工基本生活,出台了"三条保障线"的相关政策,与此同时抓紧完善失业保险制度。1999 年 1 月正式颁布了《失业保险条例》,此时失业保险制度的基本框架已经建成,并在适用范围、筹资渠道、基金支出项目等方面进行了全面和根本性的制度调整。不仅与国有企业下岗职工基本生活保障政策相衔接,而且围绕建立社会主义市场经济体制的目标,努力适应所有制多元化、人力资源市场流动增强背景下各类劳动者职业状态波动的客观需求。筹资渠道主要由企业和职工双方缴费构成失业保险基金,其中企业费率为 2%,个人费率为 1%,彻底改变了待业保险只由企业单方供款的结构,为体制转轨后接纳更大规模的失业人员做好必要的资金准备。

从"待业"改为"失业"意味着中国失业保险制度终于在制度覆盖面上有了实质突破。不再局限于面向国有企业职工,而是把城镇企业事业单位人员(包括国有企业、集体企业、外商投资企业、私营企业及其他性质企业)都纳入制度保险范围。在失业保险基金的来源方面,不但建立了权利与义务对等原则,还首次提出建立失业保险基金调剂金应对劳动力市场波动;在待遇标准方面,与城镇居民最低生活保障线和最低工资标准挂钩,并规定只有参加失业保险一年以上才符合领取资格;在失业保险基金支付范围上,增加了向失业者提供医疗补助金、职业训练补贴和职业介绍补贴。为了进一步强化权利与义务对等关系，明确失业保险制度的覆盖范围，规范失业保险金的增缴。2001 年 10 月，原劳动和社会保障部发布《失业保险金申领和发放办法》，详细规定了失业保险金的领取门槛、待遇领取办法、失业保险关系转移等方面的内容，促进了失业保险制度的进一步完善。2002 年 9 月，中共中央、国务院联合发布《关于进一步做好下岗失业人员再就业工作的通知》，按照该通知的部署要求，全国各地顺利完成下岗职工基本生活保障向失业保险的并轨工作。

3. 通过立法保障失业保险制度的规范运行：失业保险制度深化发展阶段

在我国经济体制改革这一阶段，为了能更好地适应经济发展，失业保险制度依据宪法形成相应法规，与其他保险制度一同写入《中华人民共和国社会保险法》（以下简称《社会保险法》）。其中第五章"失业保险"中详细说明了失业保险金的领取条件、期限和标准，以及其他保障措施。这使我国失业保险制度发展全面进入法制化轨道，失业保险制度运行更加稳定、规范。

2005 年，中国经济体制改革有了明显进展，改革进入重大利益调整的攻坚阶段。在劳动关系领域，失业保险与下岗职工基本生活保障制度并轨任务基本完成，失业保险制度平稳运行，失业保险金享受人数趋于稳定，整个基金池存在一定盈余。但是失业保险制度存在过度注重保障基本生活，忽视促进就业和预防失业功能发挥的弊端。因此，在 2006 年国家决定在东部七省市，即北京、上海、山东、浙江、广东、福建、江苏试点扩大失业保险基金支出范围。新规定允许失业保险基金可以用于职业培训、职业介绍补贴、社会保险补贴、岗位补贴和小额担保贷款贴息支出等内容，并允许在项目之外增设支出渠道。2009 年 7 月国家文件肯定北京和上海两市的做法，允许东部七省市可以在符合法律规定的前提下根据本地实际情况参照学习，适当增加主要用于促进就业和预防失业项目的支出。

2010 年《社会保险法》的颁布实施是中国社会保障制度发展史上里程碑式的重大事件，以法律的高效力构建了中国社会保障制度的初步框架，廓清了中国社会保险立法领域法出多门、管理混杂的问题。并在《社会保险法》中专门开辟一章，以法律形式规定了失业保险制度运行和管理机制，明确了制度覆盖范围、享受标准、领取门槛、领取方式、失业保险基金支出等内容。《社会保险法》突破了城乡限制，改变了以往失业保险制度只覆盖城镇企事业单位的欠公平局面，将乡镇企业也纳入了覆盖范围，实现了城乡统筹。

三、党的十八大以来（2012 年至今）

党的十八大以来，我国对于失业保险制度建设重点开始转为发挥其预防失业、稳定就业方面的作用。通过使用失业保险基金支付岗位补贴、社会保险补贴和培训补贴等政策，对参保企业稳定岗位及鼓励企业吸纳失业人员就业发挥积极作用。同时为了鼓励失业人员尽快实现就业，对享受失业保险期满提前就业的失业人员，使用失业保险基金给予一定的就业补贴。2013 年，党的十八届三中全会《中共中央关于全面深化改革若干重大问题的决定》明确指出，增强失业保险制度预防失业、促进就业的功能，完善就业失业监测统计制度。2014 年 11 月发布的《关于失业保险支持企业稳定岗位有关问题的通知》中规定上年度未裁员或裁员率低于统筹地区城镇登记失业率的，可享受不超过上年度实际缴纳失业保险费 50% 的稳岗补贴，至 2017 年全国共向 64 万户企业发放稳岗补贴 424 亿元，惠及职工 7926 万人。同年 5 月推出职业技能提升补贴政策，激励参保职工提升职业技能，资金从失业保险基金中支出。

党的十九大明确提出，加强社会主义保障体系建设。按照兜底线、织密网、建机制的要求，全面建成覆盖全民、城乡统筹、权责清晰、保障适度、可持续的多层次社会保障体系，全面实施全民参保计划。完善失业，工伤保险制度，建立全国统一的社会保险服务平台。逐步实现全民劳动年龄失业保险制度；分级建立义务劳动培训制度，不断提高劳动者素质，扩大就业面；完善失业保险金发放机制，促进限期就业。2017 年 11 月，人社部发布《失业保险条例（修订草案征求意见稿）》，参保范围在地域上，打破城乡壁垒，将原来的"城镇"拓展为"城乡"；在主体上，将社会团体、民办非企业单位、基金会、律师事务所、会计师事务所等组织及其职工纳入保障范围。同时，将技能提升补贴政策上升到立法层次，参保职工技能提升补贴政策，是失业保险预防失业功能的重要体现。2019 年 5 月，国务院印发《职业技能提升行动方案（2019—2021 年）》，要求全国大规模开展职业技能培训，全面提升劳动者职业技能水平和就业创业能力，完善职业培训补贴政策。

第二节 现状解析

一、失业保险制度的现状

目前，我国失业保险制度的立法依据是 1999 年国务院颁布的《失业保险条例》《社会保险费征缴暂行条例》和 2011 年《中华人民共和国社会保险法》。失业保险制度在改革发展中对严峻的失业问题起到了缓解作用，对社会稳定和经济发展起到了重要的保障作用。

2019 年末，全国参加失业保险人数为 20543 万人，比上年末增加 899 万人，全国失业参保人数稳步上升。全国领取失业保险金人数为 228 万人，比上年末增加 5 万人。全年共为 461 万名失业人员发放了不同期限的失业保险金,比上年增加 9 万人。失业保险金月人均水平 1393 元,发放水平逐年递增。全年共为领取失业保险金人员代缴基本医疗保险费 98 亿元,发放稳岗补贴惠及职工 7290 万人,发放技能提升补贴惠及职工 122 万人。全年失业保险基金收入 1284 亿元,基金支出 1333 亿元。年末失业保险基金累计结余 4625 亿元,失业保险基金累计结余过高。

全国向 320 万户企业发放失业保险稳岗返还 423 亿元,惠及职工 8513 万人。受益企业户数是 2019 年末的 3 倍,受益企业户均人数 27 人,中小微企业受益面大幅扩大。

(1)参保人数缓步上升。近年来,中国失业保险参保扩面工作稳步推进、参保人数呈现缓慢增长,到 2020 年底,全国失业保险参保人数达到 21689 万人。2009~2020 年全国失业保险参保人数增加了 8973.5 万(见图 6-1)。

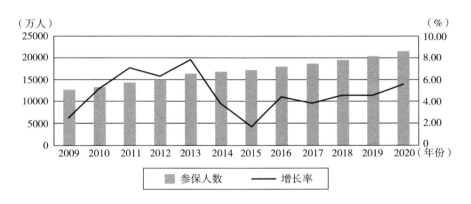

图 6-1　2009~2020 年中国失业保险参保人数及增长率

资料来源:国家统计局、《人力资源和社会保障事业发展统计公报》。

(2)失业保险基金职业培训支出逐年递增。近年来,我国失业保险基金支出在促进就业方面不断完善,如图 6-2 所示,职业培训支出不断提高,基金职业培训支出率也逐年递增。

(3)失业保险金待遇水平稳步上升。图 6-3 是 2009~2019 年我国失业保险金的待遇发放水平情况,由图 6-3 可以看出,我国失业保险金待遇水平近十年来一直在稳步上升。

(4)失业保险基金结余不断增加。如图 6-4 所示,我国失业保险基金结余自 2011 年的 2240.2 亿元不断增加,最高为 2018 年的 5817 亿元,2019 年降为 4625.4 亿元,失业保险基金结余总体为逐步增加。

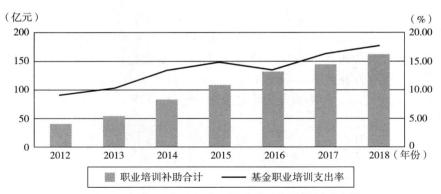

图 6-2　2012~2018 年中国失业保险基金职业培训支出情况

资料来源：国家统计局、《人力资源和社会保障事业发展统计公报》、《中国劳动统计年鉴》。

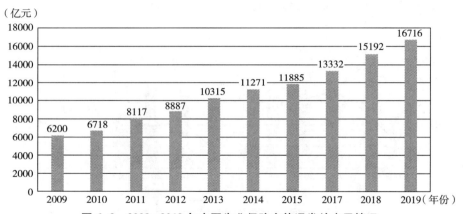

图 6-3　2009~2019 年中国失业保险金待遇发放水平情况

注：缺少 2016 年数据。

资料来源：国家统计局、《人力资源和社会保障事业发展统计公报》。

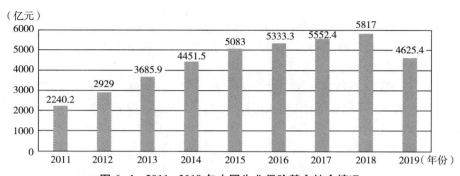

图 6-4　2011~2019 年中国失业保险基金结余情况

资料来源：国家统计局、《人力资源和社会保障事业发展统计公报》。

二、失业保险制度存在的问题

1. 失业保险制度覆盖面窄

失业保险制度覆盖面可以用三个指标来衡量，即失业保险参保人数、参保率和失业保险受益率。失业保险参保率指的是失业保险参保人数占就业人数的比重，按照不同的统计口径，就业人数包括城镇就业人数、全国城乡就业人数和全国经济活动人口人数。失业保险受益率则指的是领取失业保险金人数占城镇登记失业人口总数的比重。

（1）与其他保险相比参保人数较低。虽然中国失业保险参保人数每年都在上升，但与养老保险、医疗保险、工伤保险和生育保险相比，失业保险的参保人数还是处于较低水平，覆盖面不够（见图6-5）。

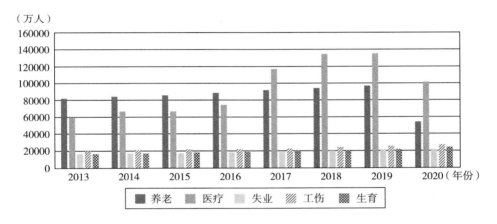

图6-5 2013~2020年中国各项社会保险参保人数

资料来源：国家统计局、《人力资源和社会保障事业发展统计公报》。

（2）失业保险覆盖率过低，受益率上下波动。2009~2019年有关数据显示，近年来中国失业保险覆盖率逐步增长，但整体水平一直偏低，失业保险在宏观层面上并未将大部分劳动力人口纳入其中，只有1/4的劳动者可以参与到失业保险中。总体来说，失业保险扩面工作进展缓慢、覆盖范围过小。在整体水平上，与一些发达国家相比，如美国、英国、日本等高达60%的失业保险覆盖率，我国的失业保险覆盖率处于过低水平。从失业保险受益率情况来看，一半以上的登记失业人员未曾享有过失业保险，并且近几年失业保险受益率一直上下波动，情况不佳。2009~2019年全国失业保险覆盖率和失业保险受益率如图6-6所示。

与其他保险相比参保人数相对较低，失业保险参保率和失业保险受益率"双低"的现实等，说明我国当前失业保险制度覆盖面狭窄。

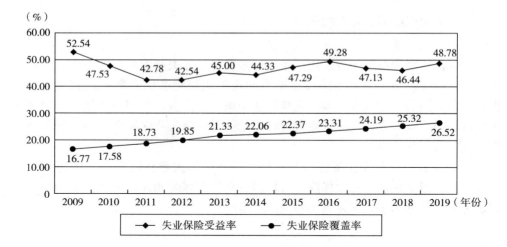

图6-6 2009~2019年中国失业保险覆盖率和失业保险受益率

资料来源：国家统计局、《人力资源和社会保障事业发展统计公报》。

2. 失业保险基金支出不合理

（1）失业保险基金结余过高（见图6-7）。失业保险的附加目标是平滑经济，在经济繁荣时期失业保险基金形成高额结余属于正常现象。但是，我国自2009年连续9年结余正增长，这与失业保险现收现付制度不符。同时，与参保人数和保险费率相当的工伤保险与生育保险相比，失业保险基金结余过高，这表明我国失业保险基金支出较为不合理；与国际比较，我国出现的巨额结余也从未在欧洲国家出现。

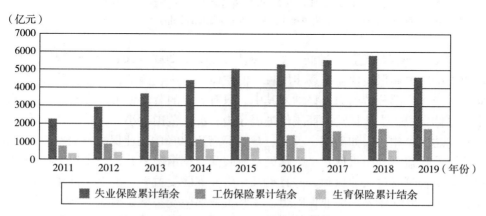

图6-7 2011~2019年部分社会保险基金结余

资料来源：国家统计局、《人力资源和社会保障事业发展统计公报》。

近十年我国失业保险基金收入、支出和累计结余呈增长趋势，收支增长速度远低于基金结余的增长，结余额呈不断增加的总体性发展趋势。2019 年全国失业保险基金收入 1284.2 亿元，基金支出 1333.2 亿元，2019 年末失业保险基金滚存结余 4625.4 亿元，2019 年收支结余 -49 亿元，收支结余首次出现负数，2009～2018 年全国失业保险基金滚存增长率一直为正，直至首次出现下降的现象（见图 6-7 和图 6-8）。

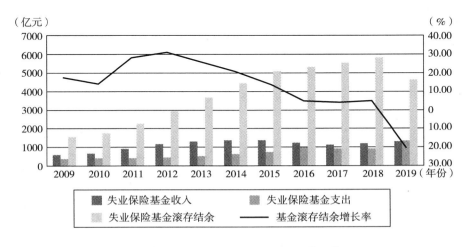

图 6-8 2009～2019 年中国失业保险基金情况

资料来源：国家统计局、《人力资源和社会保障事业发展统计公报》。

　　（2）失业保险基金职业培训支出较低。失业保险基金支出包括失业保险金支出、医疗补助金支出、丧葬补助金和抚恤金支出、职业培训和职业介绍补贴支出、其他费用支出、技能提升补贴支出、稳定岗位补贴支出、其他支出、转移支出。职业培训补助可以帮助就业者提升职业技能，促进就业。失业保险金主要帮助维持失业者的基本生活。

　　表 6-1 显示我国 2010～2018 年职业培训补助和失业保险金在失业保险基金支出中的占比情况。我国对就业服务中心的补助呈现波动状态，对民办职业学院的补助逐年上升，因此职业培训补助总额也逐年递增。另外，发放失业保险金数额逐年上涨。在我国当前的失业保险基金支出中，生活保障支出占了主要部分，失业保险金支出率在 30%～40% 浮动，而职业培训和介绍等方面的支出比例较低，基金职业培训支出率从未超过 20%。这充分说明失业保险基金在促进和稳定就业方面的功能不足，失业保险基金支出结构不合理。

表 6-1　2010~2018 年我国失业保险基金职业培训和失业保险金支出情况

年份	就业服务中心补助（亿元）	民办职业学校补助（亿元）	职业培训补助合计（亿元）	发放失业保险金额（亿元）	失业保险基金支出（亿元）	基金职业培训支出率（%）	失业保险金支出率（%）
2010	12	42.7	54.7	140.4	423.3	12.92	33.17
2011	16.2	20.8	37	159.9	432.8	8.55	36.95
2012	17.3	23.9	41.2	181.3	450.6	9.14	40.24
2013	21.5	32.6	54.1	203.2	531.6	10.18	38.22
2014	13.4	68.8	82.2	233.3	614.7	13.37	37.95
2015	12	97.2	109.2	269.8	736.4	14.83	36.64
2016	14.07	118.6	132.67	309.4	976.1	13.59	31.70
2017	6.32	139.4	145.72	318.2	893.8	16.30	35.60
2018	13.5	148.36	161.86	357.6	915.3	17.68	39.07

资料来源：国家统计局、《人力资源和社会保障事业发展统计公报》、《中国劳动统计年鉴》。

3. 失业保险金的待遇水平低

我国失业保险制度在建立之时就通过法律法规原则规定了失业保险制度的保生活、防失业、促就业"三位一体"功能。失业保险通过向参保失业职工发放保险基金的方式对其进行救济，即失业保险待遇水平的高低决定着"三位一体"的功能能否实现。失业保险金替代率是衡量失业保险待遇水平的常见指标，表6-2 是 2009~2019 年中国失业保险金替代率。可以看出，中国的失业保险待遇标准偏低，除 2013 年、2014 年外，中国失业保险金替代率均低于 20%。而世界上多数国家的失业保险金替代率通常为 45%~80%，这充分说明中国的失业保险金待遇水平偏低。

表 6-2　2009~2019 年中国失业保险金替代率

年份	失业保险金年人均水平（元）	城镇单位就业人员平均工资（元）	失业保险金替代率（%）
2009	6200	32244	19.23
2010	6718	36539	18.39
2011	8117	41799	19.42
2012	8887	46769	19.00
2013	10315	51483	20.04
2014	11271	56360	20.00
2015	11885	62029	19.16
2016	12612	67569	18.67
2017	13332	74318	17.94
2018	15192	82413	18.43
2019	16716	90501	18.47

资料来源：国家统计局、《人力资源和社会保障事业发展统计公报》。

4. 失业保险金的领取门槛高

我国失业保险条例规定，按照规定参加失业保险，所在单位和本人已按照规定履行缴费义务满一年的非因本人意愿中断就业的已办理失业登记，并有求职要求的才可以领取失业保险金。

也就是说，失业人员要想申领待遇就必须在失业前已经参保缴纳失业保险费满一年。对于这一法律规范的解释，我们既可以理解为连续参保缴费满一年，也可理解为累计参保缴费满一年。但是在实际的应用中，劳动者必须在被解除或终止劳动合同关系的原工作单位连续参保缴费满一年，才能领取失业保险金而在最后一个工作单位工作期间并没有缴纳失业保险费满一年的，并不能领取失业保险金。待遇申领必须缴满一年，可是较多失业人员在失业时失业保险缴费不足一年，就不能申领待遇。这样的规定并没有最大范围地保障失业人员的合法权益。

另外，"非因本人意愿中断就业"领金条件是在 20 年前就业不充分、国有企业就业为主、职工变更单位不经常、基金结余不多的情况下制定的条件。将失业原因与领金条件挂钩，在当时有其现实意义。然而近些年有的企业就会为了自身的利益，想方设法逼迫职工主动离开原工作单位，导致较多职工既承受单位的压迫，又在明明符合申领条件的情况下领取不到失业保险金。而劳动者本身应该就有自主择业的权利和自由，从用人单位辞职寻找更好的就业机会是没有过错的。既然已经履行了失业保险缴费义务，那么在其失业至找到合适工作的这段时间里，既没有收入来源，又不能领取失业保险金，生活极为困难，是极不合理的。

5. 失业保险基金统筹层次低

目前，北京、天津、上海、西藏和青海五个省份已实现省级统收统支，15 个省份实行市级统筹，10 个省份实行统筹并存，1 个省份实行县级统筹。失业保险统筹层次较低会导致因自然灾害等因素使某一地区产生集中性失业时，各地区失业保险基金规模差异大，有些地区基金有结余而有些地区基金收不抵支，影响失业保险发挥互济性。推进实现失业保险金省级统筹可以增强基金共济功能和抗风险能力，更好地发挥失业保险保障生活、预防失业、促进就业、助力经济社会发展的功能作用。

第三节　中外失业保险制度比较及经验借鉴

一、中国与国外制度比较

从世界范围来看，失业保险可以分为失业保险制度、失业救助制度和失业保险与失业救助并存的双重性失业保障制度。多数国家实行失业保险制度，这种制度下受保人一般需要缴纳一定比例保费，而失业救助制度则是政府或雇主为雇员承担失业风险的制度，个人无须缴费，由政府或雇主根据规定向雇员支付失业保险金或解雇费，实行失业救助的国家和地区有澳大利亚、新西兰、中国香港等。也有部分国家实行两种制度并存的双重性失业保障制度，如法国、德国、英国、荷兰、西班牙等。其中，失业保险制度又可以分为强制性失业保险制度与自愿性失业保险制度，两者区别在于国家是否通过立法强制制度覆盖范围内的雇主和雇员参加失业保险，按规定缴纳保费。实行强制性失业保险制度的国家有美国、加拿大、比利时、俄罗斯等，实行自愿性失业保险制度的国家有丹麦、瑞典、芬兰等。世界主要国家和地区都建立了完善的失业保险制度，发达国家尤其是西方福利国家，已经在失业保险政策建设和发展方面积累了丰富的经验。基于此，本书选用已经建成成熟的失业保险制度的国家、幸福指数较高（根据 2020 世界幸福指数排行）的国家和中国做对比，基于数据的可获取程度，具体选择的国家为美国、德国、英国、日本、丹麦、瑞士，对不同类型和国家的失业保险制度在覆盖范围、资金来源、领取门槛、待遇水平等方面进行归类总结和分析。

1. 强制性失业保险制度

强制性失业保险制度是由政府通过立法方式强制要求符合失业保险制度保障范围内的企业和职工参加失业保险的制度，这种制度的覆盖范围一般由政府根据自身国情制定，如中国境内企业、事业单位、社会团体、民办非企业单位、基金会、律师事务所、会计师事务所等组织及其职工均被纳入保险范围。美国则是当年或上年至少有 20 周雇用 1 人以上的雇主，或每季度所付工资额在 1500 美元以上的雇主。失业保险基金一般是由企业、职工及政府其中两方或三方按一定比例缴纳失业保险费形成，符合失业保险申领条件的失业人员可以申请领取失业金并接受再就业培训等。各国通过不断完善失业保险制度，都逐渐从保障失业者基本生活向兼顾失业保险与就业促进来解决失业问题。

美国实行的是强制性失业保险制度，制度覆盖包括公务员等绝大多数从业者，失业保险基金主要由州政府和联邦政府征收工资税形成，失业者需要满足非自愿性失业、积极寻求工作和上年度工资收入达到一定额度等条件，即可享受 26 周的失业保险金。失业保险金发放水平总体上与失业者原有工资挂钩，由各州制定不同标准，最低标准为每周 180 美元，最高标准为每周 390 美元。从全国标准看，政府能为失业者提供每周 200 美元保险金，大约是失业者原来平均工资的 34%。美国的失业保险是由联邦政府的劳工部和各州共同管理的。联邦政府的主要职责是保证劳动者和雇主能够参加这项全国性的失业保险项目，从而实现失业保险的立法目的；确保州的法律、条例、规定和运作符合联邦法律；管理和使用联邦失业保险基金等。各州的职责是具体组织本州失业保险的实施工作。

英国也是实行强制性失业保险制度的国家之一，制度覆盖范围除了周收入17.5英镑以上的从业者还包括自我雇佣者。英国失业保险基金主要由企业、职工和政府补贴三方筹集，失业保险项目有缴费型失业保险、收入调查型失业保险和事业津贴三种。非自愿失业，且积极寻求工作的失业者可以获得最高6个月的失业补助，待遇与失业者年龄、家庭收入、家庭结构等多方因素挂钩。失业保险费和失业档案由卫生与社会保障部负责管理，补助津贴委员会负责发放收入调查津贴，就业部管理救济金。同时国家向失业者提供求职帮助和培训补助费、向企业发放雇佣失业者补贴促进失业者再就业。

在瑞士也是一样的，失业保险属强制性保险，所缴纳金额由雇主和雇员共同分担。所有居住在瑞士的受雇者都要参加失业保险制度，而自雇者则不被要求参加失业保险。在失业的情况下，失业者可以领取失业金，金额一般是过去6~12个月平均工资的70%，失业金领取期限与失业者缴费时长和年龄有关。

2. 自愿性失业保险制度

自愿性失业保险制度是一种国家不强制雇员或雇主参加失业保险的制度，雇员可以根据自身情况，选择是否参加失业保险，该制度下的失业保险一般由政府支持当地的工会负责。这种模式下的失业保险制度覆盖范围较广，会产生政府与各类私有失业基金会合作形成失业基金，例如，丹麦有36个失业基金参与失业保险工作，其中34个经办工人失业保险工作，2个经办经理失业保险工作。失业保险基金的资金来源一般也是企业、职工以及政府中的两方或者三方，符合条件的失业者可以获得一定期限的失业补助，自愿性失业保险制度参保费用和待遇标准普遍较高，在瑞典失业保险金达到原来工资的75%。目前，主要是北欧国家实行这种制度。

丹麦和瑞典均实行自愿性失业保险制度，以丹麦为例，其制度覆盖范围较广，凡是参加了工会建立的失业保险基金会的雇员、自雇者、参加了至少18周的职业培训的人员、政府雇员以及军人等都可以参加失业保险制度。失业保险基金来源为雇员和雇主缴纳的失业保险税，参加失业保险者按照本人月收入总额的8%缴纳失业保险税，雇主为特定类型的雇员缴纳失业保险税，政府为失业保险基金提供一定的补贴。丹麦规定失业者成为某一失业保险基金成员的时间长于12个月且在过去3年中工作了52周以上，且非因个人原因失业，即可申请领取最长期限24个月的失业金，待遇标准为原有工资的90%。

3. 失业救助制度

失业救助是一项由国家出资，为一些失业但无权申领失业保险金的公民提供维持最低生活水平的资金和救助制度。自中华人民共和国成立以来就一直对失业人口进行失业救助，发展至今已经建成了系统的社会救助制度，这部分内容在本书第十章单独呈现，因此本章不再单独介绍。

4. 双重性失业保障制度

双重性失业保障制度是指世界上有些国家实行的两种失业保险制度并存或与失业救助制度并存的制度类型，如德国，失业救助作为失业保险制度的补充，为无权享受失业保险的失业者提供物质和就业帮助。日本则是强制性失业保险制度与自愿性失业保险制度并存的制度类型。

德国的失业保险制度建立于1927年，是强制性失业保险制度与失业救济制度相结合的双重性失业保险制度。德国强制性失业保险覆盖范围是除法律有特殊规定之外的所有雇员、义务兵、学徒、在残疾人学校参加培训的年轻人、家庭手工业者、海员、领取医疗保险金的人。失业保险基金由企业和职工双方按比例缴纳，保险费率为工资总额的6.5%，由雇主和雇员各承担一半。德国失业保险申领条件不将"因个人原因失业"的失业者排除在外，而是制定一项"失业保险封锁期"条件，根据失业原因扣减失业金领取期限。德国失业保险金标准的确定考虑两个因素：一是工资；二是有无子女。工资的多少根据税收等级来计算。有无子女对失业保险金标准影响极大。与此同时，德国实行的职业救助制度目的在于使那些无权或不能继续享受失业保险待遇的失业人员得到失业保护。失业救济是联邦政府的责任，资金来源是联邦政府的税收。领取失业救济金的期限分为两种：一种是以前享受过失业保险，现在享受期满，但又没有重新就业的失业人员，可以享受连续性失业救济，没有时间限制；另一种是以前没有缴纳过失业保险费，无权享受失业保险，现在由于各种原因而失业的人员，如公务员等，可以享受为期312天的失业救济。失业救济金的标准低于失业保险金的标准，根据申请人有无子女，标准有所区分。有子女的为原净工资的57%，没有子女的为原净工资的53%。

日本称失业保险制度为雇佣保险制度，是以生活保障为基本任务，以促进就业为根本目的的就业保障制度。它属于强制性失业保险制度与自愿性失业保险制度并存的类型，主要体现在其制度覆盖范围中：凡是有雇工的单位，都是雇佣保险的覆盖对象。但雇工在5人以下、经营农林水产业的单位，允许选择性适用，也未将公务员、临时工等纳入保障范围。基金来源为企业、职工和国家财政补贴，并且参保费率依据不同行业性质差异化制定。在稳定就业促进就业方面，日本将企业缴纳费用用于雇佣保险三事业（雇佣稳定事业、能力开发事业和就业福利事业）。对于无正当理由失业者，不能享受失业保险政策。失业金领取期限与年龄和缴费时间挂钩，待遇标准为失业前6个月的平均日工资的50%~80%。基金主要用于两方面支出：一是雇佣保险待遇等补助。①求职者补助：主要是保障求职者在找工作期间的基本生活。②促进就业补助：主要是帮助求职者重新就业。二是雇佣保险三事业。①雇佣稳定事业：防止被保险人出现失业问题的同时，谋求调整就业状态、扩大就业机会等有助于就业稳定的各项政策。②能力开发事业：完善职业培训设施、帮助职工参加教育训练等开发、提高职工就业能力的各项政策。③就业福利事业：改善职工职业工作环境，帮助他们解决就业问题及增进其他福利的各项政策。雇佣保险工作由厚生劳动省负责管理。公共职业安定所采用计算机管理，通过雇佣保险综合系统进行联网，各参保单位、被保险人分别建立数据库，通过设在东京的中央计算机中心统一管理。

二、经验借鉴

通过与国外失业保险制度的对比（见表6-3），我们可以发现，中国失业保险制度在覆盖范围、领取门槛、待遇水平和领取期限方面均有一定的改善余地。

表6-3　中国与国外制度比较

类型	国家	覆盖范围	资金来源	领取门槛	待遇水平	领取期限	稳就业、再就业服务
强制性失业保险制度	美国	a. 拥有固定工作的受雇者 b. 其他所有工薪工作者	a. 雇员 b. 雇主（总费率6.2%）	a. 非本人意愿失业 b. 具备工作能力且随时可以投入工作 c. 积极求职 d. 上一年的总工作收入或时长达到一定标准	失业前收入水平的50%左右	最长6个月	a. 失业税 b. 贸易调整津贴 c. 职业培训和就业服务 d. 再就业补贴
	英国	a. 拥有固定工作的受雇者 b. 自雇者	a. 雇员 b. 雇主 c. 政府	a. 过去2年中缴纳失业保险税满1年 b. 签署求职协议，积极求职，接受职业介绍 c. 每隔两周到就业中心报告求职情况	18~24岁者每周57.90英镑 25岁以上者每周73.10英镑	最长6个月	a. 求职培训班 b. 再培训计划 c. 工作引导计划
	瑞士	所有居住在瑞士的受雇者	a. 雇员（1.1%） b. 雇主（1.1%）	a. 过去2年中缴纳失业保险税满1年 b. 非本人意愿失业 c. 具备劳动能力且有就业意愿	失业前收入水平的70%~80%	7~18个月：取决于缴费时长和年龄	
	中国	国有企事业单位、城镇集体企业、外商投资企业、城镇私营企业及其职工	a. 雇员（0.5%） b. 雇主（0.5%） c. 政府补贴	a. 参加失业保险，缴费满1年的 b. 非本人意愿失业 c. 已办理失业登记，并有求职要求的	当地最低工资标准的80%~90%	最长24个月：取决于缴费时长	a. 技能提升补贴 b. 稳岗补贴 c. 职业技能鉴定补贴 d. 创业补贴

续表

类型	国家	覆盖范围	资金来源	领取门槛	待遇水平	领取期限	稳就业、再就业服务
自愿性失业保险制度	丹麦	a. 加入失业保险基金会的雇员 b. 自雇者 c. 参加职业培训 18 周以上的人员 d. 政府雇员以及军人等	a. 雇员（8%） b. 雇主（为特定类型的雇员缴纳） c. 政府补贴	a. 成为某一失业保险基金成员的时间长于 12 个月 b. 在过去 3 年中工作了 52 周以上 c. 非本人意愿失业	失业前收入水平的 90% 左右	最长 24 个月	
双重性失业保障制度	德国	失业保险： 所有受雇者，包括家庭雇员、实习人员、接受培训人员等 失业补助： 其他失业保险以外的人员	a. 雇员（3.25%） b. 雇主（3.25%） c. 政府（救助金）	失业保险金： a. 参加了失业保险 b. 失业登记，提出申请 c. 失业状态，求职中，接受职业介绍 失业补助金： a. 失业保险以外的人员 b. 已无资格继续享受失业保险金的人员	失业前收入水平的 60%~67%	6~24 个月：取决于缴费时长和年龄	
	日本	a. 除临时性工作者、参加船员保险的船员、公务员以及 65 周岁以上的老年人外的所有劳动者强制参加 b. 农业、林业、渔业且受雇人数低于 5 人者、按日工作的临时工和季节性工人自愿参加	a. 雇员 b. 雇主 c. 国库补助	a. 失业前 1 年内累计参保满 6 个月 b. 具备劳动能力且有就业意愿 c. 失业状态，失业登记并得到确认 d. 每个月向职业介绍所进行报告	失业前收入水平的 50%~80%	3~10 个月：取决于缴费时长、年龄及失业原因等因素	a. 促就业补助 b. 教育训练补助 c. 连续雇佣补助 d. 能力开发事业 e. 雇佣稳定事业 f. 就业福利事业

续表

类型	国家	覆盖范围	资金来源	领取门槛	待遇水平	领取期限	稳就业、再就业服务
失业救助制度	中国阶段性政策	2020 年 3~12 月满足下列条件之一的失业者: a. 领取失业保险金期满且未就业的失业人员 b. 不符合领取失业保险金条件的	国家社保局	a. 参保缴费不满一年 b. 参保缴费满一年但主动离职 c. 领取失业保险金期满但仍未就业	不高于失业保险金的 80%(失业保险金为当地最低月工资的 80%~90%)	只能申领一次,最长 6 个月	
	启示	拓宽失业保险覆盖范围:纳入自雇者、临时工、灵活就业人员等	根据行业类别,差异化制定失业保险费率	适当降低失业保险金领取门槛:有条件地放宽非本人意愿失业	合理确定失业保险金待遇水平:与失业前工资水平挂钩	适当缩短失业保险金领取期限	加大企业和求职者对于再就业服务的重视

资料来源:穆怀中. 社会保障国际比较(第三版)[M]. 北京:中国劳动社会保障出版社,2013.

（1）从覆盖范围来看，大多数国家失业保险制度的覆盖范围均未包括灵活就业人员，自雇者以及临时工等工作较不稳定的劳动者也是容易被忽视的群体，如表 6-4 所示。相较而言，德国、日本和丹麦失业保险制度的覆盖范围较广，能囊括大多数的应保人员，而中国、美国、英国、瑞士覆盖范围相对过窄，亟待完善。我国主要覆盖群体为国有企事业单位、城镇集体企业、外商投资企业、城镇私营企业及其职工，而其他国家保障的群体更为广泛，德国、瑞士均覆盖了所有受雇者，丹麦、英国包含了自雇者，对此我们也可以将自雇者、临时工、灵活就业人员纳入。

表 6-4 覆盖范围比较

覆盖范围	实施国家
拥有固定工作的受雇者	美国、德国、英国、丹麦、瑞士、日本、中国
大多数没有固定工作的受雇者	美国、德国、丹麦、瑞士、日本
自雇者	英国、德国、丹麦、日本
其他	德国、丹麦

资料来源:穆怀中. 社会保障国际比较(第三版)[M]. 北京:中国劳动社会保障出版社,2013.

（2）从资金来源看，我国失业保险与多数国家一样由企业、职工和政府补贴共同形成失业保险基金，费率为企业、职工各 0.5%。美国和日本根据不同行业性质和企业稳岗情况实行不同的保险费率，可以更好地发挥失业保险制度的互济性，有效抑制高失业行业和高裁员企业职工失业问题，同时可以更好地惠及弱势群体。从美国和日本保险费率制定中，我国可以结合国情借鉴经验和做法，实行差异化费率。

（3）从领取门槛来看，各国的失业保险领取门槛基本上都是缴纳失业保险满一定期限，非个人原因失业，进行登记，愿意再就业等。美国和丹麦则要求从业满一定期限，英国和日本要求定期向职业介绍所进行报告，如表6-5所示。相对而言，德国的失业保险领取门槛较低，德国、日本和英国不要求失业者非个人原因失业，而其他国家的失业保险门槛较高。英国、德国均取消了非本人意愿失业这一限制条件，现实生活中，也有一部分本人意愿失业是由于客观原因所导致的，所以适当降低失业保险金领取门槛，有条件地放宽非本人意愿失业这一条件，更能切实地保障失业者后续的基本生活。

表6-5　领取门槛比较

领取门槛	国家
工作时长或收入要求、非个人原因失业、就业意愿	美国
缴费时长、非个人原因失业、就业意愿	瑞士、中国
缴费时长、工作时长或收入要求、非个人原因失业	丹麦
缴费时长、就业意愿、定期报告	英国、日本
就业意愿、没有资格领取失业保险和失业救济的失业者	德国

资料来源：穆怀中．社会保障国际比较（第三版）［M］．北京：中国劳动社会保障出版社，2013.

（4）从待遇水平来看，大多数国家的失业保险金待遇水平均与失业者失业前收入水平挂钩，而英国则按年龄划分，中国按照当地最低工资标准的一定比例支付一定金额（见表6-6）。相对而言，按照失业者失业前收入水平的一定比例确定更为合理，因为失业保险的缴费金额与劳动者的收入有关。美国、德国、日本、瑞士、丹麦均考虑的是失业者失业前的待遇水平，德国还将失业者是否生育作为待遇水平制定标准。我国则是将最低收入标准的一定比例作为发放的依据，最低收入标准一般会低于失业前的待遇水平，因此我国的失业保险待遇水平相对其他各国较低。我国也应当考虑将失业保险金待遇水平与失业者失业前工资水平、失业者年龄等条件挂钩，增强失业保险制度的保障水平。

表6-6　待遇水平比较

失业保险金的待遇水平	国家
失业前收入水平的50%~90%	美国、德国、日本、瑞士、丹麦
按年龄划分	英国
当地最低工资标准的60%~90%	中国

资料来源：穆怀中．社会保障国际比较（第三版）［M］．北京：中国劳动社会保障出版社，2013.

（5）从领取期限来看，大多数国家的失业保险金的领取期限与失业者的缴费时长有关。德国、丹麦和中国的领取期限最长可达 24 个月，美国和英国失业保险金的领取期限则较短，仅为 6 个月（见表6-7）。我国最长为 24 个月，失业保险金的支付期限如此之长显然是不利于促进就业的。根据其他学者的研究，失业保险金领取期限越长，反而会降低失业人员寻找工作的积极性，应适当缩短失业保险金领取期限。

表6-7　领取期限比较

失业保险金的领取期限	国家
6个月	美国、英国
3~10个月（与缴费时长、年龄及失业原因等因素有关）	英国
7~18个月（与失业者的缴费时长和年龄有关）	日本
6~24个月（与失业者的缴费时长和年龄有关）	德国
24个月（与失业者的缴费时长有关）	丹麦、中国

资料来源：穆怀中．社会保障国际比较（第三版）［M］．北京：中国劳动社会保障出版社，2013.

第四节　改革方案

一、改革思路

构建公平有效、成熟稳定、均等共享的制度体系，是中国社会保障制度改革的基本价值追求。而失业保险是社会保障体系的一个重要组成部分，同时又是我国劳动就业体制的重要内容。随着社会经济的发展，人们对国家社会保障需求的增加，我国现有的失业保险制度也在逐渐完善，但依然存在很多问题和不足，失业保险制度的改革俨然成为时代的需要。

党的十九届四中全会提出，要健全有利于更充分更高质量就业的促进机制，实施就业优先政策，促进广大劳动者实现体面劳动、全面发展。失业保险在新时期更应该总结经验，充分发挥稳定就业、预防失业、促进就业、保障生活的作用。

因此，失业保险制度的改革应坚持以人民为中心的发展思想，在发展中不断地扩大覆盖面积，不断地拓宽失业保险的纳入途径，需要在实践中不断地将全部劳动者纳入其中，进一步地提升失业保险的作用。

首先，失业保险制度要在后续的不断实践中逐步地进行完善和改革，重新确定相关计算基准，确定计算基准时要全面考虑，注重失业保险金水平的合理化，从而保障失业人员的基本生活。其次，积极制定较为标准的失业保险金，制定差异化待遇水平，提高失业保险金的总体水平，为失业者提供更好的保障。再次，我国在失业保险制度的全面落实上更要注重吸取国外的经验，注重防范潜在风险，根据失业风险大小采用差别费率，使参保单位负担相对公平合理的义务，并承担相对对等的权利，履行相对对等的保护。最后，积极提高失业保险统筹的层次，统筹层次越高，失业保险基金在调剂上的余地就越大，基金的使用效益就越显著，就能更好地分担失业的风险。

二、改革目标

我国社会保险法指出社会保险制度坚持广覆盖、保基本、多层次、可持续的方针，社会保险水平应当与经济社会发展水平相适应。在社会保障体系建设中，面对复杂纷纭的矛盾，要优先解决制度"从无到有"的问题，弥补制度缺失；继而解决覆盖面"从小到大"的问题，将更多的人纳入保障体系；在此基础上，稳步解决保障水平"从低到高"的问题，让人民群众更好地分享社会经济发展成果。目前我们已经解决了制度"从无到有"的问题，在解决覆盖面"从小到大"和保障水平"从低到高"的问题方面还有待完善。所以，现阶段我国失业保险制度的改革应立足于解决覆盖面"从小到大"和保障水平"从低到高"的问题，实现失业保险的广覆盖、保基本的目标，失业保险待遇水平应当与经济社会发展水平相适应。具体而言，到 2025 年，失业保险制度的覆盖率要达到 40%，失业保险金替代率达到 30% 左右；到 2035 年，失业保险制度的覆盖率达到 60%~70%，失业保险金替代率基本达到国际劳工组织《社会保障（最低标准）公约》（1952）规定的失业保险金标准不得低于失业前收入的 45%。

长远来看，我国失业保险制度的改革目标是以广覆盖、保基本、多层次、可持续为基本方针，建立健全体制机制完备，法定人群全面覆盖，基本保障稳固可靠，基金运行安全有效，管理服务高效便捷，公平可持续的失业保险制度。

三、改革重点内容

1. 将各类失业的劳动公民纳入失业保险覆盖范围

失业保险制度的作用是帮助失业者在遭受失业风险的威胁时，提供基本生活保障，促使其尽快就业。因此，失业保险制度的覆盖范围是失业保险制度的发展的一个重要内容，也是各界失业人员能够满足基本的生活保障。在发展中要不断扩大覆盖范围，不断拓宽失业保险的纳入途径，在实践中不断地将全部劳动者纳入其中，进一步提升失业保险的作用。从理论上出发，失业保险制度的适用对象应是从事社会经济活动的所有劳动者。失业保险制度的覆盖范围应该是符合失业条件的全体具有劳动力的公民，无论是自雇者、受雇者、灵活就业人员，还是临时工等。目前我国主要覆盖群体为国有企事业单位、城镇集体企业、外商投资企业、城镇私营企业及其职工，与国外相比，覆盖范围太小，没有惠及每一位失业的并且积极求职的劳动者。因此，我国应该重视将灵活就业人员、自雇者以及临时工等工作较不稳定的劳动者这类最容易被忽视的群体纳入失业保险的覆盖范围。与养老保险、医疗保险相比，失业保险覆盖率很低，受益率波动大，很多失业人口不能享受到失业保险待遇。

2. 制定差异化失业保险待遇水平

从世界各国的失业保险制度的发展历程和制度设立的初衷来看，失业保险制度最基本以及最重要的功能都是为遭受失业风险威胁的失业者提供基本生活保障。所以，失业保险制度的待遇水平能否为失业者提供基本生活保障变得尤为重要。失业保险制度应该做到公民所领取的失业保险金和失业救济金至少能大概维持正常生活水平，应该与居民日常生活消费水平、家庭状况以及失业前的工资相关联。目前，我国是将最低收入标准的 $60\% \sim 90\%$ 作为发放的依据，待遇水平相对其他各国较低，而且就业者在缴纳失业保险时是按照自己的工资水平作为基数，但是在领取失业保险金时却采用"一刀切"的方式，对于工资水平较高的就业者来说是不公平的。因此，应该着力改善当前待遇水平的确定依据，差异化制定失业保险待遇水平，将居民日常生活消费水平、失业者的家庭状况以及失业前的工资等因素纳入考虑范围。

3. 取消不合理、不必要的申领条件

失业保险制度本应该是所有属于劳动力的失业人员均能享受到失业保险金或失业救济，而不是需要满足各种各样苛刻的条件。与其他社会保险相比，失业保险兼具社会保险和促进就业双重属性，这就造成不同地区是由不同的政府单位经办失业保险相关手续，从而导致服务标准、流程不统一，给申领人带来不便。同时失业保险制度的领取门槛的规定会影响其作用的发挥，若领取门槛过于严格，则会使部分本该得到保障的失业者不能得到合理保障。若领取门槛过于宽松，缴纳失业保险金的员工就不会有那么大的失业压力，会导致员工产生惰性心理，使其再就业积极性不高，失业保险制度失去其应有的效力。目前我国失业保险制度领取门槛为参加失业保险，缴费满一年；非本人意愿失业；已办理失业登记，并有求职需求的失业人口。而实际上缴费满一年是建立在失业者在最后一个工作单位缴纳失业保险金满一年，非本人意愿失业就可能意味着公司可能为了自身利益暗示或者逼迫职工辞职。所以这两项条件的弊端可能导致了许多失业人员不能领取失业保险金，自身权益得不到保护。故此失业保险制度的改革应该考虑取消一些不合理、不必要的申领条件，以更好地发挥作用。

4. 提高失业人员再就业培训支出

我国失业保险制度在建立之时就吸收了其他国家经验，注重失业保险的促就业功能，通过法律法规原则上规定了失业保险制度的保生活、防失业、促就业

"三位一体"功能，并已得到普遍认可。但是在我国当前的失业保险基金支出中，生活保障支出占了主要部分，而职业培训和介绍等方面的支出比例较低，这就可能导致失业保险金只起到了保障生活的功能，在鼓励失业者不断增强工作技能、积极就业方面的功能不足。党的十九大报告指出"要坚持就业优先战略和积极就业政策，实现更高质量和更充分就业。大规模开展职业技能培训，注重解决结构性就业矛盾，鼓励创业带动就业"，加强职业培训，提高职业技能和鼓励创业是促进就业的重要手段和工作重点。针对失业保险基金来看，在职业培训补贴、职业技能鉴定补贴和创业补贴上增加支出，鼓励失业人员加强学习、提高劳动素质和职业技能水平的积极性，增强再就业能力，提升自主创业积极性。因此，需要通过改善基金支出结构，增加失业保险基金支出在预防失业和促进就业方面的支出。

5. 制定合理的失业保险费率

失业保险费率的制定会影响失业保险的参保率。失业保险费率过高会降低参保人的参保意愿，统一的固定费率也会降低那些低失业风险的人群的参保意愿。我国的失业保险费率实行的是固定费率制，目前，失业保险总费率为1%，用人单位负担比例为0.5%，个人费率为0.5%。

从行业看，没有根据行业特点对失业保险费率进行区别，高失业风险的如建筑业和低失业风险的如林业缴纳的保险费率是无差别的，不利于鼓励企业参保。此外，现行的失业保险制度对个人权益保障不充分，与养老保险和医疗保险不同，参保人没有个人账户，所缴保费全部进入统筹，导致参保人履行的义务和享受的权益失衡，一旦失业，个人领取的失业金多少与前期缴费数额无关，这也不利于调动失业人员参保缴费的积极性。

我国劳动就业人数基数较大，人员的失业风险较大，所以保险公司应该承担的责任也较多，需要适时地根据相关行业进行失业风险的预防，针对不同的单位实施差别税费率，如针对就业单位要给予更多的责任，针对解雇人数较少的单位适用较低的费率，这样能够积极地稳定相关劳动关系，确保事业单位和就业单位相关权利义务的落实，可以有效地约束相关雇佣关系，积极稳定相关劳资关系，从而达到缓解就业压力的目的，解除不稳定的企业使用劳动力资源的随意性，从而稳定就业并缓解社会失业压力。

四、改革举措

根据中国失业保险制度的发展现状、与国外制度比较与改革目标，我们可以发现目前中国失业保险制度存在覆盖面窄、基金支出结构不合理、失业保险金待遇水平过低、领取门槛较高、领取期限较长等问题。基于此，本书认为中国失业保险制度改革的重点应该放在扩大失业保险的覆盖范围、改善基金支出结构、提高失业保险待遇水平、适当降低失业保险金领取门槛、适当缩短失业保险金领取期限等方面。

1. 扩大失业保险的覆盖范围

通过前文分析，相比于其他社会保险，我国失业保险参保人数很低，近五年基本维持在 2 亿人参保。造成这种情况的可能因素有：首先，公众对于失业保险关注太少，认知程度不足。其次，许多中小企业为了降低成本，不为员工缴纳全部社会保险。最后，一些灵活就业人员如农民工很难享受到失业保险。因此，要从这些方面入手，加强工作力度，达到扩大失业保险参保和覆盖范围的目的。

（1）利用新媒体加大失业保险法规政策的宣传力度。随着经济不断发展，失业问题逐渐成为不可忽视的社会问题。在面对突发情况时，失业率会大幅增加，如在 2020 年受新冠肺炎疫情影响，失业率由 2019 年的 3.62% 增加至 4.24%，而此时失业保险就成为社会的"稳定器"，2020 年我国失业保险基金支出 2120 亿元，在保障失业者生活中发挥了重要作用。目前，许多个人和企业对于失业保险的重视程度不足，部分企业不为员工缴纳五险或只缴纳养老和医疗保险，就业者因为竞争压力也会接受企业这种行为。因此，需要通过各种形式提高就业者权益保护意识，同时通过补贴达到鼓励企业参保目的，不断提升全社会参保意识，防范失业风险。

（2）通过立法将部分主动离职人员纳入失业保险覆盖范围。近些年，在失业人群中，主动辞职的失业者逐渐增多，这一群体中许多都是毕业不久的大学生。我国自 1998 年开始实施大学生招生扩招，招生的快速扩大增加了就业市场毕业生供给，使劳动力市场的供求关系失衡，导致大学生就业难成为一个重要的社会问题。但《失业保险条例》规定缴费期限达一年以上才可获得失业保险的受益资格，这将首次就业的大学生排除在保障范围之外。近年来很多国家年轻人失业率居高不下，年轻人的失业保障问题已成为一个全球性的特别挑战和重要问题。年轻人在失业期间往往缺乏平滑消费的手段，无论如何都要求通过工作累积高回报的人力资本，因而，向年轻人提供失业保险隐性的道德风险很小。考虑到失业保险对于年轻人的重要性，比利时、卢森堡等世界 20 个国家已通过立法明确将首次就业的年轻人纳入失业保障的覆盖范围，通过提供求职者津贴向新毕业大学生提供就业和创业缓冲期阶段的生活保障。同时各国还通过提供积极的就业市场政策，帮助新就业者积极参与就业市场培训提升人力资本，帮助其尽快实现就业。面对庞大的大学毕业生失业群体，我国有必要从立法层面将首次就业群体纳入失业保障的覆盖范围，探索由中央和地方各级政府、高校、大学生家庭、社会捐助等多方面的融资来源向首次就业大学生提供失业保障，并通过提供就业和技能培训帮助失业大学生实现就业，通过提供创业补贴、贷款贴息、担保等政策支持鼓励失业大学生实现自主创业。

2. 改善基金支出结构

改善基金支出结构，建立从调控预防失业到失业保障生活再到促进就业创业的联动机制，增加失业保险基金支出在预防失业和促进就业方面的支出，增加对失业者促进就业的补贴。从源头上调控失业的增量，为确保就业局势基本稳定发挥作用。首先是扩大失业保险基金的支出范围，增加预防失业方面的支出项目，将政策的重点转向预防失业，即利用充足的资金结存，把失业治理的关口前移，设计适当的资格条件和标准，将失业保险基金更多投向能够提升就业能力、预防失业发生的职业培训、就业服务、创业扶持、稳岗补贴等方面，这样既提升失业保险制度的防范失业风险能力，又能促进劳动者积极就业，提高就业质量。失业保险基金支出的方向，应更多地面向企业，通过组织提高失业者个人地位，进而提高保险基金支出的效用。对企业预防失业的支出，以抑制解雇。建立以失业补贴方式鼓励企业在不景气时期减少裁员的机制，将风险防范提前到企业。一方面，对企业暂缓征收失业保险金，结合实际降低企业缴费标准。另一方面，通过失业保险机制，资助某些特定企业，帮助改善就业环境，减少离职、跳槽等情况，抑制企业的解雇行为。

3. 综合考虑失业保险金给付水平的确定

在建立失业保险制度的国家和地区中，多数国家和地区失业金是按照雇员工资（或收入）的一定比例支付一定期限的失业金，部分国家和地区按照固定金额和参考工资（与个人工资和社会平均工资有关）支付失业金。而目前我国失业保险金待遇水平是按照当地最低工资标准的60%~90%发放，相当于城镇就业人员平均工资水平的20%左右，较低的失业保险金的待遇水平与物价增长水平严重不符，难以维持失业人员正常生活水平，不能有效发挥作用，造成就业者参保积极性低，进而导致我国失业保险覆盖率较低和巨额基金结余问题。因而我国有必要改善目前确定失业保险金待遇水平的方法，综合考虑失业保险金给付水平的确定。

各国失业保险金的待遇水平确定通常综合考虑失业者的以往收入水平、家庭收支状况、年龄、所处失业期限等多方面个性化的因素，以切实满足失业者的实际生活支出需要，避免失业贫困问题。而我国失业保险金待遇水平的确定无视每位失业者的个人及家庭特征，通常同一地区待遇水平完全"一刀切"，难以保障失业者及其家庭个性化的支出需求。而且失业保险金以本人失业前的工资水平作为缴费基数，失业保险金的待遇水平却以当地最低工资标准统一设定，与个人工资水平无相关性，缴费义务与待遇给付权利的不对等，不利于激励就业者的参保积极性。因而未来应借鉴国际经验，在确定失业保险金的待遇水平时，综合考虑失业者个人及家庭多方面个性化的因素，并体现与个人工资挂钩的效率原则，使失业保险金更好地发挥生活保障和消费平滑的作用。

4. 适当降低失业保险金领取门槛

根据《失业保险条例》的规定，主动辞职不符合失业保险金申领条件，只有"非因本人意愿中断就业"才具有领取资格，这样规定的初衷是为了防止个人骗保行为。然而现实中，许多主动辞职的人也是有合理的辞职理由，且在职期间也依法缴纳了保费，而将这部分人排除在失业保险保障范围之外是不合理的，难以充分发挥失业保险的基本功能。因此要加大对主动辞职人员的核查，对于辞职后积极寻找工作的失业者提供一定程度补贴。

首先，由于每年大学毕业生不断增加，就业竞争压力大，很多毕业生不能在首次就业中获得稳定长久的工作。因此，常年来大学毕业生失业率高居不下，并且多数属于主动辞职的失业者，生活极其困难，而"非因本人意愿中断就业"的规定将这一困难群体无差别地排除在外，无法保障这一广大群体的利益。其次，对于农民工等特殊就业群体应当降低申领门槛，众所周知，在城镇化进程中农民工成为一类数量庞大且流动性高的就业者，他们的就业具有不稳定性、季节性等特点，面临较高的失业风险。高的失业风险使广大农民工群体对失业保险具有强烈的潜在投保需求，2011年《社会保险法》规定"进城务工的农村居民依照本法规定参加社会保险"，为农民工公平参加失业保险并享受合理待遇提供了法律保障。然而对于农民工而言，参保缴费期满一年才能享受失业保险待遇的这条规定，在实践中也常常接不上"地气"。这样的"门槛"对部分参保农民工来说过于苛刻，部分用工企业甚至可以以此为借口拒绝为农民工缴费，无形中将最需要保障的群体排除在保障范围之外。

5. 适当缩短失业保险金领取期限

我国失业保险金领取期限与大多数国家相比，期限较长。多数国家的给付时间都在一年内，目的是通过制定期限激发失业人员的就业积极性，来减轻失业人员对政府失业保险金的过度依赖和政府的财政和社会压力。因此，失业保险制度制定者可以适当缩短失业保险的领取期限，这样既能使失业者失业后的生活得到更大的保障，又能激励失业者再次寻找工作。从推动失业保险制度可持续发展的角度，兼顾权利和义务对等原则，能更好地保障失业人员基本生活和激发失业人员的就业积极性，在一定基础上也可适当调整给付期限，一方面防止失业者失去劳动机会，另一方面也有助于推动经济的发展和社会的进步。具体来讲，可借鉴国外经验，将支付周期分为几段，从最初失业的3个月开始，支付缴费工资的一定比例，之后逐步降低支付比例。

6. 实施差别化的缴费浮动费率政策

目前我国的失业保险费率没有考虑到不同行业、不同企业间的个体差异，也没有将社会经济大环境和经济波动考虑在内，因而并不完全适合现实需要，应该设计一个相对灵活合理的差别化的缴费浮动费率征缴机制，调动失业风险小的企业的参保积极性。

差别化缴费能够提高用人单位和职工参保积极性。差别化的缴费浮动费率制度的设计思路应充分考虑以下几个方面：一是行业和经济类型的差异，不同行业和经济类型的失业风险是不一样的，如餐饮零售行业失业风险相较于电力行业就更高。二是不同经济阶段的失业保险费率应有所差异，经济不景气时企业负担较重，应下调失业保险费率，减轻企业负担，以稳定就业。三是不同企业之间的差异也应考虑进来，如企业就业岗位是否稳定、有无拖缴欠缴失业保险费情况等具体指标。具体来说，可以参考其他国家的做法，如学习日本，区分一般行业和特殊行业，特殊行业主要是失业风险较为集中的行业，设置相对较高的费率，而失业风险相对较小的一般行业则享受较低的费率，也可以参考美国的做法，将一定时期内解雇职工人数的多少作为费率浮动的依据，解雇职工超过一定比例，则费率上浮；相反，连续一定年份解雇职工数低于某一比例，则费率下调。这样有利于鼓励企业稳定雇佣关系，减少辞退，从而达到稳定就业、预防失业的目的。

第五节　改革方案实施保障措施

一、完善立法

完善我国失业保险制度立法，通过立法的方式将失业风险较大群体纳入失业保险体系中，加强有关社会保障、失业保险制度的法治宣传力度，提高企业单位和劳动者对于失业保险立法、守法意识，提振劳动者对失业保险的信心，增强其对社会保障的法律认知，培养其相应的法律意识，为日后对其进行再就业培训打下良好的法律基础。同时，政府应加强对于用人单位或企业有关失业保险规章制度的执法力度，惩办拖欠、虚报失业保险缴费、保险基金支出等一系列玩忽职守、管理不善的相关企业负责人员，打击该类违法行为，督促用人单位能够依据法律履行社会义务，为劳动者提供完善的劳动保障。

二、加强失业保险基金管理

失业保险基金纳入社会保障基金财政专户，实行收支两条线管理，保证专款专用。基金按照国家规定管理和投资运营，确保安全，实现保值增值。要做好各单位失业保险登记和缴费申报工作，切实加强基金征缴，做到应收尽收。各级财政要积极调整财政支出结构，加大社会保障资金投入，确保失业人员能按时足额领取失业保险金。充分利用失业保险部级比对查询系统，做好全国参保信息联网核验服务。充分利用大集中系统生成库数据、全民参保登记信息系统，结合获取的共享数据信息，在每月发放待遇前，对领取失业补助金人员资格进行比对筛查，防范基金支付风险。对核查发现应当停发失业保险待遇情形的，要及时纠正，避免重复领取、冒领、套取、骗取基金现象，切实维护基金安全。

三、提高失业保险管理服务水平

根据实际需要，适当充实保险经办机构工作人员和经费，为失业保险机构提供相适应的工作条件。机构要进一步加强能力建设，完善管理制度，制定和规范业务流程，实现规范化、信息化和专业化管理，不断提高工作效率和服务质量。

四、加强组织领导

失业保险制度改革情况复杂，涉及面广，政策性强，各地区人民政府和有关部门要高度重视，加强领导，周密部署，精心组织，结合当地实际情况，认真做好实施工作。劳动保障部、财政部、人事部、中央编办要通力合作，密切配合，加强与试点省（市）的联系与沟通，切实做好事业单位工作人员失业保险制度改革的指导工作。

第七章　工伤保险制度

　　工伤保险，也称工业职业伤害保险，是人类文明和社会发展进步的标志。它是劳动者在生产劳动和其他工作过程中，因遭受非故意伤害或职业病而导致负伤、致残和死亡时，国家和社会对劳动者及其家属提供必要医疗服务、生活保障和经济补偿等帮助的一种社会保障制度。18 世纪中期，工人因为工伤事故而得不到赔偿，各种形式的工人运动频繁发生，劳资关系持续恶化，为解决这一问题，德国于 1884 年提出了《工伤补偿法》，是世界最早颁布和实施该条例的国家，随后英国、法国、美国和日本等国家相继认识到工伤保险的重要性并建立相关制度。

　　截至目前，全球已有 164 个国家建立了工伤保险制度，表明工伤保险制度已经在世界范围内广泛开展与实行。

　　现今，工伤保险不只是单纯对劳动者的经济补偿和提供生活保障，还强调通过工伤预防的方式降低安全事故与职业病的发生以保障劳动者的安全和健康及企业健康的可持续发展。此外，还包含运用康复手段如医疗康复和职业康复等，让受伤害者尽快恢复劳动能力，重返工作岗位并享受生活。工伤保险制度的存在有着非比寻常的意义。它是社会保障体系的主要内容之一，不仅是劳动者权益的"保护伞"，同时还是企业的"减压器"，社会的"稳定器"和经济的"助推器"。工伤保险制度在解决劳动者的后顾之忧，帮助企业促进安全生产，促进经济发展，构建和谐社会等方面发挥着重要作用。

第一节　内涵及构成

一、工伤保险制度的内涵

　　对于工伤保险的内涵，不同的国家有着不同的定义。通常经济相对发达的西方福利国家对工伤保险的定义范围较为广泛，不仅包括工伤补偿，而且包括工伤预防、职业康复等方面；但经济发展水平相对较低的国家对工伤保险的定义范围则较为狭窄，大多仅指工伤补偿。我国学者认为，工伤保险又称为职业伤害保险，是劳动者因在生产、工作过程中发生意外事故（或接触职业伤害因素）而负伤（或患职业病）、致残、死亡时，由国家和社会为劳动者本人或其供养亲属提供物质帮助和经济补偿。而我国《工伤保险条例》也明确定义了工伤保险的含义："工伤保险是社会保险的一个组成部分。它通过社会统筹，建立工伤保险基金，对保险范围内的劳动者因在生产经营活动中所发生的或在某些规定情况下，遭受意外伤害、职业病以及因这两种情况造成死亡，在劳动者暂时或永久丧失劳动能力时，劳动者或其遗属能够从国家、社会得到的必要物质补偿，以保障劳动者或其遗属的基本生活，以及为受伤劳动者提供必要的医疗救治和康复服务。工伤保险是社会保障制度的重要组成部分，也是建立独立于企事业单位之外的社会保障体系的基本制度之一。"工伤保险是社会保险体系的一个重要分支，它是对法定范围内的劳动者因工业伤害导致的直接经济损失进行赔偿，包括工伤补偿、工伤预防和职业康复。

二、工伤保险制度的构成

各个国家的工伤保险制度各不相同，但总体来说，都包括以下几个方面：

（1）工伤保险制度的法律条例。各国工伤保险制度都是以法律条例的形式而存在。《中华人民共和国社会保险法》和《工伤保险条例》是现今我国工伤保险制度的法律基础。

（2）工伤保险基金制度。其中最重要的是工伤保险基金的费率制度。工伤保险基金制度是工伤保险基金的金融基础，规定工伤保险基金的收取以及支出范围。

（3）工伤认定与劳动能力鉴定制度。它是享受工伤保险待遇以及享受哪个级别工伤保险待遇的基础。

（4）工伤保险待遇制度。包括工伤预防制度、工伤补偿制度及工伤康复制度。

（5）工伤保险制度的管理与监督制度。它规定了工伤保险的管理、监督以及政策执行机构的组成。它是工伤保险制度得以落实的行政基础。

以上制度分别从法律、金融、工伤认定、工伤待遇、制度执行五个方面共同构成了一个完整的工伤保险制度体系。

第二节 历史沿革

一、中华人民共和国成立至改革开放前的工伤保险制度

中华人民共和国成立后，我国根据自己的国情以及当时所处的国际环境，借鉴苏联模式发展计划经济。从 1949 年 10 月 1 日中华人民共和国成立到 1978 年

党的十一届三中全会，中国经济经历了社会主义改造时期（1949～1953 年），中国特色社会主义发展道路与发展战略的初步探索时期（1953～1978 年）。期间经济发展伴随着政治运动而起起伏伏，以致为经济建设服务的工伤保险制度也产生了波动，经历了以下两个发展阶段。

1. 工伤待遇由企业和劳动保险基金共同承担阶段（1951～1969 年）

1951 年 2 月 25 日，国家政务院颁布《中华人民共和国劳动保险条例》，这是我国第一部规定工伤者及其亲属享受工伤保险待遇权利的法律，标志着工伤保险制度在中国的正式实施。其中，第十二条明确规定工伤保险的保障对象为国营企业职工，工伤待遇保障责任由企业和劳动保险基金共同承担。根据中华全国总工会有关统计，截至 1952 年底，全国实行《中华人民共和国劳动保险条例》的企业有 3861 家，职工 302 万人，包括供养直系亲属在内约有 1000 万人次享受了各项劳动保险待遇，共支付保险待遇 17 亿元。1953 年，《劳动者保险条例若干修正的决定》和《中华人民共和国劳动保险条例实施细则修正草案》的颁布，进一步细化了适用范围和待遇标准的有关规定。1957 年 2 月卫生部颁布《职业病范围和职业病患者处理办法的规定》，第一次明确规定劳动者遭受职业病后可以享受工伤保险待遇。《中华人民共和国劳动保险条例》及随后的若干规定，保障了工伤职工及其家庭的基本生活，为新中国的生产建设和工业发展提供了重要的制度保障。

2. 工伤待遇由企业保障阶段（1969～1978 年）

1969 年 2 月财政部发布《关于国营企业财务工作的几项制度改革意见（草稿）》，规定国营企业一律停止提取劳动保险金和工会经费，企业的退休职工、长期病号工资和其他劳保开支改在营业外列支。该意见同时取消了国家统筹管理用于企业间调剂使用的保险基金，这使我国职工工伤保险费用全部由企业承担，工伤保险由国家保险完全退化为企业保险。这种状态一直持续到 20 世纪 80 年代末。

中华人民共和国成立至改革开放前的工伤保险制度发展缓慢且不稳定，没有建立起现代意义上的工伤保险制度。由于国家经济比较落后，各种政治运动频发，虽然正式建立了《中华人民共和国劳动保险条例》，但国家对职工的权益保障观念不强。国家经济政策的波动也导致了工伤保险规章制度变动的大起大落。

二、改革开放后的工伤保险制度

1978 年 12 月，党的十一届三中全会后，我国开始实行改革开放的新政策。中国经济的各个领域开始了渐进式的改革，典型特征是执行"双轨制"，打破了高度集中的计划经济枷锁，逐步向市场经济转型。"政企分开""股份制改造"等改革措施逐渐让企业成为"自主经营，自负盈亏"的市场主体。在这一时代背景下，中外合资、外商独资以及民营企业迅速发展，为公有制企业制定的那些工伤保险法规条文已不再适应改革开放的新形势。在实施范围、管理模式、政策标准及工作程序等方面，难以适应社会发展的新要求。主要体现在以下几个方面：①实施范围只限于国有企业和城镇集体企业，不能维护所有劳动者的基本权益，特别是外商投资企业、私营企业和乡镇企业劳动者的权益。②"企业保险"方式难以分散发生工伤事故和职业病造成的劳动风险。③待遇标准低，工伤职工和遗属处境艰难。④工伤认定政策和评残标准及工作程序不健全。⑤没有工伤预防机制，不能发挥工伤保险促进事故预防的积极作用。伴随着经济的发展，安全生产事故率和职业病发生率逐渐呈现上升趋势，劳动者与企业之间的矛盾也日益激化。为解决以上问题，中国政府开始了工伤保险领域的改革。为服从和服务于我国国民经济由计划经济体制向社会主义市场经济体制的根本性转变，改革工伤保险制度的指导思想和原则是：建立和完善适应社会主义市场经济体制需要的、统一的、普遍适用的、社会化的工伤保险制度，形成合理的生活保障和经济补偿机制、社会化管理机制、促进工伤预防和职业康复机制，保障职工合法权益，及时处理伤亡事故，有利于社会安定、分散风险和减轻企业负担，把工伤事故和职业病危害降到最低限度。改革划分为两个阶段：第一个阶段是从 1978 年到 2004年，这一阶段是工伤保险制度的转型试点阶段；第二个阶段是 2004 年以后，一直持续到现在，是工伤保险制度不断完善的阶段。阶段划分的标准是 2004 年 1月 1 日，《工伤保险条例》在全国范围内的正式实施。《工伤保险条例》不同于计划体制下的《中华人民共和国劳动法》，它是真正具有现代意义的工伤保险制度——确定"三位一体"（工伤预防、工伤补偿和工伤康复）的核心地位。这一制度借鉴了发达国家的《工伤保险法》，整合了过去国有企业工伤保险经验，确立了市场经济条件下中国工伤保险制度的基本框架，比较符合中国特色社会主义市场经济需要，因此具有里程碑式的意义。

1. 现代工伤保险制度探索阶段（1978～2004 年）

20 世纪 80 年代，我国进入了社会主义市场经济改革时期，探索实行多种所有制形式并存，除国有企业、集体企业外，出现了合资企业、外资、私营、个体等企业形式，为了适应生产经营企业形式多样化的趋势，各地对工伤保险政策开始了改革与探索。

1988 年，劳动部组织讨论了工伤保险等改革方案，其后在海南、广东、福建、吉林等省开展试点工作。1991 年，党的第七届人民代表大会第四次会议批准的《国民经济和社会发展十年规划和第八个五年计划纲要》提出，要努力改革工伤保险制度。1993 年，党的十四届三中全会通过的《中共中央关于建立社会主义市场经济体制若干问题的决议》提出，要建立企业职工工伤保险制度。1994 年我国颁布了《中华人民共和国劳动法》，其中第九章把工伤保险作为五项社会保险制度之一而规定下来，并在我国境内的企业单位、个体经济组织和与之形成劳动关系的劳动者中贯彻实施。1996 年，《职工工伤与职业病致残程度鉴定》再次规范工伤和职业病的鉴定原则和分级标准。同年，在借鉴国外工伤保险经验和总结我国工伤保险改革过程中的问题后，原中华人民共和国劳动部出台了《企业职工工伤保险试行办法》。该制度在企业工伤保险的适用范围、工伤鉴定、待遇支付项目和标准等多方面都做出了调整。把我国境内的所有企业纳入工伤保险范围，有劳动关系的企业职工都是制度的保障对象。1997 年底有 27 个省（自治区、直辖市）以不同的方式和程度推进工伤保险统筹，共计 1400 多个市县先后实行统筹，参保职工达到 3507 万人。其中包括 22 个省会城市和计划单列市，加上地级城市约为 150 个，初步形成工业集中的中心城市工伤保险统筹局面。1999 年党的十四届三中全会通过的《中共中央关于建立社会主义市场经济体制若干问题的决定》提出"普遍建立企业工伤保险制度"标志着计划体制下工伤风险完全由企业承担制度的解体和现代工伤保险制度的初步建立。

为了适应我国经济制度转型的需要，政府有关部门不断探索工伤保险制度的改革与发展。我国的工伤保险制度逐步由企业化的工伤保险向社会化的工伤保险转型，现代意义上的工伤保险制度初见雏形。

2. 现代工伤保险制度的建立与完善阶段（2004 年至今）

2003 年 10 月，党的十六届三中全会通过《中共中央关于完善社会主义市场经济体制若干问题的决定》，会议指出"十一届三中全会开始改革开放、十四大确定社会主义市场经济体制改革目标以及十四届三中全会作出相关决定以来，我国经济体制改革在理论和实践上取得了重大进展。社会主义市场经济体制初步建立，公有制为主体、多种所有制经济共同发展的基本经济制度已经确立，全方位、宽领域、多层次的对外开放格局基本形成"。

2004 年开始，我国经济进入完善社会主义市场经济体制阶段。在这一时代背景下，为进一步完善工伤保险制度，2003 年 4 月 27 日中华人民共和国国务院第 375 号令公布《工伤保险条例》，2004 年 1 月 1 日正式实施。该条例在工伤鉴定、劳动能力鉴定、待遇标准、监督管理和法律责任等方面都作了详细的规定。在立法层级上由劳动部的部门规章上升为国务院行政法规，大大提高了工伤保险制度的权威性和法律效力。该条例满足了我国社会主义市场经济建设的需要，标志着我国现代工伤保险制度的建立，在我国工伤保险制度建设领域具有划时代的意义。

2010 年，第十一届全国人民代表大会通过了《中华人民共和国社会保险法》，进一步以国家法律的形式对工伤保险作了明确规定。2011 年，针对工伤保险实施过程中出现的新问题，国务院对《工伤保险条例》进行了修订和完善。

同年，第十一届全国人民代表大会常务委员会第二十四次会议又通过了《关于修改〈中华人民共和国职业病防治法〉的决议》，修正了《中华人民共和国职业病防治法》的相关内容。

在这一阶段，我国初步建立起以《工伤保险条例》和《中华人民共和国社会保险法》为基础的现代意义上的工伤保险制度。这两部法规条例加上若干地方性的工伤保险条例，构成了我国工伤保险制度的法律体系。这一体系以征收的工伤保险基金为物质基础，通过对工伤保险基金的使用，构建起工伤预防、工伤补偿、工伤康复"三位一体"的工伤保险体系，为保障社会主义市场经济的发展做出了巨大贡献。但是随着我国新业态经济的出现，如"互联网经济"创造新型职业、退休人员再就业以及自主创业等"新型劳动者"的出现，我国工伤保险制度面临新的问题，仍需要不断改革与完善。

第三节　现状解析

一、中国工伤保险发展的现状

1. 中国工伤保险制度体系现状

从 1951 年 2 月 25 日原中华人民共和国劳动部设立我国第一部涉及工伤保障的《中华人民共和国劳动保障条例》开始，到 2010 年 10 月 28 日国务院颁布《中华人民共和国社会保险法》。我国工伤保险制度建设走过了 60 年的历程。《工伤保险条例》《中华人民共和国社会保险法》等一系列国家法律条例的颁布（见表 7-1），标志着我国"三位一体"的工伤保险制度体系构架已经基本形成。保障范围涉及"三工伤害"、职业病伤害、上下班交通事故等与工作相关的领域。保障人群涉及国有企事业单位、合资企业、外商独资企业以及民营企业等广大参保企业的劳动者。现代工伤保险制度体系的建立为减轻企业工伤风险、解决劳资纠纷、保障工人合法权益提供了法律依据。

表 7-1　中国工伤保险主要的相关条例

颁布时间	条例名称	主要内容
1951 年 2 月 26 日	《中华人民共和国劳动保障条例》	国有企事业单位负责本单位职工的工伤赔偿义务
1957 年 2 月 28 日	《职业病范围和职业病患者处理办法的规定》	将职业病纳入保障范围，国有企事业单位负责本单位职工的工伤赔偿、职业病伤害赔偿义务
1994 年 7 月	《中华人民共和国劳动法》	企业职工享有养老保险、疾病保险、工伤保险、失业保险、生育保险，确立了"五险一金"社会保障体系的雏形

续表

颁布时间	条例名称	主要内容
1996 年 10 月	《企业职工工伤保险试行办法》《职工工伤与职业病致残程度鉴定》	形成了工伤保险改革框架并在某些省市试点执行、为适应改革开放的需要，扩大了工伤保险范围和保障人群的范围
2001 年 10 月	《中华人民共和国职业病防治法》	内容包括：职业病诊断与鉴定；职业病分类；职业病鉴定机构等
2003 年 4 月 7 日	《工伤保险条例》	内容包括：（1）总则；（2）基金；（3）工伤鉴定；（4）劳动者能力鉴定；（5）待遇；（6）监督与管理；（7）法律责任；（8）附则。《工伤保险条例》是我国第一部最完整的有关工伤保险的行政条例。工伤赔付主要由工伤保险基金负责。企业按风险等级为雇员缴纳保险费用
2010 年 10 月	《中华人民共和国社会保险法》	"五险一金"的社会保障体系以立法形式建立
2011 年 1 月	《国务院关于修改〈工伤保险条例〉的决定》	对《工伤管理条例》中的某些条款进行修订
2013 年 4 月	《人力资源和社会保障部关于执行〈工伤保险条例〉若干意见的规定》	对《工伤保险条例》中的某些规定作出补充
2014 年 2 月	《工伤职工劳动能力鉴定管理办法》	对《工伤保险条例》有关劳动能力鉴定的规定作出补充修订

资料来源：何登香. 工伤认定与工伤管理实务指南［M］. 北京：中国劳动社会保障出版社，2017.

2. 2010~2019 年全国工伤保险的参保人数和享受工伤保险待遇人数发展现状

根据《中国统计年鉴（2020）》及人力资源和社会保障事业发展统计公报数据，自 2011 年我国工伤保险条例修订以来，我国工伤保险事业取得了一系列阶段性的成果。参保人数、享受工伤保险待遇人数以及参保率逐年增加。2010 年我国工伤保险参保人数为 16160.7 万人，享受工伤保险待遇人数为 147.5 万人，而截至 2019 年末，我国工伤保险的参保人数为 25478.4 万人，享受工伤保险待遇人数为 194.4 万人。参保率由 2010 年的 21.23% 提高到 2019 年的 32.89%。2010~2019 年，我国工伤保险参保人数、享受工伤保险待遇人数和参保率如表 7-2 所示。

表 7-2　2010~2019 年我国工伤保险参保人数、享受工伤保险待遇人数和参保率

年份	年末参保人数（万人）	年末享受工伤待遇人数（万人）	年末就业人数（万人）	参保率（%）
2010	16160.7	147.5	76105	21.23
2011	17695.9	163.0	76420	23.16
2012	19010.1	190.5	76704	24.78
2013	19917.2	195.2	76977	25.87

年份	年末参保 人数（万人）	年末享受工伤 待遇人数（万人）	年末就业 人数（万人）	参保率（%）
2014	20639.2	198.2	77253	26.72
2015	21432.5	201.9	77451	27.67
2016	21889.3	196.0	77603	28.21
2017	22723.7	192.8	77640	29.27
2018	23874.4	198.5	77586	30.77
2019	25478.4	194.4	77471	32.89

资料来源：根据《中国统计年鉴》（2011~2020）、《人力资源和社会保障事业发展统计公报》数据整理。

3. 2010~2019 年全国城镇职工和农民工工伤保险的参保现状

2010 年农民工参保人数为 6300 万人，2019 年增加至 8616 万人，但是 2010~2019 年农民工参保人数在总参保人数中所占的比例逐渐减少。相应地，城镇职工参保比例则由 2010 年的 61.02% 增长至 2019 年的 66.18%。从表 7-2 和表 7-3 可以看出，尽管近年来我国为扩大工伤保险制度的覆盖人数做出了一系列努力，但在覆盖人数上城镇职工还是远高于农民工。2010~2019 年我国农民工和城镇职工工伤保险参保率数据显示（见表 7-3），农民工和城镇职工参保率都在上升，但农民工工伤保险的参保率和参保率增长速度一直低于城镇职工。农民工是我国安全事故和职业病的高发人群，因此相对于全国 2.9 亿农民工仅 29.63% 的农民工参保率是远远不够的。

表 7-3　2010~2019 年我国农民工和城镇职工工伤保险参保率　　单位：%

年份	2010	2011	2012	2013	2014	2015	2016	2017	2018	2019
城镇职工	28.43	30.26	31.89	33.09	33.78	34.5	34.71	35.15	36.36	38.1
农民工	26.01	27.01	27.34	27.01	26.87	26.99	26.66	27.25	28.04	29.63

资料来源：根据《人力资源和社会保障事业发展统计公报》数据整理。

4. 2019 年全国各地区工伤保险发展现状

从表 7-4 可知，全国各地工伤保险事业的发展与经济发展水平具有高度的相关性。广东省是我国第一个 GDP 总量突破 10 万亿元大关的省份，2019 年 GDP 总量达到 107671.07 亿元。同时，它也是我国参保人数最多，累计工伤保险基金结余最多的省份。而西藏是我国经济最不发达和参保人数最少的省份。经济发展水平的不均衡性造成了我国工伤保险事业发展具有地区不均衡性的特征。东南沿海地区参保人数明显高于中西部地区。东南沿海地区不仅参保人数多，而且有充足的盈余基金，而在中西部欠发达地区，不仅参保人数较少，而且工伤保险基金结余情况不佳。

表 7-4 2019 年我国各省、自治区、直辖市工伤保险发展情况

省份	GDP（亿元）	年末参加工伤保险人数（万人）	享受工伤待遇人数（万人）	工伤保险基金收支情况（亿元）		
				基金收入	基金支出	累计结余
北京	35371.3	1242.2	4.4	45.1	39.1	58.0
天津	14104.28	400.2	4.0	12.6	12.3	17.7
河北	35104.5	951.4	10.0	56.5	49.0	52.5
山西	17026.68	624.2	7.4	38.2	41.5	57.4
内蒙古	17212.5	338.2	2.4	12.2	11.8	45.7
辽宁	24909.5	816.8	13.1	39.6	33.5	51.7
吉林	11726.8	445.9	3.9	11.7	13.6	37.6
黑龙江	13612.7	464.1	5.9	26.9	26.4	31.3
上海	38155.32	1084.1	6.4	33.6	37.1	61.8
江苏	99631.52	2016.3	15.1	72.1	74.4	161.4
浙江	62352	2257.4	22.2	59.3	62.9	100.6
安徽	37114	639.1	7.0	17.7	22.8	47.0
福建	42395	891.1	4.8	19.8	20.9	62.8
江西	21984.8	539.4	4.2	19.0	16.1	54.8
山东	71067.5	1710.7	11.9	56.9	53.8	119.7
河南	54259.2	966.2	4.6	26.0	26.1	70.1
湖北	45828.31	717.6	5.2	14.9	18.1	49.3
湖南	39752.12	807.6	13.4	46.2	40.5	95.7
广东	107671.07	3815.8	15.6	52.3	65.7	274.8
广西	21237.14	442.2	1.8	10.1	8.5	51.1
海南	5308.94	159.6	0.4	2.6	2.3	18.5
重庆	23605.77	661.7	6.2	24.5	20.3	12.5
四川	46615.82	1177.1	8.6	39.0	34.1	83.9
贵州	16769.34	408.5	2.6	14.9	17.8	20.9
云南	23223.75	438.5	4.9	13.4	17.4	28.0
西藏	1697.82	36.8	0.1	1.7	1.2	6.4
陕西	25793.17	577.4	3.0	18.2	17.0	41.6
甘肃	8718.3	244.1	1.5	10.2	9.3	18.5
青海	2965.95	74.0	0.5	4.5	2.9	11.9
宁夏	3748.48	119.6	0.6	4.9	4.9	11.6
新疆	13597.11	410.2	2.6	14.9	15.6	28.2

资料来源：《中国统计年鉴》（2020）。

5. 2010~2019 年全国工伤保险基金收入、支出与累计结余现状

根据表 7-5，2010~2019 年，我国享受工伤保险待遇的人数总体呈现上升趋势。2010 年全国有 147.5 万人享受到工伤保险待遇，到 2015 年达到 201.9 万人，随后几年在 190 万~200 万人波动。2010~2019 年享受工伤保险待遇人数平均增幅 31.52%。在工伤保险基金收入方面，2010~2019 年我国工伤保险基金呈现逐年上升趋势，由 2010 年的 284.9 亿元增长到 2019 年的 815.7 亿元，增长近 2 倍；在基金支出方面，由 2010 年的 192.4 亿元增长到 2019 年的 817.4 亿元，增长约 3 倍。从基金收入与支出的数据来看，除 2019 年收支相对平衡外，其他年份两者相差数额均较大，这表明我国工伤保险存在着收支比例不合理、基金存在大量结余等问题。

表 7-5 2010~2019 年我国工伤保险收支情况

年份	享受工伤保险待遇人数（万人）	工伤保险基金收入（亿元）	基金支出（亿元）	累计结余（亿元）
2010	147.5	284.9	192.4	561.4
2011	163.0	466.4	286.4	742.6
2012	190.5	526.7	406.3	861.9
2013	195.2	614.8	482.1	996.2
2014	198.2	694.8	560.5	1128.8
2015	201.9	754.2	598.7	1285.3
2016	196.0	736.9	610.3	1410.9
2017	192.8	853.8	662.3	1606.9
2018	198.5	913.0	742.0	1784.9
2019	194.4	815.7	817.4	1783.2

资料来源：《中国统计年鉴》（2011~2020）。

6. 工伤认定情况现状

根据表 7-6，2009~2018 年，从全国工伤认定情况来看，当期受理工伤认定数呈现波动趋势，2009~2013 年呈现上升趋势，随后呈下降趋势，2017 年、2018 年又呈现上升趋势。全国工伤认定件数长期处于 100 万件左右。视同工伤件数呈现逐年上升趋势。当期不予受理申请件数长期处于 6000 件左右。分地区工伤认定情况与地域经济发展呈现正相关性。以 2018 年统计数据（见表 7-7）为例，认定工伤件数最多的三个省份分别是浙江、广东和江苏，而这三个省份的 GDP 也是全国排名前三的省份，工伤认定件数最少的省份是西藏，西藏同时也是中国经济欠发达的省份。

表 7-6　2009~2018 年全国工伤认定情况　　　　　　单位：件

年份	当期受理工伤认定数				当期不予受理申请件数
	认定工伤件数	视同工伤件数	不予认定工伤件数	合计	
2009	947900	5161	8056	961117	6804
2010	1134703	5898	8604	11149205	6027
2011	1195194	6333	10890	1212417	6701
2012	1167243	6755	10676	1184674	6631
2013	1175724	7654	11412	1197490	6188
2014	1138869	7723	13659	1160251	6363
2015	1067377	8529	14761	1090667	5894
2016	1027421	8718	16355	1052494	5104
2017	1032009	9205	15137	1056351	5676
2018	1090275	10416	17920	1118611	6048

资料来源：《中国人力资源和社会保障年鉴（工作卷）》（2010~2019）。

表 7-7　2018 年分地区工伤认定情况　　　　　　单位：件

年份	当期受理工伤认定数			当期不予受理申请件数
	认定工伤件数	视同工伤件数	不予认定工伤件数	
全国	1090275	10416	17920	6048
北京	20967	390	186	38
天津	18636	197	196	37
河北	53149	652	998	82
山西	25007	416	258	70
内蒙古	9356	226	266	74
辽宁	29693	499	407	124
吉林	9317	243	82	32
黑龙江	14689	340	127	71
上海	47623	328	570	80
江苏	120765	562	1645	484
浙江	160911	382	620	426
安徽	37361	257	475	151
福建	35611	233	370	93
江西	23017	166	431	156
山东	62354	674	828	202
河南	28048	707	418	84

续表

年份	当期受理工伤认定数			当期不予受理申请件数
	认定工伤件数	视同工伤件数	不予认定工伤件数	
湖北	28011	269	684	152
湖南	44164	313	980	59
广东	145343	1101	3789	1461
广西	12229	184	382	54
海南	3190	72	83	42
重庆	35613	152	863	1453
四川	40572	361	1155	220
贵州	21776	225	364	117
云南	16050	317	589	64
西藏	735	30	29	10
陕西	19119	349	211	61
甘肃	6089	163	120	24
青海	2877	53	93	7
宁夏	5906	82	227	34
新疆	12097	473	474	86
新疆生产建设兵团	2125	58	84	20

资料来源：《中国人力资源和社会保障年鉴（工作卷）》（2018）。

7. 劳动能力鉴定情况现状

从全国范围来看，从表7-8可知，2009～2018年，初次申请鉴定的人数总体呈现上升趋势，这与中国工伤保险参保人数的上升趋势是一致的。再次申请和复查申请改变结论人数总体呈现下降趋势，说明我国工伤保险劳动能力鉴定越来越规范，出现误判的概率下降。一至六级伤残和存在自理障碍人数总体上呈现下降趋势，说明我国对工伤事故，特别是重大伤亡事故的治理水平是逐年上升的。

表7-8 2009～2018年劳动能力鉴定情况　　　　　　单位：人

年份	申请鉴定人数						评定伤残等级人数				存在自理障碍人数
	初次申请	再次申请		复查申请		合计	一至四级	五至六级	七至八级	合计	
		合计	改变结论	合计	改变结论						
2009	435781	17576	5195	13781	2823	467138	22472	27770	343925	394167	8477
2010	473374	14440	4448	7434	2186	494918	25012	28777	36506	418857	8788
2011	586854	14622	4793	5447	2165	606923	26314	32069	452011	510394	11232

续表

年份	申请鉴定人数						评定伤残等级人数				存在自理障碍人数
	初次申请	再次申请		复查申请		合计	一至四级	五至六级	七至八级	合计	
		合计	改变结论	合计	改变结论						
2012	582510	16530	5143	6578	2907	605618	25085	27559	460751	513395	8971
2013	577586	15926	4908	10677	2482	604189	21134	25811	464690	511635	9505
2014	625921	16840	4725	11767	2793	654528	21301	24713	511540	557554	8931
2015	609931	16680	4541	10420	2504	637031	19238	19174	503310	541722	7617
2016	594232	14266	3366	7707	2495	616205	17022	17533	500860	535415	5876
2017	602536	12499	2663	6910	2567	621945	13921	14363	500913	529197	5582
2018	665312	13682	2939	6797	2439	685791	13452	15998	540335	569785	5713

资料来源：《中国人力资源和社会保障年鉴（工作卷）》（2010~2019）。

从地区分布来看，从表7-9可知，申请鉴定人数同样和经济发展水平呈正相关关系，浙江、江苏和广东分列申请鉴定人数的前三位，西藏、海南和青海分列申请鉴定人数的后三位。伤残等级人数的分布情况也有类似的规律。

表7-9　2018年分地区劳动能力鉴定情况　　　　单位：人

年份	申请鉴定人数						评定伤残等级人数				存在自理障碍人数
	初次申请	再次申请		复查申请		合计	一至四级	五至六级	七至八级	合计	
		合计	改变结论	合计	改变结论						
全国	665312	13682	2939	6797	2439	685791	13452	15998	540335	569785	5713
北京	18801	146	7	394	344	19341	645	467	11287	12408	169
天津	8761	134	37	150	34	9045	130	238	8100	8468	82
河北	37889	452	158	483	209	38824	524	2912	22254	25690	254
山西	16541	306	119	159	115	17006	1407	960	13791	16158	338
内蒙古	6006	243	73	217	92	6466	241	289	5224	5754	109
辽宁	17181	348	54	580	154	18109	512	396	13976	14884	213
吉林	6287	169	53	108	38	6564	186	221	5271	5678	65
黑龙江	13601	540	86	755	240	14896	862	651	11252	12765	255
上海	39148	698	118	127	68	39973	218	288	35382	35888	110
江苏	84209	814	42	326	61	85349	786	1073	74478	76337	569
浙江	96259	2141	507	94	51	98494	554	1205	85341	87100	339
安徽	22315	544	154	140	49	22999	294	391	17338	18023	163
福建	19130	655	142	300	78	20085	471	541	13790	14802	188

续表

年份	申请鉴定人数						评定伤残等级人数				存在自理障碍人数
	初次申请	再次申请		复查申请		合计	一至四级	五至六级	七至八级	合计	
		合计	改变结论	合计	改变结论						
江西	12104	587	154	172	104	12863	457	669	10754	11880	262
山东	35548	722	110	448	106	36718	879	942	26478	28299	508
河南	17625	389	114	196	62	18210	428	501	11852	12781	231
湖北	13665	605	163	767	66	15037	319	360	12030	12709	231
湖南	19585	393	89	107	28	20285	458	355	15030	15843	127
广东	72840	1255	85	161	64	74256	673	1059	62161	63893	293
广西	5115	87	24	4	1	5206	107	138	3581	3826	54
海南	470	25	10	4	3	508	22	18	428	468	6
重庆	23395	706	151	365	232	24466	933	402	19692	21027	197
四川	30605	874	212	312	63	31791	755	644	21159	22558	360
贵州	15031	239	54	100	32	15370	341	339	13290	13970	126
云南	8287	61	18	24	12	8372	419	250	6060	6729	118
西藏	606	13	3	5	2	624	20	23	496	542	17
陕西	8850	110	43	84	31	9044	279	228	7881	8388	130
甘肃	3416	81	27	69	37	3566	177	136	2882	3195	49
青海	1396	21	12	29	22	1446	77	41	1281	1399	42
宁夏	5344	95	23	57	17	5496	126	86	3212	3424	38
新疆	4006	213	89	31	13	4250	113	118	3541	3772	61
新疆兵团	1287	16	8	29	11	1332	30	54	1043	1127	19

资料来源：《中国人力资源和社会保障年鉴（工作卷）》（2018）。

二、中国工伤保险发展中存在的问题

通过对中国工伤保险现状的描述可知，我国的工伤保险事业在 40 年的发展历程中取得了伟大的成就，建立了现代意义上的工伤保险制度体系。但是由于我国的社会主义市场经济仍处发展阶段，为其服务的工伤保险制度仍然有很多不完善的地方，主要存在以下几个方面的问题：

1. 参保率偏低，覆盖范围窄的问题

2019 年末，我国工伤保险参保人数达到 2.55 亿人，但相比于 2019 年末全国就业人数为 7.7 亿人来说，参保人数仅为就业人数的 1/3 左右，仍有 5 亿多就业人员游离在工伤保险保障之外，这就意味着我国大部分就业人群在遭受工伤后得不到相关补偿。从覆盖范围上看，我国的工伤保险覆盖范围仍然没有做到全覆盖，许多安全生产相对薄弱的中小型企业，特别是集体企业、民营企业的覆盖率均很低，"三资"企业、私营企业、乡镇企业与职工、雇工订立"生死合同"的现象依然存在，这些企业发生事故后，往往是政府承担无限责任，没有充分发挥工伤保险的社会保障作用。

2. 工伤保险差别费率制定得不够科学，浮动费率机制仍欠成熟的问题

目前，我国的工伤保险费率制度存在如下问题：第一，差别费率档次划分"少而粗"，缺乏精确性。中国各行业的费率档次较低，全国仅大连市实行的是19个费率档次，其他省市都没有超过8个档次。第二，行业分类过于简单，导致了行业间差别不大，高风险行业缴费比例明显偏低。第三，浮动费率比例过低，对企业主动采取措施提高劳动安全的激励不足。在对多个省市的调查中，有57%的省市认为目前的费率机制对促进安全生产以及工伤预防的效果不显著。微小企业工伤保险缴费金额相对较低，一旦发生工伤事故，必然引起费率浮动，未能充分利用好工伤保险差别费率和浮动费率机制经济杠杆的调节作用。

3. 工伤保险基金收支及管理方面问题

在基金征收方面，一是有些企业上缴工伤保险费时，瞒报、少报职工人数，有些私营、合资、乡镇小企业，平时不积极参保，一旦工伤事故发生，便主动要求参加工伤保险，使工伤保险基金的收入减少而支出增加；二是由于国家对于工伤保险基金财务处理办法无统一规定，导致工伤保险基金开支渠道混乱，企业缴纳的工伤保险费，有的计入生产成本，有的在管理费用中列支，开支项目混乱；三是个别医院对工伤职工来院治疗，小伤小病大用药现象严重，造成基金支付增加。

4. "三位一体"的制度设计中存在重补偿、轻预防和康复的问题

工伤预防试点工作执行情况不理想、预防费用偏低且费用投入不合理，工伤预防制度执行不到位。在审计的 17 个省所属全部 224 个地级以上城市中，仅有115 个城市（占总数的 51.34%）使用工伤保险基金开展工伤预防工作；人力资源和社会保障部 2013 年重点抽查确定的 14 个工伤预防试点城市中，有 4 个未按照要求开展试点工作。另外 10 个试点城市虽开展了工伤预防工作，但工伤预防支出仅占基金总支出的 0.79%。2016 年审计署发布的 2013~2015 年工伤保险基金审计结果表明，我国工伤康复政策未完全落实到位且执行情况不理想。人力资源和社会保障部统计数据显示，我国的工伤补偿标准高于大多数发展中国家，仅略低于发达国家，但工伤康复特别是职业康复的水平远远落后于发达国家。

5. 统筹层次低的问题

《工伤保险条例》明确规定，在设区的市实行市级统筹。虽然大多数的省、自治区都实行的市级统筹，但有不少大型国企以本企业为范围进行统筹统支，统筹层次低，化解风险能力差，保障能力弱，尤其高风险企业参保难，已成为制约

当地工伤保险事业健康发展的突出问题。

三、小结

我国的工伤保险制度经过了长期的探索与改革，已经取得了伟大的成就。工伤保险的覆盖人数目前在世界范围内处于领先地位，但是相比于中国巨大的就业人口，覆盖率仍不理想，约有 2/3 的就业人员游离于工伤保险制度之外。同时，我国各个地区的工伤保险发展不均衡、基金收支不平衡、基金分配不合理等问题的存在会影响我国工伤保险稳定、持续、长远的发展。此外，我国对于工伤预防和康复的资金投入比例较少，还存在重补偿、轻预防和康复等问题。因此，未来在完善工伤保险制度方面还有很多工作要做。

第四节　中外工伤保险制度比较及经验借鉴

一、中国与国外工伤保险制度的比较

工伤保险制度的目的都是一致的，就是通过社会化行为将企业-雇员的工伤风险转化为社会风险，在保障劳动者权益的同时，督促用人单位改善劳动者工作环境，保障劳动者的人身安全，同时降低中小企业的经营风险、维护社会稳定。但是在实施的过程中，由于各国国情的差异，各国的工伤保险制度各有各的特点。根据工伤保险所包含的基本要素与内容，我们从以下几个方面对各国的工伤保险制度进行比较：一是工伤保险的法律条文；二是工伤保险的承保对象；三是工伤保险基金的筹集方式；四是工伤保险认定范围与认定程序；五是工伤保险管理机构。我们试图通过比较国内外工伤保险制度的差异，寻找国内工伤保险制度中存在的问题，为改进与完善我国的工伤保险制度提供借鉴。

1. 工伤保险法律条文的比较

与我国相比，世界主要工业化国家工伤保险立法的时间都比较早。自 1884 年德国颁布世界上第一部《工伤保险法》开始，美国、日本、澳大利亚以及欧洲的各国纷纷效仿，建立起了自己的工伤保险制度体系。

表 7-10　世界主要工业化国家工伤保险首次立法情况比较

国家	首次颁布时间	国家	首次颁布时间	国家	首次颁布时间
法国	1898 年	西班牙	1900 年	美国	1908 年
英国	1897 年	荷兰	1901 年	澳大利亚	1908 年
意大利	1898 年	瑞典	1901 年	日本	1911 年

资料来源：孙树菡. 工伤保险［M］. 北京：中国人民大学出版社，2000.

从表 7-10 可知，世界主要工业化国家工伤保险制度建设开展的时间都比较早，而且都是以立法形式展开的，制度建设的级别都比较高。我国首部有关工伤保险的立法是 2010 年 10 月 28 日颁布的《中华人民共和国社会保险法》。与发达国家相比，我国有关工伤保险的立法整整晚了近一个世纪。

　　世界各国在建立首部《工伤保险法》之后，对其不断完善，增补相关的法律条文，形成了一整套的工伤保险法律体系。世界主要工业化国家相关补充立法概况如表 7-11 所示。

表 7-11　世界主要工业化国家相关补充立法概况

国家	相关立法	国家	相关立法
英国	1992 年《社会保险缴费与待遇法》《社会保险管理法》对工伤及职业病伤害保险做出了详细规定	法国	1919 年 1 月 25 日颁布《职业病法》；1946 年 12 月 31 日修订，对职业病伤害保险做出补充
美国	1908 年后多次对《社会保障法》进行修订；1956 年对因公致残保险问题进行修订；1984 年国会通过《伤残津贴改革法案》；1996 年对工伤保险计划的主要内容做了修订	德国	1911 年颁布《德意志帝国保险法典》（第三部）；1925 年颁布《职业病法》；1968 年和 1993 年二次修订《职业病法》；1996 年联邦议会通过新的《工伤保险法》
日本	1947 年、1980 年、1986 年多次修订原有的《工伤保险法》；现有的有关工伤保险的法律由《劳动基准法》和《工人工伤事故补偿保险法》组成	意大利	1929 年颁布《职业病防治法》；1965 年对《工伤保险法》进行修订
西班牙	1947 年对原有的《工伤保险法》进行修订，确认工伤保险中包含职业病伤害；1956 年再次修订《工伤保险法》；1994 年修订的《皇家法令》中包含社会保险，其中有涉及工伤保险的条款，对《工伤保险法》进行补充完善	瑞典	1976 年对《工伤保险法》进行修订，把职业病伤害纳入到工伤保险体系中去，扩大了工伤保险的承保范围

　　资料来源：孙树菡. 工伤保险［M］. 北京：中国人民大学出版社，2000.

　　我们国家的工伤保险制度建设虽然起步比较晚，但是也走过了同样的历程（见表 7-1）。通过工伤保险的法律条文比较我们可以发现，我国的工伤保险的发展历程其实与国外工伤保险制度的发展历程并无二致，都是首先建立工伤赔付制度，然后逐渐把职业病伤害纳入工伤保险范围中。保险责任承担主体由雇主逐渐转移到社会，通过建立工伤保险基金，将工伤风险社会化。总体来看，我国的工伤保险制度与国外的工伤保险制度大同小异。比如，我国有《工伤保险条例》而国外有《工伤保险法》。除了国家层面的《工伤保险条例》，我国各省、自治区、直辖市还有一些自己的工伤管理补充条例。以山东省为例，有《山东省贯彻落实〈工伤保险条例〉实施办法》《济南市关于贯彻落实鲁政发〔2011〕25号文件有关问题的通知》等地方性法规。

2. 工伤保险承保对象的比较

在承保对象上，雇员一般都是已建立工伤保险制度的国家的主要对象。有的国家承保所有雇员，如英国、法国、意大利、澳大利亚。有的国家把雇员分为几类，国家承保其中的部分雇员，如美国、加拿大政府主要承保工商业雇员。一般情况下，公务员和军人不在工伤保险范围之列，而是单独列出。表7-12反映了世界主要工业化国家工伤保险制度覆盖的人群。

表7-12 世界主要工业化国家工伤保险制度覆盖的人群

洲际	国家	覆盖范围	例外
亚洲	日本	大多数工商业雇员	雇员人数在五人以下的农业、林业、渔业雇员壳资源参保，部分自由职业者如出租车司机、手工业者经批准可以参保；海员和公务员实行特别制度
	韩国	五人以上规模的工商业雇员	公务员实行特别制度
	新加坡	所有体力劳动者	警察实行特别制度
欧洲	德国	雇员，大多数自由职业者、学徒、学生、幼儿以及家政人员	公共雇员实行特别制度
	法国	雇员（覆盖72%雇员）、职业教育学校学生	农业、矿业、海员、公务员等特别领域的雇员实行特别制度
	英国	工商业雇员	军人、公务员、警察等实行特别制度
	意大利	体力劳动者	从事某些危险工作的非体力劳动者、自我雇佣的农业人员、海员、公务员实行特别制度
北美洲	加拿大	工商业雇员，家政人员、职业运动员、体育俱乐部人员除外	公务员、警察、军人等实行特别制度
	美国	一般工商雇员、大多数公务员	农业雇员（1/5的州）、家政雇员（2/5的州）、临时雇员（3/5的州）除外，警察、军人等实行特备制度
大洋洲	新西兰	所有新西兰境内雇员以及在国外负伤的新西兰人	公务员、警察等实行特别制度
	澳大利亚	工商业雇员，自我雇佣者除外	公务员、警察等实行特别制度

资料来源：孙树菡. 工伤保险［M］. 北京：中国人民大学出版社，2000.

根据《工伤保险条例》第二条，我国工伤保险法的适用对象包括以下四类人群：企业、有雇工的个体工商户及其职工；事业单位、社会团体、民办非企业单位等组织及其职工；基金会、律师事务所、会计师事务所等组织及其职工；国家机关工作的编外人员。

对国家机关的工作人员也可分为两类：一类是依法履行公职、纳入国家行政编制的公务员。这类人员因公牺牲、致残受伤的，按照《中华人民共和国公务员法》的规定，享受国家规定的抚恤和优抚待遇。另一类是非公务员，也就是与国家机关建立劳务关系的编外人员，这类人员按照《工伤保险条例》规定参保。

通过表7-12的对比发现，在承保对象上，我国工伤保险制度覆盖的人群和国外的工伤保险制度覆盖的人群大致相同，主要群体都是存在劳动关系的工商业雇员，公务员、警察、军人等特殊职业者实行特别制度。我国的工伤保险制度的立法起步较晚，从覆盖范围来看，在很大程度上其实已经参考了发达国家的一些做法。

3. 工伤保险基金筹集方式的比较

工伤保险制度的运行必须得到工伤保险基金的财务支持，工伤保险基金的筹集在工伤保险制度体系中扮演着重要的角色。它通过"大数法则"，把用人单位的工伤责任风险转化为社会风险，在保障劳动者权益的同时也减少企业的赔偿风险，保证企业的正常运行。一般情况下，工伤保险基金的筹集方式需要同时兼顾"效用"与"公平"，在"效用"与"公平"中寻找"平衡"。一方面要通过"大数法则"分散用人单位风险，体现"社会效用"，另一方面要体现公平原则，即风险大的用人单位多缴费，风险小的用人单位少缴费。这样才能激励用人单位主动采取措施减少工伤事故的发生。

世界各主要工业化国家筹集工伤保险基金的方式大致有以下三类：

（1）单独确定法。这种确定方法与企业雇主责任制中义务性保险缴费额的确定办法相类似。基本缴费额用预测的方法确定，然后根据企业的经历进行调整。一方面，单独确定工伤保险缴费方法会使保险计划受到企业方面的压力，并且要去收集相关企业的风险信息费时费力，很难兼顾效益与公平，每个企业都会想办法隐藏自己的风险信息以使被缴纳的保险额度最低。但是另一方面，单独确定法让工伤风险和企业的利益直接挂钩，激励企业主动采取措施，减少工伤风险的发生。

（2）集体确定法。这种方法与单独确定法有相似的地方，区别在于这种方法是根据相同经济活动中所有企业的经历来确定缴费额的。这种方式缴费一般按行业进行，根据行业风险等级缴费。

（3）统一确定法。共担风险的原则在这种方法中得到了全面的应用。所有用人单位都要缴纳工伤保险费用。所依据的账目也是针对整个制度而设计的。这种方法简单易行，它不仅可以减少行政管理费用，而且可以与其他社会保障基金一同征集。

三种工伤保险基金的筹集方式各有优缺点，美国、德国和日本是这三种模式的典型代表，如表7-13所示，各国根据自己的国情采用了不同的筹集方式。

表7-13 美国、德国和日本工伤保险基金筹集方式比较

国家 比较项目	美国	德国	日本
筹集方式	单独确定法	集体确定法	统一确定法
费率制度	工伤保险运行模式是以私营商业保险公司营运为主、政府监管的商业化模式。州政府仅对工伤保险的费率厘定、费率批准、争议的解决等进行有限度的干预。划有600多个费率档次	平均费率为企业工资总额的1.44%；实行行业差别费率和浮动费率制；划分了36个行业工会	实行行业差别费率和浮动费率制；划分了8大产业，53个行业
优点	工伤风险和雇主利益直接挂钩；激励雇主主动采取措施减少工伤事故的发生	注重民主协商，在工伤保险制度中注入了三方协商原则，由同业公会负责工伤保险的具体事务，加强了行业和雇主对工伤保险的管理	量入为出、以支定收、全国统筹，行业差别费率和浮动费率制结合，兼顾效益与公平
缺点	企业工伤风险分类成本和管理成本很高	存在行业内"搭便车"行为，对雇主主动采取措施减少事故的发生的激励作用有限	存在社会性"搭便车"行为，对雇主主动采取措施减少事故的发生的激励作用有限

资料来源：应永胜. 农民工工伤比较：典型发达国家制度比较及启示［J］. 华北电力大学学报（社会科学版），2012（6）：59-68.

我国的工伤保险费率采用行业差别费率与浮动费率相结合的模式。由国家根据不同行业的工伤风险程度确定各行业的不同差别费率，并根据工伤保险发生率、工伤保险基金的使用情况在每个行业内再确定若干个费率档次，最后由统筹地区工伤保险经办机构确定每个用人单位的实际缴费费率。从上述规定可以看出，我国的工伤保险基金筹集方式类似于日本的筹集方式，采用差别费率加浮动费率的工伤保险费率机制。

从表7-13可知，从"公平"角度分析，美国的"单独确定法"采用"风险担当的商业化模式"最能体现"公平原则"，"集体确定法"次之，"统一确定"法虽然简单，但是最容易产生"搭便车"行为。和域外国家相比，我们国家工伤保险费率制度存在如下问题：

第一，差别费率档次划分"少而粗"，缺乏精确性，虽然易于操作和管理，

但是可能会影响企业参与工伤保险的积极性，对处于同一档次中风险较小的企业就表现出不公平。

第二，行业费率分类过于简单，没有考虑到行业之间的风险复杂性，导致行业之间差别不大，高风险的行业缴费比例明显偏低。

第三，浮动费率比例过低，虽然对企业有一定的奖惩激励，但是不足以督促企业主动采取措施改善劳动者的安全环境，企业往往只为劳动者提供较低层次的安全保护。

4. 工伤认定的比较

从工伤认定范围看，各国都有一个责任扩大的过程。从归责原则的演进看，从雇员自我承担责任到过错责任再到无过错责任的发展，从雇员承担完全的职业伤害损失，到雇员承担一部分职业伤害损失，再到雇员完全不承担职业伤害损失，说明工伤保险制度或雇主对雇员责任的扩大和工人权益的扩张。

在工伤认定方面，各国逐渐不再强调伤害必须源于事故，而更为强调伤害与工作之间的因果关系。欧盟建立工伤保险的23个成员国中，有2个国家认为事故或与工作相关的损害皆可，另外近半数的国家明确放弃了对事故的要求，只要由工作引起或在工作过程中产生的损害都予以认定。部分国家工伤认定范围的比较情况如表7-14所示。

表7-14　部分国家工伤认定范围的比较

国别	工伤认定范围
美国	对"事故"的要求越来越宽松。最初，工伤赔偿主要适用于"意外事件"，现在工伤扩大到那些非意外事件导致的"意外结果"……一些州甚至已经完全放弃了"事故"这一要求
英国	规定工伤是指"在工作过程中并由工作引起的人身伤害"
法国	规定只要由工作引起或相关的人身伤害都可以予以认定
日本	采纳了劳动过程理论，如在工作过程中由于吃饭、饮水或者其他身体行为导致的伤害都属于工伤范围

资料来源：郭秀娟. 工伤保险覆盖范围国际比较及对我国启示 [J]. 今日财富，2018（14）.

我国的工伤认定形式要件较为严苛。劳动者在申请时必须准备大量证明材料，尤其是劳动关系证明材料的提交往往成为劳动者的"拦路虎"。另外，工伤认定程序设置过于烦琐，劳动者在提出工伤认定申请后可能面临劳动关系认定、行政复议、行政诉讼、劳动能力鉴定等多道流程。据时报北京的记者报道统计，一个劳动者从发生事故到确定为工伤平均需要1077天。许多劳动者因为无法承受如此漫长的工伤认定过程而最终选择放弃或选择不公平的调解。

5. 工伤预防的比较

工伤保险与事故预防相结合是实施工伤保险制度的三大功能之一。在欧美等很多工业技术比较发达的国家，已经开始把"控制损失"作为工伤保险最主要的口号。工伤保险对事故预防和职业病防患的功能是通过以下直接和间接两条途径来实现的：一是直接从工伤保险基金中按比例提取部分资金直接用于工伤预防工作；二是通过设置差别费率机制，倒逼用工企业改善劳动者的工作环境，间接达到工伤预防的效果。发达国家的差别费率机制设置得比较合理，与工伤风险密切挂钩。韩国有 67 个费率档次，差别费率为 0.4%～28.6%。德国有 700 多个费率档次，差别费率为 0.71%～14.38%。我国划分的费率档次过少，差别费率为 0.1%～3.6%，未能很好地倒逼企业在工伤预防上加大投入力度。

发达国家重视工伤预防的另一个表现是设立专门的事故预防基金，把工伤保险和事故预防紧密结合在一起。表 7-15 是部分国家和地区将工伤保险与事故预防结合的基本情况。

表 7-15　部分国家和地区工伤保险制度与事故预防的比较

国家和地区	运行模式	预防基金	管理机构	预防实现
德国	赋予工伤保险预防功能	从工伤保险中提取 15%	同业公会	制定、公布、印刷劳动保护方面的规定；劳动保护监察和咨询服务；劳动医疗与职业病防护、安全教育培训；工伤预防与职业病防范科研等
英国	赋予工伤保险预防功能	工伤保险开支	工人补偿局	制定安全措施并责令其监督员实施
新西兰	赋予工伤保险预防功能	工伤保险开支	事故补偿协会	宣传教育，出版和发布安全信息，调查研究事故原因，组织安全生产运动
日本	赋予工伤保险预防功能	工伤保险开支	劳动卫生社会福利省	改善劳动条件，确保合理劳动条件的实现
法国	专门的事故预防基金	雇主缴纳工资总额的 1.5%，对违规雇主罚款	国家受雇劳动者疾病保险基金会	为企业提供安全教育方面的咨询；提供安全技术与安全专家；监督实施安全条例和工伤统计分析等
瑞士	工伤保险中成立专门从事工伤预防的机构	对高风险和安全记录不达标企业专门征收	劳动社会保障部	为企业提供安全服务
美国（俄亥俄州）	专门的事故预防基金	财政收入的 1%	安全和健康基金会	建立预防数据库；职业安全教育、指导与培训；财政支持及其他服务

我国工伤预防试点工作执行情况不理想、预防费用偏低且费用投入不合理，工伤预防制度执行不到位。在审计的 17 个省所属全部 224 个地级以上城市中，仅有 115 个城市（占总数的 51.34%）使用工伤保险基金开展工伤预防工作；人力资源和社会保障部 2013 年重点抽查确定的 14 个工伤预防试点城市中，有 4 个

未按照要求开展试点工作。另外 10 个试点城市虽开展了工伤预防工作，但工伤预防支出仅占基金总支出的 0.79%。在我国大部分地区如湖南省、海南省、山东省、河北省、河南省和吉林省等的工伤预防费用主要用于工伤事故和职业病的宣传和培训上。只有少部分地区如广东省和山西省等将工伤预防费用投入安全生产奖励、职工健康体检和技术设备检测改造等方面。

6. 工伤康复的比较

在我国"三位一体"的工伤保险制度设计中，工伤康复发挥着重要的作用。但是我国一直较重视工伤赔偿而轻视工伤预防和工伤康复，导致工伤保险基金中工伤预防和工伤康复的支出较少。下文将从工伤康复的发展进程、实施内容和管理方式三个方面比较国内外差异。

从发展进程来看，早在 1884 年，德国政府颁布的《工伤事故保险法》中就提出了工伤预防、工伤康复和工伤补偿相结合的工伤保险理念，但大多数国家在工伤保险制度建立初期都是以待遇补偿为主，直到 20 世纪五六十年代，大多数国家才开始在本国的立法中加入工伤康复的内容，20 世纪 70 年代起各国普遍地开始推行工伤康复工作。我国的工伤康复工作与世界绝大多数国家的发展同步，也是开始于 20 世纪 50 年代，但是由于我国长期以来工伤康复一直处于辅助器材配置的低水平的医疗康复阶段，与发达国家相比在后期发展上存在一定差距。

从实施内容来看，发达国家在工伤康复上有一个共同点，就是从矫形术和辅助器材的配置开始医疗康复，并逐步扩展到职业康复，社会康复等领域。我国的工伤康复最早也是从辅助器具配置入手，如安装假肢、配置轮椅等。20 世纪 50~90 年代，我国还非常重视对伤残人员的照顾，每年都有定期的疗养安排。因此，我国长期以来比较重视医疗康复，职业康复还处于用人单位的自我安置阶段，没有形成社会体系化的工伤康复模式。

工伤康复的管理主要指对工伤康复对象的确认、工伤康复早期的介入、工伤康复费用支付等工伤康复流程实施的有效管理。以德国为例，联邦劳动和社会秩序部是工伤保险的最高行政管理部门，该部门不直接管理工伤保险的具体业务，而由各同业公会按照法律规定管理本行业的工伤保险具体业务，当然也包括工伤康复业务。2004 年，德国工伤康复支出为 25.2 亿欧元，占工伤保险基金总支出的 26.9%。从 2004 年颁布《工伤保险条例》之后，我国各地就相继开展工伤康复试点机构，截至目前，全国已有 31 个省（自治区、直辖市）陆续开展了工伤康复试点工作，有近 200 家工伤康复机构，其中经人力资源和社会保障部授予资质的有 35 家。与德国相比，在工伤康复领域，我国在国家政策层面还有许多不明确的地方，还没有形成完整的工伤康复管理体系和操作方法，仍然处于探索阶段。2016 年审计署发布的 2013~2015 年工伤保险基金审计结果表明，我国工伤康复政策未完全落实到位且执行情况不理想。在审计的 35 个地区中，有 15 个审计地区到目前还未开展工伤康复工作；在 18 万多的工伤职工中，仅有 1.7 万人（占总数的 9.20%）能享受到了工伤康复。人力资源和社会保障部统计数据显示，我国的工伤补偿标准高于大多数发展中国家，仅略低于发达国家，但工伤康复特别是职业康复的水平远远落后于发达国家。

7. 工伤保险管理方式上的比较

立法是工伤保险的制度基础，工伤保险的范围、工伤保险基金的筹集、工伤保险的认定、工伤保险的赔付制度等都是工伤保险的主要内容，除此之外，工伤保险的内容还包括工伤保险的管理。法律制度制定得再好，如果没有相应的管理和监督，法律条文就是一纸空文。比较各国工伤保险管理的方式，主要有以下三种方式：

第一种是政府直接管理，如英国、日本等。日本的工伤保险归属于厚生劳动省劳动基准局工伤补偿部管辖，而劳动基准局在各都、道、府、县设有派出机构，即各都、道、府、县的劳动基准局；各基准局在管辖的区域，再设若干个劳动基准署，以确保工伤保险各项业务活动的开展。同时，工伤保险管理实行全国联网，每一项业务都可在当地通过网络查询。英国没有单独的工伤保险基金，工伤保险待遇由社会保险基金支付。英国工伤保险事务由卫生与社会保障部负责，卫生与社会保障部的地方办事机构负责具体管理工伤保险费用和工伤保险待遇支付。

第二种是政府指定中央部门监管，由自治性的基金会、理事会或联合会在国家法律范围内进行管理。这样的国家有法国、意大利、德国等。法国是由联合征收机构征集保险费，社会和全国团结部颁布法规，进行一般监督，全国疾病基金会在全国水平上管理工伤补助方案；意大利是由劳工社会福利部进行一般监督，全国事故保险协会通过省办事处管理工伤保险；德国是联邦劳动和社会部进行一般监督，事故保险基金会处理职业伤害保险业务。

第三种是政府立法，各级工会管理。采用这种模式的国家有匈牙利、保加利亚和苏联等。

政府直接管理的方式强调了政府责任，体现了工伤保险市政府的一项责任，但是同时增加了管理的难度；政府指定中央部门监督，由自治性的基金会、理事会或联合会在国家法律范围内进行管理和政府立法，各级工会管理，这两种方式政府不直接管理，基金会、理事会有权根据实际情况具体问题具体分析。

我国采用的是第一种模式：由政府直接管理。国务院劳动保障行政部门负责全国的工伤保险工作。县级以上地方各级人民政府劳动保障行政部门负责本行政区域内的工伤保险工作。劳动保障行政部门按照国务院有关规定设立的社会保险经办机构，具体承办工伤保险事务。从这一管理模式可以看出，我国的工伤保险制度采用的是区域政府负责制。

二、对国外工伤保险制度的借鉴

1. 工伤保险立法方面的借鉴

我国的工伤保险法律制度的依据主要是《工伤保险条例》和《中华人民共和国社会保险法》。相比于发达国家的《工伤保险法》而言，《工伤保险条例》具有两个不足之处：一是条例作为行政法规立法层次太低，没有狭义上的法律做出规定，会导致后续的配套措施和制度没有良好的根基，不利于工伤保险制度的体系化和规范化；二是行政法规和行政规章相对于狭义的法律而言稳定性较弱，并且规定过于杂乱无章而导致规定之间出现矛盾，使工伤保险制度和其他社会保障制度的衔接不畅，不利于社会保障制度的体系化和规范化。

《中华人民共和国社会保险法》包含的内容比较庞杂，不仅包含有工伤保险的内容，还包含养老保险、生育保险、医疗保险、失业保险等社会保障项目的内容，对工伤保险的概述规定得比较笼统。另外一个重要原因是我国仍处于社会主义计划经济向市场经济转型过程中，新的经济模式创造出很多新兴的职业，原有的工伤保险制度需要与时俱进，不断进行调整和改革以满足不同职业者的工伤保险需求，保障劳动者的权益。

工伤保险法律制度的不健全会使劳动者的合法权益不能得到切实保障。例如，近些年我国频繁发生的职业病，由于认定困难，很多职业病患者不能得到及时的救治，这归结于目前我国的工伤保险法律制度不健全：一是因为制度的不健全，在工伤认定上没有统一的标准和程序，工伤在实践中认定起来是极其困难的；二是工伤保险的主管机构是政府部门或者是财政全额拨款的事业单位，由于没有涉及自身利益，工伤保险的监管部门可以任意作为或者不作为，这使本就不完善的工伤保险制度更加岌岌可危；三是相比大多数处于强势的单位而言，劳动者处于弱势地位，并且由于我国现阶段的国情所决定的劳动者的法律意识不高，不能通过法律手段来维护作为劳动者的合法权益。

《工伤保险条例》无强有力的法律地位，在宣传和实施过程中困难重重，有些企业更是置之不理，因此，参保率低，劳动者权益难以保障。较低的法律地位使监督和处罚力度不够。要想建立一个完善、成熟的工伤保险制度体系必须要有强大的法律法规作为后盾，否则工伤保险发展的步伐会很慢甚至停滞不前。所以应尽快制定出自成体系的全国统一的工伤保险法。有了法律的支持，工伤保险的强制性才能更好地体现，监督才会更有效，处罚才更有力，企业和个人才能真正重视工伤保险。

2. 工伤保险覆盖范围方面的借鉴

目前，从制度设计上看，工伤保险已经覆盖了所有有劳动关系的劳动者。相比于德国接近94%的工伤保险的参保率，我国的工伤保险制度所涉及的主要是具有劳动关系的劳动者，但是互联网的出现造就了很多新兴职业以及其他自由职业者，这些大量的没有稳定劳动关系或没有劳动关系的灵活就业人员、自由职业者的工伤问题日益突出，逐步上升。例如，家庭保姆，出现工伤后无法得到保障，社会反响强烈。加之我国仍然是发展中国家，经济发展水平比较低，较低的经济发展水平制约着社会保障制度的发展，我国工伤保险制度建立的时间相比于德国而言晚了将近一个世纪，而且人口基数远远大于德国，同时由于我国现阶段参加工伤保险的前提是建立劳动关系，工伤的责任实行雇主责任制，工伤保险由雇主缴费，劳动者个人不缴费，因此这部分无雇主的劳动者无法参保，所以，想要达到德国工伤保险的覆盖率水平，这是一个很艰巨的任务。我国虽然现阶段的条件不允许我国全民的工伤保险，但是这种发展趋势必须把握，这也是以后我国工伤保险制度完善的必然要求，我国要借鉴德国的经验，就要不断逐步扩大我国的工伤保险的覆盖面。

3. 工伤保险缴费方面的借鉴

工伤保险中采取运用精算模式来确定费率是理想的模式。国外的实践经验证明详细和精确的风险分类可以将工伤保险费率与事故风险更准确地相关联，可以更好地达到雇主公平负担的目标，对事故预防有更为直接的激励作用，有利于进行安全生产精细管理，促进各行业内部安全管理水平的整体提升。发达国家工伤保险制度中对行业进行细分，并分别制定行业差别费率，使行业风险的高低得到不同程度的保障。同时将工伤保险差别费率和浮动费率相互补充，该种缴费制度可以满足各种不同的需求。如日本分为8大产业53个行业，工伤保险费按行业分别制定，最低费率为0.5%，最高费率为14.8%，行业费率差距高达20多倍；再如德国费率划分更为细致，根据行业的不同特点设立35个同业公会，制定形成平均费率最低为0.71%，最高为14.58%。借鉴国外经验，对行业和企业进行精确的风险分类，强化企业缴费与事故风险之间的关联，有助于提高企业改善劳动者安全生产级别的积极性，减少事故发生率。

4. 工伤预防工作方面的借鉴

预防能大大降低事故发生的概率，减轻工伤康复和补偿的压力，减少工伤保险基金的支出，这是发达国家工伤保险制度经过多年的实践而得出的有力结论。当然，目前我国的工伤保险水平还比较低，把工伤补偿作为工伤保险制度研究的主要内容是客观发展的必然，而且对工伤职工来说，救治及工伤津贴也是当务之急，是保障工伤职工基本生活的必要手段。但从长远来看，树立积极的工伤保险理念，抓好工伤预防，减少工伤事故对职工造成的伤害，更有利于保障职工权益，也有利于减少基金支出。我国的工伤预防费用提出比例偏低且使用不合理，而在国外，工伤预防的费用提取比例高、使用范围广泛。例如，德国法律指出，要使用所有手段防止安全事故和职业病发生，德国同业会每年从工伤保险基金提取比例为5%，工伤预防除日常的宣传和培训工作，还包括开展健康检查、制定劳动保护规程、开展劳动防护监察和咨询服务以及开展安全事故和职业病相关的科研活动等。

5. 工伤康复工作方面的借鉴

从发达国家重视工伤康复工作的经验看，工伤康复不仅具有良好的社会效益，而且做好工伤康复从经济上讲也"是合算"的。英国实施全民健康服务，重视社区卫生服务事业，提倡全面康复；德国高度重视康复立法，奉行"社会事社会办"，提倡"社会康复"。据报道，德国用于工伤康复的费用占工伤保险总支出的比例约30.00%，而我国工伤保险基金支出主要用于工伤补偿，约占55.00%，其余主要用于报销医疗费，只有很少一部分真正用于工伤康复。美国虽然没有统一的工伤保险制度，但其最大的特点是具备专业化、市场化的工伤康复体系。从专门的康复协会、私人职业康复行业、职业康复咨询机构到专业康复咨询机构与社区卫生服务相结合，美国建立起了较为完善的工伤康复体系，较好地解决了工伤者的康复需求。

从社会保障的角度来说，工伤康复实质上是社会救助的一种形式，是较高层面上的社会保障，也是建立工伤保险的重要目的之一。德国提出工伤康复可以"降低社会总成本"的理念对我们很有借鉴意义。工伤职工通过工伤康复特别是职业康复，能够生活自理甚至重新回到工作岗位，对个人以及工伤职工的投入都会有很大益处。作为社会主义国家，我国则更应该注重对工伤康复工作的关注，这也符合以人为本的理念以及现阶段学习科学发展观的要求。我国应在借鉴发达国家工伤康复经验的基础上，逐步探索建立适合我国国情的工伤保险治疗与康复制度。

6. 工伤管理机构建设方面的借鉴

目前我国工伤保险主管机构是国务院劳动保障行政部门主管全国的工伤保险工作。县级以上地方各级人民政府劳动保障行政部门主管本行政区域内的工伤保险工作。但在现实工作中，工伤保险事务存在多头管理的利益之争。安全生产、职业病、伤残鉴定标准和工伤保险业务分别由国家安全生产监督管理局、卫生健康委员会、国家技术监督局和劳动保障部负责。职能分工本来既有利于各项工作的展开，也有利于专业水平的提高，但计划体制下部门分割的惯性思维和部门利益常常使制度从打造之时就开始扭曲。

由于多头管理造成的利益博弈会产生种种弊病，所以有必要借鉴发达国家的工伤保险主管机构的设立以及运行。在德国，法定意外伤害保险为参保者提供预防、治疗、康复、补偿都由一个机构提供，这个机构即德国法定意外伤害保险协会。"一体化""一条龙"提供从预防到补偿的服务，是德国工伤保险的一个重要指导原则。德国的经验表明，一体化服务可以使工伤保险的几个环节无障碍沟通，更易于控制，管理流程更加顺畅，从而大大节省开支。发达国家的经验表明，一体化服务可以使工伤保险的几个环节无障碍沟通，更易于控制，管理流程更加顺畅，从而大大节省开支。更重要的是，参保者可以从一开始加入保险即享受到综合的服务支持，也可以从根本上预防职业安全事故和疾病的发生，从而为职工提供综合性保护和高水平的社会保障。

第五节　改革方案

一、改革思路

2010 年 10 月 28 日第十一届全国人大常委会第十七次会议通过的《中华人民共和国社会保险法》和 2003 年 4 月国务院颁布的《工伤保险条例》是我国工伤保险制度的基石。这两部法律法规，加上其他的法律条文及一些地方性法规，共同构成了我国工伤保险制度的基本框架。从上一节的分析比较可知，与发达国家的工伤保险制度相比较，我国的工伤保险制度的发展起步晚，问题多，还很不成熟。加之我国仍处于计划经济向市场经济转型的过程之中，伴随着市场经济的变革，新业态、新职业的不断出现，以前制定的工伤保险制度往往跟不上快速变化的社会经济实践，不能满足广大劳动者对工伤保险的实际需求。因此，与时俱进，在借鉴国外先进经验的基础上对原有的工伤保险制度进行调整与改革是十分必要的。

中国工伤保险制度的改革也是一项系统工程，不可能毕其功于一役，必须与建设具有中国特色的社会主义理论和中国深化改革、扩大开放的具体实践相结合，以习近平总书记在党的十九大报告上关于社会保障体系建设的讲话为依据，分步骤推进，逐步完善。

中国工伤保险制度改革是一个分步推进、螺旋式上升的过程。根据这一特点，我们提出中国保险制度改革的螺旋模型。螺旋模型的每一个周期都包括工伤保险的需求分析、制度设计、制度区域运行测试（试点）、制度推广、制度修订五个阶段，每经历一个周期，工伤保险制度的完善就前进一个层次。中国工伤保险制度改革的螺旋模型如图 7-1 所示。

基本制度指的是《中华人民共和国社会保险法》和《工伤保险条例》。基本制度工伤保险的覆盖人群包括了我国绝大多数有正常人事关系的企事业单位的劳动者。但是我国在新业态经济环境下，出现了很多新的职业和新的职业人事关

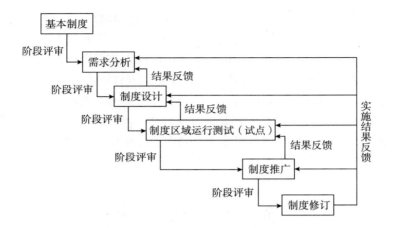

图 7-1　中国工伤保险制度改革的螺旋模型

系，和传统的雇佣关系完全不一样，有些关系是介于雇佣和自我雇佣之间的模糊关系，很难分清是雇主责任还是自我责任，如美团的外卖骑手、货拉拉的平台入驻的司机、民宿业主等，他们也有工伤保险的需求，但是又常常游离于传统的工伤保险制度之外，因此如何通过制度设计、制度创新来满足他们的工伤需求，保障他们的权益也需要有关部门对工伤保险政策制度进行研究。在某些地区进行政策试点，如果能够很好地满足新经济条件下的工伤保险的需求，则在全国推广。

在我国某些经济发达的地区已经开始工伤保险制度改革的试点工作。例如，2020 年 12 月 31 日广东省人力资源社会保障厅、省财政厅、省税务总局联合发布粤人社规〔2020〕55 号行政令，联合印发《关于单位从业的超过法定退休年龄劳动者等特定人员参加工伤保险的办法（试行）》（以下简称《办法》）。《办法》将从 2021 年 4 月 1 日起实施，试行期 2 年。在试行期间，可根据评估情况动态调整适用的参保范围。为与国家相关试点衔接，对于新业态从业人员工伤保障问题，《办法》明确国家出台相应规定后将按其规定执行。

根据《工伤保险条例》《广东省工伤保险条例》等规定，目前存在劳动关系并已纳入广东省工伤保险统筹的人数超过 3800 万人，约占全国的 1/7，居全国首位。超过法定退休年龄的劳动者、实习学生、村居两位人员等未建立劳动关系人员不属于《工伤保险条例》适用范围，但其工伤保险保障需求较为迫切，从业单位的工伤风险也急需化解。为此，广东省人力资源和社会保障厅会同有关部门制定《特定人员参加工伤保险的办法（试行）》，将未建立劳动关系的特定人员纳入工伤保险参保范围，明确可由其所在从业单位（组织）自愿选择为其单项参加工伤保险，缴纳工伤保险费，参保人员可按规定享受工伤保险基金支付的工伤保险待遇，从而有效地解决特定人员的工伤保障问题。

二、改革目标

按照党的十九大提出的社会保障体系建设的要求，未来要建立适应社会主义市场经济和生产力发展水平要求，覆盖全体城镇职工，保障基本待遇，管理服务社会化，工伤保险与工伤预防、待遇补偿和工伤康复相结合的多层次工伤保障制度体系，如图7-2所示。

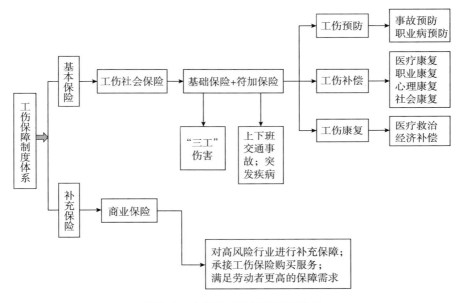

图7-2 未来的工伤保障制度体系

具体而言，未来中国工伤保险制度改革的总体目标如下：

（1）从工伤保险覆盖范围来看，应当把工伤保险范围扩展到所有企业及其劳动者，使各类企业的劳动者在遭受职业伤害时都依法得到基本生活保障和经济补偿，所有职业的劳动者都有相应制度的安排。

（2）从工伤保险基金保障来看，建立合理工伤保险基金费率机制和使用机制，确保保险基金收支平衡。

（3）从工伤保险认定情况来看，要根据工伤问题情况复杂、技术性强、待遇项目多、容易引起争议纠纷等特点，把工伤界定、评残标准、待遇项目和标准、享受待遇的条件和程序等问题规定得明确、具体，简化认定流程，尽量减少操作上的困难。

（4）从工伤保险待遇上来看，要建立与经济发展水平相适应的工伤保险待遇保障机制，提供多元化的保障。在做好工伤补偿工作的同时还应当做好医疗康复、职业康复工作，帮助工伤职工恢复生活和劳动功能，增强工伤人员在共建共享发展中的获得感和幸福感。

（5）从工伤保险管理机构与服务机构来看，要加强专业化队伍的培养，建立运行高效、服务便捷、监管有力、具有人性化的工伤保险服务体系。

按照这个目标，当前推进工伤保险制度建设的基本思路是：合理确定费率，基金收支平衡，规范制度程序，逐步扩大保险范围，工伤保险与工伤预防相结合，管理服务社会化。为确保总体目标的达成，工伤保险制度改革的发展战略分为三步走：第一步为工伤保险制度改革探索期；第二步为工伤保险制度改革成长期；第三步为工伤保险制度改革成熟期。工伤保险制度改革的三个阶段的重点如表7-16所示。

表7-16　工伤保险制度改革的三个阶段及各阶段改革的重点目标

改革重点目标＼阶段	工伤保险制度改革探索期（2021~2025年）	工伤保险制度改革成长期（2026~2035年）	工伤保险制度改革成熟期（2036~2049年）
工伤保险覆盖范围	覆盖全国50%以上劳动者，重点解决有劳动关系的农民工、退休人员再聘、实习生等的工伤保险问题，历史遗留的老工伤问题	覆盖全国80%以上劳动者，重点解决新业态、新经济环境下新型职业劳动者的工伤保险问题，放宽劳动者必须有雇佣单位的限制	基本全覆盖（100%）。总结形成工伤保险覆盖范围动态调整机制，满足经济发展的需要，做到劳动者基本全覆盖
工伤保险基金	试点工伤保险费率制度改革；新业态条件下企业或个体职业者均可参与工伤保险基金缴纳，享受工伤保险待遇	完成工伤保险基金费率制度改革。完善工伤保险基金的缴纳，使用的监督管理机制。确保工伤保险基金的绝对安全	工伤保险基金的使用逐步向工伤预防的方向倾斜，全面降低工伤的发生率
工伤认定	与时俱进，逐步扩大工伤认定范围，做到应保尽保；简化工伤认定流程	厘清工伤认定中行政解释的"密莽丛林"，解决工伤认定中的地方化和碎片化问题	工伤认定标准能做到全国统一，经办流程简化，也能做到全国统一
工伤预防；工伤赔偿；工伤康复	以工伤赔偿为改革重点；与时俱进，提高工伤赔偿水平，保障工伤人员的基本生活水平	以工伤康复为改革重点。学习国外先进的工伤康复经验，建立起了较为完善的工伤康复体系，较好地解决了工伤者的康复需求	以工伤预防为改革重点。工伤预防是工伤保险的最高水平。成立专门的工伤预防机构开展工伤预防的研究和管理工作
信息化建设	工伤保险信息省级统一；试点全省统一的工伤保险申请、认定、赔偿等流程信息的一体化建设。逐步完成省级统筹	建立全国统一的工伤保险信息网络；全国统一的工伤保险申请、认定、赔偿等流程信息的一体化建设基本完成。逐步完成全国统筹	建立全国统一的工伤保险信息网络

续表

阶段 改革重点目标	工伤保险制度改革探索期 （2021~2025 年）	工伤保险制度改革成长期 （2026~2035 年）	工伤保险制度改革成熟期 （2036~2049 年）
管理与专业 人才建设	解决工伤保险中多头管理的问题，建立国家安全生产监督管理局、卫健委、国家技术监督局和劳动保障部的联席会议机制；与相关院校对接，重点培养工伤保险急需的专业人才，提高经办人员的素质与业务能力	试点工伤保险管理与经办过程中的"一体化""专业化"建设	工伤保险管理与经办的"一体化""专业化"建设基本完成
工伤保险制度 成熟度	改革探索期，不成熟。在某些经济发达省份试点改革	改革成长期，不成熟，在全国推广适用的制度与条例	改革成熟期，体制完全成熟，总体目标基本达成

三、改革重点内容

1. 完善顶层设计，加强立法，提高保险覆盖范围

工伤保险是社会保障体系的重要组成部分，关系到劳动者的生命健康，关系到劳动市场的稳定发展，关系到和谐社会的建设。不断完善工伤保险体制机制，规范工伤保险管理，加强工伤保险的公众参与意识，对建设完善社会保障体系具有重要意义。一方面，应当通过立法实现我国工伤保险与劳动关系的适度"脱钩"与分层设计，使更多劳动者群体享有工伤保险待遇，同时明确规制自愿弃保或协议弃保的违法性，提高劳动者和用人单位参保的自觉性和规范性。另一方面，立法应将所有没有劳动法意义上的劳动关系纳入商业保险范畴，实行个人缴费与社会补贴相结合（可适当提高收益率），实现社会保险与商业保险的良性互动，实现工伤保险"全面覆盖"和"应保尽保"的基本目标。

2. 设计合理的工伤费率机制，促进工伤预防功能的发挥

工伤保险制度的工伤预防功能的发挥建立在合理的工伤保险费率的基础上，因此，要想有效地发挥工伤保险的工伤预防功能关键在于制定合理的工伤保险费率机制，而完善工伤保险的费率机制，应在细化风险分类即改变"少而粗"的差别费率现状和在风险级别的基础上加大费率浮动幅度，必要时还应对恶性职业伤害事故和职业安全形势恶化的加征惩罚性保费，提高风险成本，对实施工伤预防形成激励。

借鉴国外经验，加强工伤事故风险与保险费率关系之间的研究，完善工伤保险事故风险与保险费率挂钩机制，用经济手段强化用人单位的工伤预防责任。指导各地完善工伤保险费率浮动机制，对不同行业不同企业定期调整工伤保险费率。

3. 以待遇补偿保障为重心，加快推进工伤预防和工伤康复工作

今后一段时期，我国工伤保险仍应以待遇补偿为主，同时应加强工伤预防、工伤康复工作的试点与推广。形成以工伤补偿为主体，以工伤预防、工伤康复为两翼的"三位一体"的工伤保险制度。

继续完善工伤待遇保障制度。根据《中华人民共和国社会保险法》和《工伤保险条例》要求，制定配套详细的工伤补偿标准和规范，减少工伤补偿争议。重点开展对高风险行业、单位和岗位的工伤预防工作，建立用人单位工伤风险评估系统，促进工伤预防，利用工伤保险信息系统，对参保单位的工伤风险进行定期评估，重点加强对高风险行业和事故高发单位的监控。处理好用人单位、安全生产监管部门以及社会保险机构对事故预防的职责关系，建立协调合作机制，共同做好工伤预防工作。坚持以医疗康复为基础、以职业康复为目标，强化职业康复工作。建立国家、省级、市级三级职业康复服务网络，提供更加专业的、有针对性的职业康复训练，有效提高工伤人员回归社会能力和再就业能力。

4. 以推动人性化服务体系建设为重点，全面提升工伤保险管理服务水平

在社会保险管理服务体系化、规范化、人性化、信息化的目标框架下，针对工伤保险保障人群的特殊性，进一步加强工伤保险的人性化服务体系建设，使工伤保险的管理服务有更多的人文关怀、让工伤人员感受到制度给予的温暖。

制定和完善工伤保险管理服务的规章制度，规范工伤认定、劳动能力鉴定、工伤康复以及辅助器具配置等工作环节，进一步简化工作流程。建立工伤保险责任员制度，把服务下移到用人单位，由保险责任员负责区域内的工伤保障政策宣传、事故检查、经办服务指导等工作。

5. 利用现代互联网技术优势，加快工伤保险服务与管理的信息化建设

目前职工参保跨市转移时查询不到其工伤历史信息，会造成本来旧伤复发，转移到外市工作后又重复认定工伤重复赔付。所以应实现工伤信息共享，防止工伤的重复认定、待遇的重复发放、基金的流失。通过建立全国统一的工伤保险信息平台，完善工伤保险信息系统，规范工伤保险数据指标，提高工伤保险数据质量，为工伤保险统计分析和决策提供数据支撑。建立全国统一的工伤保险待遇定期调整机制，确保工伤人员及工亡职工供养亲属的基本生活保持在一定水平。

6. 加强新经济条件下工伤保险制度的研究，培养专业人才

工伤保险是一个涉及多领域的专项保险，如经济、法律、医疗等，应有一支专业化、高水平的经办队伍。目前，经办人员水平参差不齐，流动性大，人才梯队断层，大大影响了工伤保险的发展。此外，我国深化改革的关键时期，各种新

情况新职业不断出现，对工伤保险人才也提出了更高的要求。一方面，有关部门应该加强对经济条件下工伤保险制度设计的研究，另一方面要培养专业性的经办人员，然后从中重点培养工伤保险政策制定人员。建立一个完整的、延续性的人才梯队是建立成熟的工伤保险制度体系的基本保障。

四、改革举措

1. 以工伤保险为基础，以商业保险为补充，建立多层次工伤保障制度体系

在借鉴国际先进的工伤保险管理制度的基础上，逐步建立以工伤保险为基本保险，以商业保险为补充保险的多层次工伤保障制度体系。在工伤保险项目和内容的基础上，发挥商业保险的补充作用，构建"基本+补充"的体系架构，形成多层次保障格局，满足不同职业劳动者多元化的保障要求。继续完善《工伤保险条例》和《中华人民共和国社会保险法》，确保法定覆盖范围内的职业劳动者都享有工伤保险的权益。对新业态、新环境下产生的新的职业劳动者的工伤保险的需求，探索工伤保险的新路子，争取实现全员参保。发挥商业保险优势，研究确定商业保险在工伤保障制度体系中的发展空间。通过商业保险的补充作用，满足不同劳动者和用人单位更多、更高的保障需求。

2. 以有劳动关系的职工为主要参保对象，逐步向各类职业人群扩展

法定覆盖范围内的职工要全员参保，法定覆盖范围以外的职业劳动者要有其他制度保障。对于可以纳入工伤保险制度的人员应尽快纳入，对于暂时无法纳入工伤保险制度的新兴职业者，应研究制定工伤保障办法，做到所有职业劳动者都有相应的制度安排。

解决工伤保障双轨制问题，将公务员和参照公务员法管理的事业单位工作人员全部纳入统一的工伤保险制度。制定公务员和参照公务员法管理的事业单位工作人员参加工伤保险的具体办法。

探索自雇人员、新业态从业人员、职业农民等灵活就业人员的工伤保障办法，给予其制度性安排。

3. 以"三工"伤害为核心，建立附加保险，进一步优化工伤保险保障结构

借鉴国外经验，调整现行工伤保险保障结构，构建"基础保险+附加保险"的工伤社会保险框架。基础保险为工伤保险制度的核心保障内容，保障范围为因工作原因，在工作岗位、工作时间受到的职业伤害情形，按照现行制度规定由用人单位缴纳保险费。附加保险的保障范围为在上下班途中受到交通事故伤害、突发疾病死亡等情形，由于这类伤害的发生存在一定的个人因素，因此保险费由个人和单位共同缴纳，以用人单位缴费为主，以个人缴费为辅。

开展工伤保险结构调整的可行性研究和风险评估，设计"基础保险+附加保险"的工伤社会保险结构框架方案，为制定结构调整政策提供理论支撑。

4. 以市级统筹为基础，以省级统筹为目标，提高工伤保险基金的抗风险能力

全面实行市级统筹，规范工伤保险市级统筹做法。推行省级统筹，制定切实可行的省级统筹管理办法，处理好县、市、省三级的人、事、权、责关系，处理好工伤认定、劳动能力鉴定和工伤待遇给付各个环节的关系，建立激励机制，充分调动市、县两级的工作积极性。

五、改革保障措施

1. 加强制度保障，提高工伤保险立法层次

自 2004 年 1 月 1 日起施行的《工伤保险条例》是我国目前实施的工伤保险方面的法规，由于国务院条例的约束力远远没有全国人大通过的正式法律的约束力大，因此，要使工伤保险得到更好的发展，需要由条例向正式法律转变。加快工伤保险的立法进程，制定一部较为完整的工伤保险法，如"社会保障法"或"工伤保险法"，这是全面推进工伤保险工作的关键，使之真正成为全民参与的保险事业。在加快立法的同时，必须加大对工伤保险法律政策的宣传力度，增强企业和职工对工伤保险重要性、必要性的认识，使工伤保险制度深入人心，使企业和职工自愿参与到其中来，为工伤保险制度的深入开展创造良好的社会环境。实践证明，工伤保险制度是一项很好的制度，是日常生产生活中不可或缺的一部分，所以应该以最高层次的法律将其规范下来，使之有章可循。

2. 加强财务保障，建立科学有效的工伤保险费率体系

我国的工伤保险可按行业进行分类标准，根据近年来发生工伤事故率、因工伤亡人数、工伤程度及支付伤亡待遇的费用情况进行测算后，研究制定全国的"行业风险费率表"。风险等级要随着风险的变化定期调整，实行动态管理。各地工伤保险机构可参照"全国行业风险费率表"，结合本地实际，制定不低于 15 个档次的差别费率，以充分发挥工伤保险促进工伤预防的作用。各地工伤保险机构，应在差别费率的基础上，建立浮动系数表。每年根据当地实际发生工伤事故频率（取死亡、重伤、轻伤中的最高值）确定浮动值，对企业费率档次进行调整，即当工伤事故率高于或低于浮动值时，对下一年的费率上调或下调 1~2 个档次。国家要研究制定统一的工伤保险"准备金"制度，即制定结存一年工伤保险费用的资金比例，对工伤保险基金结余做出限定。在此基础上，实行工伤保险费用的征缴延后一年的滞后性收取模式，以上一年度的支出来决定本年度的收缴。国家要制定统一的收缴率计算公式，使收缴费率规范化。各地应据此并结合实际计算出缴费费率，缴费函数应以企业工资总额、行业风险等级、分摊系数、浮动值为变量。

3. 加强组织与监督保障，提高工伤保险办公人员队伍素质

要解决当前我国工伤保险经办体制不够合理、工作人员专业素质不高的问

题，应从以下几方面入手：首先，要加强工伤保险行政机构、工伤保险经办机构、拉动能力鉴定机构的组织建设。其次，要建立一支工伤保险法律、劳动鉴定技术、信息化和计算机管理研究的专家队伍，开展工伤保险的科学研究工作，依靠科学研究推进工伤保险工作的开展。最后，加强劳动保障的执法队伍建设，逐步淡化其行政色彩，强化其法律特点，完善人员招聘、加强人员培训，普及相关法律知识，将工伤保险工作人员塑造成一支业务能力强、专业素质高的高效能经办队伍。此外，定期统计统筹地区的工伤保险参保情况以及公开工伤保险各大行业差别费率和浮动费率调整情况，使工伤保险工作更加公正、透明，全面接受社会各界的监督。

4. 加强信息保障，要建立全国统一的工伤保险信息化网络系统

通过信息化建设，利用现代化管理技术提高工伤保险工作的效率和质量，并加强对工伤保险各项工作的监督，防止或减少恶意违法事件的发生。全面提升信息化水平，推动工伤保险信息化建设。为推动工伤保险实现更高质量、更有效率、更加公平发展，就要抓住工伤保险信息化，加快建成省级信息平台，推进网上参保、网上经办、网上结算、网上支付待遇，并在此基础上，逐步建成全国联网的工伤保险信息服务网络，为决策科学化、管理规范化、服务人性化提供有力支撑和保障。

5. 加强沟通保障，建立部门间合作机制

工伤保障的工作内容涉及多部门、多机构之间的合作，因此，为保障工作的巡视开展，提高效率，必须建立一个良好的外部环境。当前可通过联席会议制度、信息通报等形式加强与相关部门、相关机构的沟通与联系，增加他们对工伤保障工作的了解，建立部门间的合作机制，共同解决工伤保障制度体系建设中存在的问题。

第八章　生育保险制度

　　生育保险是国家针对女性职业者生育行为的生理特点，通过国家立法向怀孕和分娩的职业女性提供物质帮助和产假的一项社会保险制度，旨在保护各类就业女性的生育权益，为其提供产假、生育津贴、生育医疗服务和保障其返回原单位的权益。广义上的生育保险制度以生育保险为基础，同时配置健康保护及就业保护的"一揽子"家庭政策，主要由以下内容构成：①生育的医疗待遇；②生育休假；③生育津贴；④健康保护；⑤就业保障和非歧视等劳动保护；⑥与计划生育挂钩的各种生育奖励与扶助政策等。以上内容构成了一个有机的生育保障与生育保护系统，也是本书研究的主题。

　　中国自建立生育保险制度以来，生育保险制度为保障女性的生育权益和就业权益不受侵犯发挥了重要的保障功能，对母婴健康、优生优育、女性就业保障和人口可持续发展产生了积极的推动作用。然而，进入 21 世纪以来，一方面，随着我国社会大环境的不断变化，家庭趋于小型化、核心化，更多女性追求经济独立，越来越注重自己发展机会以及自身生活质量，更多选择少生，甚至不生，带来生育率下降，少子化现象明显。另一方面，我国人口老龄化趋势日趋严重，需要生产和解放大量劳动力，提升生育率与解放女性劳动力成为刚性需求。由此导致女性就业与生育之间的矛盾不断显现，也给我国生育保险制度的现有运行模式带来了新的考验。为了保障女性两种生产的同时实现，在提高生育率的同时保障性别平等，为女性构建一套有利于协调生育角色和就业角色的政策体系势在必行。本章通过梳理我国生育保险制度发展的历史沿革，深入分析我国生育保险制度发展的现状及存在问题，通过中外制度比较及经验借鉴，提出我国生育保险制度改革方案。

第一节　历史沿革

　　中国生育保险制度的建立始于中华人民共和国成立，经历了从以工薪劳动者为重点的生育保障制度到社会统筹性质的生育保障机制，再到社会生育保险制度的三次转变，其发展沿革可以划分为三个阶段：一是中华人民共和国成立初期至改革开放；二是改革开放之后的生育保险社会统筹试点与建立阶段；三是党的十八大以来的新开放时期。

从中国生育保险制度发展的进程来看，生育保险的发展变革与劳动保护、母婴保健、计划生育等紧密交织，形成了一套各司其职、各有侧重，又有交织重叠的生育保障体系。因此，生育保险与生育保障是从属关系，生育保障制度包含了生育保险制度、计划生育中的生育保障、女工劳动保护以及妇女就业保护中有关孕产妇就业保护的相关内容。企业在生育保险各个阶段中所承担的职责与角色也不断改变，完成了由"企业完全负责"到实行"社会统筹"的变革。

一、改革开放前的发展阶段（1949～1978 年）

1. 中华人民共和国成立初期具有部分"社会性质"的生育保险（1949～1965 年）

中华人民共和国成立初期，包括生育保险在内的劳动保险制度开始逐步建立，一步一步完善，至 1965 年，形成了"企业"与"国家机关事业单位"两套不同的劳动保险制度。企业部门采取"企业负责+社会统筹"的形式，生育的检查费、接生费、生育引起的疾病等费用，以及产假期间的工资均由企业负担，而经过社会统筹的劳动保险基金支付生育补助费。机关事业单位则采取"政府财政拨款"方式负担女性工作人员的生育医疗费、产假期间的工资。但是所有用工模式被涵盖了进来，包括固定工、临时工、季节工和试用工。

同时，随着社会主义改造的完成，我国经济具有了计划经济性质，企业具有国营性质，因此，该阶段的生育保险制度具有一定的"社会性质"，即企业的国营性质及部分经费社会统筹这两方面具有"社会性质"。但女职工和女工作人员的工资和医疗费用是由各企业独立负责的，因此，这一阶段的生育保险本质上仍是"企业生育保险"，只具有"部分社会性质"。

2. "文化大革命"时期的企业生育保险（1966～1978 年）

1966 年至改革开放前，生育保险处于停滞甚至后退阶段。1969 年财政部颁发了《关于国营企业财务工作中几项制度的改革意见（草稿）》，使之前国营企业以提取劳动保险金形成社会统筹的行为被取消。一方面，生育保险完全蜕变为企业保险。由于统筹中断，导致生育保险不再具有社会性、互济性，各企业只承担本企业内部的女职工的生育开支，生育保险成了企业保险。另一方面，保障对象身份单一化。1956 年社会主义改造完成之后，私营经济全部国有化，中华人民共和国成立初期的临时工、季节工或试用工的用工制度不复存在，只剩下了固定工，企业的生育保险随之变成了固定工的权利。

二、改革开放以来生育保险社会统筹及建立阶段（1978～2012 年）

1978 年改革开放以来，我国从计划经济逐步走向市场经济，随之带来的非公有制企业的迅猛发展及用工制度的变化，催生了生育保险向社会统筹化迈进。

1. 经济转轨初期的企业生育保险（1978~1987年）

这一时期的生育保险延续了"文化大革命"时期的规定，由各企业负责本企业女职工的生育保险且只对固定工的生育保险负责，但这一生育保险制度的弊端也不断显露。一方面，生育保险覆盖面不足。随着非公有制经济崛起，市场经济下的就业身份趋于多样化，临时工、季节工及试用工的用工制度再次出现，导致其他就业身份的女性劳动者被排除在了生育保险之外。另一方面，出现女性就业歧视现象。企业出于利润最大化考虑，为甩掉聘用女工所带来的"性别亏损"实施用工时的性别选择、辞退怀孕女工以及要求产后女职工放长假的现象。经济转轨初期，由"企业负责"的保险制度带来不公平性及社会化程度不够的弊端，让生育保险制度陷入困境，更引发了诸多改革的呼声。

2. 1988年后生育保险改革

（1）生育保险改革试点（1988~1994年）。20世纪80年代中末期，以1988年9月1日施行的《女职工劳动保护规定》为标志，中国的生育保险制度改革拉开了序幕。《女职工劳动保护规定》将生育保险实施范围覆盖至所有国家机关、企事业单位，保护女性职工经期、孕期、产期及哺乳期的健康、就业等相应生育待遇，从法律的高度保护女职工的健康与就业，并明确规定了其生育保险待遇。但女职工的生育保险仍旧由各自企业负担。各地在领会《女职工劳动保护规定》精神的基础上，针对"各企业只对本企业女职工生育负责"这一做法所带来的不公平性及社会化程度不足的弊端，对生育保险进行了改革和试点。

（2）生育保险社会统筹的建立与推进阶段（1995~2012年）。1995年1月1日施行的《企业职工生育保险试行办法》成为我国生育保险由"企业负责"向"社会统筹"迈进的标志。该办法详细规定了生育保险制度实施的具体方案，并对生育保险的参保对象、基金缴纳、统筹办法及享受条件等作出具体规定，在全国层面上有了统一的部署安排。本次生育保险的改革和探索，凸显出三大特点：第一，强调拓展生育保险覆盖面，并尽可能将所有城乡妇女纳入生育保障体系；第二，生育保险与劳动保护相互交织；第三，生育保险与计划生育保障紧密联系在一起。

进入21世纪，随着新型农村合作医疗制度和城镇居民基本医疗保险制度的逐步实施，农村生育妇女和未参加生育保险的城镇户籍生育妇女可以通过这两项制度报销部分生育医疗费用，但无法获得劳动中断收入的补偿。

2010年《中华人民共和国社会保险法》颁布，推动了生育保险制度的进一步发展与完善。该法是我国第一部有关生育保险的法律，从立法上明确了生育保险的两部分核心内容：一是生育医疗待遇，包括"生育的医疗费用和计划生育的医疗费用"；二是生育津贴待遇，包括"女职工生育享受产假和享受计划生育手术休假"。据此，经过 20 世纪 80 年代以来持续 30 多年的改革与探索，我国生育保险制度获得了进一步的发展与完善，逐步建立起了由政府、企业共同承担责任的生育保险保障体系。

三、党的十八大以来的新型社会生育保险时期（2013 年至今）

党的十八大以来，为了应对日益严重的人口老龄化和生育率持续降低，2013 年 11 月，我国决定放开"单独二孩"。这一生育政策的推出，是对原有计生政策的重大调整，是我国生育制度史上具有里程碑意义的重要事件。在此之后，2016 年放开了全面二孩、2021 年 7 月出台了三胎政策。然而，生育意愿并没有明显增强。为此，为了与生育政策相适应、相协调，更好地发挥生育政策的效果，我国 2019 年底实现了生育保险与医疗保险合并。这又是我国生育保险制度上一次重大改革，实现了同步参保登记、基金合并运行、征缴管理一致、监督管理统一、经办服务一体化五大领域的革新，不断增加受保障的人群，促进了生育保险制度的进一步发展。

根据国家医保局发布的《2019 年医疗保障事业发展统计快报》，两险合并后 2019 年全年生育保险参保人数 2.14 亿人，比上年底增加 997 万人，增长 4.9%。有近 1000 万医疗保险的参保人加入生育保险中，大大提高了生育保险的覆盖面。① 但仍然存在着整体生育保险覆盖范围较小、生育保险待遇水平偏低、生育保险的受益面较小等问题。

第二节　现状解析

生育保险制度中，覆盖范围、待遇项目、基金管理以及支付方式等都是其重点内容，这几方面将直接决定生育保险政策最终能否真正保障妇女生育权益，促进人口和社会经济科学持续发展。因此，本节对生育保险制度改革发展的现状主要从生育保险制度发展特征，以及包括参保状况、覆盖范围、基金管理等方面的生育保险的深度与广度方面展开分析。

一、基本情况

1. 生育保险制度日益成形

（1）生育保险的法规制度逐渐完善。自 1951 年颁布《中华人民共和国劳动保险条例》至今，我国的生育保险制度在立法上从部分存在于综合性法律中的法

---

① 国家医疗保障局 . 2020 年 1 - 12 月医疗保险和生育保险主要指标［EB/OL］. http：//www. nhsa. gov. cn/art/2021/2/25/art_7_4512. html.

规到出台专门的法规，其法规制度日益成形，逐步完善。在生育保险制度建立完善过程中具有划时代意义的规章制度有：1951 年《中华人民共和国劳动法》和1955 年的《关于女工作人员生产假期的规定》，标志着具有部分社会性质的生育保险的建立；1988 年《女职工劳动保护规定》和 1994 年《企业职工生育保险试行办法》的颁布，标志着企业生育保险向生育保险社会统筹转变；2012 年《女职工劳动保护特别规定》进一步加强了女职工的劳动保护，对于她们在劳动场所中的健康权益和就业权益给予保护。进入 21 世纪，农村生育妇女和未参加生育保险的城镇户籍生育妇女通过"新型农村合作医疗制度"和"城镇居民基本医疗保险制度"获得部分生育医疗费用的补偿。

（2）生育保险的管理模式呈现三个阶段的转变。中国的生育保险经历了从"部分社会性质的生育保险""企业生育保险"到"生育保险社会统筹"的不断探索的过程。不同时期，经济发展模式、就业身份、支付模式以及生育待遇的内容存在差异，如表 8-1 所示。

表 8-1　生育保险制度三个发展阶段的特征

名称	时期	经济发展模式	就业身份	支付模式	企业负责内容	社会统筹内容
部分社会性质的生育保险	1951~1965 年	私营/公营转向国营	多样化向单一化转变	企业负责+社会统筹	生育医疗费产假工资	生育补助费
企业生育保险	1966~1977 年 1978~1994 年	国营经济 市场经济	单一化 多样化	企业完全负责	生育医疗费产假工资	无
生育保险社会统筹	1995~2010 年 2011~2021 年	市场经济	多样化	企业负责+社会统筹	生育医疗费产假工资	生育补助费生育津贴计划生育手术费

在具有"部分社会性质的生育保险"时期，也是生育保险建立初期，女职工或男职工之妻的生育补助费由社会统筹支付，企业负责报销生育的医疗费用、发放工资。

在"企业生育保险"时期，社会统筹中断，社会保险的互助、救助性质丧失，女职工生育的一切事务交由企业负责。"文化大革命"期间以及改革开放初期均采用该种制度。

在"生育保险社会统筹"阶段，生育医疗费用、产假工资由企业负担，生育津贴、生育补助费、生育手术费以社会统筹的模式进行均衡处理，均衡了不同企业的生育负担。

（3）生育保险待遇的保障对象、保障内容和保障层次都有了提升。重点关注 1978 年改革开放以后的生育保险制度的变化，如表 8-2 所示。从表 8-2 我们可以发现，改革开放以来的生育保险制度经过 1988 年、1994 年、2010 年、2019 年的多次改革与推进，生育保险待遇的保障对象、保障内容和保障层次均有了显著的提升。

表 8-2　改革开放以来生育保险制度主要法规对生育保障的相关规定

1. 关于女工作人员生产假期的规定（1955 年颁布，1978 年以后继续沿用，1988 年失效）

①覆盖对象：国家女工作人员。

②缴纳方式：企业缴费并组织实施。

③支付方式：财政支付。

④生育保险待遇：a. 产假：小产为 30 日，正常生产为 56 日，难产或双生，增 14 日。b. 工资（生育津贴）：照发。c. 医疗待遇：实行公费医疗。d. 生育补助费：4 万元（旧人民币，折合新人民币 4 元）。

⑤其他规定：产假期满，因病需要继续休养者，按病假处理。

2. 女职工劳动保护规定（1988 年颁布）。

①覆盖对象：国家机关、人民团体、企业、事业单位的女职工。

②缴纳方式：企业统筹为主，部分地区试行社会统筹。

③支付方式：—

④生育保险待遇：正常产假 90 天（产前 15 天）。难产的，增加 15 天。多胞胎生育的，每多生育一个婴儿，增加产假 15 天。怀孕流产的，一定时间的产假。

⑤健康保护：a. 每天两次哺乳，每次 30 分钟。多胞胎生育的，每多哺乳一个婴儿，每次哺乳时间增加 30 分钟。哺乳时间及往返计入工作时间。b. 不得从事第四级体力劳动强度的劳动。怀孕期、产期、哺乳期的劳动保护。

⑥就业保护。凡适合妇女从事劳动的单位，不得拒绝招收女职工。

3. 企业职工生育保险试行办法（1994 年颁布）

①覆盖对象：城镇企业及其职工。

②缴纳方式：社会统筹（企业按工资总额一定比例缴纳，职工个人不缴纳生育保险费）。

③支付方式：规定范畴内的医疗费用和工资待遇由生育保险基金支付。

④生育保险待遇：a. 产假：按照法律法规规定。b. 生育津贴：由生育保险基金按本企业上年底职工月平均工资计发。c. 医疗待遇：生育的检查费、接生费、手术费、住院费、药费由生育保险基金支付，超出规定的由职工个人负担。生育出院后，因生育引起疾病的医疗费由生育保险基金支付，其他疾病的医疗费，按照医疗保险待遇的规定办理。

⑤其他规定：因病需要休息治疗的，按照有关病假待遇和医疗保险待遇规定办理。

4. 女职工劳动保护规定（1988 年颁布、2012 年修订为女职工劳动保护特别规定）

①覆盖对象：国家机关、企业、事业单位、社会团体、个体经济组织及其他社会组织等用人单位及其女职工。

②缴纳方式：社会统筹（政府+企业，个人不缴纳生育保险费）。

③支付方式：已参加生育保险的，由生育保险基金支付；未参加生育保险的，由用人单位支付。

④生育保险待遇：a. 产假：正常生育享受 98 天（产前 15 天）；难产的，增加 15 天；生育多胞胎的，每多生育 1 个婴儿，增加产假 15 天；未满 4 个月流产的，15 天；满 4 个月流产的，42 天。b. 产假工资（生育津贴）：参加生育保险的，由生育保险资金按用人单位上年度职工月平均工资支付；未参加生育保险基金的，由用人单位按女职工产前工资标准支付。c. 医疗待遇：生育或流产的医疗费用。

⑤健康保护：a. 每天 1 小时。多胞胎的，多哺乳 1 个婴儿每天增加 1 小时。b. 遵守并书面告知女职工禁忌从事的劳动范围的规定，孕期的劳动保护。

⑥就业保护。不得因女职工怀孕、生育、哺乳降低其工资、予以辞退、与其解除劳动或者聘用合同。

1）保障对象和保障内容有所增加。在具有部分社会性质的生育保险时，男职工之妻获得生育补助费，从劳动保险金中支出。在企业生育保险时期，这一福利取消了。2010 年《中华人民共和国社会保险法》出台，对职工无就业配偶的生育保险待遇作出明确规定："职工未就业配偶按照国家规定享受生育医疗费用待遇，所需资金从生育保险基金中支付。"

2）延长产假。产假从 56 天延长至 90 天后，再次延长至 98 天，与国际劳动组织的要求接轨。在 2016 年全面二孩政策实施后，各地相继开始修订地方计生条例，不同省份产假从最长的 180 天（福建）到最短的 128 天（广东），相差近两个月。

3）《女职工劳动保护规定》是生育保险的补充，是女性职工福利的扩展。比如，健康保护、就业保护的相关内容体现了生育保护的内涵，《女职工劳动保护特别规定》要求，对于没有参加生育保险的单位，要求由用人单位支付工资。

4）从行政法规或部门法规上升至法律高度。2010 年《中华人民共和国社会保险法》出台，首次从国家立法层面上对生育保险进行保障。

（4）生育保险与其他生育保护内容交织在一起。当前，中国生育保险与健康保护、就业保护、计划生育等各项政策交织在一起，构成了中国生育保障制度这一宽大的保障网，主要的法律法规见表 8-3。

表 8-3　中华人民共和国成立后相关法律法规对生育保障的规定

名称	颁布时间	颁布机构	效力级别	时效性	保护内容
中华人民共和国劳动保险条例	1951 年（1953 年修订）	政务院	行政法规	有效	生育保险
企业职工生育保险试行办法	1994 年	劳动部	部门规章	有效	生育保险
中华人民共和国社会保险法	2010 年	全国人大常委会	法律	有效	生育保险计划生育手术
女职工劳动保护规定	1988 年	国务院	行政法规	失效	健康保护就业保护生育保险待遇
女职工劳动保护特别规定	2012 年	国务院	行政法规	有效	健康保护就业保护生育保险待遇
中华人民共和国劳动法	1994 年（2009 年修订）	全国人大常委会	法律	已被修订	健康保护产假

续表

名称	颁布时间	颁布机构	效力级别	时效性	保护内容
中华人民共和国妇女权益保护法	1992 年（2005 年修订）	全国人大常委会	法律	已被修订	健康保护就业保护
女职工健康工作规定	1993 年	全国总工会妇女联合会	部门规章	有效	保健
中华人民共和国母婴保护法	1995 年	全国人大常委会	法律	有效	保健
中华人民共和国人口与计划生育法	2001 年	全国人大常委会	法律	有效	健康保护生育保险待遇计划生育手术
城镇职工基本医疗保险条例	1998 年	国务院	行政法规	有效	部分生育医疗保障待遇
新型农村合作医疗条例	2002 年	国务院	行政法规	有效	部分生育医疗保障待遇

注：《中华人民共和国劳动保险条例》虽然至今有效，但是"生育待遇的规定"失效。1988 年《女职工劳动保护规定》出台，于 1988 年 9 月 1 日施行。同时声明，1953 年 1 月 2 日政务院修正发布的《中华人民共和国劳动保险条例》中有关女工人、女职员生育待遇的规定和 1955 年 4 月 26 日《国务院关于女工作人员生产假期的通知》同时废止。2010 年《中华人民共和国社会保险法》出台，自 2011 年 7 月 1 日执行。

从表 8-3 可以看出：有关生育保险的规定，主要体现在《中华人民共和国劳动保险条例》和《企业职工生育保险试行办法》两部法规上，《中华人民共和国社会保险法》则是从法律的高度保障了女职工享有生育保险的权利；健康保护和就业保护是劳动保护的重要内容，主要体现在《女职工劳动保护规定》和《女职工劳动保护特别规定》两部法规上，《中华人民共和国劳动法》则是从法律的高度给予了肯定，《中华人民共和国妇女权益保障法》也是从法律的高度上保障了性别平等和女性生育期间的就业权益；《女职工保健工作规定》和《中华人民共和国母婴保健法》则是对女性的生殖健康给予保障；计划生育奖励内容体现在《中华人民共和国人口与计划生育法》中，包括计划生育的休假、奖励和手术费等相关内容。

2. 生育保险的深度与广度

（1）生育保险参保人数。图 8-1 是 2006~2020 年我国生育保险的参保人数。从图 8-1 可以看出，生育保险参保人数逐年增加，尤其是 2019 年底生育保险与医疗保险合并以来，当年参保人数增加了 2.3 亿。大大提升了生育保险的覆盖率。同时，我们发现，东部地区参保人数远远多于中西部地区，其参保比例上升速度也比中西部地区快。

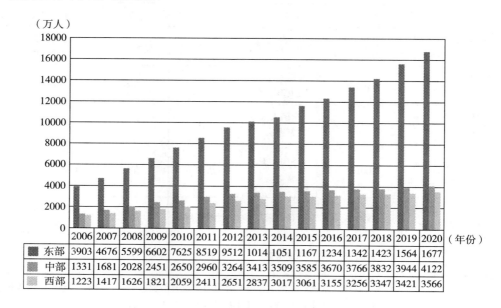

图 8-1　2006~2020 年东中西部年末参加生育保险人数

资料来源：《中国卫生和计划生育统计年鉴》（2007~2021）、《医疗保障事业发展统计快报》（2018~2020）。

（2）生育保险参保率。由于生育保险主要针对城镇用人单位，因此，我们仅以城镇就业人员的参保情况来看，如表 8-4 所示，生育保险的参保率在 1993年时占城镇就业人员的 3%，之后逐年提高，至 2020 年，已达 53%，参保率超过了半数。

表 8-4　全国城镇就业人员生育保险参保比例

年份	全国城镇就业人员（万人）	全国城镇非私营单位就业人员（万人）	生育保险参保人数（万人）	参保比例
2010	34687	13051.5	12335.9	0.36
2011	35914	14413.3	13892	0.39
2012	37102	15263.4	15428.7	0.42
2013	38240	18108.4	16392	0.43
2014	39310	18277.8	17038.7	0.43
2015	40410	18062.5	17771	0.44
2016	41428	17888.1	18451	0.45
2017	42462	18523.7	19300	0.45

续表

年份	全国城镇 就业人员（万人）	全国城镇非私营 单位就业人员（万人）	生育保险 参保人数（万人）	参保比例
2018	43419	18811.2	20435	0.47
2019	44247	19221.3	21432	0.54
2020	45433	20331.4	23546	0.53

注：a. 参保比例是以生育保险参保人数除以全国城镇就业人员计算而得。b. 全国城镇就业人员包括在国有单位、城镇集体单位、股份合作单位、联营单位、有限责任公司、股份有限公司、私营企业、港澳台商投资单位、外商投资、个体工作的人员〔分类来自《中国人口和就业统计年鉴》（2020）〕。c. 全国城镇非私营单位就业人员是指城镇就业人员中除私营和个体之外的城镇就业人员。

资料来源：第一列和第二列的全国城镇就业人员和非私营单位就业人员数据来自《中国人口和就业统计年鉴》（2014～2021），生育保险参保人数来自《中国统计年鉴》（2015～2021）。

（3）生育保险覆盖面——享受生育保险待遇的人数。从享受生育保险待遇的人数来看。如图 8-2 所示，东部地区享受生育保险待遇的人数近年来急剧上升，中西部地区的发展较为缓慢。

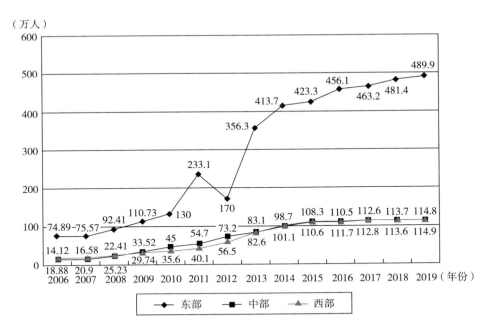

图 8-2　2006～2019 年东中西部地区年末享受生育保险待遇人数

（4）生育保险基金累计结余状况。生育保险基金的使用是"以支定收"，但是，从 1994 年实行生育保险社会统筹开始，至今近 20 年，生育基金收入大幅度地增长，生育基金支出也跟着上升。如图 8-3 所示，1993～2000 年，全国生育基金累计结余 20.6 亿元，截至 2010 年，累计结余已达 261.4 亿元，十年内已增长十倍多。2016~2018 年，受到放开二孩政策的影响，生育保障支出增加，基金结余有所下降。截至 2019 年，生育保险基金累计结余已达到 619.29 亿元。

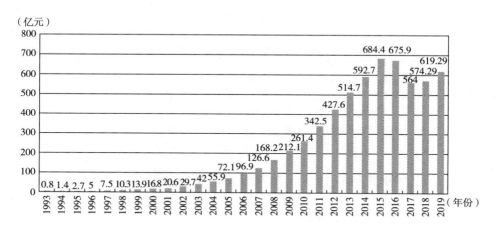

图 8-3　1993~2019 年全国生育保险基金累计结余

资料来源：《中国劳动统计年鉴》（1994~2020）；《人力资源和社会保障事业发展统计公报》（2008~2017 年）；《医疗保险和生育保险主要指标》（2018~2020 年）。

二、存在的问题

现行生育保险的法规依据是 1995 年出台的《企业职工生育保险试行办法》，实行至今已有 20 多年。各地出台的生育保险办法，在立法时间、统筹对象、生育待遇、基金管理等方面各有不同的规定，表现出显著的地区差异。但是，在执行过程中也存在许多共性的问题。比如，覆盖面较窄、待遇水平低、未能全部实现社会统筹、基金结余较多、立法滞后和地区发展极不平衡、非正规就业和流动人口生育保险缺失等。这些问题的核心可以归纳为四个方面：一是生育保险制度设计不系统；二是生育保险制度发展不平衡；三是生育保险基金管理不到位；四是生育保障政策构建的非"女性中心"视角。

1. 生育保险制度设计不系统

生育保障制度设计缺乏系统性，呈现"碎片化"。生育保障需要有一套系统的制度安排，但目前的生育保障体系缺乏整体设计，"碎片化"现象严重。

一方面，承担生育保障职能的社会保障项目有多个（生育保险、新型农村合作医疗、城镇居民基本医疗保险等），且制度之间难以衔接转换。另一方面，我国各地的生育保险并未能全部实现社会统筹，每一个制度都是地区统筹（一般是县级或市级统筹），有些职工的生育费用仍由企业负担，各地政策差异较大。迄今为止，由于生育保险有关立法未对全国生育保险各地的统筹层次作出明确规定，统筹层次参差不齐。在实行社会统筹的地区中，目前为止也只有几个地区实现了省级统筹（海南、河南），大部分实行的是市级或县级统筹。这样一来，由于统筹层级低，基金调剂功能只能在市级或县级内实现，较难协调各地区的生育保险待遇需求。这既影响公平，又影响效率，还影响劳动力的自由流动。当然，批评制度缺乏系统性，"碎片化"严重，并不是无视地区差异，也不是强调待遇标准必须整齐划一，而是要用一个制度框架去统一规范生育保障行为，并逐步缩小地区间、城乡间的差异。

2. 生育保险制度发展不平衡

生育保险制度发展不平衡集中体现在城乡结构、区域结构、群体结构与性别结构的发展不平衡。

（1）城乡结构发展失衡。中国生育保险覆盖的对象主要是城镇就业职工，其缴纳对象大都指向城镇各类企业的已婚女职工。21世纪初，大多数地区的生育保险制度则将机关、事业单位、社会团体，城镇个体户等纳入，但其他类型的女性不在保险范围内，如下岗职工或者是家庭主妇。城乡居民（相对于企业职工而言）基本上被排除在生育保险保障范围之外，人社厅发〔2009〕97号文、国办发〔2003〕3号文分别规定城乡居民医疗保险参保人员住院分娩发生的符合规定的医疗保险"三目录"费用报销仅限于产期，而孕期、哺乳期不在保障范围之内，难以从根本上减轻因生育行为所发生的风险。

这一群体的人员数量较多，有60%的女性群体来自农村，而且她们也是生育二胎的主力军，却没有生育保险的保障。显然，与其他社会保险相比，生育保险覆盖面过于狭窄，统筹对象不统一，城乡结构发展失衡。

（2）区域结构发展失衡。经济社会发展的区域性失衡决定着生育保险制度发展的区域性发展不平衡，生育保险统筹层次低加剧了这种不平衡：一方面，经济相对发达东部地区覆盖面、参保人数比经济欠发达西部地区要广而多；另一方面，生育保险支付待遇与保障程度标准不一。

各地在生育保险待遇上的规定，地区差异较大。以产假为例，2016年全面二孩政策实施后，不同省份的产假最短128天（广东），最长180天（福建），相差近两个月。而且各地生育保险对于流产、难产、多胞胎生产、晚育等特殊情况下的休假天数规定都有较大的差异。

在医疗待遇方面，以顺产为例，内蒙古为700~1000元，上海为2500元，广西为3000元。而对于计划生育手术费用及并发症，大部分省份与地区都将其纳入生育保险统筹支付范围，少数地区如海南、广东还给予了计划生育休假天数。但也有部分地区如甘肃、辽宁未涉及。

由于各地提取生育保险金的比例、支付内容和支付方式存在差异，因此，全国 31 个省级行政区的平均生育待遇水平存在不小的差异。各地生育保险待遇的平均费用,有些地区甚至只有几百元或一两千元,而有些地区高达上万元,特别是上海地区,生育保险待遇一直居于全国第一位。但中国生育保险待遇总体较低。自 20 世纪 80 年代以来,企业的分配制度有了重大改革,标准工资占个人收入的比重急剧下降,因此,生育津贴的实际保障力度是很有限的。

(3)群体结构发展失衡。一方面,从参保人数看,2020 年我国生育保险参保人数为 2.35 亿,主要覆盖机关事业单位以及国有企业、大型民营企业,与全部的就业人口规模 8 亿还有很大差距,尤其是作为城市建设者的农民工被制度排除在外,不能享受国家政策所带来的福利,参保人数的扩面有巨大潜力。另一方面,从待遇支付看,以占生育保险待遇支付 80% 的生育津贴为例,目前生育津贴的计发方式主要有四种或按上年度当地月平均工资全额发放,或按上年度单位月平均工资全额发放,或者按照职工生育前的工资标准支付不同的发放方式决定了参保人权益保障程度不同,造成不同所有制的职工保障待遇不一样。

(4)性别结构发展失衡。在我国生育保险社会统筹的早期,虽然用人单位也为男职工缴纳了生育保险费用,但是,男职工及其未就业配偶是享受不到生育保险的。近年来,男职工和其未就业配偶也被纳入生育保险,男性职工的未就业配偶享有了报销生育费用、获得生育津贴的权利,部分地区的男性职工享有陪产假。从 2016 年 10 月 12 日起,全国至少已有 29 个省份在当地新版计生条例中明确了陪产假的期限。其中,最短的陪产假有 7 天,最长的则长达 1 个月,多数地区的陪产假为 15 天。但是,男职工和其未就业配偶享受生育保险的待遇与女职工享受的生育保险待遇不尽相同。比如,女性生育保险一般包含了生育医疗费、生育津贴、产假、一次性分娩营养补助费或补贴,但男职工仅享受一次性生育补贴(最高标准 2000 元)和陪产假(最长 1 个月)。显然,虽然都参加了生育保险,但男女职工享受的生育保险待遇不统一。导致我国的生育保险制度强调女性生育权益的维护而在一定程度上忽视了男性在履行义务的同时理应享受相对应的权益。这种过分强调女性权益而忽视男性的情况,反而会增加劳动力市场对女性的歧视(因为女性的用工成本明显高于男性,介于理性"经济人"的考量易倾向于用男性)。也就是说,对生育保险制度的性别意识介入重新思量异常重要,这将有利于实现男女在社会、家庭、就业等方面的平等,切实维护女性权益。

3. 生育保险基金管理——三个不到位

(1)生育保险金的缴纳上存在管理漏洞。由于缺少必要的强制性措施,导致生育保险制度在实践过程中面临不少问题,企业出于成本费用控制,对于女性生育保险福利并不重视,为降低成本支出,在代缴社保工作中,将原有老员工的生育保险退出,不再继续为其缴纳,同时也不缴纳新职工生育保险。部分企业在女职工即将生产阶段强迫其休假，甚至直接找理由将其解雇，以降低生育保险费用支付。由于超过 24 岁女性进行生产的可能性比较大，一些私企和外企一般会限定年龄在 19~25 周岁，超过年龄即进行离岗处理，也有企业在招聘过程中直接将在岗多年内不生育作为入职条件，以降低由于女职工生产而带来的经济费用，或以不继续续签合同，要求女性职工签订在职阶段不生育的约定或协议。另有企业由于生产规模小、经济效益不佳，缺少足够能力为女性职工进行生育保险资金支付。上述这些现实情况导致女性职工在就业入职、岗位规划中存在较多问题，所面临的职业环境并不公正公平，同时政府部门在监管过程中也尚未出台具有可实施性的管理对策。对于生育保险的缴纳渠道、缴纳模式以及缴纳资金管理存在一定疏漏，导致不少职场女性未能享受必要的经济保障，给生育保险制度的长效发展带来负面影响。

同时，各地区对生育保险基金的收缴比例存在显著差异，通常情况下机关、事业单位等缴费比例为本单位上年度职工平均工资总额的 0.4%，企业则为 0.5%~1%，高于由财政负担的用人单位的缴费比例。

（2）五险中生育保险参保率最低，私营单位参保有待重视。与社会保障的其他险种相比较，生育保险的参保率是最低的。如图 8-4 所示，1994~1999 年，生育保险的参保人数比城镇职工基本医疗保险的参保人数多，但是与城镇职工基本养老保险、失业保险的差距很大，与工伤保险的参保人数也存在一定差距。2000 年，城镇职工基本医疗保险开始迅猛发展，生育保险与它的差距越来越大。从 2004 年起，工伤保险参保人数有所增加，生育保险与它的差距开始拉大。失业保险的曲线在五险中最为平缓。到了 2015 年，其参保人数几乎与生育保险参保人数持平。总而言之，在中国社会保障的五个险种中，城镇职工基本养老保险和医疗保险的参保人数是最多的，工伤、失业和生育保险远远落后。2020 年，生育保险参保人数为 23546 万人，参保率 54%，而城镇职工参加养老保险人数为 43482 万人，为参加生育保险人数的 1.85 倍。

由于生育保险主要针对城镇用人单位，因此，我们仅以城镇就业人员的参保情况看，生育保险的参保率在 1993 年时占城镇就业人员的 3%，之后逐年提高，至 2020 年时，已达 54%。随着城镇化的加速，全国城镇就业人员数量在不断提高，至 2020 年时，在城镇 45433 万就业人员中，非私营单位的就业人员有 20331 万人，在城镇就业人员中所占比例将近一半。如图 8-5 所示。虽然各地《生育保险试行办法》规定各类用人单位必须为就业人员缴纳生育保险金，但是，在实际运行过程中，私营企业为各员工缴纳生育保险金的很少，而且，专门为个体工商户和各类灵活就业人员设计的个人缴纳额比例很高，是很难运行的，因此，生育保险参保费用主要是由非私营单位的其他各类所有制单位缴纳的。

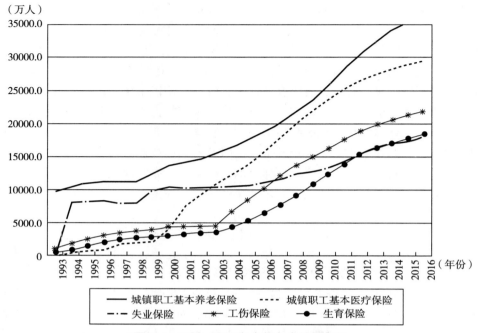

图 8-4 1993~2016 年参加各类社保人数

资料来源：《中国统计年鉴》（1994~2017）。

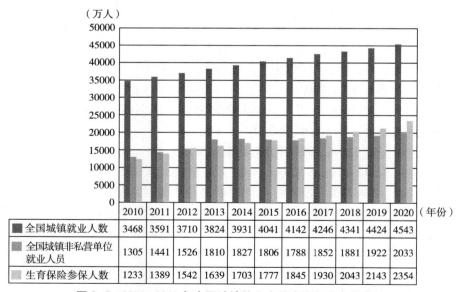

	2010	2011	2012	2013	2014	2015	2016	2017	2018	2019	2020
全国城镇就业人数	3468	3591	3710	3824	3931	4041	4142	4246	4341	4424	4543
全国城镇非私营单位就业人员	1305	1441	1526	1810	1827	1806	1788	1852	1881	1922	2033
生育保险参保人数	1233	1389	1542	1639	1703	1777	1845	1930	2043	2143	2354

图 8-5 2010~2020 年全国城镇就业人员生育保险参保人数

资料来源：全国城镇就业人员数据来自《中国人口和就业统计年鉴》（2011~2021）；生育保险参保人数数据来自《中国统计年鉴》（2011~2021）。

（3）生育保险基金利用率低。根据我国国家统计局所披露的相关数据，2008年我国生育保险基金收入规模113.6亿元，当年结余规模42.1亿元，结余率为37.1%，2012年这三项数据分别为304.1亿元、94.7亿元和27.9%，2019年这三项数据分别为861.4亿元、69.3亿元和8%。总体而言，尽管近年来，生育基金结余率逐年下降，但是生育保险收入规模和结余规模不断增大，即便2016年我国全面放开二孩，生育保险支出费用明显增多，但至2019年，仍有接近70亿元的剩余。由此可见我国生育保险基金存在着结余率偏高、利用率偏低的情况，不仅导致企业面临较大经济压力，也使女性职工未获得应有的基本权益，如表8-5所示的全国妇女享受到保险待遇情况，也说明现行生育保险制度没有发挥出应有的保障生育女性和新生婴儿的作用。

表8-5 全国妇女享受到保险待遇情况

年份	人口调查样本的生育人数（人）	抽样比例（%）	推测的全国生育人数（人）	享受生育保险待遇人数（人）	享受比例（%）
2001	13583	0.963	14385254	244869	0.02
2002	13688	0.988	13834008	283105	0.02
2003	13328	0.952	13572301	363816	0.03
2004	13450	0.966	13923395	460866	0.03
2005	161042	1.325	12154113	622535	0.05
2006	11509	0.907	12689085	1078890	0.09
2007	12169	0.900	13521000	1130367	0.08
2008	12405	0.87	13985344	1400527	0.10
2009	11468	0.873	13136312	1740000	0.13
2010	1190060	10	11900600	2107000	0.18
2011	9684	0.85	11392941	2647000	0.23
2012	11379	0.831	13693141	3527000	0.26
2013	11022	0.822	13408759	5220000	0.39
2014	11377	1.0	11377000	6130000	0.54
2015	175309	1.55	11310258	6419000	0.57
2016	11263	0.837	13456391	7670300	0.57
2017	11567	0.89	13367810	7753329	0.58
2018	12613	0.87	14497760	8408700	0.58
2019	13569	0.97	13985000	8391400	0.60

注：a. 推测的全国生育人数是以人口调查样本的生育人数除抽样比例。b. "享受比例"是以"享受待遇人数"除"推测的全国生育人数"计算而得。

资料来源："人口调查样本的生育人数"和"抽样比例"数据来自《中国人口和就业统计年鉴》（2002~2020）；"享受生育保险待遇人数"来自《中国劳动统计年鉴》（2002~2020）。

4. 生育保障政策构建的非"女性中心"视角

生育保障体系，本质上是围绕"生育"而形成一整套的具有自洽性的社会关系与政策体系。其中，两性关系、劳动关系与代际关系以及由此延展开来的其他社会关系构成生育政策体系的基石。它们共同作用、相互驱动，成为生育保障体系运行的基本逻辑。从女性视角审视社会发展与福利体制与既有研究将家庭作为统一的决策单元不同，此分析框架以"育龄女性"这一生育行为的主要发出者为中心，考量其所处的社会关系网络及其蕴含的资源以及政策支持力等情况，分析制约女性生育意愿的结构性障碍，从而找到生育保障政策构建核心要素。

此"女性中心"视角的分析框架指出，由生育政策、妇女儿童福利政策、妇女劳动权益保障政策、社会保险政策等构成的政策体系以及以两性关系、家庭关系、代际关系和劳资关系为主体的社会关系网，成为对个体生育意愿和行为产生影响的社会结构。其中，造成女性生育选择障碍的关键因素之一是时间紧张。这是因为生育与工作都是时间密集型过程，需要个体付出大量时间才能获得相应的回报。在传统双系或双亲的抚育模式下，女性被定义为养育的主要责任主体。进入后现代以来，随着单亲母亲数量的增多，女性在养育方面的时间和精力压力进一步增大，造成女性在多种角色之间的时间冲突。

因此，自 20 世纪 70 年代以来，为提高生育率，基于新的生育保障需求，各国纷纷重新审视国家与家庭、社会责任与福利以及有偿工作与无偿照顾三种关系，开始着手进行女性视角下的生育保障机制改革，"国家"的概念更多、更深地渗透到家庭生活中。社会民主福利国家将维系家庭的成本社会化，国家直接取代市场与家庭，为育龄女性提供有力的社会支持，使女性可以独立于市场和家庭；盎格鲁-撒克逊的自由主义福利国家，虽然国家对公立儿童日托机构持有极其反感的态度，但仍旧为女性提供一定的社会支持。具体的做法除了加强对市场的规制与劳动力合法权益的保护外，一些国家将政策的重心放在了提高女性社会保险去商品化水平与妇女儿童社会福利体系、育儿社会服务体系的建设上。以瑞典为例，1974 年开始实施双亲保险计划，并且从那时开始定期提高保险的水平。育儿家庭可以获得休假权利，包括 50 天的怀孕休假，10 天的父亲产假，当儿童生病需要照顾或者他们的正式看护人生病导致其需要看护时，家长可享受每年 9 天的假期，以及每年 2 天的假期用来参观儿童的幼儿园或学校，所需资金都由社会保险支付，并且没有资格限制，所有劳动者都有权利享受。

我国当前在对生育保险制度的研究与改革的实际推进中，通常以实证调查的形式，运用定性或定量研究的方法，考察育龄女性所处的家庭结构特征、地域结构性特征、以职业为区分的女性结构性特征等对生育意愿的影响，得出生育保险制度改革的方向。研究者多从家庭或生育主体角度阐释生育意愿的影响因素，如育龄女性年龄、受教育程度、职业、价值观念、夫妻关系、父母生育期待及家庭结构特征等，虽然部分研究关涉宏观政策、制度体系对个体生育意愿与行为的影响，如社会支持、福利政策与社交环境等，但其考察仍多聚焦于个体，而对个体、家庭与外在制度体系相互作用的分析不强。大多数研究属实证研究，集中解决以下两方面问题：一是对生育意愿和生育行为进行描述性分析，如按不同生育意愿分类的社会群体的生育意愿、家庭抚育意愿、相关配套政策等；二是对生育意愿、生育行为与某种影响因素进行相关性分析。虽然实证研究较为直观地展现了生育意愿影响因素，但是由于缺少学理性的支撑，导致影响因素多元且相互交织。此外，家庭生育意愿讨论有余，女性生育意愿讨论不足。研究者往往将家庭作为生育意愿的分析中心，而忽略了女性是家庭结构重要的反映者，对育龄女性生育意愿的分析不足。

第三节　中外生育保险制度比较及经验借鉴

一、生育保险制度的国际比较

1. 生育保险制度类型

目前，根据女性生育保险资金来源的不同，国际上生育保险制度主要有三种类型：一是社会保险制度。社会保险制度下雇主和雇员是基本的缴费主体，同时部分国家政府负有缴费义务，给予基金补贴或弥补基金亏损。世界上绝大多数国家采取该种形式，其中7个国家同时实行社会救助计划。二是社会保险与其他制度相结合。例如，社会保险制度与普遍医疗保健相结合、社会保险与雇主责任制度相结合（比如，英国、德国等）。三是雇主责任制度。比如，新加坡、中国香港和丹麦。在该类体系中，雇主是基本的缴费主体。也有由政府支付全部费用的，如澳大利亚和新西兰等国家采取全面覆盖的非缴费型生育保险，通过政府税收等公共资金为产妇现金福利提供融资。如表8-6所示。

表8-6　生育保障计划的类型及现金受益的资金来源

计划类型	代表国家/地区	现金受益的资金来源
社会保险	奥地利、比利时、芬兰、法国、冰岛、爱尔兰、意大利、卢森堡、匈牙利、荷兰、挪威、波兰、俄罗斯、加拿大、中国台湾、韩国、日本、瑞典、捷克、巴西、南非、印度	雇主、雇员、政府（部分国家）
社会保险与其他制度相结合	社会保险与社会救助混合体系：英国 社会保险与雇主责任混合体系：德国、泰国、中国	

续表

计划类型	代表国家/地区	现金受益的资金来源
全面覆盖	澳大利亚、新西兰	政府
雇主责任	新加坡、丹麦、中国香港	雇主、政府（部分国家）

资料来源：根据美国社会保障局（SSA）发布的 2017~2020 年世界各洲社会保障计划系列报告整理。

2. 生育保险的覆盖率及覆盖对象

从生育保障的法定覆盖率来看，世界上 45% 的就业女性受益于法律规定的强制性覆盖，在产假期间有权获得定期的产妇现金福利。从有效覆盖率来看，有 41.1% 的新生儿母亲实际获得缴费或非缴费型现金福利，各地区差别很大，在欧洲和中亚 80% 以上的分娩女性获得产妇现金福利，而在非洲这一数据仅为 16%。生育保障的覆盖率与经济的正规化程度直接相关。正规工资就业者是生育保障的基本覆盖对象，在非正规经济占比较高的国家，大量非正规就业者可能因不符合社会保险的缴款计划规定而被排除在保障之外，如自营、兼职及其他非标准形式的就业者。

国际劳工组织 2000 年《妇女保护公约》（第 183 号）规定应将生育保障扩大到所有受雇女性，而不论其职业或职业类型。近年来，越来越多的国家通过立法向非正规就业女性提供生育保障。例如，在可公开获取信息的 185 个国家中，有 100 个国家立法将自营职业者纳入生育保障体系。除此之外，各国也在逐步将其他各类非标准形式的就业人员纳入保障范围：如卢森堡（艺术家、农民）；加拿大（渔民）；挪威（海员、渔民、临时工、暂时性失业者）；德国（学生、学徒和失业救济金领取者）；荷兰（丧失工作能力的失业人员、学徒、职业康复人员及因怀孕或分娩而丧失工作能力的女性）；巴西（农民、家庭佣工）；阿根廷（临时性、季节性工人及家庭佣工）。

3. 生育保险的保障内容

向孕产妇提供医疗保健服务和带薪产假是生育保障的基本内容，除此之外，为更好地保障产妇健康、收入能力及实现性别平等的目标，国际劳工组织《妇女保护公约》及各国生育保障立法中所包括的生育保障内容不断充实丰富并覆盖产前、分娩、产后整个过程，如表 8-7 所示。

表 8-7　生育保障计划的保障内容

保障内容	基本含义
孕产妇医疗保健	向孕产妇提供免费或至少负担得起的由合格医师提供的产前、分娩、产后医疗保健服务，以维持、恢复、改善孕产期女性的健康及其工作能力
新生儿母亲的带薪产假（Maternity Leave）	向新生儿母亲提供一定期限的产假帮助其实现产后恢复，并于产假期间提供现金福利，提供至少维持其基本生活水平的收入保障

续表

保障内容	基本含义
父亲的陪产假 （Paternity Leave）	妻子生育期间丈夫为照护妻子和孩子所休的短暂假期，以帮助新生儿母亲从分娩中更快恢复，促进妻子和孩子的健康
父（母）亲的育儿假 （Parental Leave）	父母一方或双方均可获得的育儿假期，允许他们在一段时间内，通常是在产假或陪产假之后的较长假期照护婴儿或幼儿
就业反歧视保障	保护女性在怀孕、产假期间及重返工作岗位后一段时间内的就业，并确保女性生育不是就业歧视的根源
工作场所健康保障	雇主有义务确保工作环境的安全健康，对可能导致孕妇或哺乳期女性危险或不健康的工作采取法定保护措施
产后哺乳便利	向返回工作岗位后继续母乳喂养的女性提供母乳喂养假期、休息时间及相应的卫生护理设施以保障母子健康
社会化的 儿童照护服务	提供由国家资助或补贴的有品质、可负担的儿童照护服务，以减少父母，特别是女性的无报酬护理和家庭工作，促使女性产后及时回归工作岗位

资料来源：根据美国社会保障局（SSA）发布的2017~2018年世界各洲社会保障计划系列报告整理。

4. 新生儿母亲带薪产假的受益期限与现金受益水平

新生儿母亲带薪产假的受益期限与现金受益水平见表8-8。

表8-8　新生儿母亲带薪产假的受益期限与现金受益水平

国家/地区	产假期限（周）	工资替代率（%）	国家/地区	产假期限（周）	工资替代率（%）
中国香港	10	80	西班牙	16	100
韩国	13	100	澳大利亚	18+34周无薪	固定金额
冰岛	13	80	新西兰	18	100
泰国	13	100，50	智利	18	100
日本	14	67	波兰	20	100
德国	14	100	俄罗斯	20	100
瑞士	14	80	芬兰	21	70
比利时	15	82，75	匈牙利	24	70
葡萄牙	15 或 20	100，80	爱尔兰	26+16周无薪	固定金额
新加坡	16	100	意大利	26	80
法国	16	100	斯洛伐克	34	70
奥地利	16	100	挪威	39 或 49	100，80
卢森堡	16	100	英国	39	90
荷兰	16	100	丹麦	52	固定金额
中国	14	100			

资料来源：根据美国社会保障局（SSA）发布的2017~2020年世界各洲社会保障计划系列报告整理。

　　国际劳工组织关于带薪产假的最新标准为《产妇保护公约（第183号）》，其规定的最低带薪产假为14周，产假期间支付的现金福利与工资收入之比，即工资替代率应达到 2/3。第 183 号公约所附的第 191 号建议进一步建议在可行情况下，将产假期限延长至至少 18 周，并将工资替代率提高至 100%。目前在 192 个国家中有 99 个国家至少提供 14 周的带薪产假，其中 37 个国家提供 18 周甚至 26 周以上的带薪产假，192 个国家中有 73 个国家，女性有权获得至少 14 周产假且工资替代率达到 2/3，符合第 183 号公约的基准。有 26 个国家，女性有权按 100% 的工资替代率获得至少 18 周产假，达到第 191 号建议的最高标准。

作为一项重要的婴儿和产妇健康保护措施，若在怀孕或分娩期间发生某些不寻常或意外事件，应通过立法允许提供额外的延长假期以满足特殊的医疗需要，如国际劳工组织第 191 号建议规定多胞胎情况下产假应延长至 18 周以上。除多胞胎情况，许多国家还通过立法允许在以下情况下延长产假期限，包括孩子实际出生日晚于预产期，早产，产妇因怀孕、分娩而发生疾病、并发症，新生儿残疾或诊断为有风险等。

5. 父亲陪产假、父（母）亲育儿假的受益期限（见表 8-9）

表 8-9　父亲陪产假、父（母）亲育儿假的受益期限

	陪产假	育儿假		陪产假	育儿假
中国香港	3 天	—	丹麦	2 周	32 周
卢森堡	10 天	—	波兰	2 周	32 周
法国	11 天	—	西班牙	4 周	10 周
奥地利	28~31 天	—	挪威	10 周	26 周或 36 周
爱尔兰	2 周	—	冰岛	3 个月	3 个月
意大利	4 天	6 个月	新西兰	—	18 周
葡萄牙	15 天	63 天	英国	—	37 周
芬兰	54 天	158 天	澳大利亚	—	52 周
中国	7~30 天	无			

资料来源：根据美国社会保障局（SSA）发布的 2017~2020 年世界各洲社会保障计划系列报告整理。

虽然国际劳工组织尚未设置专门的父亲陪产假和育儿假标准，但 2009 年决议指出各国政府应一起制定包括陪产假和/或育儿假等在内的适当政策，以更好地平衡女性和男性的工作、家庭责任，实现责任更平等地分担。国际劳工组织《家庭责任公约》（第 156 号）附带第 165 号建议及《产妇保护公约》（第 183 号）附带第 191 号建议规定在产假之后参与就业的父母双方均有权享有休育儿假的权利。

近年来，支持父亲休陪产假和育儿假的国家立法和政策措施在世界范围内正日益出现。1994 年，只有 40 个国家在立法中提供了法定陪产假的规定，但到 2015 年，170 个国家中至少有 94 个国家做出此项立法规定。从育儿假来看，欧

盟指令要求 8 岁以下儿童的父母均享有休育儿假的权利。大多数欧盟国家为父亲提供一定期限的带薪育儿假,虽然仅有少数国家提供符合欧盟指令的育儿假标准——向父亲分配 4 个月的不可转让假期,但各国正朝着更具性别包容性的政策迈进。为提高父亲的休假率,各国还积极采取多元化的促进措施。

6. 就业市场反歧视保障与工作场所健康保障

保障孕产妇享有平等的就业权益,限制对产妇的就业歧视也是生育保障的重要组成部分,许多国家基于国际劳工组织第 183 号公约及第 191 号建议在其立法中做出规定(见表 8-10)。

表 8-10 就业市场反歧视保障

国际劳工组织规定	世界各国立法实践
确保女性怀孕和分娩不是就业歧视的根源	155 个国家中 114 个国家做出此项立法规定
禁止对申请就业岗位的女性进行怀孕测试	141 个国家中 47 个国家做出此项立法规定
保护女性怀孕、产假期间及重返工作岗位后一段时间内的就业	165 个国家中 145 个国家做出此项立法规定
关于免予解雇的保护期	165 个国家中 56 个国家立法明确规定免予解雇的保护期限,通常保护期远超过产假结束
证明解雇与怀孕和生育无关的责任由雇主承担	144 个国家中 54 个国家明确将举证责任归于雇主
保证女性有权利在产假结束后返回相同职位或相同薪酬水平的同等职位	146 个国家中 64 个国家做出此项立法规定

资料来源:根据 ILO Working Conditions Laws Database—Maternity Protection 数据库资料整理。

面向孕妇或处于哺乳期的女性提供工作场所健康保障也是生育保障的重要内容,世界许多国家基于国际劳工组织第 183 号公约及第 191 号建议在其立法中做出规定(见表 8-11)。

表 8-11 工作场所健康保障

国际劳工组织规定	世界各国立法实践
通过风险评估确定工作场所是否存在健康风险	160 个国家中 25 个国家做出此项立法规定
禁止孕妇或哺乳期女性从事对自身及其子女有危险性、不健康或有害的工作	160 个国家中 111 个国家做出此项立法规定
当工作场所存在风险时应采取保护措施	160 个国家中 84 个国家做出此项立法规定,采取转移到其他安全工作岗位,或暂时性休假等替代方案

资料来源:根据 ILO Working Conditions Laws Database—Maternity Protection 数据库资料整理。

7. 产后哺乳便利与儿童照护服务

母乳喂养可促进儿童的生存、健康和发展,并为母亲提供显著的健康益处。国际劳工组织第 183 号公约规定哺乳期女性应享有每天一次或多次工作中断的权利，或每天减少工作时间以母乳喂养孩子的权利。可取得数据的 160 个国家中有 121 个国家将此项权利纳入国家立法，其中 82 个国家进一步明确了受益期限，多为 6~23 个月。第 183 号公约规定为母乳喂养目的而发生的工作中断应算作工作时间并获得相应的报酬。一些国家规定由社会保障制度付款，以避免增加雇主的直接费用，如安哥拉等。在工作场所提供包括喂奶设施等在内的政策支持将促使更多女性在产后及时返回就业岗位。第 191 号建议指出在切实可行的情况下，应在工作地点或工作地点附近提供适当卫生条件的护理设施，在 159 个国家中有 50 个国家立法中做出此项规定。父母并没有选择重返工作岗位的真正自由，除非儿童保育机构方便、负担得起且质量符合父母的偏好。国家资助或补贴的托儿服务是在适当的产假和陪产假结束后连续的家庭友好型支持措施的核心部分。可负担的高质量儿童照护服务对于促进母亲重返工作岗位可发挥关键性作用。29 个国家立法中规定提供儿童照护或托儿设施。意大利则采取创新性的政策自 2013 年起女性可在产假结束后最长 6 个月内领取代金券以支付给保姆或托儿中心。OECD 国家 2010 年 3 岁以下儿童参加正规托儿服务的比例平均达 33%。

二、低生育率国家完善生育保险制度的经验借鉴

我国生育保险制度起步较晚，基础薄弱，借鉴其他低生育率国家鼓励生育的成功经验，有利于在开放三孩的政策背景下，对我国生育保险制度进行必要的改革和完善。全世界低生育率国家的生育支持政策框架大体相近，但措施侧重点不同、支持力度不同、采取措施时间不同、社会经济发展状况和民情背景不同，从而导致效果分化。这些实施生育政策效果良好的国家，20 世纪 70 年代以来，为提高生育率，基于新的生育保障需求，纷纷进行"女性视角"下的生育保障机制改革，国家将维系家庭的成本社会化，国家直接取代市场与家庭，为育龄女性提供有力的社会支持，使女性可以独立于市场和家庭。具体的做法除了加强对市场的规制与劳动力合法权益的保护外，一些国家将政策的重心放在了提高女性社会保险去商品化水平与妇女儿童社会福利体系、育儿社会服务体系的建设上。其中，鼓励生育政策实施比较好且比较有代表性的是法国、日本等国。因此，本书仅以这两个国家为代表，通过借鉴其施行鼓励生育的保障政策，以促进全面二孩背景下，更好地改革和完善我国现行生育保险制度。

1. 法国鼓励生育的政策借鉴

法国早在"二战"前就开始鼓励生育，通过完善细致的津贴体系、多样化的托幼服务和打造家庭友好型企业氛围等来实现工作和家庭的平衡，2016 年总和生育率达 1.96%（总和生育率指平均每对夫妇生育的子女数，国际上通常以 2.1 作为人口世代更替水平）。18 世纪初期，法国是欧洲人口规模最大的国家。但随着出生率持续下降，法国人口规模排名逐渐下降。

1911 年法国人口规模落至欧洲第五，由此法国出台了《反堕胎法》抑制人口出生率下降。1939 年法国颁布《家庭法典》，这是法国家庭政策的源头，规定新婚夫妇在婚后两年内生育可多得 2 个月工资，生二胎以上者能获得补贴等。"二战"期间，法国年均出生率为 15.0‰，与前五年的 17.3‰相比略有下滑，但与"一战"前后从 19.5‰到 12.6‰的大幅下滑相比，已属不易。之后，法国不断出台和完善鼓励生育政策且取得了成效。

（1）设立更为宽松的产假和育儿假。法国从 1910 年开始设立产假。根据法国政府官网，目前法国设置了 16 周产假，包括产前假 6 周和产后假 10 周。如果子女数多或生育多胎，产假最高还可延至 46 周。产假期间雇主不提供工资，但法国社会保险机构会提供 9~86 欧元/日的津贴，具体金额取决于休假者的工资。法国还有 11 天的男性陪产假，双胎及以上者则有 18 天陪产假，期间可获得和产假一样的每日津贴。法国还设置了一年的育儿假，夫妇可共享，单双胎生育最多可续假至三年。续假只需提前一个月向雇主申请，雇主不能反对。如果生育三胎及以上，最高还可续假至孩子六岁。育儿假期间雇主不支付工资，法国家庭补助局会提供 396 欧元/月津贴。

（2）扩大生育经济补贴范围。自 1939 年《家庭法典》开始，法国不断完善津贴制度，如 1947 年建立家庭补贴政策，1958 年设立住房津贴，1970 年设立孤儿补贴，1974 年设立上学补贴，1977 年设立单亲补贴。其间，1972 年开始改变单一工资补贴的发放方法，依据父母的收入水平发放不同金额的津贴。目前法国已建立比较完善、多样化的津贴制度，涵盖幼儿出生、养育、托幼、对父母收入损失的补贴等多个环节，且向低收入夫妇、单亲家庭、多子女家庭倾斜。

2013 年法国家庭福利开支占 GDP 比重为 3.7%，在经济合作与发展组织国家中排名第三，仅次于英国和丹麦，高于经济合作与发展组织平均水平的 2.4%。其中由现金补贴和税收返还组成的经济补贴占比达 2.3%，在经济合作与发展组织国家中排名第六。

在不同收入水平、收入来源、孩子数的条件下，法国家庭还可获得与收入相对应的差额津贴。如果一对法国夫妇生了 1 个孩子，夫妇双方年收入为 40000 欧元，那么他们可以获得 941 欧元的一次性补助和 85 欧元的每月补助（3 岁前）。如果其他条件不变，孩子数变为 2 个，那么他们可以获得 1842 欧元的一次性补助和 216 欧元的每月补贴（各种补助存在不同年龄限制）。如果他们的年收入仅为 20000 欧元，那么每月补贴还会增至 302 欧元。如果一对家庭夫妇两人年收入为 40000 欧元，生了 3 个孩子，那么他们可以获得 2993 欧元的一次性补助和 470 欧元的每月补助。如果其他条件不变，年收入变为 20000 欧元，那么一次性补助会增至 3079 欧元。如果这 20000 欧元仅是夫妇一方的收入，另一方因生育中断工作，那么他们可以获得的每月补贴还将进一步增加至 866 欧元。

（3）完善儿童托幼服务体系。法国的儿童托幼服务体系齐全：①集体托儿所、微型托儿所、日托中心、幼儿园等集体接待机构。②雇用幼儿园助理在受助家中照料 1~4 名儿童的家庭接待机构。③雇佣保姆住到雇主家中照顾孩子的家庭看护。④上学前后和放假时组织娱乐和教育活动的"娱乐接待员"。无论采取哪种方式，法国家庭津贴基金都会提供资助：如一个月收入为 3000 欧元、有 1 个孩子且每月需要监护 30 小时的家庭，把孩子送去集体托儿所或者幼儿园每月仅需要付 54 欧元；如果请保姆到家中照顾孩子，那么雇主最少可以仅出 15% 的费用。

（4）企业携手打造家庭友好型工作氛围。2012 年，法国有约 400 家大企业签署了《公司父母雇员章程》，覆盖约 300 万员工，占劳动力比例约 10%。参与的企业为雇员制定灵活的工作时间和最低工作时间；推广在家工作；推动女性雇员的升迁；推动男性使用全薪的陪产假，参与婴幼儿的照顾和家务的料理；为就业父母提供托幼服务；为生育女性保留工作岗位等，创造家庭友好型工作氛围。根据世界银行的调查数据，2017 年法国女性劳动参与率为 50.6%，男女劳动参与率差距仅为 9.6 个百分点，小于经济合作与发展组织平均水平的 17.22 个百分点。2014 年法国男女就业率差距仅为 6.7 个百分点，小于经济合作与发展组织平均水平的 11.8 个百分点；2016 年法国男女收入中位数差距仅为 9.9%，小于经济合作与发展组织平均水平的 13.5%。

2. 日本鼓励生育的政策借鉴

"二战"后，日本的家庭政策经历了三个变化阶段：第一阶段是 1948~1970 年，控制人口增长阶段。主要原因是：1947~1949 年，日本经历了第一次婴儿潮，三年共出生 802 万人，出生率由 1945 年的 26.4‰ 急速上升到 1949 年的 32.9‰。由于粮食紧张、人口压力大，日本开始研究如何抑制人口增长，1948 年日本政府出台《优生保护法》，实行少生优育，放宽人工流产限制。1953 年日本成立家庭计划普及会，主要负责在全国普及和推广节制生育。第二阶段是 1971~1989 年，稳定人口规模阶段。1971~1973 年，日本第二次婴儿潮出现。1974 年日本总和生育率首次降至更替水平以下，出生率从 1973 年的 19.3‰ 大幅下滑至 1989 年的 10.3‰，日本逐渐从控制人口转向稳定人口规模。第三阶段是 1990 年以来，鼓励生育阶段。生育率"1.57"冲击使日本社会认识到低生育率现状，开始鼓励生育，涵盖休假、经济补贴、入托等方面。

（1）延长生育夫妇的产假和育儿假。日本设立 14 周产假、10 月育儿假及 8 周男性育儿假。1991 年日本实施《育儿休假法》，且不断对法案进行修正，以保障所有父母可以享受 1 年的育儿假。1995 年日本设立育儿休假津贴。2015 年日本制定新版《少子化社会对策大纲》，设置 2020 年 80% 以上的男性能休陪产假、13% 以上的男性能获育儿假等目标。目前，日本建立起比较完善的鼓励生育政策。根据日本厚生劳动省数据，日本女性可以享受产前 6 周、产后 8 周的产假。产假后到孩子 1 岁前，日本女性可休 10 个月育儿假。育儿假的前 6 个月育儿休假津贴为休假前工资的 67%，之后为 50%。由于育儿休假津贴不交税和社会保险，实际到手的津贴最多能达到休假前到手工资的 80%。另外，日本男性也有 8 周育儿假。如果男性在女性产假期间休育儿假，那么可在孩子 1 岁 2 个月前再申请一次 8 周育儿假。

（2）增设生育女性的经济补贴。日本生育女性可获得 42 万日元的一次性生育临时金，以及每月约 1 万日元的儿童补贴（12 岁以下）。日本的经济补贴涉及女性生产和养育环节，女性生产可以获得 42 万日元的一次性生育临时金。在儿童补贴方面，根据日本厚生劳动省 2016 年的儿童补贴政策，年龄阶段不同的儿童可获得的补贴金额不同。在收入限制内，且抚养一个三岁以下孩子的家庭，每个月可以获得 15000 日元的儿童补贴。抚养 3 岁到小学毕业孩子的家庭，有 2 个孩子以内的每月可获得 10000 日元，3 个孩子及以上的每月可获得 15000 日元。抚养 15 岁以下中学生孩子的家庭，每月可获得 10000 日元。收入限制外的家庭，每月可获得 5000 日元。单亲家庭的儿童补贴更高，可按照收入的不同获得每月 9990~42320 日元的津贴。

（3）扩大托幼服务减少"待机儿童"。日本把需要进入保育所，但由于设施和人手不足等原因只能在家排队等待保育所空位的幼儿（0~6 岁），称为待机儿童。日本在 1994 年、1999 年以及 2004 年实行了"新天使计划"，三次"天使计划"侧重于扩大托幼服务，扩大日间护理中心和家庭支持中心，要求大企业设置员工托儿所等。2001 年日本政府制订"待机儿童零作战"计划，2008 年制订"新待机儿童零作战"计划，意图将待机儿童数降为零。由于投入不足，2017 年日本决定推后"零待机儿童"计划，从原定的 2018 年延迟到 2020 年底。

三、国外生育保险制度的启示

女性生育子女不仅是家庭的繁衍，也是促进国家人口增长、社会文明不断进步的动力。世界上的国家正是认可重视女性为社会所做的贡献，通过建设生育保险制度为女性提供保障。国外较早地建立生育保险制度且发展较为完善，虽然我国生育保险制度的发展相对滞后，但是国家重视女性为社会所做的贡献，制定相应的政策保障女性的权益。我国生育保险制度受到具体国情的影响，我国各省市经济发展水平不一，因此我国生育保险制度发展缓慢且各地发展水平不均，这也是我国生育保险制度的现状，与发达国家的生育保险制度相比存在差距。为此，我们需要立足于我国实际情况，分析国外生育保险的优势并借鉴，从而促进生育保险制度制定的进一步完善。

国外由于经济水平较高，重视女性的生育价值，较早地建立起生育保险制度保障女性的权益。不管是社会保障型生育保险还是社会福利型生育保险都突出强调政府的责任，政府为社会群体提供相应的保障，同时促进社会成员的共同发展。国外政府通过立法保障生育保险制度的实施，立法体系的完善是生育保险制度不断发展的基础。健全的法制体系对生育保险制度的内容、待遇、津贴等方面进行有效监督，进一步促进生育保险制度的发展。

1. 生育保险制度强调政府责任

国外的生育保险制度强调政府的责任，缴费方式由国家、企业以及个人共同承担，充分体现了生育的社会价值、企业价值以及家庭价值。政府通过税收以及相应的补贴提高生育保险的待遇水平，一方面减轻了企业的缴费压力，保障女性的就业权益；另一方面可以为所有女性享受生育保险奠定物质基础。国外生育保险制度突出政府的责任，通过政府制定相应的政策，坚持以人为本，充分考虑女性的需求，凸显了国家承担女性与社会和谐发展的责任。

2. 生育保险制度立法层次高

国外生育保险建立时间较早，并且立法层次比较高，如德国在 1883 年就建立了生育保险制度，并通过法律建设保障其发展。完善的法律法规体系保障生育保险制度的发展，同时保障生育保险制度的顺利实施，体现了国家对生育保险制度的重视。生育保险制度作为保障女性权益的公共制度，应坚持立法先行的原则。社会劳动资源的代谢，民族人口的不断发展，都是社会不断发展的原动力。女性通过生育繁衍后代，不仅是家庭的延续，更是人类文明不断发展的基础。生育保险制度的立法建设体现了国家对女性的生育价值的重视，通过法律的手段保障女性的权益，明确女性生育对社会、家庭以及个人的意义。生育保险制度的法制建设完善，充分明确男性在生育过程的责任，有利于分担女性的育儿压力，促进家庭的和谐发展。生育保险制度的法制建设突出社会、企业以及个人在整个生育行为中的责任，对建立起公平统一的生育保险制度起到重要作用。

3. 生育保险制度覆盖范围广

国外各国把生育保险制度作为一项福利政策保障女性的权益，基本将所有女性包含其中。国外的经济发展水平较高，对女性生育价值十分重视，认可并尊重女性为社会所做的贡献，为了体现制度的公平性，基本建立了覆盖全国女性的生育保险制度，且保障水平较高。国外的生育保险制度突出对女性的照顾，不管女性是否工作，都可以享受生育保险待遇，他们把生育保障作为一项基本人权保障，保障女性都享有平等的生育保险待遇，这是社会保障体系公平正义的体现。我国生育保险制度设计存在缺陷，大部分女性没有享有生育保险待遇，主要包括流动人口、农村女性等，为此我国需要进一步加强生育保险的建设，尽量让所有女性都能享受生育保险的待遇。

4. 生育保险制度待遇水平较高

由于国外的经济发展水平较高，因此生育保险待遇内容丰富并且待遇水平较高。近年来，由于发达国家人口老龄化严重，各国纷纷提高生育保险制度的待遇水平，从而刺激人口的自然增长率，促进人口数量的增加。国外的生育保险制度的内容规定得比较详细，生育保险待遇水平较高，能够较好地为女性提供相应的生育保障。从产假期限方面来看，60%以上的国家的生育产假达到 3 个月，有 200 个以上的国家达到 4~6 个月，其中瑞典和德国的产假长达一年半。有些欧洲国家对夫妻双方规定较长的育儿假期，充分给予夫妻照顾婴儿的权益。从生育津贴方面来看，绝大多数国家实行带薪假期，产妇休假的待遇支付标准为工资的 100%，并且享受较高的生育津贴。从儿童津贴方面来看，其待遇水准一般都比较高，这主要是为了减轻人们抚养儿童的物质压力从而鼓励生育。此外，在"福利国家"，女性生育的子女越多，其津贴额度也就越高。在大多数国家的生育保险待遇中，对新生儿夫妇的现金给付只是一方面，还包括实物给付，如婴儿用品、奶粉、婴儿医疗服务等。

5. 生育保险制度强化男性责任意识

从传统的角度来看，生育保险制度仅仅针对的是女性职工，但是随着经济水平的提高，男性对养育子女以及家庭的责任越来越受到重视。生育是夫妻双方共同完成的家庭行为，仅将生育责任归于女性是不公平的。国际社会认为生育价值不仅与女性息息相关，而且父亲的责任同样不可忽视。因此，国外大部分国家将育儿假以及父育假纳入生育保险体系中，通过对男性假期的规定，强调男性对家庭的责任，分担女性的育儿压力。世界上大约有 36 个国家对父育假做了具体规定，明确父育假是生育保险制度中重要的一部分。例如，生育保险保障水平较高的英国，规定男性与女性享有平等的育儿假期。父育假的规定极大地改变了家庭生活的性别分工，女性不再是养育孩子的唯一主体，父亲对抚养孩子的责任同样重要。父育假的规定体现了对女性的尊重与关怀，使男女两性能够享有平等的生育保险待遇，这对职业女性因生育行为而受到职业歧视的现象有了改变，极大地保障了女性的劳动就业权，进一步促进了女性的发展。

第四节　改革方案

一、改革目标

中国已开启全面建设社会主义现代化强国新征途，2035 年基本实现现代化和共同富裕是国家已经明确的既定目标，而人口老龄化与少子化背景下如何获得经济的可持续发展，成为现代生育保险制度必须承担的重大的责任与使命。中国的老龄化具有基数大、速度快、区域之间不平衡等显著特点，而生育率跌破警戒线、家庭保障功能式微更增加了生育保险制度应对的复杂性与艰巨性。为此，需要将生育保险体制融入国家现代化进程和共同富裕大格局之中，为经济的可持续发展与国家现代化进程构建一张托底的大网。

我国始建于 20 世纪 50 年代初的生育保障制度，1994 年《企业职工生育保险试行办法》，2010 年《中华人民共和国社会保险法》，2012 年《女职工劳动保护特别规定》等法律法规的颁布实施规范并推动了我国生育保险制度的发展，对于保障女性的生育权益发挥了积极作用。目前已初步建立起生育保障政策体系，涉及生育的方方面面，包括生育的医疗待遇、各类假期和津贴、健康保护、就业保护和非歧视，以及与计划生育挂钩的各种生育奖励和扶助，构成一个有机的生育保障系统。但我国当前生育保险的覆盖面还有待拓宽，非正规就业者被排除在政策之外；生育保险的实施从宏观层面上影响用人单位的招聘和女性就业决策，对女性就业和就业形式产生一定的负面影响，导致女性就业与生育的矛盾不断显现，生育率持续降低。所以，为了在提升生育率的同时保障女性的生育权益和就业权益，一方面需要建立系统的生育保障体系，另一方面需要对生育保险制度进行改革，改革的核心必定要从渐进探索"破旧"全面转换到快速理性"立新"上来。由此需要明确以高质量的有中国特色的生育保险制度体系为建制目标，坚持统筹推进、理性发展。

高质量的生育保险制度体系至少应包括以下几个维度：制度安排公平统一，生育保障体系结构完备，覆盖范围应保尽保，权责匹配清晰合理，筹资机制可保持续，待遇适度稳步提升，经办服务规范便捷。可以设定三个阶段性目标：

（1）"十四五"期间着力解决制度性缺陷、补齐短板和协同推进相关配套改革。从解决现存问题和应对新挑战的要求出发，"十四五"期间无疑是优化现行制度安排的重要窗口期，应当重点建立系统的生育保障体系。

一是加快生育保险的全国统筹。针对地区分割统筹下各自为政、责任不清、转移不畅、负担失衡等弊端，坚持统一政策，实行基金统收统支，同时综合运用行政、经济、法律等手段，健全中央对地方的激励约束机制，明确缺口分担责任。

二是强化个人责任，提高生育保险的个人筹资占比。从"十四五"时期开始，宜以用人单位或政府与参保人员分担筹资责任为目标，逐步开始实施生育保险个人缴费制度，以此强化个人责任意识、壮大基金来源。

三是优化财政投入机制。进一步调整财政支出结构，加大财政对生育保险的投入。2014 年欧盟统计数据显示，欧盟成员国政府投入占生育保障支出之比平均为 16.1%，同年中国近似口径的计算结果接近 3%，相差近 13 个百分点，因此，应提高社保支出在公共预算支出中的占比，进入"十四五"后争取每年提高一个百分点，到 2035 年能够达到欧盟国家的现有水平。

四是优化财政性生育保险支出的结构。例如，在做到生育保险全员覆盖的基础上，提高居民基本的生育补贴水平；加大国家对生育保险的投入，切实兜住低收入群体的基本生育保障。

五是全面提高生育保险基金运营效率，确保生育基金发挥良好的托底功效，保障生育政策效用。

六是加快提升社会保障法治化水平，切实提高经办服务质量。高质量的社会保障体系必须有健全的法制保障和规范有序的经办服务。因此，应当遵循立法先行、以法定制、依法实施的国际通行惯例，进入"十四五"后，国家立法机关尽快制定独立的生育保险立法规划并付诸行动，将法定生育保险的定制权收归中央。

（2）"十五五"期间多层次体系建设取得明显进展，中国特色生育保险制度基本成熟。"十五五"期间为构建"女性中心"的生育保险机制，尽早修订社会保险法、慈善法，抓紧修订失业保险、工伤保险法规和制定长期护理保险法规，进一步完善多层次的社会保障法律体系；让整个社会保障体系全面步入法治化轨道，全面促进生育保障机制建立，促进生育政策实现，提高生育率。

（3）"十六五"期间全面建成高质量的中国特色生育保险制度，为国家现代化和可持续发展提供可靠的制度支撑。

二、改革思路

借鉴上述西方国家改革目标成功实现的经验，女性性别视角和成本效益分析方法是寻求解决问题的突破口。

第一，女性就业是核心。国外的实践经验表明，双薪型家庭政策是实现生育率反转的关键，如何降低女性生育的机会成本，实现生育和就业的平衡，是我国生育保险体系构建中最为关键的部分。当前，多地取消晚婚晚育假，延长了产假及陪产假，但女性作为生育责任的主要承担者，较易因生育遭受就业歧视。因而，生育保险要真正调整到位，必须进行公平合理的制度改革，强化育龄女性的就业保障，将反就业歧视法纳入立法规划，明确规定就业性别歧视的定义、惩罚措施以及法律救济途径。此外，全社会也要在制度上保障促进父亲更多承担育儿责任，实现生育问题上男女事实平等。

第二，托育照料是重点。托幼公共服务是关涉生育配套的重点所在。首先，确立托育照料是生育保险必须配套的基本公共服务。其次，加大财政投入，增加托幼资源供给，尤其是解决 0~3 岁幼儿的托育难题。最后，基于人口变动趋势和托育需求，在城乡之间、地区之间，以及社区之间合理布局与精准配置托幼资源，将托育公共服务真正做到保基本和广覆盖。

第三，健康服务是基础。生育保险配套的健康服务不仅包括孕前检查、孕期保健和生产分娩等生育过程服务，还包括儿童医疗保障服务，以及高龄产妇和不孕不育的医疗救治服务。计划生育服务是《"健康中国 2030"规划纲要》重要组成部分。因此，新时代构建生育保险配套体系过程中，有必要扩大保障力度、福利范围，以此激发生育意愿，推进健康中国建设。

第四，特惠支持应优先。生育政策配套体系理应发挥风险补偿功能，将计划生育特殊家庭作为特别关注群体，在税收、住房、就业、社保等方面实施特惠支持，并进一步探索独生子女家庭在子女意外、养老护理和生活困难等方面的社会保险和托底保障。

第五，地方应尝试创新。由于城乡之间、各地区之间生育影响因素、人口条件、经济发展水平存在较大差异，生育政策配套体系建构过程必须坚持中央统筹安排，地方自主创新。一方面，强调因地制宜，各地结合自身特点构建适应当地人口发展需要的生育配套政策；另一方面，强调特别扶持，尽可能地给予中西部和农村地区更多政策倾斜和资源支持，从制度上防止出生人口素质逆淘汰现象的发生。

生育保险制度进行改革具体逻辑框架如图 8-6 所示。

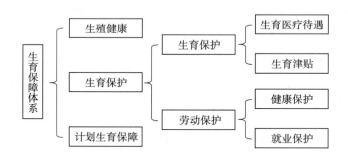

图 8-6　生育保险制度进行改革具体逻辑框架

三、改革举措

具体改革建议如下：一是建立以妇女为中心，并倡导男性参与的公共卫生服务体系，推进生殖健康公共服务均等化；二是将生育保险中的生育医疗待遇并入基本医疗保险，建立广覆盖的医疗保险制度；三是强调男性在生育保险中的权益，将生育保险转化为系统的家庭福利政策；四是重视劳动保护，对于劳动场所中生育女性的健康和就业采取特殊保护；五是继续推进计划生育家庭的生育配套服务。

1. 建立以妇女为中心，并倡导男性参与的公共卫生服务体系，推进生殖健康公共服务均等化

1994 年，开罗人口与发展大会正式提出"生殖健康"这一概念。2006 年，联合国大会正式提出"五岁以下儿童的死亡率降低 2/3""孕产妇死亡率降低 3/4"等公共医疗卫生服务的具体目标。2016 年国务院总理李克强在纽约联合国总部主持 2030 年可持续发展议程主题座谈会并发表重要讲话，表示中国政府高度重视并率先实现联合国千年发展目标。面向未来，中国已经全面启动落实 2030 年可持续发展议程工作，已经批准并将发布《中国落实 2030 年可持续发展议程国别方案》。

（1）运用社会性别视角，构建生殖健康体系。为了更加深入、有效地推进生殖健康服务，保障母婴健康，提升人口质量。应该建立具有社会性别视角的生殖健康公共服务体系，它应该包括生殖健康知识、生殖健康技术和生殖健康政策三个分类。如图 8-7 所示，在每个分类下各设一级指标和二级指标。在生殖健康政策这一指标下，由于我国特有的计划生育政策，计划生育手术及并发症的治疗是生殖健康的一部分；生育公共服务设施是硬件方面的要求，比如，床位、社区服务站、哺乳室、0~3 岁幼托所等公共服务的设施及标准，为母亲提供有保障的社区环境和卫生服务条件；生育医疗待遇，如产前检查、住院分娩、计划生育手术和并发症治疗及其费用报销，保证母婴健康并为其提供经济保障；生育补助具有救助性质，是一种兜底政策，它为那些没能享受到生育医疗待遇的人群提供经济上的帮扶。在整个指标体系中，应该具有社会性别视角，凸显以妇女为中心并强调男性参与。

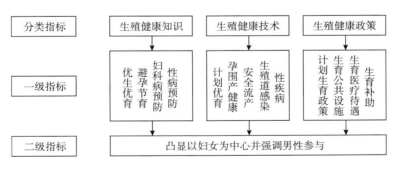

图 8-7 生殖健康公共服务的指标体系

（2）整合医疗卫生政策，改革转移支付制度，推进生殖健康服务均等化。我国目前形成了三大生育报销渠道：一是面对城镇职工的生育保险政策；二是面对城镇居民的城镇医疗保险；三是面对农村居民的新农村合作医疗和农村孕产妇

住院分娩补助。这些报销费用，有些是通过一般转移支付来实现，有些是通过专项进行支付。除被纳入政策范围内的城镇职工、城镇居民、农村参保居民之间在生育医疗待遇方面的差距外，我国还存在大量的灵活就业者、非正规就业者、流动人口。

总之，参加生育保险的职工，可以从生育保险基金报销与生育相关的上述所有项目；没有参加生育保险的，可以从医疗保险中支出；没有参加任何保险的，从各专项中列支；找不到相关专项的，需要自费。既然我们的目标是为全体公民提供最基本的公共医疗卫生服务，而计划生育专项、农村孕产妇住院分娩补助、免费孕前检查等各类专项增加了管理成本，建议将上述专项统一纳入医疗保险的一般性转移支付中，消除列支太多专项的碎片化做法。

2. 剥离生育保险中"生育医疗待遇"这个项目，将之并入医疗保险

按照国际劳工组织的《保护生育公约》和《生育保护建议书》的要求，生育保护包括各类休假及津贴（产假、医疗津贴、生育津贴、父母假及津贴）、健康保护、就业保护与非歧视、哺乳安排四个方面。对于各类休假及津贴的管理，目前主要有三种模式：一是社会保险制度，通过立法规定政府、雇主和个人的缴费比例，建立统一的生育保险基金。大多数国家采取该制度，但在生育保险与医疗保险管理方面还存在不同。其中，有采取生育保险和医疗保险合并管理的，有采取二者分开管理的。二是普遍医疗待遇与直接提供现金待遇双重制度。国家提供的医疗保健项目原则上适用于全体居民，而且，本国雇员可以享受生育现金补助。这种方式是将生育保险与医疗保险合并在一起管理，但是生育的医疗待遇给予全体公民，而生育现金补助是针对雇员的。三是公共管理的储蓄基金和雇主责任制。有极少数国家（如新加坡）实行雇主责任制模式，由于弊端较大，不利于女性就业，较少被采用。按照大多数国家的经验，我国生育保险制度可以分步骤进行并轨及改革：第一步是将生育保险中的医疗待遇纳入基本医疗保险，同时，保持生育保险其他内容（产假和生育津贴）的独立性，待项目内容完善后再研究如何并轨。第二步是完善基本医疗保险和生育保险。从当前来讲，即使二险合并，生育的医疗待遇和生育津贴的覆盖也是有限的：没有参加医保的人群还是无法享受生育的医疗保险；生育津贴本是提供给参加生育保险的雇员的，二险合并后，有一部分没有纳入医保的非正规就业人员，仍然无法享受生育津贴。因此，覆盖的最终目标可以采取普遍医疗+现金待遇的模式，前者是面向全民，后者是面向雇员。

3. 保留生育保险的独立性，建立系统的家庭福利政策体系

在生育保险与医疗保险合并，将生育保险的医疗待遇归入医疗保险范畴后，生育保险中的产假、生育津贴等项目仍具有特殊的作用，这不仅是为了保障母婴

健康，更是为了保护女性就业。世界上不少国家制定了产假政策，同时建立起了父亲假、父母假、育儿补助、弹性工作制等"一揽子"家庭友好政策，以推进在家庭和工作领域中的性别平等。本书研究建议，为了与国际接轨，在将生育保险的医疗待遇功能剥离后，继续将生育保险作为独立的险种，并丰富其内容，建立广义的生育保险制度，纳入产假、生育津贴、父亲假、父母假、育儿津贴等项目。

（1）各类休假及津贴。2012年，我国的《女职工劳动保护特别规定》将产假延长至14周，达到了最新《保护生育公约》（2000年）的要求，同时规定了生育津贴的给付方式和标准："对已经参加生育保险的，按照用人单位上年度职工月平均工资的标准由生育保险基金支付；对未参加生育保险的，按照女职工产假前工资的标准由用人单位支付。"虽然，我国的生育津贴是按100%支付，超过了《保护生育公约》规定的标准，但实际上，生育津贴的计算标准是按"月平均工资"进行的，工资是职工的基本工资还是工资总额法律没有具体规定，也没有相应的司法解释。在实际操作中，一般是按基本工资计发的。而我国职工的工资收入中，"基本工资仅占收入的一半左右，即使女职工在生育期间是按工资的100%领取生育津贴，由于缺少资金和各类津贴，其收入也会下降很多"。因此，本书研究建议，在生育保险机构将生育津贴按职工所在单位上年度的平均工资计发后，用人单位可以按照"补高不扣低"的原则对职工进行补贴。

将必要的育儿时间纳入保险范畴。例如，陪同孩子看病与看护患病儿童的时间，学校要求家长陪伴的时间，必要的学校参观和了解孩子学习情况的时间等，家长在此时间中的工资按照一定比例由生育保险支付，提高生育保险的去商品化能力。

（2）政策制定应以家庭为单位，并重视男性生育角色。《中华人民共和国社会保险法》"第六章　生育保险"规定："未就业配偶按照国家规定享受生育医疗费用待遇"，也就是说，对于非正规就业或者没有就业的女性而言，若其丈夫所在单位缴纳了生育保险基金，她能享受到生育的医疗待遇，但是享受不到生育津贴。同时，即使男职工缴纳了生育保险，他本人也享受不到生育津贴。所以，即使男职工与女职工一样履行了同等缴费的义务，仍没有生育待遇。

为了实现权利与义务的对等，我们提议：

第一，以家庭为单位发放生育津贴，只要男方参加了生育保险，其配偶也可以享受一定的生育津贴。应在《中华人民共和国社会保险法》"生育保险"部分和《企业职工生育保险试行办法》中加入"未就业配偶按照国家规定享受生育津贴待遇"的条文，原则上可以按对半发放。

第二，父亲假的津贴不该由用人单位发放，而是由生育保险基金支付。全国大部分地区已取消男性晚婚晚育假，改为男性护理假。男性休假不再与计划生育挂钩，而是与父亲身份挂钩。因此，在《企业职工生育保险试行办法》中，应该增加"父亲陪护假"的相关条例，并从生育保险基金中支付父亲假津贴。

第三，有条件的地方，可以参照其他国家和地区的做法，逐步实行父母假，并同时规定父母假不可转让。为了实现男女在家庭内部的性别平等，以及促进在社会上的男女平等，不妨在原有生育津贴的基础上，提供儿童津贴或一次性补助等待遇类型。

（3）设立生育补助金，让广大未就业妇女受惠。生育医疗待遇并入医疗保险，其最终目标是面向全民；生育保险更多指向雇员，为她们在产后提供现金津贴。对未就业的妇女及家庭而言，她们是享受不到生育津贴的。

具体而言，在生育保险的覆盖对象中，除个体工商户、灵活就业人员的生育保险待遇没有得到很好的保障外，城乡未就业人员也是没有生育保险待遇的。在中国，广大农村妇女一直是社会保障最为薄弱的对象，农村非就业女性人数庞大，无论是现行的住院分娩补助还是新农合的报销，虽然给农村妇女生育保障带来了一定福祉，但保障程度还是偏低的。

我们建议针对广大农村妇女，政府要投入更多补助资金，不仅要完善生育医疗待遇，同时为她们提供适当的生育津贴。根据地方经济发展水平，可以有不同做法。

第一，在较发达的地区，建立"选择性的生育医疗保障制度"。可以在新农合做法的基础上，即由个人、集体和政府共同分担费用，设定缴费标准和待遇标准。在将生育医疗待遇纳入医疗保险后，广大农村妇女可以根据自身能力和需要选择缴费的档次，以满足生育阶段的医疗需求及生活需求。

第二，在贫困地区，建立最基本、广覆盖的医疗保险制度，不仅为妇女提供基本的医疗待遇，还应该以政府财政拨款的方式建立生育补助基金，以救助生活贫困者，用于维持生育阶段的生活必需。建议以政府财政专项补助为主，主要由中央政府财政拨款，一小部分由地方政府财政一起承担，有条件的话，可以纳入集体经济或村委会作为虚拟用人单位替代个人缴费，由他们共同完成生育保险费的筹集。这在许多国家都有类似做法，他们在制定生育保险政策时，总是体现出对女性和孩童的特别关怀，政府除了发放生育津贴外，还有许多针对孕妇和新生儿的福利性补助。

4. 重视健康保护和就业保护与非歧视

加强孕期和哺乳期女性的就业市场反歧视保护也是生育保障不可或缺的重要组成部分，国际劳动组织及多国劳动就业法律均对此做出精细的立法安排。当前我国《中华人民共和国劳动法》中虽然规定对女职工实行特殊的劳动保护措施，但立法粗略，如《中华人民共和国劳动合同法》中规定女职工在孕期、产期、哺乳期内用人单位不得解除合同，而国际通行的做法是将该期限延长至哺乳期后的一段时间，并在立法中明确延长的期限，而且各国立法还普遍规定辞退员工的举证责任应归于雇主，为女性免受歧视性解雇提供切实的法律保护，而我国劳动法中并未指定由谁来承担举证责任。

尽管 2019 年 2 月人社部、教育部等九部门印发了《关于进一步规范招聘行为促进妇女就业的通知》，要求在招聘环节中不得限定性别（国家规定的女职工禁忌劳动范围等情况除外）或性别优先，不得以性别为由限制妇女求职就业、拒绝录用妇女，不得将限制生育作为录用条件。但现实生活中对女性在劳动场所的健康保护不力，以及在就业上采取歧视对待的现象仍很常见。我国的第三期中国妇女社会地位调查显示，30%左右的被调查妇女有职业中断经历，其中，50%是因为结婚、生育导致职业中断。因而如何保护因"怀孕和生育"事件而遭受就业歧视女性的生育权益和就业权益，仍然是当前需要解决的重点问题。有必要进一步细化我国劳动就业立法切实加强对生育女性的就业反歧视保障。

5. 积极推进计划生育家庭的生育配套服务

当前，我们的任务有两个：一是保证原有政策的有效性，继续保障原有计划生育家庭，特别是独生子女家庭的相关利益。二是推进生育配套服务，促进二孩生育，提高实际生育率。

（1）做到"老人老办法"，保证原有政策的有效性。中央和各省、自治区、直辖市都在积极探索帮扶计划生育家庭，特别是独生子女家庭的政策。21 世纪初主要有两大作为：

一是建立了农村部分计划生育家庭奖励扶助制度、城镇独生子女家庭父母退休奖励、独生子女就学就业优先、参加社会保障优先优惠等。二是关注独生子女风险问题，对独生子女死亡后未再生育或合法收养子女的夫妻，由政府给予每人每月不低于 100 元的扶助金，直至亡故为止；独生子女伤亡病残后未再生育或收养子女的夫妻，由政府给予每人每月不低于 80 元的扶助金，直至亡故或子女康复为止。这一家庭扶助制度，经过在 10 个省市试点后目前已在全国推行。

（2）推行"新人新办法"，完善三孩生育配套服务。目前来讲，除为女性提供更大方的产假政策外，还应该关注的内容有四项：

1）0~3 岁婴幼儿公共托育服务。我们的研究表明，家有 0~2 周岁婴幼儿、生育第二孩、第三孩会对女性就业造成一定的负面影响。这一影响产生的原因在于家庭结构变迁和小型化，使隔代照料的功能减弱，加大了当前家庭进行自我照料的责任，同时，保姆费用的日益上涨，以及当前公共托育服务还不完善，削减了女性生育的积极性。面对当前的形势，为了平衡女性在家庭和就业上的冲突，必须借鉴国外发达国家和地区的经验，加强0~3岁婴幼儿的公共托育服务，规范儿童养护市场与加强专业人才培养。

"0~3岁儿童养育公共服务与政策支持课题组"提供了有益的建议，提出"将现有幼儿园向下接收0~3岁儿童入园，允许和鼓励个人和机构举办家庭托儿所以及在社区新建公立或民办公助托幼服务中心三种方式作为现阶段重建和发展0~3岁儿童养育公共服务事业的主要途径"。

但同时，需要规范儿童养护市场与加强专业人才培养。近十多年来，中国儿童养护与教育市场发展迅速。早教机构、幼儿园、中医理疗馆、各类教育机构林立，保姆、育婴师等职业兴起。虽然繁荣发展的儿童照护与教育市场在一定程度上增大了职业女性的育儿选择能力，但实质上却并未减轻育龄女性及其家庭的压力。一方面在于儿童照顾与教育的市场价格较高，增大了家庭养育的经济成本，使家庭成员需要将更多的时间投入在工作中，没有从根本上解决工作与育儿的时间冲突问题；另一方面则在于育儿市场的不成熟、不规范。对此，应规范儿童养护市场，制定行业服务标准，加强监管力度，开展信用等级评定，取缔信用等级不合格的育儿企业。对育儿从业人员进行专业化认证，加强职业化培训，提高专业和职业素养，制定标准化服务指标，并据此开展育儿服务评价，建立正负三级评价结果，分为金牌、银牌、铜牌和有待进一步提高、警告、取缔服务资格。

2）将计划生育手术及并发症治疗相关费用纳入基本医疗保险中，加强高龄产妇的风险监控。就我国的节育措施来看，男性采用的比例很小，大部分是由女性采用，采用的方式主要是宫内节育器和绝育两种。放开三孩政策实施后，一些政策内想生育二孩、三孩的女性不仅面临着实施计划生育取环、结扎复通的手术服务，也面临着生育后放环、绝育的需要。同时，出于政策变化的原因，在我国符合三孩生育的育龄妇女中，高龄产妇所占比例不小。因此，三孩政策的实施可能带来不小比例的高龄孕产妇人群，她们将面临较大的生育风险。

3）完善妇女儿童保健制度。加强女性职业保护、婚姻保护、两性保护与心理保护，开展女性保护宣传教育，提供关于女性职场、家庭、两性问题的心理咨询、社会工作与法律援助服务，促进女性身心健康发展。强化基层公共卫生服务体系建设，做好儿童流行病、传染病研究，宣传健康生活方式，防范儿童流行病、传染病与其他慢性病或重大疾病的发生。

4）加强养老服务体系的建设，减轻女性照顾压力。以家庭为考察单位，将生育意愿转化成为生育行为，这与家庭的支撑紧密相关。我国的很多家庭具有典型的421特点，一对年轻夫妇承担着照顾四个老人和一个孩子的责任，因此，健全养老服务体系，给老年人提供安全、舒适的养老服务，对于释放女性的时间与精力，进而选择生育二胎具有很大的辅助作用。

四、改革的保障措施

建构生育保障体系实质上是要为建设生育友好社会奠定政策基础。在保障措施上，既需要理论上的战略指导，也包括促进生育意愿的制度环境和服务设施，还与关怀生育的人文氛围息息相关。

（1）加强人口战略研究。生育政策配套体系构建必须以人口战略研究为基础。开展人口发展战略研究，定期研判新时代人口形势，坚持长期基础性研究和短期集成研究相结合，开展生育支持体系重大专题研究与生育配套的专项对策调查。在全国生育监测平台的基础上建立生育意愿和生育需求的数据采集，并利用大数据驱动政策制定。充分借鉴国外鼓励生育的经验做法，结合我国实际和地方特色，从国家战略层面谋划新时代生育政策配套体系的理论指导。

（2）深化服务管理改革。生育政策配套体系构建需建立完善的工作机制，综合改革生育相关的服务管理措施。首先，简化生育服务管理的程序，全国范围内修订生育审批制度，优化生育相关的办事流程。其次，加大对按政策生育家庭的公共服务和社会保障支持力度，依托人口服务中心开展项目，落实生育关怀、幼儿养育、女性就业、青少年发展等家庭发展政策。最后，做好生育政策调整过程中的衔接工作，并加大对计划生育特殊家庭的帮扶救助力度。

（3）完善基础设施建设。建构生育政策配套体系的目标在于恢复生育弹力，鼓励按政策生育，但同时，出生人口的增加势必会带来教育医疗等公共服务的压力。着力补齐生育服务短板，加大对公共托幼设施的财政投入，保障学前教育服务的供给，缓解按政策生育家庭的幼儿照料压力。同时，要积极推进基本生育免费制度，增强妇幼医疗的服务能力。

（4）强化社会宣传倡导。构建生育政策配套体系首先要扭转低生育观念，既宣传倡导生育新政策和新措施，又加强对科学育儿的智力支持。通过正确的社会舆论导向影响人们的观念和行为，营造鼓励按政策生育的良好社会氛围。

第三篇
社会保障之社会救助

第九章　自然灾害、突发公共卫生事件与突发社会安全事件救助

近年来，自然灾害、突发公共卫生事件、突发社会安全事件频繁发生，其因突发性强、危害性大、涉及群众广、成因及影响复杂等特点，不仅严重危害着人民群众的生活、生命及财产安全，而且受到社会的广泛关注。在公众遇到自然灾害、突发公共卫生事件、突发社会安全事件，国家将为遭受或可能遭受人身、财产损失的群众提供帮助，使其摆脱困境并满足最基本生活需求的无偿服务，即开展针对特定事件的社会救助。具体可分为自然灾害救助、突发公共卫生事件救助、突发社会安全事件救助以及事故灾害救助，本章将重点探讨前三类社会救助，事故灾害救助将在第十二章中进行介绍。

自然灾害救助是国家和社会在自然灾害发生之后，为受灾群众提供应急救援、转移安置、基本生活物资、基本医疗救治、房屋重建与修缮、基础设施恢复、遇难人员善后等救助。其中，常见的自然灾害包括地质灾害（如滑坡）、水文灾害（如洪涝）、气象灾害（如台风）、生物灾害（如病虫害）、海洋灾害（如海啸）、地震灾害、森林草原火灾、火山灾害等。自然灾害种类多样、分布广泛且难以避免，人类只能用自身的智慧最大限度地预防并减轻灾害的发生。作为社会保障体系的重要环节以及社会救助体系的重要组成，自然灾害救助具有系统性、紧迫性、基础性和公平性。

突发公共卫生事件救助是指国家和社会在公共卫生事件发生之后，为相关患者、特殊困难群体和一线工作人员提供医疗救治、医疗及生活物资等救助。其中，突发公共卫生事件是突然爆发的、损害或可能损害人民群众身体健康和生命安全的卫生事件，包括传染性流行疾病、群体性不明原因疾病、群体性食物和职业中毒、动物疫情以及其他不明原因的有害生物入侵事件等，既可能由人为因素引起（如三鹿奶粉事件等），也可能是非人为因素导致（如禽流感等）。突发公共卫生事件救助有助于减少疾病传播、维护并保障人民群众的生命健康及基本生活。

突发社会安全事件救助是指被害人合法权益受到侵害且无法认定加害方或者加害方死亡、无力赔偿的情况下，国家和社会对被害人进行补偿救助。其中，社

会安全事件是指由于人为因素造成的人身财产损失、危害社会安全及影响社会稳定的突发事件。不同于自然灾害、事故灾难和公共卫生事件，社会安全事件是肇事者主动进行的袭击和破坏活动，具有主观性和故意性。突发社会安全事件救助有助于妥善化解社会安全事件引发的矛盾和纠纷，保障被害人的最低生活水平，维护社会稳定。

上述三类社会救助均包括事情发生前的防范监测、事件发生后的应急救援以及事件结束后的妥善处理，对于保障群众基本生活、调解社会矛盾、维护社会公平正义、维持社会稳定、保障社会关系和谐发展具有重要意义。

第一节 历史沿革

自古以来，作为灾害多发、频发的国家，我国在防灾减灾中逐渐形成一套灾前预防，灾时报灾、勘灾、赈灾，灾后恢复生产的救灾机制，以及"居安思危""有备无患"的应急文化。在中华人民共和国成立后，伴随着应急管理的不断发展，我国自然灾害、突发公共卫生事件与突发社会安全事件救助的发展历程可以分为以下三个时期：

一、改革开放前（1949~1978年）：单项救助

该时期我国重点针对洪涝、地震、干旱等自然灾害展开救助，有关突发公共卫生事件的救助则处于萌芽阶段。

第一，在自然灾害救助方面，该时期的工作重点在于灾害发生后的抢险救援，形成了各部门独立负责、单项应对的自然灾害救助模式。此时，我国以"生产自救，节约度荒，群众互助，辅之以政府必要的救济"为工作方针，先后建立了林业部、水利部、国家海洋局、国家地震局等专业性防灾减灾机构，并下设二级机构及救援队。此外，成立了中央防汛总指挥部、中央生产防旱办公室、中央防汛抗旱指挥部等机构，颁布了《关于生产救灾指示》《国家计委关于加强和改进全国抗灾救灾报告》《中央救灾委员会组织简则》《破坏性地震应急条例》《中华人民共和国防洪法》等法律法规制度，在防洪、防旱、防震治理上取得显著成效。

第二，在突发公共卫生事件救助方面，我国以"面向工农兵、预防为主、团结中西医、卫生工作与群众运动相结合"为方针，在全国范围内建立卫生防疫站，并颁布了《卫生防疫站工作实行条例》，逐步形成覆盖省市县的防疫体系，重点对天花、霍乱、血吸虫病、鼠疫、麻风病等传染病开展疾病控制、卫生监督、卫生监测、卫生宣教和科研培训等工作。

二、改革开放到党的十八大（1978~2012 年）：分级救助

改革开放后，随着社会经济发展，我国在防涝、防旱、防震的基础上，拓展了对森林等其他自然灾害的救助，并且在突发公共卫生事件、突发社会安全事件救助中取得了一定成果。

第一，在自然灾害救助方面，我国对于自然灾害救助的重视程度不断增加。改革开放后，我国提出了"依靠群众，依靠集体，生产自救，互助互济，辅之以国家必要的救济和扶持"的方针，形成了部门分工负责、灾害分级管理的救灾机制。2006 年，我国再次明确了"政府主导、分级管理、社会互助、生产自救"的方针。2007 年颁布《国家综合减灾"十一五"规划》，强调"政府主导、分级管理、社会参与；以防为主，防抗救相结合；各负其责，区域和部门协作减灾；减轻灾害风险与经济社会可持续发展相协调"的基本原则。2010 年颁布的《自然灾害救助条例》中，进一步突出了"以人为本、政府主导、分级管理、社会互助、灾民自救"的工作方针。

在此基础上，我国先后设立了民政部、全国救灾工作领导小组、中国国际减灾十年委员会等机构，颁布了《森林防火条例》《破坏性地震应急条例》《国务院关于加强抗灾救灾管理工作的通知》《中华人民共和国防震减灾法》《中华人民共和国防洪法》等制度。此后，我国进一步加强灾害救助的分级管理并建立健全自然灾害的应急预案。不仅在 2003 年颁布了《民政部应对突发自然灾害工作规程》，将应急响应规定为一、二、三级；而且陆续颁布了《国家自然灾害救助应急预案》《自然灾害救助条例》《国家地震局应急预案》《中华人民共和国突发事件应对法》《中华人民共和国防汛条例》《中华人民共和国抗旱条例》等，将自然灾害救助工作具体化、规范化，明确灾前、灾中及灾后的救助工作，并做到有例可循。同时，我国不断加强各部门间的协调与合作。2005 年中国国际减灾委员会变更为国家减灾委员会；2006 年在国务院办公厅下设立应急管理办公室，负责值守应急、信息汇总以及综合协调等工作。通过不断完善国家防汛抗旱总指挥部、国家森林防火指挥部、国务院抗震救灾指挥部、国家减灾委员会、国务院安全生产委员会等机构的职能，并且在县级以上人民政府设立应急管理办事机构，充实专项和地方应急管理机构的力量，形成了"统一领导、综合协调、分类管理、分级负责、属地管理"的综合协调管理模式，成功应对了汶川大地震、玉树地震、舟曲特大山洪泥石流等一系列重大、特别重大的自然灾害。

第二，在突发公共卫生事件救助方面，我国先后颁布《中华人民共和国急性传染病管理条例》《中华人民共和国传染病防治法》等，推动了公共卫生事件救助的法制化进程。从 2002 年开始，我国实施了疾病控制与卫生监督体制改革，各级卫生防疫站陆续分离出卫生监督所（局）后，改称疾病预防控制中心。特

别地，2003 年非典型性肺炎疫情暴发后，依照"形成统一指挥下的功能齐全、协调有序、运转高效、反应灵敏的应急管理机制"的要求，我国围绕"一案三制"，不断健全应对突发公共卫生事件的体系及机制建设。不仅在 2004 年成立了卫生应急办公室；而且出台了一系列的法律规章，例如，2003 年发布并实施的《突发公共卫生事件应急条例》明确规定了各部门职责、物资调度等，成为地方应急条例的蓝本；2005 年颁布《国家突发公共事件总体应急预案》；2007 年颁布《中华人民共和国突发事件应对法》，将突发公共卫生事件划分为四个响应等级，并指出建立"统一领导、综合协调、分类管理、分级负责、属地管理为主的应急机制"。此外，在该时期内，我国还提出了建设"健康中国"。

第三，在突发社会安全事件救助方面，相关制度得到不断完善。我国先后颁布了《中华人民共和国国防法》《民兵战备工作规定》，对维护国家安全以及公共安全做出了法律规定。例如，《民兵战备工作规定》指出"协助人民警察、人民武装警察实施对海上船只、港口码头、车站、交通要道的监视和控制，打击违法犯罪活动"。2004 年，我国宪法修正用"紧急状态"取代了戒严。2007 年，我国颁布了《中华人民共和国突发事件应对法》，规定了各级政府在突发社会安全事件中的重要作用，并提出了早发现、早上报、早处理的工作要求。

三、党的十八大之后（2012 年至今）：综合协调与应急

该阶段我国不仅更加重视突发公共卫生应急机制的建立，而且为了优化综合应急管理模式，2018 年我国成立应急管理部，将分散职能的相关部门（如自然资源部、水利部、农业农村部、抗震救灾指挥部、防汛抗旱指挥部、国家减灾委等）进行整合，实行统一安排，分级管理的突发事件管理制度，从而整合并优化应急力量及资源，打造"统一指挥、专常兼备、反应灵敏、上下联动、平战结合"的应急管理体制。

其中，在突发公共卫生事件方面的进展更为显眼。2015 年 10 月党的十八届五中全会明确提出推进健康中国建设，坚持"以人为本"。2016 年颁布《"健康中国 2030"规划纲要》，提出"共建共享、全民健康"。2016 年习近平总书记在全国卫生与健康大会上强调，要坚持正确的卫生与健康工作方针，以基层为重点，以改革创新为动力，预防为主，中西医并重，将健康融入所有政策，人民共建共享。尤其是面对新冠肺炎疫情，我国迅速反应，各部门积极响应，互联互通，成立医疗专家组，建成雷神山和火神山医院，改造并启用多个"方舱医院"，有效控制了疫情传播，保障了人民群众的生命安全。2020 年，在参加十三届全国人大三次会议湖北代表团审议时，习近平总书记对未来如何"织牢织密公共卫生防护网"提出了"整体谋划、系统重塑、全面提升"的改革方向。2021年十三届全国人大通过的"十四五"规划中明确提出"坚持预防为主的方针，

深入实施健康中国行动，织牢国家公共卫生防护网"。

第二节　现状解析

我国针对自然灾害、突发公共卫生事件和突发社会安全事件的救助，整体上可以分为体系建设与制度建设。现有制度对突发公共事件的救助准备、应急救助以及善后处置做出了详细规定。因此，本章将依据事前、事中、事后的逻辑，分别对自然灾害、突发公共卫生事件和突发社会安全事件的救助现状进行回顾。

一、我国自然灾害救助的现状分析

自然灾害是由于自然环境的异常变化，造成人员伤亡、财产损失、社会失稳、资源破坏等一系列危害人类生命、财产以及社会活动的自然现象或事件。常见的自然灾害包括地质灾害（如滑坡）、水文灾害（如洪涝）、气象灾害（如台风）、生物灾害（如病虫害）、海洋灾害（如海啸）、地震灾害、森林草原火灾、火山灾害等。自然灾害种类多样、分布广泛且难以避免，人类只能用自身的智慧最大限度地预防并减轻灾害的发生。自然灾害救助是国家和社会在自然灾害发生之后，为受灾群众提供应急救援、转移安置、基本生活物资、基本医疗救治、房屋重建与修缮、基础设施恢复、遇难人员善后等救助，以挽救群众生命、减少财产损失、恢复社会经济发展。作为社会保障体系的重要环节以及社会救助体系的重要组成，自然灾害救助具有系统性、紧迫性、基础性和公平性。

1. 我国自然灾害的类型及特点

（1）我国自然灾害的类型。我国国家应急预案中涉及的自然灾害有：①旱灾、洪涝等水旱灾害；②台风、沙尘暴、冰雹、冰冻等气象灾害；③滑坡、泥石流、山体崩塌等地质灾害；④海啸、风暴潮等海洋灾害；⑤地震灾害；⑥森林草原火灾；⑦重大生物灾害等（宣勇，2005；范志欣等，2016）。根据2012~2020年全国自然灾害基本情况统计可知，洪涝、台风、风雹、旱灾、地震、低温冰冻和雪灾、滑坡与泥石流灾害在我国的发生较为频繁，对群众的生命财产威胁也较大。

（2）我国自然灾害的特点。我国的自然灾害种类繁多、分布广泛、发生频繁、损失严重（高恩新，2011；宣勇，2005；张新文和罗倩倩，2011），呈现出明显的季节性、地域性、群发性以及较强的破坏性（祁毓，2008）。

第一，季节性。通过对2012~2020年我国自然灾害基本情况进行统计可知：洪涝灾害多发生在6~8月，对于部分地区也会出现秋汛、冬汛等灾害。旱灾不仅常见于2~8月，以4~8月最为频繁；而且冬春旱、夏伏旱的影响更为深重。

台风多发生在 6~9 月，并以 7 月和 8 月最为集中。低温冰冻和雪灾通常发生于冬季或开春，尤其在 12 月至次年 2 月以及 4 月初更为频繁。风雹多发生于 4~8 月，并且在 6~8 月更为突出。可见，我国自然灾害发生的时间具有季节性。

第二，地域性。我国自然灾害发生具有很强的地域性。从 2012~2020 年我国自然灾害基本情况的统计中可知：洪涝灾害多发生在南方、东北及西北地区，其中广西、江西、湖南、贵州、四川等省份的发生频率较高。旱灾多发生在东北、华北、西北，其中内蒙古、山东、山西、河南、河北、四川等省份的发生频率更高。地震多发生在西部地区，尤其是在新疆、云南、西藏等省份发生频率更大。台风多发生在华南、华东地区，如福建、浙江、广东等省份。低温冰冻和雪灾多见于中东部地区。可见，我国自然灾害的发生具有一定的地域性。

第三，群发性。现实中，自然灾害的发生常引发次生灾害。不仅地震常伴有余震或地质灾害，而且台风也经常引起洪涝灾害。根据中国地震台网资料显示：2020 年新疆喀什地区发生 6.4 级地震，此后震中附近相继发生了多次 4.0 级以上余震；云南巧家县发生 5.0 级地震，并引发了次生地质灾害，给当地居民带来了较大损失；2019 年台风给华东沿海带来强风雨天气，造成上海、浙江 2 省（市）82 万人受灾，27.3 万人紧急转移安置；2020 年台风带来的持续性降雨造成嫩江、松花江、黑龙江等河流超警戒水位，农作物大面积倒伏。可见，原生灾害引发的次生灾害屡见不鲜。

第四，破坏性。2012~2020 年我国自然灾害导致的直接经济损失如图 9-1 所示。其中，在 2013 年造成的经济损失更为严重，高达 5808.4 亿元；其他年份经济损失也在 2500 亿元到近 6000 亿元不等；2020 年自然灾害导致的直接经济损失达 3701.5 亿元。可见，自然灾害具有较强的破坏力，往往导致大量人民受灾，房屋倒塌损坏，农作物受损，甚至造成人员失踪死亡。

2. 我国自然灾害救助的体系建设

在"以人为本、政府主导、分级管理、社会互助、灾民自救"的指导方针下，我国自然灾害救助形成了"统分结合、条块交叉"的管理体系。依据《自然灾害救助条例》，在国家层面，由国家减灾委员会全国性或重大自然灾害救助组织、领导与协调工作；由国务院应急管理部门负责全国自然灾害救助的具体工作；国务院有关部门承担职责内的全国自然灾害救助工作。在地方层面，由县级以上地方人民政府或者人民政府的自然灾害救助应急综合协调机构，负责本行政区域内自然灾害救助的组织、协调工作；由县级以上地方人民政府应急管理部门负责本行政区域内自然灾害救助的具体工作；县级以上地方人民政府有关部门承担本行政区域内、各自职责内的自然灾害救助工作。

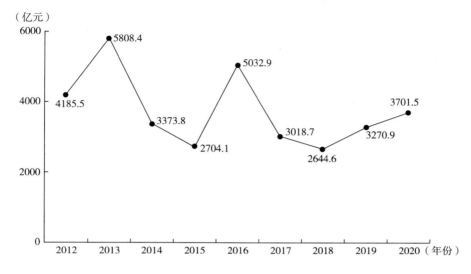

图 9-1　2012~2020 年我国自然灾害导致的直接经济损失

资料来源：《中国气象灾害年鉴》。

3. 我国自然灾害救助的制度建设

我国陆续颁布了《中华人民共和国突发事件应对法》《中华人民共和国防震减灾法》《中华人民共和国防洪法》《中华人民共和国气象法》等法律，《自然灾害救助条例》《破坏性地震应急条例》《森林防火条例》《草原防火条例》等行政法规，以及《国家自然灾害救助应急预案》《国家防汛抗旱应急预案》《国家地震应急预案》《国家突发地质灾害应急预案》《国家森林火灾应急预案》等预案，形成了较为完善的自然灾害救助制度体系。其中，《自然灾害救助条例》为规范自然灾害救助工作、保障受灾群众的基本生活提供了法律依据，并从救助准备、应急救助、灾后救助、救助款物管理等方面对自然灾害救助做出了明确规定。

（1）救助准备。救助准备是自然灾害救助的基础，主要包含应急预案制订、救援装备准备、救灾物资储备、避难场所建设以及人员队伍建设。

1）应急预案制订。《自然灾害救助条例》规定，县级以上地方人民政府需要围绕应急体系、队伍、资金、物资、设备、信息、响应、灾后救助等方面，制订相应的自然灾害救助应急预案。现阶段，我国已经建立起包含国家总体应急预案、国家专项应急预案、部门应急预案、地方应急预案在内的全国性应急预案体系，并且在 2010 年，所有省级、地级和县级政府均制订了自然灾害救助的应急预案。此外，《国家自然灾害救助应急预案》依据灾害损失情况，将自然灾害救助的应急响应分为四级，明确规定了各级响应的启动条件、程序以及响应措施，有助于在灾害发生之后协调各种资源及各方力量，快速投入灾害救助之中。

2）救援装备准备。专业化的救援装备是自然灾害救助的必要保障。《自然灾害救助条例》规定，"县级以上人民政府应当建立健全自然灾害救助应急指挥技术支撑系统，并为自然灾害救助工作提供必要的交通、通信等装备"。现阶段，我国针对自然灾害的不同类型，配备了不同的救援装备。例如：为洪涝灾害救援配备了直升机、冲锋舟等装备；为地震灾害救援配备了挖掘机、起重机、吊车等装备。此外，救援人员还需携带保险绳、气袋等小型工具，以及头盔、防护衣、救生衣等安全防护装备。近年来，随着信息技术的发展，声波探测仪、红外探测仪等智能化设备，各类信息化系统，以及卫星导向、遥感等技术越发广泛地应用于自然灾害救助之中。

3）救灾物资储备。救灾物资是保障受灾群众基本生活的重要来源。《自然灾害救助条例》规定，不仅需制定全国自然灾害救助物资储备规划及储备库，而且地方政府可依据灾害特点、人口数量等适当建立规模适度的自然灾害救助物资储备库。现阶段，我国采取中央物资储备制度。依据《关于加强自然灾害救助物资储备体系建设的指导意见》，为保障受灾群众能够在自然灾害发生的 12 小时内获得基本生活救助，我国不仅在北京、天津、哈尔滨、沈阳、郑州、武汉、长沙、合肥、福州等地设立了国家自然灾害救助物资储备库；而且初步建立了"国家-省-市-县"四级的物资储备体系，以储备库为依托的物资储备网络基本形成。此外，遵照"保障受灾群众有安全住所、有饭吃、有衣穿、有洁净水喝"的总体要求，自然灾害救助物资涵盖了帐篷、被服、装具 3 大类 14 个品种，保障了受灾群众的基础生活。

4）避难场所建设。应急避难场所是指在灾害发生后，用来躲避由灾害威胁、保障人民群众基本生活，而提前划分出具有特定功能设施的场地。《自然灾害救助条例》规定，县级以上地方政府不仅需要依托公园、广场、体育场馆等公共设施，统筹规划应急避难场所；而且在灾害发生时，需通过多种途径告知居民前往避难场所并提供避难场所的位置信息。2017 年，《地震应急避难场所运行管理指南》正式实施，成为我国首个应急避难场所运行管理的基础性国家标准。

5）人员队伍建设。自然灾害救助队伍建设是提升重大自然灾害应对能力与救助能力的关键。《自然灾害救助条例》规定，要不断加强自然灾害救助队伍的建设与培训，并且在村委会、居委会、企业事业单位中设立自然灾害信息员。为建立"以防灾减灾专业人才队伍为骨干力量，以各类灾害应急救援队伍为突击力量，以防灾减灾社会工作者和志愿者队伍为辅助力量"的自然灾害救助队伍，国家减灾委员会印发了《国家防灾减灾人才发展中长期规划（2010～2020 年）》的通知，提出了人才队伍建设的总体要求与发展重点。

（2）应急救助。应急救助是自然灾害救助的重要环节，主要包括灾害预警、应急响应、灾情统计。其中应急响应又包含物资供应、资金调拨、人员支援。

1）灾害预警。灾害预警是自然灾害救助的前期性工作和基础条件。完善的灾害预警体系有助于相关部门在最短的时间内尽快发布灾情信息，掌握自然灾害救助的主动权。《自然灾害救助条例》规定，依据自然灾害预警预报，县级以上政府或应急综合协调机构应启动预警响应，并采取发布自然灾害风险警告、开放避难场所、加强安全保障、做好救助准备等措施。现阶段，我国已初步建成覆盖各类灾种的预警预报体系，包括地震监测预报、地质灾害预警预报、气象灾害监测预报、大江大河的灾害性洪水预警预报、农作物和森林病虫害测报、森林和草原防火预警、海洋环境和灾害监测等。

2）应急响应。依据应急预案启动相应的应急响应是自然灾害救助的关键。政府作为自然灾害救助的主导，当自然灾害达到应急预案的启动条件后，将启动相应级别的自然灾害应急响应工作。《自然灾害救助条例》规定，县级以上政府或者自然灾害救助应急综合协调机构采取的措施包括：发布防范措施及预防措施、做好抢险救灾工作、转移安置受灾群众、调拨并运输应急资金和物资、提供基本生活救助、安慰受灾群众、处理遇难人员善后事宜、进行灾前趋势和需求分析、组织受灾群众开展自救互救以及社会捐赠活动等。其中，物资供应、资金调拨、人员支持是自然灾害应急响应工作的重点。

第一，物资供应。自然灾害发生后，需要在最短时间内，以最快的速度和最安全的方式，将救援物资送到受灾群众手中，以最大限度减少灾害带来的损失。《自然灾害救助条例》规定，不仅县级以上地方政府需要紧急调拨、运输自然灾害救助应急物资，及时向受灾群众提供基本生活救助；而且县级以上地方政府或应急综合协调机构可紧急征用本行政区域内的物资、设备、交通运输工具和场地，并在应急救助工作结束后及时归还，依照国家有关规定给予相关补偿。目前，我国已形成较为完善的交通网络体系，保障了物资运输并缩短了运输时间，物资供应效率显著提升。

第二，资金调拨。现阶段，我国自然灾害救助资金主要依靠政府财政支出，包括转移安置资金补助、旱灾救助资金补助、因灾遇难人员家属抚慰金等，并采用分级管理、专款专用的管理模式。其中，分级管理是指自然灾害救助资金主要由各级政府分担，即结合上一年的救灾支出经验编制本年度自然灾害救助的经费预算。该预算可在灾害发生后依据实际情况进行调整，并且在遭遇特大自然灾害时，可向中央申请救灾补助。其中救助补助包括灾民生活救济经费、汛前应急度汛经费、防汛抗旱经费、农业救灾经费、卫生救灾经费、水毁道路补助经费、恢复重建补助经费等。为了保障自然灾害救助工作的及时开展，我国建立了救灾资金的应急拨付机制，确保中央救灾资金能够在灾害发生后的 2~3 天，拨付到受灾省份。专款专用是指相关资金仅能用于保障受灾群众尤其是重灾区、重灾户的基本生活。《自然灾害救助条例》规定，自然灾害救助资金应用于受灾群众的紧急转移安置，基本生活救助，医疗救助，救灾物资采购、储存和运输，灾后恢复重建，以及遇难人员的抚慰等支出。

第三，人员支援。人民军队是自然灾害救助的主力，常与公安、消防、卫生等救援队伍相互配合，共同坚守在抗灾救灾第一线。近年来，许多非政府性的救援组织和志愿者也加入自然灾害救助之中。现阶段，我国按照"国家队、主力军"的定位，构建了以国家综合性消防救援力量为主力，军队应急力量为突击，专业应急力量为协同，社会应急力量为辅助的应急救援队伍，保证了在自然灾害发生之后，能够快速调动并集结应急救援人员，迅速展开转移安置群众、应急抢险等抗灾救灾任务。

3）灾情统计。灾情信息管理是提升我国应急管理体系整体协调治理能力的必要保障。《民政部关于加强自然灾害灾情信息报送管理工作的通知》《关于加强全国灾害信息员队伍建设的指导意见》均强调了准确、及时传达灾情信息的重要性。《自然灾害救助条例》规定，当自然灾害造成较大人员伤亡或者财产损失时，受灾地区县级政府应当立即向本级政府和上一级政府报告；当自然灾害造成重大或特别重大人员伤亡或者财产损失时，受灾地区县级政府在必要时可直接报告国务院。此外，在灾情稳定前，受灾地区政府应当每日逐级上报人员伤亡、财产损失和救助工作等情况，并及时向社会发布。在灾情稳定后，受灾地区县级以上政府或者自然灾害救助应急综合协调机构应当评估、核定并发布自然灾害损失情况。

（3）灾后救助。灾后救助实质上是一种社会福利，是一种基于人道主义的单方施舍行为，并无对应的权利义务关系。我国的灾后救助以政府为主导，以自力救济为原则，鼓励多种社会力量共同参与，主要包括过渡性安置、恢复重建以及冬春灾民生活困难救助。

1）过渡性安置。《自然灾害救助条例》规定，受灾地区的政府将在保障受灾群众安全的前提下，采取过渡性措施，将就地安置与异地安置、政府安置与自行安置相结合，保证安置地点交通便利、有利于恢复生产生活，避开可能发生次生自然灾害的区域，并且尽量不占或少占耕地。

2）恢复重建。在灾情稳定之后，政府需在"突出重点，民生优先；统筹规划，分类指导；科学重建，分步实施；明确标准，综合配套"的原则下，制定并落实灾后恢复重建工作，优先建设或修缮倒塌或损毁严重的房屋、学校、道路等，尽快恢复生产生活活动。《自然灾害救助条例》规定，受灾地区的政府应鼓励并组织受灾群众自救互救、恢复重建。不仅应统筹研究制定受灾房屋的恢复重建规划及优惠政策，并组织重建或修缮；而且在恢复重建中，重点帮扶困难家庭，为补助对象提供资金、物资及技术支持，保障房屋经济实用、建设质量符合防灾减灾要求。

3）冬春灾民生活困难救助。冬春灾民生活困难救助是考虑到受灾群众需要更长时期的生活救助，在春荒（3~5月）、冬令（12月至次年2月）这两个时段内，为受灾群众提供食物、衣被及医疗救助，受灾群众可以凭灾民救助卡按月领取救灾物款。《自然灾害救助条例》规定，受灾地区政府应在自然灾害发生后的当年冬季、次年春季，评估本行政区域内的灾民困难及需求，核实救助对象，编制工作台账，制订救助工作方案，为生活困难的受灾群众提供基本生活救助。此外，政府还需为特殊情况下或特别困难的受灾群体提供临时性救助，如发放临时性生活补贴或生活救助补助。

（4）救助物款管理。对救灾物资和资金的使用同样是自然灾害救助的重要环节。救助款物包括中央和地方政府下拨的专门救灾物资和资金，以及通过红十字会等社会组织筹集的救济款物。前者需要建立专门账户，严格审核并监督检查物资和资金的使用；后者同样需要遵照公开透明的原则，接受社会监督。《自然灾害救助条例》规定，县级以上政府负责分配、调拨、管理自然灾害救助资金与物资，并需要监督并检查其使用情况。对于捐赠的物款，应按照捐赠人的意愿使用或由县级以上政府统筹安排。受灾地区村民委员会、居民委员会应及时公布救助对象、接受款物的数额及使用情况，并通过报刊、广播、电视、互联网，主动向社会公开有关信息，及时受理投诉和举报。

4. 我国自然灾害救助的现状评述

（1）我国自然灾害救助取得的成就。

第一，自然灾害救助体系机制得以完善。在"统分结合、条块交叉"的指导方针下，我国建立了一套由国家减灾委员会全国性或重大自然灾害救助组织领导，应急管理部门负责抗灾救灾具体工作制定及实施，各部门相关协助、发挥各自职能，地方负责各自行政区域内自然灾害救助的一套系统性的体系机制。尤其是2018年成立了中华人民共和国应急管理部，使之前多部门自成体系，职能交织重叠，各机构间资源难以整合的现象得到改善，大大增加了抗灾救灾的效率。

第二，社会组织参与自然灾害救助的比重逐渐加大。从党的十八大报告提出要"引导社会组织健康有序发展，充分发挥群众参与社会管理的基础作用"，到党的十九大提出"加强和创新社会治理领域，提出要建立共建共治共享的社会治理格局"，"形成社会治理人人有责、人人尽责的局面"，我国自然灾害救助工作在变革过程中，由政府单一参与的救助机制逐渐转向政府、社会组织等多主体参与的新格局。现阶段，我国社会组织参与灾害救助主要体现在参与数量与资金物资援助之上。在参与数量上，在 2019 年台风"利奇马"救援工作中，据不完全统计，浙江省共有 95 家社会组织参与，其中浙江省公羊会公益救援促进会在救灾中共出动 25 名队员，累计转移群众 235 名，抢救人员 35 名。在资金等物资援助上，《中国社会报》显示，在抗击洪水灾害中，江苏省参与防汛救灾的社会组织有 67 家，参与救援人数 2292 人，捐款 266 余万元，捐赠物资 11.7 万件。爱德基金会联合各地合作伙伴积极响应灾情，已投入超过 191 万元的紧急援助资金，为江西、贵州等六个省份的受灾群众提供紧急援助物资 11.18 万件。

第三，自然灾害救助资金投入加大、资金分配更加合理。我国不仅自然灾害救助资金投入呈现逐年上升的趋势，而且灾害预防资金逐渐上升，灾害应急救援资金逐渐减少。以地震灾害为例，图 9-2 中展示出我国 2014~2020 年地震各项事务的资金投入情况，从中可以看出，我国在地震监测上的资金投入最多，并逐年加大；2017 年之后，在地震预测预报上的资金投入逐渐加大。此外，2016 年之后，地震灾害预防资金投入超过了地震应急救援资金；2017 年后，灾害预防资金投入还在不断增加，而应急救援资金投入却在减少。可见，我国自然灾害预防机制得到不断完善，预灾、防灾的理念深入人心。

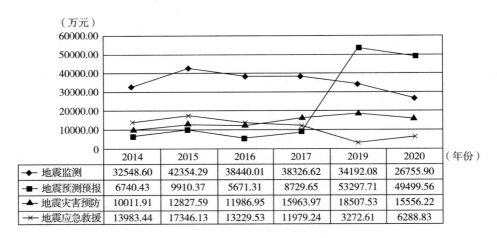

（万元）	2014	2015	2016	2017	2019	2020
地震监测	32548.60	42354.29	38440.01	38326.62	34192.08	26755.90
地震预测预报	6740.43	9910.37	5671.31	8729.65	53297.71	49499.56
地震灾害预防	10011.91	12827.59	11986.95	15963.97	18507.53	15556.22
地震应急救援	13983.44	17346.13	13229.53	11979.24	3272.61	6288.83

图 9-2 2014~2020 年地震事务各项具体投入情况

注：2018 年数据未获得。

资料来源：《中国地震局公开决算书》。

第四，救灾中的"人本思想"得到持续贯彻。进入 21 世纪，我国更加注重"以人为本"的救灾原则，例如：《汶川地震灾后恢复重建条例》中提出"保障受灾群众基本生活条件方面，体现人文关怀；在过渡性安置中，在保障安全的前提下，强调尊重群众的意愿"，并且当时救助标准是："每人每天 10 元钱，1 斤粮，重点解决无居住、无生产资料、无收入来源以及地震灾区新造成的'三孤'人员的生活"。2021 年，青海地震中"三孤"人员的生活补助金标准增加到每人每月 1000 元。可见，我国在灾害救助上始终把人民的生命财产放在第一位。

第五，灾害救助预防体系日趋完善。近年来，我国在灾害预防机制和监测技术上都得以完善。在法律制度上，颁布《中华人民共和国防震减灾法》。在地震监测的设备上，我国建立多网融合的高密度地震观测台网，具备高可靠的地震预警与烈度速报自动化处理系统，同时又满足地震预警、地震参数速报、烈度速报和地震科学研究等多方面的需要，大大增加了地震灾害预报的精准度。在四川省 2019~2020 年 7 月发生的 10 次 M5.0 以上地震中，地震预警系统都进行了有效的预警处理，其中在威远发生的 5.4 级地震中，震后 7.9 秒便发出第一次地震预警结果；在资中县 5.2 级地震中，地震横波刚传播不到 30 千米，就发出了预警信息。

（2）我国自然灾害救助的不足之处。

第一，自然灾害救助法律制度不健全。我国颁布了许多自然灾害救助法律制度，虽然在单灾种防范法上较为完善，如《中华人民共和国防震减灾法》《中华人民共和国防洪法》《中华人民共和国气象法》《森林防火条例》《草原防火条例》等，但综合性的法律制度数量不是很多，仅有《自然灾害应急救助应急预案》《自然灾害救助条例》等少数法律。此外，在内容上，政府在救灾工作的具体职责、权力界限等上有待进一步明确，并且缺少应对自然灾害发生时具体性指导。

第二，韧性城市建设需要不断完善。为提高城市风险防控能力，党的十九届五中全会上首次提出建设"韧性城市"，它指城市凭借自身能力抵御灾害并调配资源从灾难中恢复。我国城市在应对自然灾害的能力上有所欠缺，并且在资源调配上也不尽完善。一方面，应对自然灾害的设施建设有待完善。以城市的防涝排水系统建设为例，广州、深圳、重庆、杭州、南京、南昌等城市，轮番上演"城市看海"。2021 年 7 月，河南省多地遭遇强降雨，截至 7 月 22 日，超过 300 万人受灾，灾害导致大面积停水停电，超过 98 万用户供电受到影响，交通通信系统也受到严重影响，航班延误、列车停运，郑州、新乡等地积水内涝严重，出现大量车辆被淹，房屋、围墙倒塌等现象。另一方面，灾害发生后的资源调配效率有待提升。在应对灾害时，政府往往紧急筹措应急物资，不仅导致救灾成本加大，还使救灾资源只是简单相加而没有产生有效系统作用。例如：芦山地震时，在商务部的组织协调下，四川省商务部门共向雅安市运送包括食品等应急物资 128 车，并交付物资接收点。但由于交通堵塞，导致停留在了物资集结中心，使资源没有发挥应有的作用。

二、我国突发公共卫生事件救助的现状分析

突发公共卫生事件是指突然暴发的、损害或可能损害人民群众身体健康和生命安全的卫生事件，包括传染性流行疾病、群体性不明原因疾病、群体性食物和职业中毒、动物疫情以及其他不明原因的有害生物入侵事件等。公共卫生事件既可能由人为因素引起，也可能是非人为因素导致。突发公共卫生事件救助是指国家和社会在公共卫生事件发生之后，为相关患者、特殊困难群体和一线工作人员提供医疗救治、医疗及生活物资等救助，从而减少疾病传播、维护人民群众的生命健康，保障人民群众的基本生活。

1. 我国突发公共卫生事件救助的体系建设

（1）防疫体系。公共卫生防疫体系旨在开展业务管理及科学研究，发挥"中枢神经"的作用。该体系涉及监测预警及疾病防控，前者包括监测控制、信息收集与处理、预测预警等；后者包括疾病研究、科学决策、紧急救援、事件综合处置等。目前，我国在国家层面，成立了中国疾病预防控制中心，下设多个与流行病、传染病、职业卫生、环境卫生、食品卫生等相关的研究机构。在地方层面，形成覆盖省、市、县的防疫体系，开展公共卫生相关的研究、管理及宣传教育工作。

（2）应急体系。我国突发公共卫生事件的应急响应体系如图9-3所示，包括国家、省、市、县四级。2018年，国务院成立了应急管理部，负责编制国家总体应急预案，指导包括公共卫生事件在内的各项应急救援工作。依据公共卫生

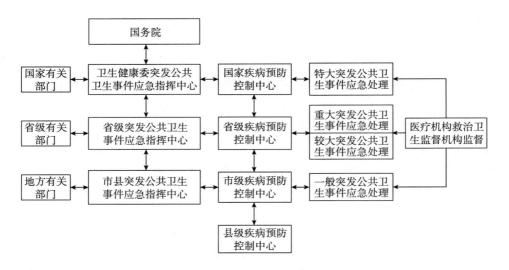

图9-3　中国突发公共卫生事件的应急响应体系

资料来源：网络收集。

事件的类型及严重程度，国家卫健委同中国疾控中心等部门将决定是否成立国家突发公共卫生事件应急指挥部；在省、自治区、直辖市政府的领导下，其卫生健康部门决定是否成立应急指挥部及工作组，负责突发公共卫生事件的救治、科研及保障等工作；在市、县政府的领导下，其卫生健康部门决定是否成立应急指挥部，负责辖区内突发公共卫生事件的应急处置。

（3）救治体系。公共卫生救治体系旨在通过医疗商品和服务提高或改善公民健康水平，是公共卫生的基础，是突发公共卫生事件防控的"排头兵"。该体系主要依托医院、基层卫生机构和专业公共卫生机构等，承担突发公共卫生事件的疾病监测、报告、救治等重要工作。

2. 我国突发公共卫生事件救助的制度建设

我国先后颁布了《中华人民共和国传染病防治法》《突发公共卫生事件应急条例》《国家突发公共事件总体应急预案》《关于疾病预防控制体系建设的若干规定》《关于加强基层应急队伍建设的意见》《关于加强卫生应急工作规范化建设的指导意见》《全国医疗机构卫生应急工作规范（试行）》《全国疾病预防控制机构卫生应急工作规范（试行）》《全国流行性感冒防控方案（试行）》等法律规章，不断健全应对突发公共卫生事件的法制体系。其中，《突发公共卫生事件应急条例》为规范突发公共卫生事件的救助工作提供了法律依据，并从预防与应急准备、报告与信息发布、应急处理等方面对突发公共卫生事件救助做出了明确规定。

（1）预防与应急准备。预防与应急准备主要包含应急预案制订、预防控制、监控预警、物资储备、设施建设、队伍建设。

1）应急预案制订。《突发公共卫生事件应急条例》规定，依照"分类指导、快速反应"的要求，由国务院卫生行政主管部门制定涵盖突发事件应急处理指挥、监测预警、信息报告、应急处置、物资储备、队伍建设等内容的全国突发事件应急预案，报请国务院批准；地方政府则依据全国突发事件应急预案并结合本地实际情况，制订本行政区域的突发事件应急预案，并根据突发事件的变化和实施中发现的问题及时进行修订、补充。此外，《国家自然灾害救助应急预案》依据突发公共卫生事件的性质、危害等，划分了四个等级的应急响应，明确规定了各级响应的启动条件、程序以及响应措施，从而及时、有效地进行处置并控制事态发展。

2）预防控制。《突发公共卫生事件应急条例》规定，县级以上政府的卫生行政主管部门和其他有关部门，不仅要开展突发事件应急的知识教育，增强全社会的防范意识和应对能力；而且要做好传染病预防和其他公共卫生工作，防范突发事件的发生。与其他突发公共事件不同，人类已经对部分突发疾病有了一定了解，掌握了其防控途径，甚至可进行干预及治疗。因此，对已知疾病的预防与控制对于减少突发公共卫生事件给人民群众和社会发展带来的负向影响具有重要意义。

3）监控预警。《突发公共卫生事件应急条例》规定，国家需要建立统一的突发事件预防控制体系，县级以上政府不仅要建立健全突发事件监测与预警系统，而且需指定专门机构负责突发事件的日常监测，确保系统正常运行。在实际监测与预警工作中，要依据突发事件的类别制订监测计划，科学分析、综合评价监测数据，及时报告潜在隐患及可能发生的事件。目前，在我国部分地区，已建立起监测预警系统及日常监测小组，从而科学预测突发公共卫生事件的发生概率。此外，我国正在积极推进大数据、云计算、人工智能等数字技术在监测预警方面的应用，拟建成联通各级人口健康数据的信息平台，实现相关业务系统的信息共享。

4）物资储备。《突发公共卫生事件应急条例》规定，国务院有关部门、县级以上政府及其有关部门，需按照突发事件应急预案的要求，保证应急设施、设备、救治药品和医疗器械等物资储备。在突发公共卫生事件中，除了基本的食物、水等物资外，还应涵盖救治药品、救护设备、防护装备、医疗器械、诊断试剂、疫苗等卫生用品，不仅要保障病患的基本生活，而且要做好医务工作者的防护工作，切实保障公民的生存权。现阶段，我国建立了物资储备库，并初步形成了中央、省、县三级的全国应急物资储备网络。

5）设施建设。《突发公共卫生事件应急条例》规定，县级以上政府需加强急救医疗服务网络及设施的建设，提高医疗卫生机构应对各类突发事件的救治能力。特别地，为了有效应对传染性疾病，设区的市级以上政府应当设置专门的传染病医院，或者指定具备传染病防治条件和能力的医疗机构承担相关防治任务。例如：在此次新冠肺炎疫情防控中，武汉市指定了金银潭医院、市肺科医院、汉口医院等医疗卫生机构进行集中收治，迅速建成雷神山和火神山两个临时医院，改造并启用多个"方舱医院"。

6）队伍建设。《突发公共卫生事件应急条例》规定，县级以上政府的卫生行政主管部门，不仅应定期对医疗卫生机构和人员开展有关突发事件应急处理的知识、技能培训，而且要定期组织医疗卫生机构进行突发事件应急演练。此外，为有效应对突发公共卫生事件，我国不仅积极动员拥有参与意愿、技术能力、空余时间的社会成员，协助开展体温测量、人员排查、物资运输等基层防疫工作；而且大力宣传健康知识和理念，发动全体公民参与到突发公共卫生事件的应急处置中。

（2）报告与信息发布。

1）应急报告。我国建立了突发事件应急报告制度。《突发公共卫生事件应急条例》规定，国务院卫生行政主管部门需制定突发事件应急报告规范，建立重大、紧急疫情信息报告系统。在遇到发生或者可能发生传染病暴发、流行，发生或者发现不明原因的群体性疾病，发生传染病菌种、毒种丢失以及发生或者可能发生重大食物和职业中毒事件的情况时，突发事件监测机构、医疗卫生机构和有关单位应当在 2 小时内向所在地的卫生行政主管部门报告；所在地的卫生行政主管部门应当在 2 小时内向本级政府报告，并同时向上级政府卫生行政主管部门和国务院卫生行政主管部门报告；县级政府应当在接到报告后 2 小时内向设区市级政府或者上一级人民政府报告；设区市级政府应当在接到报告后 2 小时内向省、自治区、直辖市政府报告；地方政府不仅应当在接到报告 1 小时内向国务院卫生行政主管部门报告，而且应立即对报告事项调查核实、确证，采取必要的控制措施并及时报告调查情况；对于可能造成重大社会影响的突发事件，国务院卫生行政主管部门应立即向国务院报告。

此外，《突发公共卫生事件应急条例》还规定了国务院卫生行政主管部门可依据突发事件的情况，向国务院有关部门和各省、自治区、直辖市政府卫生行政主管部门以及军队有关部门进行通报；突发事件发生地的省、自治区、直辖市政府的卫生行政主管部门，应及时向毗邻省、自治区、直辖市政府的卫生行政主管部门进行通报；接到通报的省、自治区、直辖市政府的卫生行政主管部门在必要时需通知本行政区域内的医疗卫生机构；县级以上地方政府有关部门，已发生或发现可能引起突发事件的情形时，应当及时向同级人民政府卫生行政主管部门进行通报。

2）信息发布。我国建立了突发事件的信息发布制度。《突发公共卫生事件应急条例》规定，由于国务院卫生行政主管部门负责向社会发布突发事件的信息，或者在必要时授权给省、自治区、直辖市政府的卫生行政主管部门。例如：在此次新冠肺炎疫情防控期间，我国严格执行"日报告""零报告"制度，及时公开疫情情况，并召开多场新闻发布会，回答公众关心的问题，并对工作情况及下一阶段工作计划等进行介绍。

（3）应急处理。《突发公共卫生事件应急条例》规定，卫生行政主管部门在突发事件发生后，组织专家进行综合评估，以判断是否启动突发事件应急预案。应急预案启动后，突发事件发生地的政府有关部门，应根据应急预案的要求，服从应急处理指挥部的统一指挥，采取有关的控制措施，提供必要资金，确保医疗物资生产及供应，并且与医疗卫生机构、监测机构和科学研究机构等相互配合、协作。此外，我国在吸取非典型性肺炎疫情的经验教训之后，切实提升应对新发传染病的能力。

3. 我国突发公共卫生事件救助的现状评述

（1）我国突发公共卫生事件救助取得的成就。

第一，救助体系机制不断完善。我国从 2003 年抗击"非典"、2013 年抗击人感染 H7N9 禽流感到抗击新冠肺炎疫情，我国突发公共卫生事件救助体系机制不断得到完善。在法律制度上，自抗击"非典"后，"一案三制"便在我国大力推行，国家颁布了《突发公共卫生事件应急条例》，2013 年防控 H7N9 禽流感也颁布了《人感染 H7N9 禽流感疫情防控方案》《人感染 H7N9 禽流感医院感染预防与控制技术指南》等，制度体系不断健全。在管理举措上，2003 年我国启动全国 SARS 疫情监测网络直报系统，搭建了全球最大的传染病疫情和突发公共卫生事件网络直报系统；2020 年新冠肺炎纳入网络直报系统，这套系统的搭建，将突发公共卫生事件信息平均报告时间从原来的 5 天缩短到 4 小时内，并具备了在 72 小时内检测 300 余种病原体的能力。疫情防控管理效率大大提高。在响应速度上，2019 年新冠肺炎疫情暴发，我国不仅迅速建成雷神山和火神山医院，改造并启用多个"方舱医院"，解决大量病患安置问题；而且大力研究有关疫苗，并积极推广疫苗接种。

第二，综合保障能力不断提升。一方面，应急队伍建设取得明显成就。2019 年新冠肺炎疫情暴发，我国迅速成立了由政府统一指挥、国家卫生健康委员会牵头、32 个部门组成的应对新冠肺炎联防联控队伍。同时，社会组织发挥着重要作用。另一方面，基层的主观能动性不断增加。以本次新冠肺炎疫情防控为例，社区基层工作人员发挥组织、监督、宣传的主要作用，开展了社区封闭管理工作，对于居民生活起居（如采购等问题），采用"微服务"等方式，通过各类社群，为居民团购蔬菜和日用品，同时采用张贴抗疫宣传语、播放大喇叭、社区巡查等方式开展宣传、监督工作。

第三，社会恢复能力增强。以本次新冠肺炎疫情为例，随着防控工作态势逐渐良好，武汉市医疗秩序逐渐恢复。从 2020 年 3 月 8 日武汉市第六医院等首批恢复门诊，到 5 月 16 日实现全面恢复正常，6 月初全国医疗服务状况也恢复到了上年同期的 85%。此外，随着新冠肺炎疫情慢慢稳定，我国经济逐渐有序恢复。据国家统计局发布数据，2020 年中国 GDP 达到 101.6 万亿元，同比增长 2.3%。外卖、电商、线上院线、教育、办公、无人驾驶汽车、网络游戏等行业都获得了较大的发展。

（2）我国突发公共卫生事件救助的不足之处。

第一，突发公共卫生事件法律制度有待健全。在应对突发公共卫生事件上，我国仍存在法律文件数量少、救助内容缺乏明确指导性等问题。当突发公共卫生事件发生后，一般由政府紧急下发应急文件，各级政府根据本省情况和中央下发的指示发布临时法律法规进行应急管理，往往具有滞后性，也加重了社区基层管理的难度，不利于开展救助工作。

第二，对资源的统筹分配能力不足。以本次新冠肺炎疫情为例，截至 2020

年 3 月 8 日，在资金及物资捐赠上，湖北省累计接收社会捐赠资金 137.93 亿元，累计接收社会捐赠物资 9907.25 万件。在人力支援上，截至 2020 年 2 月 3 日晚，中国各地共派出 70 支医疗队、8329 名医疗队员，奔赴湖北省疫情防控前线参与救援工作。虽然在资金、物资以及社会力量的支援上都十分充足，但对这些资源却缺乏专门的人员及部门进行统一管理，进而产生一系列的问题。比如：在此次新冠肺炎疫情中，面对来自广大社会捐赠的救灾物资，湖北省红十字会在物资分配中暴露出各部门间职权不清晰、互相推责的现象。

第三，物资储备能力不足。当突发公共卫生事件暴发后，我国物资暴露出医务专用物储备数目不足等现象。例如：2003 年 SARS 暴发之初，医院出现工作性防护用品全线告急，防护服和口罩生产缺乏标准等现象；2019 年，在抗击新冠肺炎疫情时，物资储备依然暴露短板，全国各地医院皆出现口罩、护目镜、防护服、隔离服、面屏等物资严重不足的问题。

三、我国突发社会安全事件救助的现状分析

社会安全事件是指由于人为因素造成的人身财产损失、危害社会安全及影响社会稳定的突发事件，不同于自然灾害、突发公共卫生事件，突发社会安全事件是肇事者主动进行的袭击和破坏活动，具有主观性和故意性。突发社会安全事件救助是指被害人合法权益受到侵害且无法认定加害方或者加害方死亡、无力赔偿的情况下，国家和社会对被害人进行补偿救助，从而妥善解决社会安全事件引发的矛盾和纠纷，保障被害人的最低生活水平，维护社会稳定。

（1）我国突发社会安全事件救助的体系建设。公安机关主要负责处理重大群体性事件、规模较大的群体性事件等社会安全事件。《公安机关处置群体性事件规定》指出，公安机关在处理扰乱社会秩序或危害公共安全的集会、游行、示威、上访、罢工、非法集会、聚众围堵、聚众滋事、聚众哄抢、聚众械斗等群体行为中，承担掌控并报告事件动态、提出并报告处置方案、适时适度出动警力、依法采取相应的强制处置措施等责任：①对于一般群体治安事件，由事发地的县（市）公安机关负责；②对于重大群体治安事件，由事发地的县（市）公安机关负责，必要时上级公安机关可派人进行现场指导、协调工作，甚至直接负责现场处置工作；③对于跨区域的群体治安事件，由双方共同的上级公安机关负责，或者由上级公安机关指定的下级公安机关负责。在处置过程中，公安机关不仅可依法组织各种警力，而且在必要时可依法调动使用人民武装警察部队。

人民武装警察部队同样肩负着维护国家安全和社会稳定的使命，负责防范和处置严重威胁公共安全的有关事件。《中华人民共和国人民武装警察法》规定，因重大活动安全保卫、处置社会安全事件、防范和处置恐怖活动等需要人民武装警察部队协助的，中央国家机关、县级以上地方政府可按照国家有关规定提出需

求，并进行业务指导：①在参与处置动乱、暴乱、骚乱、非法聚集等突发事件中，人民武装警察部队主要承担保卫重要目标安全、封锁控制有关场所和道路、制止违法犯罪行为、营救和救护受困人员、武装巡逻、恢复社会秩序等任务。②在防范和处置恐怖活动中，人民武装警察部队主要承担现场控制、救援、救护，武装巡逻、重点目标警戒，营救人质、排除爆炸物，协助公安机关逮捕、追捕恐怖活动人员，参与处置劫持航空器等交通工具事件的任务。

（2）我国突发社会安全事件救助的制度建设。我国先后颁布并修订了《中华人民共和国突发事件应对法》《中华人民共和国反恐怖主义法》《公安机关处置群体性事件规定》，为应对社会安全事件提供了法律依据与保障。其中，《中华人民共和国突发事件应对法》从监测预警、应急响应、善后处置等方面对社会安全事件救助做出了明确规定。

1）监测预警。社会安全事件的发生往往是有预谋、有征兆的，并且多由小规模、可控性事件不断积累而形成。及时掌控并防范社会安全事件的发生，防止矛盾激化和事态扩大，对于应对社会安全事件至关重要。《中华人民共和国突发事件应对法》指出：不仅县级政府及有关部门、乡级政府、街道办事处、居委会、村委会均承担着调解处理矛盾纠纷的责任，以避免其引发社会安全事件；而且各单位应掌握并防范可能引发社会安全事件的内部问题。

2）应急响应。社会安全事件发生后，应当及时采取相应措施，妥善处置现场纠纷和争端，控制事态发展，维护治安秩序以及人民群众的生命、财产安全。《中华人民共和国突发事件应对法》指出：在社会安全事件发生之后，公安机关可采取强制隔离、对特定区域进行管控、封锁有关场所和道路、查验现场人员的身份证件、限制有关公共场所内的活动、加强对易受冲击的核心机关和单位的警卫、设置临时警戒线等一项或者多项应急处置措施。对于严重危害社会治安秩序的事件，公安机关应当立即依法出警，根据现场情况依法采取强制性措施并尽快恢复社会秩序。此外，对于因单位问题引发的社会安全事件，或者涉事主体是单位人员的社会安全事件，有关单位应及时上报并及时派负责人赶赴现场开展劝解、疏导工作。

3）善后处置。《中华人民共和国突发事件应对法》指出：不仅社会安全事件发生后，应当尽快恢复社会秩序，并采取或者继续实施必要措施，防止重新引发社会安全事件；而且应制定并组织实施救助、补偿、抚慰、抚恤等善后工作计划。其中，社会安全事件中导致死亡或者伤残的，在被害人不能从加害方得到足够的赔偿时，可按照《中华人民共和国国家赔偿法》《中华人民共和国社会救助法》《中华人民共和国社会保险法》《伤残等级评定标准》等相关规定，由国家依据实际情况给予被害人及家属一定的行政补偿和救助，同时辅以社会捐赠、保险公司等赔偿。在社会安全事件造成被害人死亡的情况下，给予死亡被害人遗属一定的补偿救助，如抚恤金、丧葬费、慰问金、抚养或扶养人生活费；在社会安全事件造成被害人伤残的情况下，可给予被害人本身一定的补偿救助，如治疗费、护理费、残疾补助费、抚养或扶养人的生活费。

（3）我国突发社会安全事件救助的现状评述。

1）我国突发社会安全事件救助取得的成就。

第一，我国社会安全事件的预警机制得到不断完善。例如，2014年新年，上海外滩发生拥挤踩踏事件，为了避免这类惨案再次发生，2014年国庆节期间，武警战士筑起了"人墙红灯"，这个模式之后被沿用，2021年五一假期，武警战士再次上演"拉链式"引导游客过马路，有效疏导了人流、车流。

第二，目前我国已初步建立了突发社会安全事件的预案体系，以湖南省为例，由公安厅牵头制订发布了《湖南省重大群体性事件应急预案》《湖南省处置恐怖袭击事件应急预案》《湖南省公共场所安全事故应急预案》等5个专项应急预案和处置重大灾害事故、反劫机等其他部门应急预案，市级公安机关相应制定各类预案171个，县级公安机关相应制定各类预案583个。

2）我国突发社会安全事件救助的不足之处。

第一，立法不完善。我国关于社会安全事件救助的法律制度不健全，相关法律规章较少，并且现有法律规章中仅仅规定了政府在救助工作中的职能，但是在具体工作实施上不够详细，当事故发生后，不能及时、准确进行处理。

第二，救助机制不健全。我国在突发社会安全事件救助机制上的不健全主要体现在预警防范机制与应急救援机制两个方面。在预警防范机制上，对突发社会安全事件的灾害预警重视度较低、投入过少。在应急救援机制上，缺乏对突发社会安全事件后的应对措施。

第三节　中外制度比较及经验借鉴

一、"政府刚性治理"+"地方柔性自治"的模式

"政府刚性治理"+"地方柔性自治"模式以"统一管理、属地为主、分级响应、标准运行"为特征，美国就为该模式的典型代表。

（1）制度制定。美国为应对突发事件，相继出台了《灾害救助和紧急援助法》《美国联邦灾害紧急救援法案》《国土安全法》《灾害救济法》等一系列法律法规。

在国家层面，自然灾害、突发公共卫生与社会安全事件都需要国土安全部制

订减灾计划并加强不同类型灾害的应急反应能力，以有效防止灾害的发生。同时，针对不同的突发事件，建立了不同的管理部门。针对自然灾害，在国土安全部下设的联邦应急管理局制定法律与政策来管理各级政府，将美国分为10个区，每个区建立了区域紧急事务管理办公室。针对突发公共卫生事件，设立了美国卫生及公共服务部，建立国家疾病预防控制中心。针对突发社会安全事件，美国则颁布了《反恐怖法案》以惩治恐怖分子。

在州政府层面，针对不同的事件建立了不同的应急管理部门。针对自然灾害和突发社会安全事件，各州政府建立了应急处理中心，以快速地对灾害地区进行协调与援助。针对突发公共卫生事件，各州政府建立了卫生资源和服务中心，并运用医院应急准备系统，以不断提高医院各部门的应急能力。

在地方政府层面，针对突发事件建立了更加完善与详细的管理系统。针对自然灾害，地方政府运用上级政府提供的资金设计并建立防灾工程与应急物资储存仓，为易发生灾害的地区提供灾害保险。针对突发公共卫生事件，地方政府建立大都市应急指挥系统，实现警察、消防、医院和志愿者之间相互协作，使公共卫生事件在未扩大危害范围之前就得到有效控制。针对突发社会安全事件，各地方政府通过学校或专门机构加强民众的防范意识，提高民众的警惕和保护意识。

（2）事前准备。在国家层面，国家在突发事件发生前制定了监测和预防措施，做好了灾前防范工作。针对自然灾害，建立了国家天气局，监测灾害性天气并通过通信网络及时传递灾害信息。针对突发公共卫生事件，由国家疾病预防控制中心预防、控制、监测和预警疾病。针对突发社会安全事件，加强灾害的早期预警，做到提前防范和提前戒备。

在州政府层面，州政府建立了不同的应急系统以应对不同的灾害事件。针对自然灾害，进行灾害性天气预警的设计、制作与传播。针对突发公共卫生事件，建立了公共卫生信息系统、公共卫生实验室快速诊断系统、现场流行病学调查系统、全国应急物品救援反应系统及全国健康教育网络系统，分别实现对疾病症状、药品销售、动物死亡等情况的监测，突发公共卫生事件的快速诊断，流行病学资料的收集、整理、分析与处理，紧急医院的转换，医护人员与公众的教育和培训。针对突发社会安全事件，建立国民警卫队，遇到突发情况时保护民众的生命安全。

在地方政府层面，地方政府提前对民众进行培训并准备好应急物资。针对自然灾害，不仅在各地建立紧急避难所，而且对民众进行知识与技能的培训和模拟演练，提高民众的自我保护意识。针对突发公共卫生事件，地方政府建立了12个专用药品的物资储备地。针对突发社会安全事件，同样依据预案加强对公众知识与技能的培训和模拟演练。

（3）事中响应。在国家层面，国家对突发事件做整体的资源协调与调配，对重大灾害进行控制管理。针对自然灾害，联邦政府协调国际资源的调配以及私人企业的合作，指挥紧急事务管理局协调国内外救援活动，并通过地球气象卫星和资源卫星的遥感技术等对灾情进行评估与预测。针对突发公共卫生事件，国家立即启动全国公共卫生信息系统与全国医药器械应急物品救援快速反应系统，对灾害进行控制与救援。针对突发社会安全事件，国家则需要保证事件相关信息的真实性与实时性，将事件的进展公布于民众。在重大事件上，如有必要，国家领导需出面安抚公众情绪。

在州政府层面，州政府在遇到突发事件时，立即启动相应的紧急预案，调配救援人员和物资。针对自然灾害，州政府立即启动应急管理系统，并监督各地方政府应急机构开展救援工作组织，组织有关救援人员开展救援行动。当发生超过州政府能力范围的重大自然灾害事件时，州政府可以向联邦政府申请援助。针对突发公共卫生事件，州政府积极执行各项突发事件应对措施，对药物、医护人员和灾难救助队进行运输、协调与调拨。针对突发社会安全事件，州政府积极协调各个地方的相关机构进行救援。

在地方政府层面，应急机构间相互协作，积极开展救援工作。针对自然灾害，各地方政府组织开展应急工作并向受灾地区发放救助物资。针对突发公共卫生事件，地方政府各部门间相互协作，迅速控制危害的扩散面积。针对突发社会安全事件，各地方政府积极组织相关部门与红十字会对受灾民众进行救援与疏散。

（4）事后恢复。在国家层面上，国家在为各地发放扶持资金和对部分受灾人员发放慰问金的同时，实施经济恢复政策，维持国家的经济平衡及社会秩序。此外，国家不断总结经验、吸取教训，改善防治系统，加强国家安全保障，对未来事件建立完善的防治系统。

在州政府层面，州政府组织美国红十字会进行资金的筹集，保障重建灾区的资金需求。针对自然灾害，州政府则要通过红十字会或申请国家援助等方式进行资金筹集，对受灾区进行重建规划，对个人和私人企业等提供住房和复原资金。针对突发公共卫生事件，采用现场流行病学调查系统分析与研究流行病的原因及规律，让州政府做好未来防范工作。针对突发社会安全事件，监督各地方政府维护社会秩序和对民众心理疏导。

在地方政府层面，地方政府向公众提供临时的安置建筑并慰问、关怀与治疗受灾人员，维护社会秩序。针对自然灾害，地方政府对一些有灾害保险的地区，要进行灾害评估及保险赔偿。针对突发社会安全事件，地方政府要组织心理专家对受灾人群进行心理疏导，保证民众的心理健康。

（5）综合保障。

1）人员保障。美国在灾害发生前，组织志愿者和民众进行专业知识的培训，保障发生灾害时，民众有一定的自救能力，减轻政府救援机构的救援任务。针对自然灾害，美国的应急管理系统以社区为基础，各地都设有社区灾害志愿者组织。同时，当地政府在灾害发生前对志愿者进行了专业的应急培训，以便在灾害发生时协助消防、民警与医护人员等进行应急救援。当灾害发生时，地方政府协调救援人员开展应急救援工作。为有效应对突发公共卫生事件，美国首先建立了大都市医学应急网络系统，以保证签约的传染病医院或综合医院的传染病科在发生突发公共卫生事件时可迅速转为应急医院。其次，美国红十字会作为重要的非营利组织，下辖区级和市级红十字会以及社区办事处，可辅助政府开展防疫救援。最后，为有效预防公共卫生事件的发生，美国不仅建立了全国健康教育网络，利用各类信息技术进行宣传教育；而且社区应急反应小组积极开展社区培训、志愿服务等活动。针对突发社会安全事件，需紧急调派民警、医院、消防和红十字会进行救援。在事发前，各地对社区人员、志愿者及相关部门人员进行了知识与技能的培训。在事发时，社区人员与志愿者都可以对受害者进行救援，保证了救援人员的充裕。在事发后，地方政府还组织心理专家对受害者进行心理疏导，高层人员保证信息的真实性和实时性，安抚民众情绪，维护社会秩序。

2）资金保障。美国采用多种渠道筹集资金，建立灾害的防治机构，保障各地区的资金需求。针对自然灾害，州政府运用税收与增加公益金的方式为地方政府提供资金保障。同时，国家、州、地方都有相对充裕的灾害救援资金。当州政府不能解决资金问题时，还可以向议会提出增加资金援助议案。针对突发公共卫生事件，美国不仅进行了国家财政预算，而且通过联邦财政对地方财政的支持、专门的公共卫生应急基金、公私合作等途径保障应急资金来源。具体地，在财政支持方面，美国疾控中心推出"公共卫生应急准备合作协议"，并建立"事先紧急管理程序"，保证符合条件的卫生部门在紧急情况下可快速获取资金支持。在应急基金方面，美国设立了"公共卫生和社会服务应急基金""传染病快速反应储备基金"等。在公私合作方面，美国通过 PPP 模式开展重大公共卫生课题，并建立平台鼓励企业及非营利组织的加入。针对突发社会安全事件，美国政府对灾害地区投入资金的支持。例如，在"9·11"事件中，美国政府宣布股市停市七天。同时，美国政府在复市前减息和向金融体系注入数百亿美元，来维持美国经济的稳定。

3）物资保障。美国建立了救援物资储存仓，保障了突发事件发生后救援物资的使用。针对自然灾害，地球气象卫星和资源卫星的遥感技术等设施覆盖到美国大部分地区，国家收到灾害预警后可以迅速地实施救援计划。同时，美国政府在各地方建有应急物资储备仓，当灾害发生时，政府调配物资为民众提供保障。除此之外，美国联邦政府还通过紧急事务管理局来协调国外救援活动。针对突发公共卫生事件，美国建立了医药器械应急物品救援快速反应系统。以疾控中心管理的药品储备为重点，设置专门存放地储备多种药品，以确保美国任何地方在公共卫生事件发生的 12 小时内可获取相应药品。此外，联邦政府还资助了增强美国主要城市备灾能力的"城市就绪计划"，由国家战略储备提供抗生素、抗体、疫苗、输液设备等应急卫生物资。该计划自 2004 年实施以来，已扩展到 72 个城市和大都市统计区，并保证每个州至少有一个"就绪"城市。针对突发社会安全事件，各地方政府调取紧急储备物资为受灾者提供救助物资，各地的医疗物资在发生社会事件时也被政府调用。

二、"政府主导"＋"强化预防"的模式

"政府主导"＋"强化预防"的模式是指中央政府出台相关的法律法规并制订应急救援计划，同时重点加强对各类灾害及突发事件的预防，此模式以日本为典型代表。

1. 制度制定

日本中央政府针对不同类型的突发事件制定了《灾害救助法》《灾害抚慰金法》《受灾者生活重建支援法》《厚生劳动省健康危机管理基本方针》《灾难救助法》《自然灾害对策基本法》《传染病预防与传染病患者的医疗法》《犯罪被害者等给付金支给法》等一系列的法律规章，从而规范对突发事件的应急管理。

2. 事前准备

在中央政府层面，国家针对不同的突发事件建立了监测与传播灾害信息的相关部门。针对自然灾害，中央政府设立了气象局，又称"气象厅"，负责观察、监测和传播国家紧急事件，为灾害的有效防御打好基础。中央政府还建立了中央防灾委员会，由首相担任主席，与其他议员共同制订防灾减灾规划，并在灾害发生时，商讨与指导地方政府进行灾害救助。同时，日本还建立了信息通信网，通过信息化技术，连接了警方、水防以及气象局等通信网，便于紧急事件信息的传播与救助的通信畅通。除此之外，日本中央政府非常注重民众预防灾害意识的培养，每年专门设有防治日，让民众进行灾害演练，提高民众自我保护意识。地方政府则进行防灾措施宣传和演练的具体实施，通过学校、社区以及专业机构等进行防灾知识宣传。政府定时对建筑物的抗灾力进行检测与维修，保证房屋的抗灾力度，从而从根本上保障民众的生命安全。针对突发公共卫生事件，中央政府制定了《健康危机管理基本方针》《地方健康危机管理指南》等紧急预案，为应对突发公共卫生事件提供指导。中央政府建立了应急信息化体系，通过通信网络进行信息的互通，联合多方面机构进行预防与控制灾害。同时，中央政府还建立了国立医院、国立疗养院、国立研究所和检疫所等医疗机构，警察应急救援机制以及健康危机管理信息支援系统，从多个方面保障民众的健康安全。

在地方政府层面，地方政府及时储备与更换紧急救援所需的人力与物力。针对自然灾害，地方政府在不浪费物资的前提下，保证应急物资的质量安全。针对突发公共卫生事件，都道府县建立卫生研究所、保健卫生部局、保健所和县立医院等地方卫生管理机构，市町村设立保健中心，保障民众的卫生安全并实时监测公共卫生事件的发生。此外，通过对志愿者进行专业知识培训，储备救援人员。

3. 事中响应

在中央政府层面，中央政府及时汇集灾害的信息并制订合理的救援计划。针对自然灾害，中央政府及时汇总灾害的情况，并召开安全保障会议，制定相应的应对措施，监督与协助各地方政府的救援计划。同时，中央政府与部分企业协作，共同提供运输、资金和通信等方面的救助。针对突发公共卫生事件，中央政府建立了国家传染病监测系统，时刻监测和预警灾害事件的扩散情况。此外，中央政府为地方提供灾害救助基金和专门预备费等，并通过紧急医学救援信息系统汇集灾害信息，及时公开和共享相关信息。

在地方政府层面，制订了具体的救援计划。针对自然灾害，地方政府根据实际情况，建立政府对策本部，制订符合自己当地受灾情况的救援计划，并落实救援工作。针对突发公共卫生事件，都道府县与警察、消防及相关社会团体建立合作关系，共同协助政府进行救援工作，并组织开展专业医护人员和志愿者的救援。同时，都道府县为市町村提供物资申请的保障，与指定物流机构进行协作，保障物资运输。此外，都道府县还将对当地的灾情进行监测和预估，及时向中央政府汇报。市町村则提供物资准备、对民众进行健康教育、提高民众的防范意识并减轻灾害的扩散情况。

4. 事后恢复

在中央政府层面，不仅提供经济帮助，以恢复国家经济，而且总结灾害发生的经验，不断完善防控系统。在自然灾害或突发公共卫生事件发生后，中央政府为各地提供资金支持，并指导地方政府进行建筑、经济与资源的恢复。厚生劳动省则对地方政府进行行政指导，帮助地方政府重建规划。

在地方政府层面，地方政府主要帮助民众恢复正常的生活，维护社会秩序。针对自然灾害，地方政府首先建立灾害评估小组对受灾建筑、民众进行灾害评估并补偿，为受灾民众提供抚恤金、慰问金和生活贷款等资金上的援助。其次，建立紧急避难所、福利避难所并制定租房协议，为不同人群提供房屋保障，并承担一切费用。最后，对房屋破坏的民众提供重建资金支持。针对突发公共卫生事件，都道府县积极宣传并引导灾民配合防控工作、控制灾害的蔓延并提醒民众卫生安全，与此同时，还将配合中央政府恢复国家经济。市町村则重点帮助受灾人群恢复正常生活秩序。

5. 综合保障

（1）人员保障。日本各部门间通过保持联系、相互协作以实现共同救助。针对自然灾害，日本建立了各种专业类型的通信网，包括水防通信网、紧急联络通信网、警用通信网、防卫用通信网、海上保安用通信网以及气象用通信网等，进而通过相关通信网络与各机构间保持信息连通，从而实现各部门间相互协作。针对突发公共卫生事件，日本建立了包含专业医护人员和志愿者在内的应急救援队伍。公民可自愿加入志愿者队伍，并在专业培训后获得应急救援资质证，有效缓解了暂无突发应急事件时大量专职人员闲置的问题。此外，保健所在公共卫生事件发生之后，可利用广域性灾害急救医疗信息系统，确认本地区的医疗资源，并向医师协会和医疗机构寻求帮助。进一步，为有效预防公共卫生事件的发生，日本政府不仅严格落实各项规章制度；而且联合相关社会团体通过多种形式（如多媒体、宣传手册等）对民众进行健康教育。

（2）资金保障。日本政府为突发事件的预防、应对与恢复提供了资金支持。针对自然灾害，不仅中央政府在灾害的应急响应中为地方政府提供必要的资金支持，保证救援行动的开展；而且地方政府通过与企业合作，可获得企业提供的资金帮助。针对突发公共卫生事件，日本在国家预算之外，还通过灾害救助基金、专门预备费等途径保障应急资金来源。

（3）物资保障。在物资上，中央和地方在突发事件发生前准备了充足的应急物资。针对自然灾害，日本事先储备了大量的应急物资，并与企业进行协作，由企业提供通信器材与物资的供应和运输等。针对突发公共卫生事件，一旦疫苗、抗流感病毒药物、口罩、消毒药品等储备不足，市町村长可向所在都道府县知事提出物资请求，都道府县知事可向指定行政机构提出物资请求。同时，日本政府与指定物流机构间形成了三阶段的配送模式，保证相关物资及时送达指定地点。

三、中国与国外经验比较

由前文可知，各国均形成了事前、事中和事后三个救助阶段以及资金、人员与物资的综合保障体系。然而，不同国家具有不同的管理模式，例如：美国强调"政府刚性治理"+"地方柔性自治"，日本强调"政府主导"+"强化预防"，中国则在"以人为本、政府主导、分级管理、社会互助、灾民自救"的指导方针下形成了"统分结合、条块交叉"的管理模式。

1. 事前准备的中外经验比较

在事前准备方面，各国都制定了相关法律规章或有关政策，并注重对公众进行专业知识的培训与宣传。如表9-1所示，在美国，针对自然灾害提供灾害保险、制定法律政策以及建立减灾工程等，以防范自然灾害的发生；针对突发公共卫生事件，建立不同的应急反应系统，来预防和监测疾病的发生与传播；针对突发社会安全事件，建立了应急办公室。在日本，针对自然灾害，中央政府对建筑物进行定期检查、准备急救物资和防灾演练等；针对突发公共卫生事件，中央政府建立了众多医疗机构来防治灾害。在中国，针对自然灾害，建立了自然灾害救助队伍、紧急物资储存仓和专业化救援装备等；针对突发公共卫生事件，建立突发事件应急报告制度、区域突发事件应急预案以及突发事件预防控制体系。针对突发社会安全事件，倡导调解纠纷、掌握并防范可能引发社会事件的问题。

表 9-1　事前准备的中外经验比较

	自然灾害	突发公共卫生事件	突发社会安全事件
"政府刚性治理" + "地方柔性自治"（美国）	制定法律政策；建立减灾工程；提供灾害保险	建立应急系统；预防、控制和监测疾病	加强防范意识的培养
"政府主导" + "强化预防"（日本）	制订防灾计划；建立防灾体验中心；对建筑的抗灾力进行定时检测与维修；建立信息通信网	建立应急信息化体系	—
"统分结合" + "条块交叉"（中国）	专业化的救援装备；建立救助物资储备库；建立自然灾害救助队伍；建立紧急避难所	制订应急预案、体系、报告制度；建立了物资储备库；提高医疗卫生机构应对各类突发事件的救治能力	调解处理矛盾纠纷；掌握并防范可能引发社会安全事件的内部问题

　　通过对三种模式在事前准备方面的比较，可以发现我国在预防突发事件时具有一定优势，比如：提供专业性的救助，配备专业化的人员与装备；建立相关预案以明确行为规范；强调提前对未发生的事件进行防范。与此同时，我国仍可借鉴国外一些优秀的做法，例如：通过定期对建筑物进行检查，以保障公民住房安全；针对一些高风险地区可以实施灾害保险政策，为易发生灾害的地区百姓提供经济保障；建立并完善各类信息系统，以便在发生灾害时能及时控制灾情等。

　　2. 事中响应的中外经验比较

　　在事中响应方面，各国都十分重视应急救援。如表 9-2 所示，在美国，针对自然灾害进行灾情评估与预测并发放救助物资；针对突发公共卫生事件，启动应急系统，执行突发事件应对措施，调拨灾难救助队，并通过各部门相互协作尽量减少其危害性；针对突发社会安全事件，不仅保证信息的公开透明，协调机构与红十字会进行救援与疏散工作，还注重安抚公众情绪并维护社会秩序。在日本，针对自然灾害，建立政府对策本部针对实时情况制定应急措施、召开安全保障会议进行灾情的评估与预测；针对突发公共卫生事件，通过紧急医学救援信息系统汇集灾害信息，同时与警察、消防及相关社会团体建立合作关系，保障应急救援的快速开展。在中国，针对自然灾害，通过与公安、消防、卫生等救援队伍相互配合进行救援；针对突发公共卫生事件，迅速组织专家进行综合评估，提供必要资金支持，并保障医疗人员以及物资供应；针对突发社会安全事件，公安机关与人民武装警察部队及时掌控并报告事件动态，提出处置方案，适时适度出动警力，以保护人民群众生命财产安全。

表 9-2　事中响应的中外经验比较

	自然灾害	突发公共卫生事件	突发社会安全事件
"政府刚性治理" + "地方柔性自治"（美国）	进行灾情评估与预测；发放救助物资	启动应急系统；政府执行突发事件应对措施；调拨灾难救助队、各部门相互协作，控制危害	保证信息的真实性与实时性；安抚公众情绪，维护社会秩序；协调机构与红十字会进行救援与疏散工作
"政府主导" + "强化预防"（日本）	汇总灾害的情况；召开安全保障会议；建立政府对策本部	提供灾害救助基金、物资申请的保障与专门预备费；汇集灾害信息；公开、透明和共享灾害信息；建立国家传染病监测系统监测和预估灾情；对民众进行健康教育	—
"统分结合" + "条块交叉"（中国）	紧急调拨、提供资金与应急物资；与公安、消防、卫生等救援队伍相互配合	组织专家灾情评估；提供资金支持；保障医疗物资生产及供应	掌控并报告事件动态；提出处置方案；适时适度出动警力；保护人民群众的生命及财产安全

　　通过对三种模式在事中响应方面进行比较，可以发现我国在突发事件应急响应中能够快速与相关机构建立合作，共同开展救援，提升救援效率。与此同时，我国仍可借鉴国外一些优秀的做法，例如：重点对自然灾害发生后的信息汇总与分析；进一步发挥社会组织在救援中的重要作用。

　　3. 事后恢复的中外经验比较

　　在事后恢复方面，各国都为灾害的恢复重建提供了相应的资金支持。如表9-3 所示，在美国，针对自然灾害，制订、协调和实施现场复原预案、提供临时安置场所、进行灾后保险赔偿等；针对突发公共卫生事件，整理与研究事件发生的原因并改善公共卫生防御系统；针对突发社会安全事件，发放慰问金并开展心理疏导工作。在日本，针对自然灾害，建立灾害评估小组评估受灾建筑并进行补偿、提供不同类型的避难所、发放慰问金；针对突发公共卫生事件，宣传倡导灾民配合防控工作和完善防控系统。在中国，针对自然灾害，进行事后评估、核定并发布自然灾害损失情况；针对突发社会安全事件，积极恢复社会秩序，对受害者进行救助、补偿和抚恤等。

表 9-3 事后恢复的中外经验比较

	自然灾害	突发公共卫生事件	突发社会安全事件
"政府刚性治理" + "地方柔性自治" (美国)	改善减灾措施；制订、协调和实施现场复原预案；提供临时的安置建设；灾后保险赔偿	改善全国公共卫生信息联络系统；整理与研究流行病的原因	发放安慰金；加强城市减灾防灾救援措施；美国红十字会进行资金筹集；恢复社会秩序；进行重建规划；组织心理专家进行心理疏导
"政府主导" + "强化预防" (日本)	建立灾害评估小组评估受灾建筑；紧急避难所、福利避难所；住房保障；抚恤金和慰问金发放、生活贷款；房屋重建	完善防控系统；引导灾民配合防控工作；帮助受灾人群恢复正常生活秩序	—
"统分结合" + "条块交叉" (中国)	评估、核定并发布自然灾害损失情况	—	恢复社会秩序；实施救助、补偿、抚慰、抚恤

通过对三种模式在事后恢复方面进行比较，可以发现我国注重居民生产生活、社会经济秩序的恢复。与此同时，我国仍可借鉴国外一些优秀的做法，例如：提供适合不同人群居住的紧急避难所；加强对人民群众开展心理疏导，在给予物资救助的同时更加关心人们的心理健康。

第四节 改革方案

一、改革思路

依据《中华人民共和国国民经济和社会发展第十四个五年规划和 2035 年远景目标纲要》，我国自然灾害、突发公共卫生事件与突发社会安全事件救助需要"坚持党的全面领导、坚持以人民为中心、坚持新发展理念、坚持深化改革开放、坚持系统观念"，在发挥既有优势与强项、巩固根基的同时，加快补齐基础设施、公共安全、物资储备、防灾减灾、民生保障等领域的短板，着力构建现代化的应急指挥体系、法治体系、风险防范体系、救援力量体系、物资保障体系、科技支撑和人才保障体系，完善应急管理体系和能力的现代化建设，提高公共安全保障能力，切实保障人民群众的生命安全。

具体地，通过不断推进应急管理体系机制的创新与变革，建立健全各项法律法规及预案标准，全面提升高风险防控、监测预警、处置救援、恢复重建等应急管理能力，并且不断强化科技和人才支撑，加强数字信息技术在公共卫生、自然灾害、社会安全等突发公共事件应对中的运用，提高应急管理工作的专业化、精细化水平，不仅尽最大可能把有关风险化解在萌芽之时、成灾之前，同时做好应对突发性外部安全风险的充分准备，重点防范化解重大安全风险。

二、改革目标

依据《中华人民共和国国民经济和社会发展第十四个五年规划和 2035 年远景目标纲要》，我国突发公共事件救助需要加强应急管理体系和能力的现代化建设。具体地，到 2025 年，"构建统一指挥、专常兼备、反应灵敏、上下联动的应急管理体制，优化国家应急管理能力体系建设，提高防灾减灾抗灾救灾能力"，即实现自然灾害防御水平以及突发公共事件应急处置能力的显著提升。通过健全防范化解重大风险体系机制，强化跨区域、跨流域灾害事故应急协同联动，提升全灾种救援能力。进一步，通过构建应急指挥信息和综合监测预警网络体系，加强极端条件应急救援通信保障能力建设；建设各区域应急救援中心和综合应急实训演练基地；科学调整应急物资储备品类、规模和结构，提高快速调配和紧急运输能力；完善公共设施和建筑应急避难功能，增强公共设施应对风暴、干旱和地质灾害的能力，全面提升预警和应急处置能力。到 2035 年，建成平安中国、健康中国，显著提升国家治理效能。

三、改革重点内容

1. 我国自然灾害救助改革的重点内容

（1）不断推动我国自然灾害救助的体系及制度的多元化建设。在自然灾害救助体系上，在发挥政府主导作用的基础上，建立多元化的自然灾害救助体系。未来不仅自然灾害救助的主体可从政府拓展到企事业单位、社会组织、居民个人等，鼓励社会力量参与支持救灾及灾后建设；而且在自然灾害救助方式上，亦可从政府救济拓展到商业性保险、社会援助及自我积累等。

在自然灾害救助制度上，推动自然灾害防治综合立法，完善相关的技术标准体系，保证多主体间相互协作，统一配合、相互监督。未来不仅需制定更加具体的预防、应急及恢复重建的法律法规，并加强对志愿者参与、慈善事业发展等社会救助活动的规范，完善财税、金融、保险等方面的政策和具体配套措施；而且需统一相关法律法规及政策的标准，保证各项条款严谨细化并能够严格落实。

（2）不断提升我国自然灾害救助的信息化、智能化水平。信息技术、通信技术、电子计算机技术等现代化手段不仅可显著提升灾情监测、预警、分析及判断的效率及效果，有助于提升灾害预警、预报系统的精度及反应速度；而且通过建立全国性或区域性的灾害综合预警系统、灾害管理应急系统和灾害管理善后系统，可及时收集与分析灾害类型、等级、发生时间、受灾区域、受损情况等灾害信息，实现上传下达、及时共享、统一指挥，有助于及时制订和调整自然灾害救助方案并迅速开展应急响应。

近年来，随着互联网、大数据、云计算、智能终端等新信息通信技术的出现，不仅推进防灾减灾救灾现代化，而且提出了"互联网+"自然灾害救助的理念。该理念旨在深化上述技术在自然灾害救助中的使用范围和效率，挖掘大数据资源的价值，建立各级政府及各部门间、企事业单位、社会组织和救灾志愿者等多方合作的自然灾害救助统筹机制及服务网络。此外，还应进一步加快大数据、物联网、人工智能等技术以及先进指挥通信、轻型智能工程机械等装备在自然灾害救助中的应用。

（3）重视自然灾害救助中的非物资救助，加强专业心理救援队伍的培养。重特大自然灾害不仅造成受灾群众的生命及财产损失，还会给其带来巨大的心理阴影及创伤，并且后者会导致一般性应激障碍等精神或心理疾病，严重影响受灾群众的正常生活和身体健康。在灾害发生后，越早进行心理创伤治疗，其效果越好。因此，自然灾害救助不仅要从物质上保障受灾群众的基本生活，还应通过完善非物质救助制度、培养专业的心理救助队伍，及时对受灾群众进行心理疏导、安抚情绪，保证其心理健康，并积极投入自救互救及恢复重建中。

（4）健全灾害信息发布机制，提升网络舆情应对能力。随着传播理念和技术的发展，媒体在自然灾害救助中的作用不容忽视。媒体既可以传播灾情，使公众了解并监督自然灾害救助工作的开展；又可以成为有效动员民众和发布信息的工具。因此，不仅要完善灾害信息发布机制，树立灾害信息公开意识，通过多渠道主动、及时、全面地公布灾害预警、人员伤亡、物资发放、灾后重建等信息，真实展示灾情和救援进展并及时为公众答疑解惑；而且要不断提升网络舆情应对能力，加强舆论引导，坚决打击谣言、恶意言论并及早澄清，引导公众树立众志成城、迎难而上、攻坚克难的信心与决心。

（5）不断探索自然灾害救助中的国际合作。加强自然灾害救助的国际合作是我国应对重大自然灾害的发展方向。我国应积极参与联合国和区域框架下的减灾合作机制，不断探索自然灾害救助中的国际合作，健全自然灾害监测预警的区域合作机制，加强国际自然灾害信息交流共享以及人财物技等方面的合作，提高我国自身抵抗及应对自然灾害的能力，适应全球自然灾害救助的发展。

2. 我国突发公共卫生事件救助改革的重点内容

（1）健全公共卫生法律法规体系。做好顶层设计与整体谋划是"织牢织密公共卫生防护网"的必然要求。习近平总书记指出："全面加强和完善公共卫生领域相关法律法规建设，认真评估传染病防治法、野生动物保护法等法律法规的修改完善"；"系统规划国家生物安全风险防控和治理体系建设"；"加快构建国家生物安全法律法规体系、制度保障体系"。因此，未来需在依法防控下，不断提升公共卫生应急管理能力，并且把生物安全纳入国家安全体系下。

（2）贯彻"预防为主"的工作方针。尽管突发公共卫生事件难以预防，但只有做到部署在前、未雨绸缪，才能最大限度地减少突发公共卫生事件给人民群众及社会经济带来的负面影响。习近平总书记指出："坚决贯彻预防为主的卫生与健康工作方针"；"健全公共卫生服务体系，优化医疗卫生资源投入结构，加强农村、社区等基层防控能力建设"；"优化完善疾病预防控制机构职能设置，创新医防协同机制，强化各级医疗机构疾病预防控制职责"。因此，未来需要在常态化防控下，统筹推进疫情防控和社会经济发展工作，做好精准防控，不断提升公共卫生的"免疫力"及抵御未知疾病的"战斗力"。

（3）加强疫情的监测预警。疫情监测预警是应对突发公共卫生事件的关键环节和重要措施，是实现"预防为主"的基础和前提。习近平总书记指出："改进不明原因疾病和异常健康事件监测机制，提高评估监测敏感性和准确性"；"鼓励运用大数据、人工智能、云计算等数字技术，在疫情监测分析、病毒溯源、防控救治、资源调配等方面更好发挥支撑作用"。

（4）统筹医疗机构的应急响应。重大疫情和突发公共卫生事件一旦出现，救治任务大量增加，如何有效应对成为公共卫生体系建设的关键环节。习近平总书记指出："健全重大疫情应急响应机制，建立集中统一高效的领导指挥体系"；"推动公共卫生服务与医疗服务高效协同、无缝衔接"。因此，未来需要改革完善重大疫情防控救治体系，实现医疗系统、疾控系统以及各级卫生行政部门的互联互通，统筹医疗卫生机构在区域联动、人员物资调动等方面的应急响应。

（5）开展新时代爱国卫生运动。未来需着力提升公民的风险防控意识，树立健康的生活习惯及良好的社会风气。习近平总书记指出："推进城乡环境整治，完善公共卫生设施，大力开展健康知识普及，倡导文明健康、绿色环保的生活方式"；"把全生命周期管理理念贯穿于城市规划、建设、管理全过程各环节，加快建设适应城镇化快速发展、城市人口密集集中特点的公共卫生体系"。

（6）完善重大疾病医疗保险及救助制度。重大疾病保险和救助制度是提升突发公共卫生事件应急响应能力的必要保障，是重大疫情防控及处置的重要支撑。习近平总书记指出："健全应急医疗救助机制"；"探索建立特殊群体、特定疾病医药费豁免制度"；"统筹基本医疗保险基金和公共卫生服务资金使用，提高对基层医疗机构的支付比例"。

（7）优化应急物资保障体系。应急物资保障体系关乎国计民生及社会长治久安，是突发公共卫生事件应急响应的基础与关键，是提升国家应急管理能力的重要内容与支撑。习近平总书记指出："把应急物资保障作为国家应急管理体系建设的重要内容"；"优化重要应急物资产能保障和区域布局"；"健全国家储备体系"；"建立国家统一的应急物资采购供应体系"。

3. 我国突发社会安全事件救助改革的重点内容

（1）加强治理体系的系统化、合作化。未来需不断加强突发社会安全事件救助的体系建设，实现分散管理与集中管理相结合，常规管理与非常规管理相结合。即：针对特定类型的常规社会安全事件，采用分散管理的方式，由相关部门进行专业化管理；针对重大、非常规的突发社会安全事件，采用集中管理，必要时建立统一的应急指挥工作小组，协调并实现各部门间的联防联动。

（2）提升制度建设的法定化、规范化。未来需在建立健全社会安全事件救助制度的基础上，细化日常状态下以及紧急状态下的突发社会安全事件预防与应对的法律体系，使其走向法定化与规范化，并实现突发社会安全事件救助的基础化、安全化、程序化、可控化以及实效化。

（3）推进救助机制的人性化、常规化、数字化。突发社会安全事件救助首先需要坚持"以人为本"的原则，将人民群众的生命、财产安全放在首要位置。其次，需要坚持"预防为主"的原则，把日常防范作为突发社会安全事件救助的中心环节，加强对突发社会安全事件的常规化管理，发挥基层单位和公众的重要力量，尽可能防止危机事件的发生。最后，需要加强对信息网络、大数据、人工智能等科学技术的运用，不仅可以加强对突发社会安全事件的监测预警，而且保障了各部门在应对突发社会安全事件时的快速沟通、统筹规划、资源整合以及有效合作。

（4）实现救援人员专业化。专业化的应急救援人员是应对突发社会安全事件的必要保障。未来在救援队伍建设方面，不仅需要建立一支训练有素、装备优良的救援队伍，并有效整合军队、武警、消防等救援力量；还需建立不同层级和地区的突发社会安全事件应急专家数据库，以便平时管理、灾时调用。

四、改革举措

1. 我国自然灾害救助的改革举措

（1）提高灾害防范意识，加强应急预案体系建设。自然灾害救助工作极为复杂，不仅涉及部门众多、内容庞杂，而且对协调性要求极高。因此，健全应急预案体系，尤其要建立重大自然灾害救助的应急预案，明确自然灾害发生后各部门间的协调、配合，使有关工作有序开展，迅速高效地挽救群众生命财产。第一，不断加强自然灾害救助预案体系的法制化，使应急预案的制订做到有法可依、严格规范，具有科学性、有效性、综合性及可行性。第二，依据各地区环境、地质等实际情况的变化，及时组织修订、完善应急预案。第三，定期组织演习，针对演习中出现的问题及时进行总结，确保自然灾害救助工作真正做到防患未然。

（2）加强灾害及次生灾害的监测评估和预防。尽管自然灾害无法避免，但是人类通过掌握自然灾害发生规律，可以采取有效的预防措施，减少自然灾害带来的损失。因此，各部门要重视灾情监测评估和预防体系建设，充分利用遥感、卫星测控等先进科学技术，建立重大自然灾害数据库及专家评估体系，高效、准确地收集并分析灾害信息，及时、有效地排除灾情隐患，提前做好防护措施及预警工作。不仅要健全单一灾害的监测系统，准确预报相关灾害的发生时间、地点、强度及影响范围；更要加强综合预警能力建设，建立多灾种预警系统，保障各系统间、各部门间、自然灾害救助主体间的信息互通，从"单一灾种"向"全灾种、大应急"转变，提升灾害预警效率及效果。

（3）健全灾害评估应急机制，提高评估质量和时效性。灾情统计数据是自然灾害救助资金分配的重要依据，直接影响资金分配的准确性以及政策落实的有效性。由于灾情发生的突然性和统计核实的滞后性，灾害评估较为困难，因此有必要健全灾情评估应急机制，完善自然灾害救助工作的质量与绩效评价体系，提高评估质量和时效性，坚决制止虚报、谎报等情况的发生。

（4）加强灾后恢复重建工作的制度建设。第一，因地制宜制定恢复重建规划，明确工作程序、领导责任等关键问题，并与非政府组织进行合作，保证恢复重建工作有序、高效地开展。第二，加强对受灾群众的心理及精神救助，为其提供创伤心理、相关法律咨询等服务。第三，针对灾区的企业、个体等出台倾向性政策，特别关注受灾贫困地区，不仅帮助受灾群众脱灾，还需加大支持帮扶力度，帮助受灾地区恢复并发展经济，避免因灾返贫。

（5）加强救灾物资和资金管理，健全物资和资金的使用监督机制。通过加强物资和资金的有效监管，确保有关物资和资金得到安全、有效的使用并发挥最大功效。第一，健全救灾款物使用公示制度，通过多渠道向社会公开救灾款物的接收、分配及使用情况，接受社会监督。第二，建立计划、执行、监督相结合的一体化灾害救助监督体系。通过创新监督方式，从注重专项监督、事后监督，转向专项监督与日常监督相结合、内部监督与外部监督相结合、事前事中监督与事后监督相结合，并且确保救灾监督制度化，增强监督的权威性、有效性和经常性。第三，对参与监管工作的人员提出具体工作要求，并设立奖惩机制，以保证监督工作的规范开展。

2. 我国突发公共卫生事件救助的改革举措

（1）加强高新技术在突发公共卫生事件监测预警中的应用。第一，通过建立区域公共卫生防控大数据平台，将分散在不同机构中的健康数据变为具有完整功能及价值的信息整体，实现信息高效统一、互联互通，提高预测预警、分析报告、健康教育、应急管理能力。第二，加强疫情监测预测及风险预判的精度及智能化水平。通过大数据、云计算、人工智能等数字技术，关联卫生、公安、交通、住建等相关数据，明确疫情传播链条，为疫情风险监测奠定信息基础，提高疾病防控精度及筛查效率。

（2）不断提升突发公共卫生事件的应急响应能力。第一，提高突发公共卫生应急管理协同治理能力。不仅需明确各级政府部门、疾病防控部门、医院、基层卫生机构等在应对突发公共卫生事件中的角色及功能；而且需加强疾病防控机构与医疗卫生机构等在重大突发公共卫生事件处置中的对接与协同，建立集预警、诊断、治疗、康复、防控及健康教育等职能于一体的区域公共医疗卫生中心。第二，健全突发公共卫生事件应急响应体系。不仅应强化"平战结合"的联防联控机制，不断提升应对突发公共卫生事件尤其是重大疫情的响应能力；而且需重视预案、预演等机制建设，保障突发公共卫生事件的及时预警、评估和报告，并快速启动应急响应及指挥处置工作。

（3）针对细分救助群体实施精准施策。在突发公共卫生事件救助中，需要在救助对象细分的基础上，简化救助流程，对不同救助对象提供快捷、高效的个性化服务，实施精准施策。例如：针对确诊、疑似等不同情况的病患，提供不同程度与形式的医疗救助，并将医药费用纳入报销范围；针对一线人员，要为其提供必要防护装备，保证其生命安全；针对居家隔离群众，要为其提供必要生活物资，保障其基本生活；针对临时贫困户，要为其提供"先救后补"、就业或临时补贴等救助；针对临时流浪人员，要为其提供住房、现金和就业等救助；针对散居特困供养人员，要为其发放低保金、临时补贴，并提供住房等救助。

3. 我国突发社会安全事件救助的改革举措

（1）构建多主体参与的数字化应急管理体系。通过运用并发挥大数据、云计算、人工智能、区块链等数字技术在应对突发社会安全事件中的重要作用，建立政府多个部门、社会组织、人民群众等多主体共同参与、高效协同，涵盖信息监控、预警防范、决策指挥、专业处置、事后恢复以及应急保障等在内的综合治理系统，实现实时或类实时决策并做出快速反应，不断提升我国应对突发社会安全事件的响应能力，并实现其数字化转型。

（2）完善突发社会安全事件处置的应急预案建设。为预防突发社会安全事件，公安机关应该针对事件性质及影响结果，提前明确各警种各部门的责任，事先做出监测预警与应急响应的相关安排，及时控制事态发展并对受害者进行救治。首先，坚持"预防为主"，切实降低突发社会安全事件发生概率，减少人民群众生命、财产损失，保护公民合法权益。其次，在应急预案中，不仅要做到流程清晰、职责明确；而且要规范多警种多部门间的协调与配合机制。最后，规范预案的管理与应用。在演习或实践中，找出并分析突发社会安全事件应急预案中存在的问题，及时修订与完善有关应急预案，保证应急预案切实可行。

（3）加强对突发社会安全事件的监测预警。首先，建立健全突发社会安全事件的预警机制。有关部门不仅要建立覆盖整个社会的情报网络，及时收集、掌握影响社会稳定的隐患及因素，并对相关信息进行研判；而且需不断提升自身乃至全社会的预警意识，对危机信息保持足够的敏感性，提前防范突发社会安全事件并及时控制其影响范围。其次，深化先进科学技术在突发社会安全事件监测预警中的作用，建立具备监测、评估、预测、报警、共享等功能的综合信息系统。例如：运用多元数据的语义关联、跨时空关联分析、深度学习等手段，进行舆情监测，及早发现潜在风险；采用高精度探测装置、物联网系统、可视化等技术，建设突发社会安全事件应急管理平台，提升监测预警效率，实现信息的实时传送及快速分析。最后，积极发挥派出所、社区民警、企事业单位保卫干部、群众基层自治组织、治安积极分子等基层单位和广大群众的重要作用，不仅可以最先察觉到社会冲突的发生，对可能引发社会安全事件的问题做到早发现、早报告、早处置；而且可以通过加强宣传教育疏导工作，引导群众理性、合法地表达诉求，把矛盾与纠纷控制在社区内，避免事态扩大，防止现实危害。

（4）完善突发社会安全事件的应急响应策略。在应急响应中，不仅要注意表达策略和工作方式，想群众之所想，急群众之所急，慎用警力、武器警械及强制措施，尽量减少现场群众的数量、避免群众聚集；而且要赋予一线应急响应人员一定的"自由裁量权"，使其敢于果断决策、迅速处理，避免贻误战机并激化矛盾，从而使小问题变为大问题，小事件升级为大事件。此外，在应对突发社会安全事件时，还应重视舆论的作用。通过建立信息发布机制，在现场处置的同时及时发布真实、准确、客观、全面的信息，最大限度地降低负面影响。对于歪曲事实真相、散播谣言等造成严重后果的，及时查实、澄清，并对相关人员依法追究责任。

（5）完善突发社会安全事件的善后机制及二次事件的预防机制。突发社会安全事件的善后工作涉及责任追究、恢复重建、补偿救助等内容。通过完善的善后工作，可以有效避免群众对于因对政府处置的不合理、不到位而再次聚集、酿成事端，降低社会安全事件的二次反复。因此，有关部门不仅要建立问责机制，对于肇事者、涉事者依法给予刑事或行政处罚；而且需尽快恢复事发地的生产生活秩序，建立合理、公平的赔偿与救助机制，切实解决人民群众的困难，并做好解释和思想教育工作。

第五节　改革方案实施保障措施

一、法律保障

建立健全突发公共事件救助的法律体系建设。具体地，在突发公共卫生事件方面：第一，联合多部门共同推动突发公共卫生事件救助的法治建设。突发公共卫生事件救助具有专业性和时效性，需要各部门快速反应、迅速处理。因此，应加强公共卫生机构、行政部门及司法机关等合作交流，共同推动应对突发公共卫生事件的制度建设。第二，健全疫情防控法律法规体系。完善突发公共卫生事件响应，尤其是重大疫情防控的法律规章，突出相关制度在疫情防控中的保障作用。第三，完善地方应对突发公共卫生事件的制度体系。地方政府应在国家法律规章的指导下，结合自身实际情况，制定有关公共卫生尤其是疫情防控的地方性法律、规章及规范性文件。

在突发社会安全事件方面，由于社会安全事件具有肇事者，在应急处置之外还涉及刑事、民事等内容，故有必要细化并规范应对突发社会安全事件的相关法律规章，增加各项法律规章之间的协调统一并提升其可操作性，切实做到有法可依。此外，还应加强对有关法律规章的执行力度，做到有法必依，执法必严，从而坚决遏制、严厉打击可引发社会安全事件的违法犯罪行为。

二、人员保障

1. 加强专业人才的队伍建设

第一，在自然灾害救助方面，组建集中指挥的区域性自然灾害救援队伍，并通过开设专业课程及培训，提升自然灾害应急救助队伍的人员素质。第二，在突发公共卫生事件救助方面，加强公共卫生人才队伍建设。鼓励医护人员学习并提升应急管理能力、促进医疗卫生机构与疾病防控机构人员的双向流动，储备专业化、高素质的公共卫生管理人员，组建业务能力强、素质高的疾控队伍。第三，在突发社会安全事件救助方面，不仅可以结合公安的实际业务，采用"平战结合"的形式，建立以巡警、特警为主导，涵盖网监、治安、指挥、刑侦、交警等多警种跨部门的常态化应急响应队伍；而且可以进一步依托突发社会安全事件应急预案，明确各警种各部门的职责分工，设立指挥协调组、现场处置组、现场警戒组、调查取证组、重点稳控组、交通管制组、法制宣传组、警务保障组、机动组等，从而实现多警种各部门在应急响应中的高效协同。

2. 鼓励社会力量参与，加强日常宣传教育工作

第一，在"鼓励支持、引导规范、效率优先、自愿自助"的原则下，完善突发公共事件救助的社会参与制度，发挥非政府组织的积极作用。不仅积极吸纳各种社会组织，鼓励人民群众广泛参与，形成聚合效应；而且从数量和质量上强化志愿者队伍，使社会力量全方位地参与到救助工作中，汇聚群防群治力量。第二，加强对人民群众的日常宣传教育工作。通过内容及形式丰富多样的各类宣传教育活动，使人民群众在面对自然灾害时，拥有基本的抗灾知识，树立主动防灾减灾的意识，提高对自然灾害的警惕与认知，并具备躲避灾难以及自救互救能

力；在面对突发公共卫生事件时，学习并掌握疾病防控的基本知识及技能，树立良好健康意识，养成科学、健康的生活习惯；在面对突发社会安全事件时，具有正确的价值取向、信息鉴别能力及心理承受能力，提升预警意识，能够正确对待和理解社会热点问题。

三、财力保障

加大政府对救助资金的投入和管理，拓宽救助资金的来源渠道。第一，将救助经费纳入国家预算体系，认真贯彻落实各项专项资金，并且将突发事件预警、防治、救助的财政投入纳入日常化管理，并形成稳定增长机制。第二，不仅可以建立符合中国国情的突发事件保险基金制度，发挥金融支持的保障作用，分摊风险并开展救助与补偿；而且可以通过健全社会捐赠机制，鼓励企事业单位、社会组织及居民个人参与捐赠，依法筹集应对突发公共事件的救助资金。

四、物资保障

1. 提升装备性能，加强物资储备的动态化管理

第一，优化装备配置，实现救援装备的自动化、智能化，改进并提高自然灾害救助设备的安全性、实用性、可靠性，整合应急救援装备效能。第二，严格执行救灾储备库建设标准，依据各地区自然灾害的实际情况及特点，建立多元化科学应急物资储备管理模式，有效防范未知风险。第三，引入智能化管理平台，建立应急物资储备数据库，通过创新储备方式，加强对装备及救灾物资的标准化、动态化管理，实现分类、分级管理，提高储备品种的科学性和有效性。第四，建立应急物流指定机构和专业队伍，整合各方力量，切实保障应急物资及时、准确的供应，并通过应急通信保障系统保证应急物资科学精准投放。第五，加强针对应急物资的监管力度，保障应急物资生产链条价格稳定，分配和使用规范。

2. 增加应急物资供应的信息化程度

通过增加应急物资供应的信息化程度，可实现救灾物资有序、高效的运输，确保将受灾群众所需的基本物资及时、准确地送达到他们手中，切实提高我国在突发公共事件下的反应能力和应急管理水平。第一，建立应急物流共享平台以及必要的应急通信设施设备，满足救灾物资快速响应的要求，全面掌控物资运输、发放等实际情况，解决救灾物资的供需失衡问题，从而确保物资调度有序、运输快速、配送高效、精确溯源，最大限度发挥有关物资在自然灾害救助中的重要作用。第二，建立统一的物资调拨中心有效协调不同来源渠道、不同种类物资间的调配问题，增加救灾物资在流量、流向和流程上的有序性，提供应急物流的配送效率。

3. 持续推动避难场所建设

第一，依据"平灾结合、因地制宜、综合利用、就近疏散、安全通达"的

原则，增加避难场所的数量，保证避难场所合理分布在各区域内，并满足疏散安置人数的要求。第二，对现有避难场所进行升级维护（如更换老旧标识标牌、维修破损设备设施等），实现标准化建设。第三，加强避难场所的标志及宣传，让公众了解避难场所的分布、到达路径以及避难设施的使用，提高公众意识。

第十章　失业救济与孤寡病残救助

第一节　失业救济

根据国际上对失业救济的定义，它是国家为有劳动能力的贫困者提供货币支持和就业服务，帮助其摆脱贫困所采取的社会救助措施。它的救助对象是因失业无法维持基本生活，但仍有劳动能力的人群。其主要采取的方式是政府的各类就业扶持政策、开发公益性岗位，发放救济金等。失业救济制度通过国家提供的就业培训和各种优惠性政策可以有效地解决就业困难人员的就业，从而对于促进就业与保障和谐稳定的社会局面有重要作用。

目前我国与国际上的失业救济概念相似的是"就业救助"，属于"8+1"新型社会救助体系之下的专项救助。"8+1"新型社会救助体系具体由最低生活保障、特困人员供养、受灾救助、医疗救助、教育救助、住房救助、就业救助、临时救助8项社会救助制度和社会力量参与的救助途径形成，是一种新型的社会救助格局。我国首次对就业救助进行专章规定是国务院颁布的在2014年5月1日实施的《社会救助暂行办法》，该暂行办法提到"国家对最低生活保障家庭中有劳动能力并处于失业状态的成员，通过贷款贴息、社会保险补贴、岗位补贴、培训补贴、费用减免、公益性岗位安置等办法，给予就业救助"。因此，本章以就业救助来反映我国失业救济制度的情况。

一、历史沿革

中华人民共和国成立以来，党和政府高度重视劳动者的就业问题。为了把失业造成的消极影响降到最低，针对不同时期的实际需要，曾先后实行了不同的制度。在失业救济制度发展的70多年间，无论是规范性法律文件的制定还是就业政策的颁行，都取得了丰硕的成果。总体上，这段历程可以分为以下几个阶段：

1. 中华人民共和国成立初期的失业救济制度（1949~1978年）

1950年6月全国统一性失业救济制度建设启动。由于中华人民共和国刚刚成立以及经济改组，在1950年前后城市中出现了大规模失业人员。据统计，1949

年左右城镇失业人员已达到 472.2 万人，失业率高达 23.6%，成为中华人民共和国成立初期社会不稳定的重要因素。在这样的背景下，中央出台了一系列文件，帮助失业者就业，努力控制和减少失业。其中 1950 年 6 月劳动部颁发的《救济失业工人暂行办法》，是中华人民共和国第一部关于"失业救济"的制度文件。文件中规定筹集失业工人的救济基金主要有三个来源：单位和职工缴费（按月缴纳实际工资的 1%）、中央和地方人民政府在预算中安排资金、广泛动员社会各界力量捐助。对失业工人的救济除了给钱给粮给物，主要是以工代赈的方式，同时采取生产自救、专业训练、还乡生产及发放救济金等多种方式结合；救济对象主要是在中华人民共和国成立以后失业的国营、工商企业的职工及在艺术、文化领域工作的人员；失业救济金发放时，只对老、弱、病、残、丧失劳动力的失业人员及生活确实困难者，才予以救济；同时建立了失业登记制度。1956 年，停止征收失业救济基金，并将余下的失业救济工作移交民政部门作为社会救济来管理。1966~1976 年，失业救济制度建设基本处于停滞状态。关于解决就业问题的政策措施被政治运动中断，失业救济工作无法正常开展。

2. 改革开放以来的失业救济制度（1978~2012 年）

党的十一届三中全会以来劳动立法工作全面开展，恢复重建社会保障行政管理系统，失业救济工作重新启动。1978 年 3 月，设立中华人民共和国民政部，恢复其职能，以保障失业救济工作的顺利开展；恢复社会福利、优抚和救济方面的制度体系，并积极探索救济制度体系的建设。20 世纪 70 年代末至 90 年代中后期，我国城镇出现大批"待业青年"和"待业职工"，为了解决这些人员的就业问题，国家在借鉴 20 世纪 50 年代初期解决失业工人问题相关政策的基础上，提出劳动部门介绍就业、自愿组织起来就业和自谋职业"三结合"的就业方针。1983 年，劳动人事部印发了《关于积极试行劳动合同制的通知》，国营企业劳动合同制开始试点。

为保障失业职工的基本生活，建立了待业保险制度。为了适应劳动制度改革需要，促进劳动力合理利用，保障国企职工待业期间的基本生活，1986 年 7 月，国务院颁布国发〔1986〕77 号文件，由《国营企业职工待业保险暂行规定》等四项法规组成。在以打破"铁饭碗""终身制"为目标的企业劳动用工制度中保障失业职工的基本生活。虽然该规定保障范围较小（国企职工），层次较低，但实质上却是一种失业救济制度，在中国社会保障体系建设中发挥了重要作用，也为十多年后建立更加成熟、规范的失业保险制度奠定了基础。

将保障生活和促进就业紧密结合，在失业救济方式上采取多种举措积极推进。失业救济作为社会保障体系的一部分，也得到了进一步发展。1997 年《国务院关于在全国建立城市居民最低生活保障制度的通知》中，明确提出鼓励劳动者通过劳动致富。要求国家引导、支持、帮助有劳动能力的受助者自主创业、以实现自立。保障对象范围扩大为家庭人均收入低于当地最低生活保障标准的非农业户口的城市居民，其中包括领取失业救济金期间或失业救济期满仍未能重新就业，家庭人均收入低于最低生活保障标准的居民，这是国家第一次在最低生活保障制度中规定了失业救济的内容，将帮助有劳动能力的受助对象通过就业实现脱困确定为一项社会救助手段。2002 年中央提出建立再就业救济制度，同年中共中央出台了《关于进一步做好下岗失业人员再就业工作的通知》，将"40""50"人员、就业困难的下岗失业人员纳入失业救济的范围。

立法建设和政策制定日益完善。党的十六大以来，健全了城乡公共就业服务体系，建立了劳动权益维护和保障机制，强化了劳动保障法制建设。2007 年《中华人民共和国就业促进法》首次以法律规定的形式将积极的就业政策确定下来，并对失业救济进行了专章规定，通过立法形式为就业困难人员提供职业技能培训、职业介绍等就业援助服务，以此来提高他们的就业能力，增强就业竞争力。失业救济工作由此步入了长效化、法制化的进程。2010 年，国家出台《关于支持和促进就业有关税收政策的通知》，利用税费减免政策对持有就业失业登记证的从事个体经营的满足规定的人员进行救济。

3. 党的十八大以来的失业救济制度（2012 年至今）

党的十八大第一次将促进就业上升到新的战略高度，明确提出实施就业优先战略和更加积极的就业政策。与此同时，国家出台各种法律法规保障失业救济和就业救助制度的实施。在这一阶段，就业救助的措施进一步具体化，内容进一步完善化，救助目标进一步明确化。同时失业救济主要通过就业救助的方式进行，因此此处主要从就业救助的角度对失业救济制度建设历程进行阐述。

2014 年，国家通过立法明确了就业救助的措施，并将就业救助措施具体化、内容完善化。中央经济工作会议指出继续重视就业工作，并且强调重点关注下岗工人再就业，而就业救助是解决下岗工人再就业的重要途径之一。2014 年 5 月 1 日国务院颁布实施《社会救助暂行办法》，首次对就业救助进行了专章规定，提出"国家对最低生活保障家庭有劳动能力的成员均处于失业状态的，要确保该家庭至少有一人就业，并通过贷款贴息、社会保险补贴、岗位补贴、培训补贴、费用减免、公益性岗位安置等办法，给予就业救助"。此规定涉及了就业救助的主体、对象、措施、程序和责任，进一步完善了就业救助内容。

至此，失业救济制度在覆盖范围、救济方式、救济政策上不断完善，已基本形成体系。无论是规范性法律文件的制定还是就业政策的颁行，都取得了丰硕的成果。

二、现状解析

1. 失业救济制度的现状

我国现行的失业救济工作（失业救济在后期逐渐演变为就业救助，以就业救助展开）主要是在 2007 年颁布的《中华人民共和国就业促进法》（以下简称《就业促进法》）和 2014 年国务院颁布的《社会救助暂行办法》上实施推进的。《就业促进法》使就业救助走上了规范化、法制化道路，但是并非一项社会救助项目，直到《社会救助暂行办法》的出台，明确规定对低保家庭有劳动能力的失业者实施就业救助，才进一步明确了就业救助的政策对象和政策内容，就业救助成为我国社会救助体系中的一项重要制度安排。在《社会救助暂行办法》指导下，各地陆续出台《社会救助条例》《社会救助实施办法》等，其中均对就业救助进行了规定。从不同经济发展水平的地区中，选取若干有代表性的省份，对就业救助进行整理归纳，基本情况如下：

（1）我国部分省份失业救济（就业救助）政策对象。根据《社会救助暂行办法》，就业救助对象以低保家庭中处于劳动年龄内有劳动能力的失业人员为标准，部分省份根据当地失业情况可适当调整。北京、江苏、河北、湖北、贵州、吉林等省份与国家执行统一标准；上海、浙江、辽宁等省份在国家标准的基础上纳入了低收入困难家庭；安徽省在国家标准的基础上纳入了零就业家庭。

（2）我国部分省份失业救济（就业救助）政策措施。根据《社会救助暂行办法》，就业救助政策措施以贷款贴息、社保补贴、培训补贴、职业介绍、公益性岗位这五个方面为标准，部分省份可根据当地具体情况作适当调整。上海、辽宁等省份与国家执行统一标准；北京、浙江、江苏、河北、吉林等省份将公益性岗位调整为公益性岗位优先安置，其他与国家标准相同；安徽省在国家标准的基础上增加了创业培训和服务；湖北省将公益性岗位调整为公益性岗位优先安置，并增加了职业技能鉴定补贴，贵州省鼓励就业救助对象创办企业、从事个体经营，给予税收优惠；黑龙江省鼓励自谋职业、自主创业。

（3）我国部分省份失业救济（就业救助）政策约束机制。根据《社会救助暂行办法》，就业救助约束机制以连续三次拒绝接受与其能力相适应的工作，减发或停发本人低保金为标准，部分省份可根据当地具体情况作适当调整。河北、安徽、辽宁、贵州等省份与国家执行统一标准；浙江、湖北、吉林等省份以半年内拒绝三次职业介绍减发停发低保金为标准；江苏省实行拒绝介绍工作或未自行求职 6 个月以上减发停发低保金的约束机制。

根据以上失业救济制度的相关信息，总结出失业救济现状如下：

（1）我国近期失业状况：长期内失业救济工作稳健开展，就业形势好转。如图 10-1 所示，从失业率来看，2003~2019 年，城镇失业率整体呈下降趋势，但 2020 年失业率创历史新高，从 3.62% 攀升至 4.24%，主要原因是受新冠肺炎疫情的影响，企业发展困难。经过 2020 年相关就业救助活动，人力资源和社会保障工作取得积极进展。就业形势逐季好转、总体稳定、好于预期。全年城镇新增就业 1186 万人。12 月城镇调查失业率 5.2%，年末城镇登记失业率 4.24%，均低于预期控制目标。强化就业优先政策，创新实施 28 项突破性政策，重点群体就业扎实推进，职业技能培训持续加强。支出就业补助和专项奖补资金上千亿元。2021 年就业形势总体稳定。城镇失业率低于预期水平，就业人数增加。国家坚持减负稳岗扩就业多措并举，2021 年上半年城镇新增就业人数达 698 万人，同比增加 134 万人，完成全年目标任务的 63.5%。全国城镇调查失业率均值为 5.2%，低于 5.5% 左右的预期目标，其中 6 月降至 5.0%。农民工就业逐步改善。第二季度末，外出务工农村劳动力规模达 18233 万人，基本恢复至 2019 年同期水平。社会保障持续加强。坚持保基本、兜底线、促公平，持续加大民生投入，及时做好社会救济和临时救助，社会保障和公共服务水平继续提升。2021 年上半年，全国居民人均社会救济和补助收入同比名义增长 9.6%。

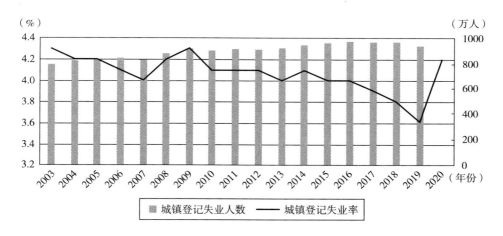

图 10-1　城镇登记失业人数及失业率统计

资料来源：《中国统计年鉴》、《中国人口与就业统计年鉴》。

失业结构在地区、受教育程度、年龄、失业原因上不均衡。在性别结构上：中国失业率在男女性别上存在着不均衡现象。总体来看，如图 10-2 所示，2010~2019 年中国失业率呈逐步下降趋势，男性失业率总体高于女性失业率，男性失业率总体高于 4.5%，低于 5.2%；而女性失业率总体高于 3.5%，低于 4.1%。2019 年中国男性失业率为 4.78%，比上年同比增长了 5.80%；女性失业率为 3.73%，比上年同比增长了 2.40%；总失业率为 4.32%，比上年同比增长了 4.40%。在失业原因上：根据图 10-3 来看，毕业后未工作在失业原因中占比最高，为 24.03%；因单位原因和因本人原因失去工作占比分别为 19.09% 和 15.18%；这三个数据的总占比超过失业原因的 50%，说明失业原因主要是这三点。离退休在失业原因中占比最少，为 1.32%。以上数据表明大学生就业仍然是我国失业救济的难点之一。在年龄分布上，根据表 10-1 可以看出，我国 16~24 岁人口城镇失业率明显高于 25~59 岁人口城镇失业率。主要原因是 16~24 岁人口是刚刚走进就业市场的年轻人群，他们一方面消费能力强，另一方面就业经验较少，造成了很多大学生遭遇就业即失业的尴尬局面。

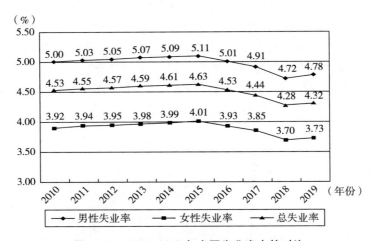

图 10-2　2010~2019 年中国失业率走势对比

资料来源：世界银行。

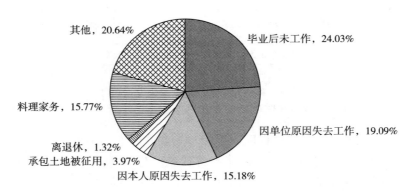

图 10-3　失业原因统计

资料来源：国家统计局。

表 10-1　不同年龄段城镇调查失业率

年份	2018 年	2019 年	2020 年
全国 16~24 岁人口城镇调查失业率（%）	11.13	13.62	14.04
全国 25~59 岁人口城镇调查失业率（%）	4.54	4.98	4.66

从短期情况来看，近五年再就业人数呈下降趋势。2016~2020 年城镇失业人员再就业人数从 554 万人逐步降至 511 万人，2018~2020 年就业困难人员再就业人数也呈下降趋势。受 2020 年新冠肺炎疫情影响，许多企业出现困难，失业人数较 2019 年增加 215 万人，但城镇失业人员及就业困难人员再就业却都呈现下降趋势（见图 10-4）。

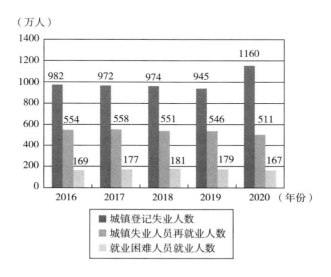

图 10-4　2016~2020 年失业人数及再就业人数统计

资料来源：《人力资源和社会计保障事业发展统计公报》（2016~2020）。

　　（2）失业救济对象以贫困劳动力为主，零就业家庭是重点。大部分地区与《社会救助暂行办法》规定的政策对象一致，针对低保家庭中处于劳动年龄内有劳动能力的失业人员。个别地区覆盖面有所扩大，如上海、浙江等经济发达地区经济发展水平高，在救济工作中有能力照顾更多人群，除低保家庭外，将边缘家庭也纳入救助范围；而发展较为落后的黑龙江则增加了建档立卡贫困户。可以看出，保障主要群体为贫困劳动力。目前我国对贫困劳动力就业采取"一套政策，两大方向，三项手段，四个重点"，已培育致富带头人超 41 万人，通过乡村公益性岗位兜底安置 496.3 万贫困人口。

　　同时，救济对象还兼顾多群体，残疾人、人均家庭收入低于最低生活保障的失业人群，"零就业家庭"，失地农民，"40""50"人员和再就业困难的下岗人员等群体均被覆盖。零就业家庭是失业救济的重点，每年全国共帮助大约 5 万户零就业家庭实现每户至少一人就业。

　　（3）失业救济内容多元化。我国目前的失业救济包含多方面内容，如失业补贴、就业救助、鼓励创业等。失业补贴主要来源于中央和地方财政拨款及社会援助。就业救助主要包括贷款贴息、社保补贴、培训补贴、职业介绍、公益性岗位等。同时政府也鼓励自主创业，并且近年来更是喊出"大众创业""万众创新"的"双创"口号，从创业培训、贷款贴息、税费减免、创业场地等方面全方位支持创业。

但是目前我国失业救济以自主就业为主，以就业援助为辅。目前我国的就业方针为：国家坚持劳动者自主择业、市场调节就业和政府促进就业的方针。并且在新的"十四五"规划中强调"强化创业带动就业，放大就业倍增效应""加强职业技能培训，提升劳动者技能和安全生产素质"，这些都是促进失业人群自主就业的重要方式。

（4）财政就业补助支出增加。政府建立的失业救济金主要是就业补助，主要来源于中央和地方财政拨款及社会援助。就业补助资金的财政支出金额从2003年的99亿元增加到2018年的845亿元，其中2003～2015年呈逐年增加的状态，但到了2016年这一数字下降为785亿元，之后几年又逐年增加，但没超过2015年的871亿元。截至2018年，就业补助资金占社会保障总支出的3.13%（见图10-5）。就业补助资金的逐步增加，体现了政府对失业救济的重视，这在一定程度上减轻了失业问题，除财政资金上的支持外，还采取培训支持、费用减免、提供就业岗位信息与公益性岗位安置等办法，对失业者再就业提供了全方位的保障。

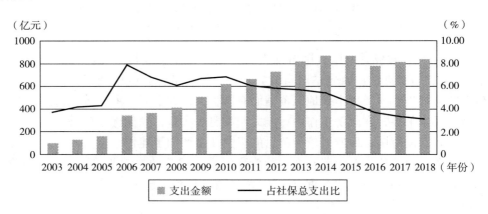

图10-5　2003～2018年我国就业补助资金支出情况

资料来源：《中国财政年鉴》。

2. 失业救济制度的问题

尽管失业救济制度取得了一定的成效，但是与其他方面对比，失业救济制度仍然存在一些问题。

（1）就业补助资金投入力度不足。我国自 2003 年在财政预算中设立了"社会保障补助支出——就业补助"科目。具体内容包括"再就业培训补贴""职业介绍补贴""社会保险补贴""公益性岗位补贴""小额担保贷款贴息""小额贷款担保基金""对农民工的就业服务支出""特定政策补助"和"劳动力市场建设"等项目。就业补助资金的服务对象是全体有就业需求的劳动者，除了参加失业保险的人员外，还包括未参加失业保险的城镇人员和农村转移劳动力。从范围来看，就业补助资金比失业保险基金的覆盖人群更广，也更符合失业救济的概念。因此，本书用就业补助资金来反映失业救济资金使用情况。

图 10-5 是 2003～2018 年我国就业补助资金的支出金额及就业补助资金占社会保障总支出的比重。就业补助金的财政支出金额从 2003 年的 99 亿元到 2015 年的 871 亿元，呈逐年增加的状态，但到了 2016 年这一数字下降有所下降，之后几年又逐年增加，但没超过 2015 年的 871 亿元。再来看看该项支出在社会保障总支出中的比重，最初建立该科目时该比重只有 3.73%，仅用了四年就增长到 7.91%，可见建立初期政府对就业补助资金的重视。从 2006 年到 2008 年突然下降，这是因为 2006 年进行扩大失业保险基金支出范围试点，原由就业补助资金承担的部分就业责任转由失业保险基金承担。2008 年到 2010 年有小幅回升，但是从 2010 年以后逐年下降，到了 2018 年这一比例仅为 3.13%。

社会保障总支出除了就业补助，还有许多项目，从 2018 年的数据来看，"财政对基本养老保险基金的补助"占比最多（34.25%），其次是"行政事业单位离退休"（29.87%）。而"就业补助"仅占 3.13%。由此看来，就业补助资金投入力度不足（见图 10-6）。

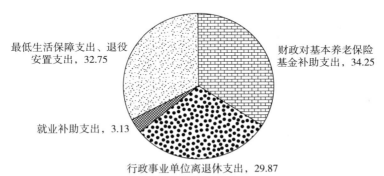

图 10-6　2018 年社会保障总支出情况

资料来源：《中国财政年鉴》。

就业补助资金的受益人群除了参加失业保险的人员外，还包括未参加失业保险的城镇人员和农村转移劳动力。就业补助资金的适度增加不仅能提高人民幸福感，还能对失业保险制度做补充，更好地解决失业问题。我们可以采取许多措施来增加就业补助资金，如适当增加就业见习补贴和创业补贴，利用财政补贴杠杆鼓励具备一定规模的国企和民企增设更多的就业见习岗位，在缓解就业压力的同时又为企业储备人力资源，充实其后续发展动力。

（2）就业救助方式较为被动。我国目前的就业救助方式大部分都是采用资金补贴或公益性岗位安置的方式进行，对于失业人员的救助较为被动，难以充分发挥就业的主动性。根据《社会救助暂行办法》的规定，我国就业救助主要采取贷款贴息、社会保险补贴、岗位补贴、培训补贴、费用减免、公益性岗位安置等方式进行。这些方式只能解决暂时性问题。要想从根本上解决问题，就要进行思想和能力救助。首先，在思想上，要让有再就业能力的失业人员认识到失业带来的严重后果，不能依靠国家兜底来维持生计，这样才能使就业救助工作起到积极正向的作用，而不是助长"懒汉"行为。其次，要对失业人员进行能力救助。虽然目前我国有各种技能培训来增强失业者的技能以提高其求职竞争力，但是培训的技能大多较为简单，培训技能也不够深入，难以实质上增强失业者的劳动技能。因此，改进就业救助方式也是我国接下来要解决的一大问题。

（3）忽视救助对象的差异性。失业是致贫的根本因素，而现行的就业救助制度设计中只关注了救助对象的普遍性，而忽视了失业主体的差异性，导致就业工作与能力不符、被救助者不愿接受所提供的工作问题，从而导致就业救助工作难以有效开展。例如，《社会救助暂行办法》中规定的为处于失业状态的人员提供职业介绍，此项规定中并未考虑到救助对象与工作岗位的适配性，一方面达不到精准救助的效果，另一方面还可能会造成就业资源得不到最大化利用。政府在最新的"十四五"规划中也把缓解结构性就业作为当前工作的重点，提出"结构性就业矛盾将成为我国就业领域的主要矛盾，并把技术技能人才培养培训放在了更加突出的位置，强化人才培养的就业导向，大规模多层次开展职业技能培训，着力改善劳动力要素质量"。

例如，青年群体失业救济和现有制度就存在矛盾。从分年龄段失业率数据表现上来看，年轻群体相比其他年龄段人群，在以失业补贴、技能培训、基层岗位安置等为主的相同政策下，失业率明显高于其他年龄段，说明现有失业救济政策严重不适合该群体，其中以大学生群体为代表，该群体已具备一定的就业技能并且短期失业补贴、基础岗位安置对该群体吸引力较差，应出台较为细致的就业引导政策，如何增加年轻群体就业意识、如何拓展双向招聘就业渠道，是接下来失业救济政策亟须完善的一个方面。

（4）失业救济制度在运行方面存在不足。

第一，基层就业救助专职人员配置不足。虽然建立或明确了县、乡镇救助机构，但大都属于兼职，基层社会事务的不断延伸和扩展，使基层民政日益繁重的业务量与现行机构、人员、办公条件不对称的矛盾比较突出，不能适应现阶段民政工作制度化、规范化、数据化、信息化的要求。缺乏县、乡镇、村三级联动，规范高效的就业救助运行管理机制，使各类救助信息难以准确收集和反馈，同时就业救助资源的分散难以确保困难群众得到及时的、不同需求的救助，无法真正实现"应帮尽帮、应救则救"的工作目标。

第二，失业救济和扶贫政策缺乏联控机制。调查发现，一些具有工作能力人员，包括一些残疾人，理应接受就业救助并有能力获得免费介绍、安置工作的机会。但是考虑到一经就业，就不再符合低保条件，且工资与低保补助相差无几，所以有一部分具有劳动能力的人为了得到低保补助，拒绝进行劳动能力鉴定，谎称无劳动能力。由于目前国家没有统一设置专门对劳动能力进行鉴定的机构，且在医院进行鉴定成本过高，所以这一部分人被社会"包养"，出现"养懒汉"现象。因此，此部分人群不应纳入扶贫范围，出现"养懒汉"的原因是失业救济和扶贫政策间存在交叉，缺乏联控机制。建立城市低保救助与就业的联动机制，既可以消除低保对象对于低保制度的依赖性，也可以从根本上解决低保对象收入问题，防止社会排斥现象的出现。

第三，救助信息网络平台不健全，利用不充分。关于就业救助的信息网络平台有两方面：一是政府内部各部门以及政府与银行等的信息资源共享网络平台。民政部门与社保部门、劳动部门、住房和城乡建设部等之间目前还未完全实现关于困难人员的信息共享。民政部门想要了解困难人员的相关信息，需要复杂程序。其他部门彼此之间也无法共享资源。再者，政府无力查询申请救助人员的银行存款、证券交易等信息，特别是在外地银行的存款。二是招聘求职的大众网络平台。信息网络化时代，大学生网络求职应用广泛，但一些文化素质较低人群不熟悉计算机网络操作，很难接触网络招聘信息。目前，国内比较权威可靠的招聘网站较少，现存的也没有充分利用起来。

三、中国与国外制度比较及经验借鉴

失业救济制度兼有就业与救助双重目标，从就业保障方面来看，目前世界上已有多个国家和地区建立了失业保险制度，但是实行失业救济的国家并不多，主要有英国、法国。从社会救助方面来看，大部分国家实行的是"一揽子"社会救助制度，没有单独的失业救济政策，如中国、美国、日本。因此本书选取英国、法国、德国、美国和日本这五个国家来对比失业救济制度与"一揽子"社会救助制度的不同，并从中借鉴经验，为我国失业救济制度的完善提供参考。

1. 不同失业救济制度类型简介

（1）独立的失业救济制度。英国失业救济制度的法律依据是 1911 年的《国

民保险法》以及 1955 年的《求职人员法》。英国的失业救济主要是失业求职救助金（Jobseeker's Allowance），主要针对企业雇员及自雇人员，资金来源为政府。英国的失业救济由就业中心和工作及养老金部（Department for Work and Pensions）管理。获得失业救济金的失业者需满足以下三个条件：第一，失业者须到有关部门登记失业，并签订《失业求职同意书》；第二，不符合申领失业求职津贴的资格；第三，通过家计调查。在待遇水平上，失业求职救助金与年龄挂钩，并考虑失业者的家庭收入、家庭人口结构等因素。居住在伦敦以外的单身失业人士申请上限是每月 1030.76 英镑，如果家里有孩子，最高每月可以申请 1538.48 英镑。在待遇期限上，失业者在经过 3 天的等待期后，最多可获得 26 周的失业求职救助金。此外，英国还设立了求职者过渡金（Jobseeker's Transitional Payment）以及单亲家庭救助金（One-parent Family Payment），以帮助失业者走出失业期的生活困境。

法国是世界上最早建立失业救济制度的国家。失业救济主要包括特殊团结津贴（Specific Solidarity Allowance）、临时等待期救助金（Temporary Waiting Period Allowance）、团结临时救助金（Solidarity Transitory Allowance）以及积极团结收入（Active Solidarity Income），其资金全部来自政府。法国就业、社会团结和住房部（Ministry of Employment, Social Cohesion, and Housing）管理失业救济工作，由就业中心（Employment Center）发放失业救济金。在领取条件上，失业者须满足三个条件：第一，居住在法国的长期失业者；第二，不满足领取失业保险的条件或已经超过失业保险的待遇期限；第三，家计调查。在待遇水平上，失业者所领取的失业救济金额与失业者的家庭结构和家庭收入有关。单身失业者且家庭月收入在 644.40~1127.70 欧元时，可通过申领失业救济金 525 欧元；已婚失业者且夫妻二人月收入在 1288.80~1772.10 欧元时，可通过申领失业救济金 950 欧元。在待遇期限上，基础待遇期限为 6 个月。当失业者领取 6 个月后仍满足失业救济金领取条件时，可继续申领。

德国的失业救济资金主要来源于联邦和地方政府。德国的失业救济由联邦劳动和社会政策部进行全面监督。联邦就业局委员会和 105 个当地授权机构管理失业救济事务。领取条件主要包括：第一，劳动者年龄在 15 岁至法定退休年龄之间；第二，基本生活需要无法被其他保险或救助金满足；第三，失业者有能力并积极求职；第四，家计调查。待遇水平视家庭人口结构而定。单身人士平均每月可以申请到 416 欧元，家庭失业者平均每月可以申请到 1250 欧元。在待遇期限上，失业救济金领取的期限分两种：一种是享受失业保险期满没有再就业的人员，可以没有时间限制地享受失业救济；另一种是无权享受失业保险而失业的人员，可以享受为期 312 天的失业救济。

（2）"一揽子"社会救助制度。"一揽子"社会救助制度是采取"一揽子"打包的方式，将所有社会救助项目纳入社会救助法的社会救助制度。

美国的失业救济制度主要从困难家庭临时救助、对特定人群的就业救助两个层面进行救助，实行的是"一揽子"社会救助制度。在贫困家庭的临时救助制度中，要求被救济对象主动承担工作责任而不是单纯领取救济金，被救济的对象要接受就业培训。若不按规定接受培训，会受到相应惩罚并酌情取消被救助资格。在制度特定人群的就业救助中，主要有对残疾人、大学生的专门的救助方案。此外，美国还规定了国家或州处在特殊时期时，对失业者的一系列救助政策。例如，失业保险延长救济金（Unemployment Insurance Extended Benefit）、灾难失业救助（Disaster Unemployment Assistance）以及贸易再调整津贴（Trade Readjustment Allowances）。失业救济金的发放由劳工部管理，截至2019年底的数据显示，普通人每周可获得378美元的失业救济金，但各州之间存在差异，如密西西比州是最不慷慨的州，平均每周支付213美元。马萨诸塞州最慷慨，平均每周支付555美元。总体来看，美国的失业救济制度更多地被贫困家庭临时救助制度所涵盖。而且不断地改革，尽量减少"福利病"以使领取救济金的失业者参加工作的趋势。成人失业者领取救济金要求其需要每周工作30小时。同时，为保证就业政策得到落实，美国的联邦政府最先出台了一系列的就业刺激计划，包括失业救济的受助者在参加工作后，仍然可以给予其6个月的救济，直到他的收入高于当地贫困线50%以上才会对其停止救济；参加了工作的受助者工作收入的50%可以豁免计算家庭收入等。具体来说，这种做法对促进就业、增进公民责任、自立发展，在防止"养懒汉"等方面发挥着重要作用。

日本同美国一样，实行"一揽子"社会救助制度。保障人群上，根据《雇用保险法》规定，要取得失业救济金就必须在失业前有一年的保险期间或失业前一年间中有合计6个月（被同一业主雇用）以上的被保险期间。对于不同的就业弱势群体也都有专门的救助规定，并以法律的形式呈现。对于残疾人、大学生、受灾人群这三个美国重点关注的群体，日本也对其给予了相应的救济。失业救济金主要包括求职救济金和促进就职费。求职救济金中，基本救济金是针对参加过失业保险期满没有再就业的人员。在待遇水平上，日本劳动省专门制定了基本救济金的日额表，具体分为36级，最低2140日元，最高6670日元。享受基本救济金的期间分为四种：90天、180天、240天和300天。年龄越大，享受的时间就越长，30岁以下为90天，而50岁以上则为300天。基本救济金从被认定失业之日起领取，每个月领一次。短期救济金又称特例一时金，其数额与基本救济金相同，只是享受的时间只有50天。

2. 中国与国外失业救济制度的比较与借鉴

通过前文对各个国家失业救济实施情况的介绍，我们可以看出，实行失业救济制度的国家都是福利性国家，有相对完善的失业救济制度，如英国、法国和德国。实行"一揽子"社会救助制度的国家，只有针对失业救济的项目，失业救济与其他救助之间界限不明晰，如美国、日本和中国。本部分对这两类制度进行比较，具体如表 10-2 所示。

表 10-2　不同类型失业救济制度的比较

制度类型	国家	保障人群	救济金种类	最高待遇水平	最长待遇期限
失业救济制度	英国	主要针对企业雇员、自雇人员	失业求职救助金 求职者过渡金 单亲家庭救助金	单身者：1030.76 英镑 有孩子：1538.48 英镑	26 周
	法国	不满足失业保险领取条件的失业者	特殊团结津贴 临时等待期救助金 团结临时救助金 积极团结收入	单身者：525 欧元 已婚失业者：950 欧元	6 个月及以上
	德国	不满足失业保险领取条件的失业者	失业救济金	单身者：416 欧元 已婚失业者：1250 欧元	1 类人员：无限制 2 类人员：312 天
"一揽子"社会救助	美国	困难家庭临时救助、对特定人群的就业救助	失业保险延长救济金 灾难失业救助 贸易再调整津贴	各州不同，平均每周 378 美元	6 个月
	日本	在失业前一年间中有合计 6 个月以上被保险的失业人员	基本救济金 特例一时金（短期） 促进就职费	根据年龄分层级，最高 6670 日元	长期 300 天 短期 50 天
	中国	有劳动能力的贫困失业者	就业补助资金	各省不同，但不得低于低保标准	1 年

（1）保障人群。我国的社会救济制度以低保为基础，因此保障人群较为单一和分散，仅针对纳入低保的贫困人群。而其他国家保障的人群更为广泛，如实行失业救济制度的福利国家（英国、法国、德国）涵盖了失业保险保障范围以外的失业者，实行"一揽子"社会救助制度的美国和日本也有针对特殊人群的失业救济，如对残疾人、大学生、受灾人群的专门的失业救济。

（2）救济金种类。我国种类单一，只有就业补助资金，而其他国家的救济金种类很多。这也是因为保障人群不广泛，无法对不同的人群发放不同标准的失业救济金。比如，福利国家设置的单亲家庭救助金（One-parent Family Payment）。其中还有国家设置长期救济金和短期救济金。比如，日本的特例一时金。还可以借鉴美国的失业保险延长救济金（Unemployment Insurance Extended Benefit），失业救济的受助者在参加工作后，仍然可以给予其 6 个月的救济，逐步取消救济，使其主动工作，减少福利依赖。

（3）待遇水平。我国由于省份较多，各地的情况不同，失业救济金由各省政府制定，没有统一的发放标准。而实行失业救济制度的国家，普遍是根据失业者的家庭收入、家庭人口结构等因素来制定，单身失业者和已婚失业者享受不同的待遇水平。日本根据年龄结构来划分，失业救济金与失业前工资水平挂钩，具体的分为 36 级，最低 2140 日元，最高 6670 日元。

（4）待遇期限。我国最长救济期限为 1 年。实行失业救济制度的国家普遍为 6 个月。部分国家对不同人群的享受待遇期限进行了分类，如德国享受失业保险期满没有再就业的人员，可以没有时间限制地享受失业救济；无权享受失业保险而失业的人员，可以享受为期 312 天的失业救济。还有的国家分长期和短期，如日本长期救济最多 300 天，短期救济最多 50 天。

（5）经验借鉴。通过上述比较，我们可以发现实行失业救济制度的国家有相对完善的制度，实行"一揽子"社会救助制度的国家虽然制度不完善，但个别失业救济项目也值得我们借鉴。因此，我们可以得到以下经验借鉴：

第一，扩大保障人群范围，完善救济对象瞄准机制。目前，我国失业救济制度未将低保边缘群体及其他就业困难人员纳入其中，我们可以扩充保障人群范围。

第二，丰富救济金种类，对不同人群实行不同水平的救济。目前我国失业救济金种类单一，我们可以根据保障人群的分类适当增加救济金种类，如针对单亲家庭、残疾人、受灾人群等困难人群设定待遇水平相对较高的救济金。

第三，提高待遇水平（救济金标准细化）。

第四，调整救济期限。根据不同人群需要，提高或者降低待遇期限，减少福利依赖，促进失业人群再就业。

四、改革方案

1. 中国失业救济制度改革的思路

民生保障站在历史新起点上，要继续把人民对美好生活的向往作为奋斗目标，多谋民生之利、多解民生之忧，在发展中补齐民生短板、促进社会公平正义。而就业是我国经济和社会发展的重大民生课题，当前我国已经建立了相对完善的失业保险制度，却没有保障到不符合失业保险制度参保要求的人群。这影响了部分失业群众的获得感、幸福感、安全感，因此当前急需建立一个完善的失业救济制度。

2020 年 8 月，中共中央办公厅、国务院办公厅印发了《关于改革完善社会救助制度的意见》（以下简称《意见》）。《意见》根据党的十九大和党的十九届四中全会对社会救助的新要求，对我国社会救助制度的完善进行了系统性顶层设计，指明了今后一个时期我国社会救助事业高质量发展的方向。《意见》强调改革完善社会救助制度，要坚持以人民为中心的发展思想，按照保基本、兜底线、救急难、可持续的总体思路，以统筹救助资源、增强兜底功能、提升服务能力为重点，不断增强困难群众的获得感、幸福感、安全感。

失业救济制度作为社会救助制度下的一个专项救助项目，也应该遵循保基本、兜底线、救急难、可持续的总体思路，更好地提高失业群众的幸福感。保基本是指以失业保险制度为主，保障大多数参保人群。兜底线是指以失业救济制度为辅，保障未参保但陷入失业窘境的人群。救急难是指对遭受突发急难情况而失业的居民给予救助和帮扶。可持续是指减少受助者的福利依赖，从单纯发放救济金到最终实现再就业，达到解决失业问题的根本目的。

2. 中国失业救济制度改革的目标

为了把我国建成社会主义现代化强国，党的十九大会议上提出了阶段性目标，在 2020 年全面建成小康社会、实现第一个百年奋斗目标的基础上，再奋斗 15 年，在 2035 年基本实现社会主义现代化，到 21 世纪中叶把我国建成富强民主文明和谐美丽的社会主义现代化强国。在这个发展过程中，增进民生福祉，提高社会保障水平是必不可少的一环。当前我国社会保障制度是以社会保险为主、社会救助为辅的制度，我国的失业救济制度属于社会救助制度下的专项救助。根据《中华人民共和国国民经济和社会发展第十四个五年规划和 2035 年远景目标纲要》对未来的展望，本书对中国失业救济制度改革提出两个阶段的具体目标。

近期目标是，到 2025 年，健全分层分类的中国失业救济制度，使制度更公平地惠及困难群众。按照保基本、兜底线、救急难的总体思路，扩大保障人群范围，丰富救济金种类。加强服务能力，使边缘失业群体都能得到及时救助，兜底保障功能有效发挥。

远期目标是，到 2035 年，实现失业救济事业高质量发展，将失业救济制度的重点从被动兜底保障转化为主动再就业。按照可持续的总体思路，减少福利依赖，形成"物质+服务"的救济方式。上一阶段失业救济制度已经基本形成体系，这一阶段需要在定型的基础上凸显成效，发挥改善失业问题的效能。

3. 中国失业救济制度改革的重点内容

目前，我国的失业救济制度基本政策框架已经在《社会救助暂行办法》中得到确定，但是对比发达国家失业救济制度，可以发现，我国失业救济制度还存在一些不足之处，有待进一步改革和完善。改革的重点内容如下：

（1）在保障人群上，扩大保障人群的覆盖面。目前《社会救助暂行办法》对失业救济对象的规定存在遗漏，未将低保边缘群体及就业困难人员纳入其中。低保边缘群体的家庭人均收入虽然略超过了低保保障标准，但他们微薄的收入并不足以提高生活水平，甚至过着更加艰难的生活，因此这部分贫困群体也应当享受失业救济。发达国家的失业救济制度覆盖面比较广，美国和日本的保障人群还包括了残疾人、受灾人群，因此我国也可以在原有城乡低保和特困人员基础上，将低收入家庭中的单亲家庭、残疾人、受灾人群等仍有劳动能力的人员，纳入失业救济范围。

（2）在救济金种类上，增加不同待遇水平的救济金。目前我国失业救济金种类单一，只有就业补助资金，而且对所有人群发放统一的补助。而其他国家的救济金种类很多，如福利国家设置的单亲家庭救助金，美国和日本对残疾人、受灾人群单独设置了一种津贴。我们可以根据保障人群的分类适当增加救济金种类，对不同人群实行不同水平的救济。比如，针对单亲家庭、残疾人、受灾人群等困难人群设定待遇水平相对较高的救济金。我们还可以根据时间期限来分类，设置长期救济金和短期救济金，如日本的特例一时金，根据不同人群的情况实行长期或者短期救济，而不是统一实行固定期限的救济金，这样可以适当减少财政压力，合理分配资源。

（3）在救济方式上，形成"物质+服务"的救济方式。我们不仅要有救济金等物质上的救济，还应当健全就业援助机制。加强服务救济，主要从以下几个方面入手：增加受助者的求职途径；为受助者解决后顾之忧；同时也要减少福利依赖。首先，我们可以增加受助者的求职途径，如求职研讨会、工作俱乐部、工作面试担保、工作推荐等多项措施，通过职业指导、岗位推荐、职业培训、公益性岗位过渡安置等措施实施就业援助。及时为符合条件的救助对象落实创业担保贷款贴息、社会保险补贴、公益性岗位补贴等扶持政策。对已就业的登记失业低保家庭人员，按其家庭当月核减低保金总额，给予不超过1年的低保就业补贴。其次，我们应当鼓励通过政府购买服务为特殊困难群众提供访视、照料服务，如增加针对受助者家庭的儿童、老人等社区日间照料服务。对于部分因家庭原因而无法工作的人来说，建立零就业家庭"发现—援助—消除—稳定"的长效机制，确保至少有1人在1个月内实现就业，做好社会保险接续等工作。这种服务可以使其减少后顾之忧、积极投身劳动力市场。最后，我们还需要减少受助者的福利依赖，使失业救济制度的重点从被动保障转化为主动就业。具体措施可以借鉴美国的失业保险延长救济金，失业救济的受助者在参加工作后，仍然可以给予其6个月的救济，逐步取消掉救济，使其主动工作，减少福利依赖。

五、改革方案实施的保障措施

前文对中国失业救济制度改革方案制订了思路、目标和重点内容，为了做好失业群体再就业的相关工作，把困难群众的民生底线兜住兜牢。本部分提出了以下几条保障措施：

1. 加强基层服务能力，确保失业救济兜底保障政策"不漏一户、不落一人"

为了扩大失业救济制度的保障人群范围，各省（自治区、直辖市）党委和政府统筹研究制定扩大保障人群范围的方案，并考虑到救助对象数量、人员结构等因素合理配备相应救助机构、工作人员。乡镇（街道）也应该承担起失业救济的责任，村级设立社会救助协理员，困难群众较多的村（社区）建立社会救助服务站（点）。有条件的地方可按程序将失业救济审核确认权限下放至乡镇（街道）。立足便民利民，取消可以通过国家或地方政务服务平台查询的相关证明材料。

2. 定期核查家庭情况，调整救济金发放水平

将走访、发现需要失业救济的困难群众列为村（社区）组织重要工作内容，建立多主体、多方面的主动发现报告机制，并要求建立全国统一的失业救济服务热线。对单亲失业家庭、长期失业人群的认定，每年核查一次；对受灾人群的认定，每半年核查一次。为减少基层人员的工作量，复核期内失业救济对象的家庭经济状况没有明显变化的，不再调整失业救济金水平。

3. 形成"物质+服务"的救济方式，加强救济金发放监管，并加快服务管理转型升级

首先，健全"双随机、一公开"监督机制，加强失业救济事中事后监管。加大对骗取社会救助行为的查处力度，依法依规追回骗取的社会救助金并追究相应责任。建立容错纠错机制，鼓励各地根据实际情况改革创新，激励基层干部担当作为。其次，加快服务管理转型升级。推进互联网、大数据、5G等现代信息技术在失业救济领域的运用，实现精准救助、高效救助、智慧救助。同时推动救助服务向移动端延伸，实现救助事项"掌上办""指尖办"，便民惠民，让老百姓得实惠。

第二节 孤寡病残救助

孤寡病残是一类特殊的群体，在全国普遍存在且数量庞大，目前尚没有明确的定义和统计。早期有学者将孤寡病残救助定义为，在公民个人生理丧失劳动能力而断绝经济来源时，由国家和社会提供的维持最低生活水准的资金和物质的社会救助项目。

孤寡病残救助对象是"因个人生理原因丧失劳动能力而断绝经济来源"的公民。由于在现行政策和法规中，这部分救助对象主要依靠由社会提供"五保"，即"保吃、保穿、保住、保医、保葬（保教）"的供养方式来满足他们的

基本生活需求，所以一般称为"五保"对象，主要是"无法定扶养义务人、无劳动能力、无可靠生活来源"的老年人、残疾人和未成年的孤儿。另外，早在2003年时任民政部救灾救济司司长王振耀在国务院新闻办举办的记者招待会上说，对全国农村的402万低保对象实施救助：第一类是鳏寡孤独，第二类是丧失劳动力的重残，第三类是大病。这基本与孤寡病残救助的对象一致。同时，这一救助项目还包括一些特殊的救助对象，主要是符合文件规定的精简退职老职工，以及一部分由中共中央和国务院规定的特殊救济对象。因此，从广义上说，孤寡病残救助的对象包括了低保户、"五保"户和一些难以统计的特殊救济对象。对于孤寡病残的特殊贫困群体，目前主要是通过农村最低生活保障制度和五保进行政策性保障兜底。以最低生活保障为核心的孤寡病残救助体系，在缓解贫困方面发挥了重要作用，但也容易造成救助对象的"救助依赖"和非救助对象的"心理失衡"，孤寡病残仍然是社会救助中的最弱势的一类人群。

一、历史沿革

党和政府一直重视保障和改善民生，经过半个多世纪的改革与发展，中国孤寡病残救助在救助项目、覆盖人群、救助标准以及财政支出等方面有了很大改进和提升，日渐成为保障民众基本生活、促进社会和谐稳定和实现国家长治久安的重要制度安排。目前我国已形成了较为完善的综合性社会救助制度体系，其中以低保制度和五保供养制度为基础，作为最重要的救助手段，使得广大的孤寡病残群体的基本生活得以保障。

1. 中华人民共和国成立时孤寡病残救助体系的初步建立（1949～1978年）

中华人民共和国成立伊始，生产力低下，物资匮乏，孤寡病残对象得不到救助，民生得不到很好保障。随着社会主义改造的完成，我国进入全面建设社会主义时期，开始建立孤寡病残救助体系，主要是对农村"五保户"建立五保供养制度以及对农村"五保户"进行分散供养和集中供养。在《1956年到1967年全国农业发展纲要（草案）》中首次提出实行"五保"制度，五保供养制度是一项富有中国特色的社会保障制度，也是我国社会主义阶段建立时间最早、持续时间最长的社会保障制度。值得一提的是，根据1956年《高级农业生产合作社示范章程》，各地对无依无靠无劳动能力的孤寡老人、残疾人和孤儿，实行由集体实行"保吃、保穿、保住、保医、保葬（保教）"的"五保"供养制度，此时供养的形式为分散供养，包括工分补助、定额供粮、社员照顾等。1958年12月，党的八届六中全会通过的《关于人民公社若干问题的决议》中提出，"要办好敬老院，为那些无子女依靠的老年人（五保户）提供一个较好的生活场所"，敬老院是对五保对象实行集中供养的一种形式，自此，集中供养出现。至改革开放前，我国的孤寡病残救助已初步建立，其内容相对完善，覆盖了贫困地区人民、灾民以及农村的"五保户"等。这些孤寡病残对象从只能依靠家庭逐渐转变成可以依靠社会保障，但是社会保障仍不完善，只能对无法维持最低生活水平的老年人给予社会救济。

2. 改革开放初期至党的十八大处于探索发展的孤寡病残救助（1978～2012 年）

党的十一届三中全会以后，孤寡病残救助得到党和政府的高度重视，这一时期"三无"人员成为孤寡病残救助的主要救助对象。改革开放初期，由于计划经济体制的解体，城市下岗、失业等问题成为日益严重的社会问题，在 1979 年民政部召开的"全国城市社会救济福利工作会议"上就明确提出了城镇救济对象主要为"无依无靠、无生活来源的孤老残幼，以及无固定工作、无固定收入来源的生活困难居民"（"三无"人员），"对中央明文规定给予救济的人员，按规定办理"。该阶段的孤寡病残救助虽然在救助范围、救助方式、救助资金投入等方面得到恢复和发展，但并未突破传统思路和发展框架，救助资金投入总体较少，救助标准非常低，救助对象认定随意性大、救助程序不合理等。

为保障失业和下岗人员的基本生活需要以及解决孤寡病残救助在城乡发展不统筹问题分别建立了城市最低生活保障和农村最低生活保障，完善和发展了现有的孤寡病残救助体系。随着我国国有企业改革的加速，城市中出现了大量因失业和下岗而带来的贫困人口，为了解决他们的生活困难问题，国家在这段时间分别建立城市最低生活保障和农村最低生活保障。1993 年 5 月，上海市社会保险局发布《关于上海市城镇居民最低生活保障线的通知》，同年 6 月 1 日，上海市实施城市最低生活保障制度。随后其他各地开始试点工作。1999 年用法规形式明确了政府救助贫困群体的法定责任，《城市居民最低生活保障条例》规定"凡人均收入水平低于当地最低生活保障线的家庭"，均有权申请低保。农村低保相比城市发展略微滞后，到 2002 年，全国绝大多数省份都不同程度地实施了农村居民最低生活保障制度。这是中国社会救助发展的重大突破，社会救助跨越了长期存在的城乡二元分治的管理体制，在农村普遍建立了最低生活保障制度，使大量的中国贫困农民得以享有社会救助保障的权利。2006 年新《农村五保供养工作条例》在资金供给等方面做出了修正和补充。条例规定，农村五保供养资金在地方人民政府财政预算中安排；中央对财政困难地区的农村五保供养，在资金上给予适当补助。2007 年，国务院印发《关于在全国建立农村最低生活保障制度的通知》，对建立农村最低生活保障制度的目标和总体要求、标准和对象范围、规范管理方式、落实保障资金等主要方面进行了明确的规定。农村贫困人口逐步成为低保制度保障的主体。

集中供养成为孤寡病残救助的主要形式。2011 年 1 月实施了《农村五保供养服务机构管理办法》，集中供养形式越来越正规化和规范化。在这一阶段，五保供养制度逐渐从集体经济的福利过渡到市场经济下的社会保障制度，向着"国家化救助"转变。

为保障和改善孤寡病残救助对象的生活，孤寡病残救助标准逐步提高。2005~2012年，连续8年全国统一调整企业退休人员基本养老金，2011年全国企业退休人员人均每月基本养老金达到1531元，是2002年的2.56倍。医疗保险报销的"封顶线"随职工工资水平提高而迅速提高，特别是新医改后，"封顶线"又提高到职工平均工资的6倍。失业保险金、工伤保险金、生育保险待遇以及城乡低保、农村五保、优抚对象抚恤和生活补助标准也同步提高。保障水平的稳步提高，保障和改善了人民群众特别是中低收入群体的生活。

为完善城乡孤寡病残救助体系，孤寡病残救助在着力形成基本完备的保障制度。在"十二五"规划中明确要求"十二五"时期，要坚持"广覆盖、保基本、多层次、可持续"的基本方针，以增强公平性、适应流动性、保证可持续性为重点，更加注重保障公平，更加注重统筹城乡发展，更加注重优质高效服务，更加注重可持续发展，加快建立健全覆盖城乡居民的孤寡病残救助体系。力争到"十二五"期末，形成基本完备的保障制度。

此时不仅是孤寡病残救助的对象、资金来源和救助标准等有了更为详细的规定，同时保障也相比前一个时期更全面。但是，该阶段的城乡低保和五保，相关制度运行与执行仍不规范，救助标准还比较低，离真正的规范化、制度化还有很大差距，基层实践出现较大偏差，使许多应该纳入保障范围的孤寡病残群体实际上并未得到任何保障，并且受财力限制，保障水平还很低。

3. 孤寡病残救助体系逐步完善阶段（2012年至今）

孤寡病残救助在城乡统筹、覆盖范围、保障制度等方面日益完善。党的十八大报告明确提出，要统筹推进城乡社会保障体系建设，把社会保障全民覆盖作为全面建成小康社会的重要目标，明确了推进社会保障制度改革的基本方针和重大举措。2014年2月，国务院颁布了《社会救助暂行办法》规定了最低生活保障、特困人员供养等八项社会救助制度。2015年5月发布的《关于加快推进社会救助领域社会工作发展的意见》中对社会救助领域的可及范围和受益人群提出了新的要求。党的十九届四中全会提出了完善覆盖全民的社会保障体系的要求。

截至目前，孤寡病残救助又迈出了历史性新步伐，登上了一个新台阶。主要表现为孤寡病残救助项目不断增加，针对孤寡病残救助对象建立了最低生活保障制度和医疗救助、教育救助等专项救助制度，并完善灾害救助制度和特困人员救助制度，形成了一套新型孤寡病残救助制度体系。

该阶段孤寡病残救助都获得稳步提升，保障范围逐渐扩大，孤寡病残群体的需求得到更多关注。另外城乡低保和五保供养制度的设计已较为完善，对低保和五保工作的开展起到良好的指导作用。但制度的实施过程中仍存在一些问题，如城乡孤寡病残救助的标准不统一、救助水平较低，满足不了其基本生活需要。这些问题一方面反映出制度本身还不尽完善，另一方面也反映出制度实施的中间环节出了问题。因此，我们仍面临诸多问题。

二、现状解析

孤寡病残作为社会保障体系中的底部。扶贫脱贫过程中，不管是讲社会政策"兜底"，还是社会保障"兜底"，抑或是社会救助"兜底"，归根结底都是在强调孤寡病残救助对这部分人群发挥的"兜底"作用。

由于目前社会救助项目的逐步完善，对低保户和五保户的瞄准机制也在逐渐提高，越来越多的孤寡病残群体得到了"应保尽保"，同时孤寡病残救助的对象有相当大一部分群体属于低保户和五保户。因此，在本书中孤寡病残救助的对象主要指低保户和五保户。由于孤寡病残救助支出来自民政事业费，民政事业费资金是否充足直接决定了救助水平的限度。因此，将从低保、五保、民政事业费资金以及孤寡病残救助的社会参与度来对孤寡病残救助的现状进行描述。

1. 孤寡病残救助制度的现状

（1）孤寡病残救助资金主要用于城乡低保户。截至2019年底，全国共有城市低保对象524.9万户、860.9万人。全国城市低保平均保障标准624.0元/人·月，比上年增长7.6%，全年支出城市低保资金519.5亿元；有农村低保对象1892.3万户、3455.4万人。全国农村低保平均保障标准5335.5元/人·年，比上年增长10.4%，全年支出农村低保资金1127.2亿元。

针对特困人员救助供养，截至2019年底，全国共有农村特困人员439.1万人，全年支出农村特困人员救助供养资金346.0亿元；全国共有城市特困人员29.5万人，全年支出城市特困人员救助供养资金37.0亿元。针对临时救助，2019年，共实施临时救助993.2万人次，其中救助非本地户籍对象4.6万人次。全年支出临时救助资金141.1亿元，平均救助水平1421.1元/人次。

表10-3　2015~2019年孤寡病残救助资金用途　　　　　单位：亿元

年份	2015年	2016年	2017年	2018年	2019年
城市低保救助资金	719.3	687.9	640.5	575.2	519.5
农村低保救助资金	931.5	1014.5	1051.8	1056.9	1127.2
城市特困人员救助资金			21.2	29.5	37.0
农村特困人员救助资金	210.0	228.9	269.4	306.9	346.0
临时救助资金		87.7	107.7	130.6	141.1

注：表中空白为数据缺失。

资料来源：《中国财政年鉴》。

从表 10-3 可以看出我国孤寡病残救助资金主要用于城乡低保救助，反映出我国孤寡病残救助的对象主要针对低保户和五保户。

　　（2）孤寡病残救助人数逐年减少。由图 10-7 可知，城乡低保人数基本呈线性逐年减少趋势，农村低保人数在 2010~2011 年小范围上升后，也逐年减少，且幅度大于城市低保人数，但在 2018 年减速放缓。城乡低保人数快速减少是由新增低保人数减少和低保对象退出增多两个方面共同导致的。低保制度是根据家庭人均收入、人均财产拥有等标准确定其对象的。由于家庭人均收入和财产等方面的情况是处在变动之中的，因此在正常情况下低保对象的规模应该是由低保标准和低保对象家庭的实际收入及财产的动态变化共同决定的。在标准不变的情况下，低保家庭人均收入的普遍增加会使许多低保对象退出低保，从而使低保对象减少。同样的情况也会发生在低保申请者身上。同时一直存在的低保瞄准偏误问题和监督机制的缺失都有可能造成应该享受低保的困难人群没办法得到救助，因此低保人数的减少可能是由多方面原因造成的。

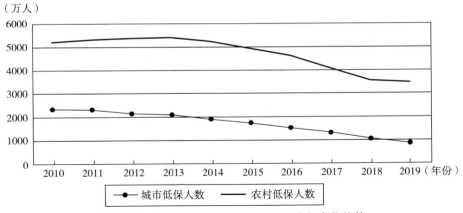

图 10-7　2010~2019 年全国城乡低保人数变化趋势

资料来源：《国家统计局》。

　　（3）民政事业费实际支出近年不断下降。民政事业费实际支出影响着我国城乡居民最低生活保障制度和五保供养制度的保障水平，城乡居民最低生活保障制度和五保供养制度的保障水平要与政府的财政收支状况相适应。同时城乡居民最低生活保障支出和五保供养支出在民政事业费实际支出比例在 2010~2016 年一直高于 40%，近年有所下降。由图 10-8 可以看出民政事业费实际支出近年增长缓慢，甚至在 2019 年出现了负增长，增长率为 -29%。

　　（4）孤寡病残救助的社会参与度提高，社会组织不断增加。截至 2019 年底，全国共有社会组织 86.6 万个，比上年增长 6.0%；这些社会组织按登记机关分类可分为社会团体、基金会以及民办非企业单位（见表 10-4、图 10-9）。

（亿元）

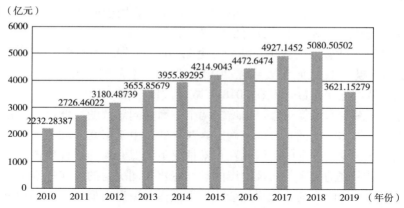

图 10-8　2010~2019 年民政事业费支出变化

资料来源：民政部，华经产业研究院。

表 10-4　2019 年社会组织按登记机关分类　　　　　　　单位：个

指标	社会团体	基金会	民办非企业单位
合计	371638	7585	487112
民政部登记	1983	213	99
省级民政部门登记	31789	5242	15287
市级民政部门登记	89359	1534	66012
县级民政部门登记	248507	596	405714

资料来源：《中国统计年鉴》。

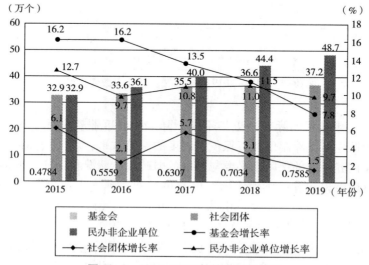

图 10-9　2015~2019 年社会组织情况

资料来源：《中国统计年鉴》（2016~2020）。

社会组织是以社会公益服务为目的的独立部门或社会团体，其相较于政府机构更贴近民众，在孤寡病残救助中发挥了极大的作用，因为孤寡病残救助资金仅依靠国家和政府的财政资金往往是不足以支付的，更多的是需要社会组织和广泛社会人士的积极参与支持，这样不仅能够为孤寡病残救助提供资金，还可以影响舆论、传播知识和进行制度创新，带动更多的社会组织和社会人士参与孤寡病残救助，对于政府救助工作起到了积极的补充作用。图10-10为2015~2019年社会组织捐赠收入情况。

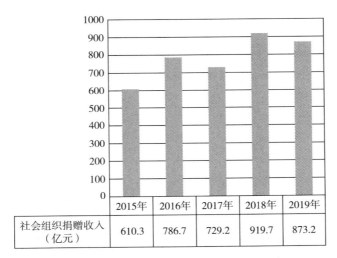

	2015年	2016年	2017年	2018年	2019年
社会组织捐赠收入（亿元）	610.3	786.7	729.2	919.7	873.2

图10-10　2015~2019年社会组织捐赠收入情况

资料来源：《中国统计年鉴》（2016~2020）。

　　2. 孤寡病残救助制度的问题（与后面改革思路措施相对应，这部分还没完善好）

　　（1）分散供养人数多于集中供养人数。由图10-10可以看出，分散供养人数比较稳定，而集中供养人数近几年有下降趋势，这表明在当前条件下大多数五保供养对象更倾向于选择分散供养。民政部、国家发展和改革委员会在2016年发布的《民政事业发展第十三个五年规划》提出，要优先集中供养完全或部分丧失生活自理能力的特困人员，到2020年底前生活不能自理特困人员集中供养率达到50%。目前来看，2013年集中供养率达到最高34%后，一直在下降，在2018年仅为18%，可见五保供养制度的实施前路依旧很艰难。

　　（2）孤寡病残救助标准逐年增加。首先，低保救助标准逐年增加。国际上一般把居民收入中位数的30%视为"极端贫困线"、40%视为"严重贫困线"、50%视为"温和贫困线"、60%视为"近乎贫困线"。考虑到我国社会救助的发展

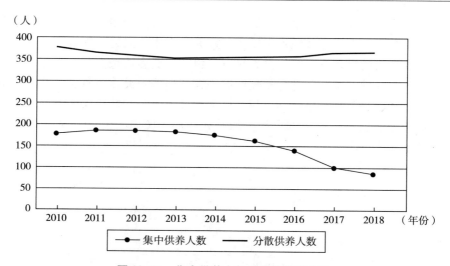

图 10-11　集中供养人数和分散供养人数

资料来源：《民政事业发展统计公报》。

水平，暂与"极端贫困线"相比较，由图 10-12 可知，城乡低保救助标准都在逐年增加，且城乡低保救助水平有逐年加大的趋势，同时与各自的"极端贫困线"相比较，也可以看出，城市低保标准远没达到"极端贫困线"。因此，仍需加大低保资金的投入。

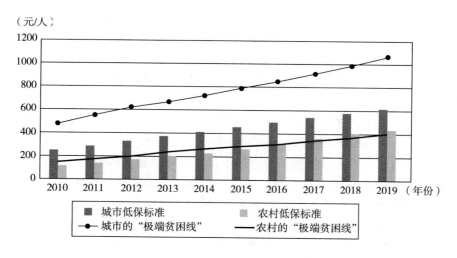

图 10-12　2010~2019 年城乡低保救助标准比较

资料来源：民政部《民政事业发展统计公报》（2010~2019）。

其次，供养标准不断提升。《农村五保供养条例》中规定：五保供养标准不得低于当地村民的平均生活水平，并根据本地居民平均生活水平的提高而适时调整。其中"当地村民的平均生活水平"的标准很模糊，因此，由于当地居民平均消费支出水平的指标与其内涵较为接近，所以把当地居民平均消费支出水平当作衡量五保供养制度是否达到保障水平的现实依据。由图 10-13 可以看出，集中供养标准一直高于分散供养标准，且二者均与当地居民人均消费支出存在较大的差距，说明虽然五保供养标准在不断提升，但是仍然不能满足供养人群的基本生活需求。

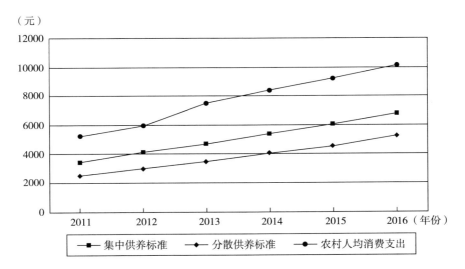

图 10-13 2011~2016 年集中供养标准和分散供养标准与农村人均消费支出比较
资料来源：国家统计局。

（3）孤寡病残救助水平有待提高。孤寡病残救助水平民政事业费用实际支出占 GDP 比重，从供给的角度反映出社会救助水平，而低保和五保是孤寡病残救助的核心。由图 10-14 可以看出，2010~2013 年有小幅度上升，2013~2017 年较为稳定，比重在 0.6% 左右，从 2017 年开始呈现下降趋势。民政事业费用实际支出占 GDP 的 0.5%~1.0%，就能为社会稳定做出极大的贡献。但明显近年来在孤寡病残救助方面投入不够，2015 年中共中央、国务院颁布《中共中央 国务院关于打赢脱贫攻坚战的决定》，2020 年已经打赢了脱贫攻坚战，2021 年我们应该继续为人民生活水平的提升而努力。

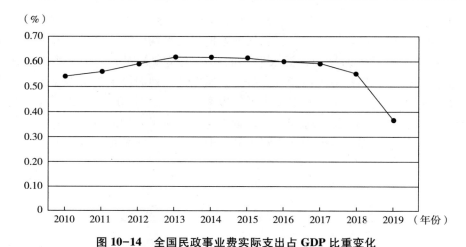

图 10-14　全国民政事业费实际支出占 GDP 比重变化

资料来源：国家统计局。

三、中国与国外制度比较及经验借鉴

综观世界，不论是发达国家，还是发展中国家，为了保持社会的稳定和国家的长治久安，都十分关注处于孤寡病残的居民。为此，各国都在结合本国实际情况为这部分群体提供相关的救助制度，使其最基本的生活得到保障。虽然对孤寡病残群体的救助，各国之间存在着很大的差异性，但最终都是在强调对于那些生活无法达到基本保障人群的生活救助。由于各个国家很少有对孤寡病残救助制定相应的制度，因孤寡病残救助只是社会救助体系的一部分，绝大多数国家仅在社会保障制度中提及孤寡病残救助内容，因此在本部分以社会保障制度中的孤寡病残救助内容来体现孤寡病残救助制度。

救助制度在不同类型的国家之间存在着很大的多样性，而且即使在社会类型基本相同的不同国家之间也同样呈现出多样性模式。由于受到不同因素的影响，各国救助制度的模式各具特色，依据保障制度的责任主体、保障覆盖范围、保障水平、筹资模式及经济条件的不同，本书将孤寡病残救助制度分为自保公助型、国家福利型、自我积累型和国家保障型四个类型。

1. **不同的孤寡病残救助制度类型**

（1）自保公助型。该模式由政府制定有关社会救助的法律，作为社会救助制度的实施依据。在资金筹集方面多体现自我保障，并辅以国家补偿机制。社会救助表现为强制性保险，实行社会救助费用由国家、雇主和个人共同承担的缴费机制，国家以不同标准拨款资助。社会救助资金除了以个人和雇主为主外，也争取社会各界的资助，实现资金的多元化来源。公民只有在履行社会保险缴费义务后才能享受社会救助权利，才能依法领取社会保险津贴。公共机构和私营机构均可以参与到社会救助制度的管理和运行中，这也体现了自保公助型的公私并举、责任共担、差别性的社会救助模式。针对孤寡病残救助部分，在秉承救助费用由国家、雇主和个人共同承担的缴费机制理念下，会对不同的孤寡病残救助对象提供不同的金额，如果孤寡病残救助对象缴纳的保险资金多，那么可能会得到更多的救助资金，如果孤寡病残救助对象有其他收入，如工资、养老金或其他隐性福利，那么可能会得到较少的救助资金。救助对象一般为生活在"贫困线"以下的人，救助资金一般每月提供，以满足孤寡病残救助对象对食物、衣服和住所的基本需求。救助内容主要包括生活救助、医疗救助、灾害救助等。

自保公助型社会救助模式的保障范围较为广泛，几乎保障了全体社会成员。各国依据国情不同，制定的社会保障具体项目有所不同，但都在一定程度上解决了人们的生、老、病、死、伤残及失业等后顾之忧。社会保障制度自保公助型模式起源于德国，后美国、日本等国家也纷纷采用该种模式。

（2）国家福利型。该模式是一种广泛且充分的社会保障模式，体现了一种公平的制度安排，也可以被称为"从摇篮到坟墓"的福利模式。该种模式的社会救助制度通过转移支付方式直接向低收入人群提供生活补助，使低收入人群的生活状况得到了较大的改善，极大地缓解了贫困人口的贫困状况。缩小了贫富差距，促进了社会公平。国家福利型未专门针对孤寡病残救助制定相应的内容，因为在该模式下无论什么类型的救助都是由国家制定和实施的，包括救助对象的范围、救助的项目以及救助资金的来源。因此，孤寡病残救助同社会救助一样会通过转移支付方式直接向孤寡病残救助对象提供生活补助，来满足其基本生活需要。其救助形式主要有两种，一种是现金救助，另一种是非现金救助。从中可知国家福利型模式是"综合型"模式，也就是保障了孤寡病残对象生活的方方面面。

国家福利型模式的社会救助范围较为广泛，保障水平较高，保障项目较为齐全。社会保障的资金主要来源于财政资金，是因实行该模式的国家经济水平高于国际平均水平，且国民素质、个人收入和物质水平都处于较高的水平，该模式起源于英国，后以英国、瑞典、丹麦、挪威等北欧国家为典型代表。

（3）自我积累型。自20世纪50年代以来，以新加坡和智利为典型代表的自我积累型社会保障模式得以建立，该模式也是四种社会保障模式建立最晚的。采取该种模式的新加坡主要实行中央公积金模式，智利则采用养老金私营化模式。这两种模式均是为符合条件的社会成员建立个人社会保险储蓄账户。参加保险的人根据法律规定以工作年限为依据，定期缴纳社会保险费用、逐年累计，在退休时，根据个人储蓄账户的累计额再加上个人账户的资金投资所得，领取养老金。

在孤寡病残救助方面与北欧福利国家那种由国家承担一切费用的社会保障模式截然不同，其强调个人责任、自力更生以及家庭互助。孤寡病残救助旨在为

"市场竞争的失败者"和"最不能自助者"提供基本生活保障,起着兜住社会"底线公平"的最后一张"安全网"的作用。当公民及其家庭已经无法自力自助,或者当家庭援助和社区援助不足的时候,政府为公民提供最后的援助。救助对象是年老、疾病、残疾等无法参加工作或无经济来源的居民,救助内容主要包括每月的现金补助,免费治疗的医疗补助和子女上学的补助等。

自我积累型模式的主要特点为国家更加依法强调雇主和雇员的专项储蓄,社会保险资金由雇主和雇员共同承担,从而实现养老、医疗、失业等情况的自我保障,该种模式独特的制度安排为社会保障制度的发展和完善提供了新的范本。

(4)国家保障型。该救助制度可具体分为国家-单位保障型和国家-社会保障型。其中国家-单位保障型的救助形式目前已几乎不存在,该形式主要存在于苏联、原东欧和改革开放前的中国。国家-单位保障型下孤寡病残救助事业由国家统一制定法律、统一领导、统一收支标准、统一管理。救助方式主要为现金救助,其中救助费用均由国家和企事业单位负担,个人不负担任何保险费,实行低工资、高福利政策,实行公费医疗、低房租、没有失业保险等,以追求社会公平。

国家-单位保障型社会保障模式基于马克思和列宁的社会保障学说以及社会保障扣除理论而产生,体现"最好的保险是国家保险"。该模式促进社会的稳定和安定团结,充分体现了社会主义的优越性。另外,国家-单位保障型社会保障模式的资金来源单一,国家和企业压力不堪重负,劳动者本人不缴纳任何费用,易养成"大锅饭"、平均主义的懒惰思想。因此,现很少有国家采用该模型。

2. 中国与国外制度比较及经验借鉴

对于现在的中国而言,孤寡病残救助制度已从国家-单位保障制转型为国家-社会保障制。改革开放前,始建于20世纪50年代的孤寡病残救助可以称为"国家-单位保障制",呈现出国家负责、单位(集体)包办、板块结构、封闭运行等特征,基本上是城镇居民的专利,乡村人口只有极为有限的国家救济,主要依靠农村集体组织内部成员之间的互助共济。改革开放后,经过改革与发展,现在的孤寡病残救助则是"国家-社会保障制",呈现出政府主导、责任分担、社会化、多层次特征,城乡居民均被社会保障制度覆盖,板块结构已经被完全打破,单位(集体)包办社会保障事务的格局已成历史。孤寡病残救助制度比较如表10-5所示。

表10-5 孤寡病残救助制度比较

制度类型	责任主体	覆盖范围	筹资模式	救助形式	经济条件	代表国家
自保公助型	国家、雇主和个人共同承担	收入低于贫困线/社会救助标准的家庭	自我保障,并辅以国家补偿机制	生活救助、医疗救助、灾害救助	经济实力较为雄厚	美国、德国、日本

续表

制度类型		责任主体	覆盖范围	筹资模式	救助形式	经济条件	代表国家
国家福利型		国家	几乎全体社会成员	财政资金	现金救助、非现金救助：食品券、医疗救援、住房补助	长期和丰厚的物质	英国、瑞典、丹麦、挪威
自我积累型		雇主与雇员承担	低收入阶层，以及市场竞争的失败者和不能靠自己能力自救的群体	雇主雇员的一方或双方	现金补助，免费治疗的医疗补助和子女上学的补助	较为稳定的经济环境	新加坡、智利
国家保障型	国家-单位保障型	国家与单位	基本为城镇居民	国家和企事业单位资金	现金救助	较为坚实的经济发展基础	苏联、原东欧和改革前的中国
	国家-社会保障型	国家和社会	符合救助标准的所有城乡居民	国家财政资金和社会捐赠资金	基本生活救助、专项救助、临时救助和补充救助	经济发展水平较高	中国
比较		国家福利型由政府承担的最多，自我积累型国家参与较少	国家福利型覆盖范围最广，更加追求公平	自保公助型为了协调各阶级之间的矛盾，呈现分散化的筹资，国家福利型与其均为经济实力较强的国家	国家福利型救助形式最为全面，覆盖到孤寡病残救助对象生活的方方面面；仅国家-单位保障型是单一的现金救助	国家-社会保障型为政府主导，社会广泛参与，国家与社会联系最为密切，责任分担，呈现多层次特征	国家-单位保障型为非缴费型，仅靠国家财政资金支持；国家-社会保障型为缴费型，不仅依靠国家政府的补贴，还依靠社会组织团体的捐赠资金

总体而言，国家福利型由政府承担的最多，自我积累型国家参与较少。覆盖范围上，国家福利型覆盖范围最广，更加追求公平；自我积累型更加强调自我的积累，自己累计资源的自我进行分配，覆盖人群有限。在筹资模式上，国家福利型和国家-单位保障型仅依靠国家财政资金，国家-社会保障型的社会参与度最高，不仅依靠政府资金支持，还依靠社会组织团体的捐赠资金。救助形式上除国家-单位保障型外，各种模式下的救助形式均呈现多样化。经济条件上，自保公助型与国家福利型均为经济实力较强的国家。

因此，得到以下经验借鉴：

第一，建立项目齐全的孤寡病残救助制度框架。孤寡病残救助制度的未来发展也应该建立门类更加齐全的社会救助项目。在保障困难群众基本生活的同时，要进一步落实应保尽保的政策，保障贫困人口受救助的覆盖面。同时完善其他形式的孤寡病残救助形式。例如，医疗救助、教育救助、伤残救助等。

第二，合理界定孤寡病残救助对象，细化家庭收入标准。由于中国地区经济发展不平衡，加之各个地区的具体实际，贫困产生的原因和结果均有不同。一味地采用同样的孤寡病残救助对象的划分标准，势必会影响救助效果。应结合不同地区的不同实际情况，合理划分孤寡病残救助对象。在合理界定保障对象的基础上，应进一步细化家庭收入标准，对不同收入标准的救助对象采用不同的救助方式，不能只划定一条救助标准。

第三，救助资金来源多元化。孤寡病残救助虽然在这方面有社会组织团体的参加，但在未来的发展中，应该多元化筹措社会救助资金，加大推进社会工作人才队伍的建设，完善和开发社会性的救助资源，将非政府组织、社会成员纳入孤寡病残救助体系中，使其成为真正的参与者。

第四，扩大覆盖范围，尽可能保障每个人的权益。我国作为社会主义国家，应尽可能保障每个人的权益，覆盖到每一个需要帮助的人，来缩小贫富差距，促进社会公平。

四、改革方案

1. 中国孤寡病残救助改革的思路

由于我国经济体制与社会制度方面的原因，造成城乡的社会福利待遇差距很大，市民福利待遇比农民所能享受到的福利待遇要好，在孤寡病残救助方面市民也比农民从政府和社会得到的援助多。另外，我国作为社会主义国家，应尽可能保障每个人的权益，覆盖到每一个需要帮助的人，但仅靠政府的财政资金支出很难维持。因此，中国孤寡病残救助改革应建立健全分层分类的孤寡病残救助体系，构建综合救助格局，打造多层次救助体系，创新社会救助方式，发挥政府引导社会参与的作用，处理好政府与社会之间的关系，促进城乡统筹发展。

2020 年 8 月 27 日，贯彻落实《关于改革完善社会救助制度的意见》（以下简称《意见》）视频会暨全国社会救助部际联席会议全体会议在京召开，《意见》和会议精神深刻体现了中国孤寡病残救助改革的思路。国务院总理李克强对社会救助工作作出重要指示强调，切实做到弱有所扶、难有所帮、困有所助、应助尽助，把困难群众的民生底线兜住兜牢。孤寡病残群体作为困难群众中的底部，更应受到政府的关注和救助，把维护困难群众基本权益作为社会救助的根本出发点和落脚点，确保困难群众共享改革发展成果。坚持问题导向，聚焦突出问题，回应群众关切，不断增强困难群众的幸福感和满意度。坚持尽力而为、量力而行，与经济社会发展水平相适应，既不降低标准，也不吊高胃口。坚持统筹兼顾，加强政策衔接，形成兜底保障困难群众基本生活的合力。这些重要指示无一不反映中国孤寡病残救助改革的思路。

2. 中国孤寡病残救助的改革目标

《关于改革完善社会救助制度的意见》中指出用 2 年左右时间，健全分层分类、城乡统筹的中国特色社会救助体系，在制度更加成熟更加定型上取得明显成效。目前孤寡病残救助还未有专门的定义和对这类人群的救助，应尽快制定出合理的目标和方案来保障这类人群的基本生活。社会救助法制健全完备，体制机制高效顺畅，服务管理便民惠民，兜底保障功能有效发挥，城乡困难群众都能得到及时救助。

"十四五"时期我国孤寡病残救助制度发展既有连续性，又有新要求。一方面要继续完成"十三五"时期遗留的任务，另一方面又要实现"十三五"时期已经提出，但还没有来得及实施的任务，如提高救助水平，提升贫困与弱势群体的生活质量等方面的任务。孤寡病残救助应该继续提高救助的公平性，着眼于更高的社会效益和运行效率。为此，"十四五"时期应该提升孤寡病残社会救助的贫困识别标准，扩大社会救助的行动体系，优化社会救助制度体系，加强服务救助体系建设，并加强和优化孤寡病残救助的管理体系。力争"十四五"时期末实现全市城乡低保标准统一。

到 2035 年，实现孤寡病残救助事业高质量发展，改革发展成果更多更公平惠及困难群众，民生兜底保障安全网密实牢靠，政策衔接更加紧密，救助合力更加凸显，多样化救助需求得到满足，建成与经济社会发展水平相一致的社会救助制度，总体适应基本实现社会主义现代化的宏伟目标。

3. 中国孤寡病残救助的改革重点内容

对于孤寡病残这部分特殊的群体，最主要的是尽可能救助到需要得到救助的人，并且保障他们的基本生活水平。由于目前存在着瞄准效率有待提高，救助标准偏低，救助资金来源增长不稳定等问题。因此，将从完善救助体系和筑牢基本生活救助两方面阐述孤寡病残救助的改革重点。

（1）建立健全分层分类孤寡病残救助体系。

第一，构建综合救助格局。建立健全以基本生活救助、专项社会救助、急难社会救助为主体，社会力量参与为补充，与其他保障制度相衔接的分层分类社会救助体系，实现精准救助、高效救助、温暖救助、智慧救助。创新社会救助方式，积极发展服务类社会救助，形成"物质+服务"的救助方式。

打造多层次救助体系。完善低保、特困和低收入家庭认定办法。对共同生活的家庭成员人均收入低于当地最低生活保障标准且符合财产状况规定的家庭，给予最低生活保障。对无劳动能力、无生活来源、无法定赡养抚养扶养义务人或者其法定义务人无履行义务能力的城乡老年人、残疾人、未成年人，给予特困人员救助供养。同时，根据实际需要给予相应的医疗、住房、教育、就业等专项社会救助。对不符合低保或特困供养条件的低收入家庭和刚性支出较大导致基本生活出现严重困难的家庭，根据实际需要给予相应的医疗、住房、教育、就业等专项社会救助或实施其他必要救助措施。

第二，推进城乡统筹发展。推进社会救助制度城乡统筹，加快实现城乡救助服务均等化。逐步实现低保标准城乡统一，有条件的区县可先行先试。研究解决相对贫困救助帮扶政策措施，加强与乡村振兴战略衔接。加大农村社会救助投入，逐步缩小城乡差距。加强与乡村振兴战略衔接。推进城镇困难群众解困脱困。按照不低于城市低保标准 1.5 倍、农村低保标准 1.3 倍的要求，落实城乡特困人员基本生活标准。

（2）筑牢基本生活救助。

第一，稳步扩大基本生活救助范围。对符合条件的未脱贫重残人员、重病患者，以及对家庭人均收入高于低保标准，但低于低保标准 15 倍，且财产符合相关规定的低收入家庭中的重残人员、重病患者等特殊困难人员，参照"单人户"纳入低保。实施低保渐退制度，家庭收入发生变化，家庭月人均收入超过但低于低保标准 15 倍的给予 6 个月渐退期。将特困救助供养的未成年人年龄从 16 周岁延长至 18 周岁。

第二，规范基本生活救助标准调整机制。根据上年居民人均消费支出等因素，合理制定低保标准，并实行动态调整；在低保金补差发放的基础上，探索分档发放。特困人员基本生活标准按不低于城市低保标准的 13 倍进行调整，适时调整分档照料护理标准。认真落实社会救助和保障标准与物价上涨挂钩联动机制。

第三，加强分类动态管理。完善基本生活救助家庭财产标准或条件，健全救助对象定期核查机制。坚持低保对象"有进有出"，对特困人员、短期内经济状况变化不大的低保家庭，每年核查 1 次；对收入来源不固定、家庭成员有劳动能力的低保家庭，每半年核查 1 次。复核期内救助对象家庭经济状况没有明显变化的，不再调整救助水平。规范救助对象家庭人员、经济状况重大变化报告机制，出现人口、经济状况等重大变化的应主动申报。

4. 中国孤寡病残救助的改革举措

第一，应根据群众的困难程度和致困原因进行分层分类，划分出三个救助圈层。最核心的内圈是低保对象和特困人员，特困人员简单理解就是过去的"五保户"，但是有一些区别。这些人要纳入基本生活救助，给予低保，还有医疗、住房、教育、就业专项救助。向外一圈，即低收入家庭和支出型贫困家庭。他们的家庭收入核算后不符合低保范围，但确实也比较困难，这部分群众可以称之为低收入家庭或者支出型贫困家庭。根据他们的实际困难程度，相应给予基本生活救助，主要是专项救助。最外圈层是社会公民，他们因遭遇突发事件、意外伤害、重大疾病等，基本生活陷入困境的时候，要给予急难社会救助。另外，有些意外事故、突发灾难，还有些创业失败者，很可能基本生活陷入困境，也应给予急难社会救助，帮助他们渡过难关。

第二，建立机构，明确政府职责，严格监管，建立运作规范的城乡孤寡病残救助工作机制。城乡孤寡病残救助体系建设，是一项将内容不同而又相互联系的救助工作要素整合在一起，构成有机的完整救助系统，通过政府的推动和社会的帮扶，有效保障特困群体基本生活的工作，是一项庞大的社会系统工程，是构建和谐社会的重要内容，也是党和政府的一项长期工作任务，不能应付了事，更不能一蹴而就，必须建立规范有效的工作机制，不断增强救助功能。

第三，建立主动发现机制，对全国城乡低保对象、特困人员救助金以及孤儿基本生活费、残疾人两项补贴等要及时发放到位。

第四，强化精准衔接，努力做到"应保尽保"，把低保边缘人群等困难群众及时纳入低保。

第五，拓宽资金来源。中国社会救助保障资金不稳定，资金结构较为单一。中国社会救助资金以中央财政为主，地方财政为辅。更加强调社会救助制度的普遍性，凡是收入低于政府规定的最低生活标准的贫困人口都可以申领，因此应避免盲目照抄西方发达国家社会救助制度的做法，而使政府财政负担不堪重负。因此可以动员社会力量，对于企业而言，政府可以采取减免税费等优惠政策或者对相关企业进行宣传扩大知名度等方式，鼓励企业对民政事业进行投资或者捐献物资。另外，社会救助与慈善事业尚未形成互补。慈善事业也能够发挥保障弱势群体的重要功能，它与社会救助制度有着天然的功能互补空间，而且慈善事业更加灵活多元，因此应积极引导慈善机构对民政事业提供相应帮助。

五、改革方案实施的保障措施

1. 完善救助瞄准机制

除家庭人均收入外，家庭人口特征、家庭结构、户主特征、家庭财产状况、家庭自评经济状况都是影响获得救助的重要因素。试点推广代理家计调查法是一种相对较新的瞄准方法，最近几年在拉美地区被广泛推广，也被一些文献称为准家计调查。具体而言，该方法是指在核准家庭信息成本很高、难度很大的情况下，只需家访员记录家庭基本生活的情况，然后根据统计模型估算家庭的贫困状况。本书研究认为，由于我国目前的贫困人群大多从事农业工作或者非农就业中的非正规工作，这就使收入的核准面临天然的难题，无法像美国等发达国家那样直接采用纳税记录等证明文件来核准家庭收入。代理家计调查法通过代理变量预测住户的收支情况，是一个节约成本的瞄准工具。

2. 促进多元化的社会养老机构体制

除发达地区的大城市外，我国大部分地区的养老院体制仍较为单一，整体投入力度不足。对于孤寡老人，现阶段应积极推进社会养老机构多元化体制，加快推进养老服务模式多元化。在法律法规范围内，我们应从政策方面积极地鼓励社会各领域建立不同类型的养老机构，为此积极合理地引进高素质、专业化的技术人才，提高养老机构的管理水平和服务质量。由于多元化的养老服务模式有利于改善孤寡老人的心理健康状态，心理健康状态对老人的生活质量、寿命有着不可忽视的影响，因此促进多元化的社会养老机构体制可以使得孤寡老人能够拥有更好的生活保障，满足社会发展的需求。进一步地，未来逐步迈向智慧养老服务模式。

3. 保障接续性救助措施的政策落实

遭遇突发性公共卫生应急事件后，因孤寡病残人士自身防疫意识薄弱、生活必需支出急剧增加及照护需求无法满足后，可能致使其基本生活难以为继。因此，对于突发卫生事件后可能造成的部分孤寡病残人士返贫现象，要尽快组建相关部门审核其真实情况并简化临时救助后续申请补贴流程，适当延长救助期限。社区应尽快组建专门救助部门去落实困难群体的接续性临时救助跟踪机制。针对突发卫生事件痊愈后可能造成的后遗症，在兼顾效率与公平的基础上，尽快制定统一的救助补偿标准和法律援助。

4. 制定相应参照的救助标准

我们应尽快制定以相对贫困标准作为参照物的低保标准测算方法，根据各地经济发展水平、风俗文化的不同，基于相对贫困标准的低保线测算方法可实现省级统一，由省政府在符合全国下限的基础上制定该省的相对低保和五保标准。对低保的定义是：因家庭成员存在重度残疾或疾病丧失劳动力，享受最低生活保障补助。同时在《农村五保供养条例》中规定：五保供养标准不得低于当地村民的平均生活水平，并根据本地居民平均生活水平的提高而适时调整。因此参照当地居民的生活水平，按照收入、消费等符合当地居民最低生活水平的比例设定动态调整框架。

第十一章 住房救助与城乡困难户救助

　　住房救助制度是指政府为中低收入住房困难家庭所提供的包括限定标准、限定价格或租金的一系列住房保障制度，所提供住房一般由廉租住房、经济适用住房、政策性租赁住房、定向安置房等构成，这种类型的住房有别于完全由市场形成价格的商品房。中国住房援助体系目前较为完善，可以划归为四个体系：救济性保障、援助性保障、互助性保障及自助性保障。其中救济性保障以廉租房为主，主要针对无生活能力的孤寡老人、残疾人群体等，农村地区针对贫困户的住房改造也属于此类；援助性保障以经济适用房及公共住房为主，适用于帮助一些有一定能力但无法负担高房价的群体，包括中低收入阶层，以及由于制度原因无法享受经济适用房制度的大学毕业生和城市流动人口这类"夹心层"；互助性保障以金融援助为主，也就是我们的公积金制度及各类住房信贷业务；而自助性保障是中国正在探索的一种模式，类似医疗保险和养老保险，通过居民缴费政府补贴的形式来进行住房保障。

　　城乡困难户救助制度是在城乡居民无法满足最基本生存条件、无法保证最基本的生活水平以及最基本人权受到威胁时，由政府和社会主体设定的法定程序和规定的标准，为向城市和乡村地区提供现金、生活费和工作机会，保证那些遭受城市和农村困境的人继续过正常生活。城乡困难户救助制度作为国家保障系统的重要组成部分，是国家经济高度发达的反映，是工业化和人类文明进步的必然结果，是社会保障体系的重要组成部分，是社会稳定发展的兜底保障制度，是为了缩小贫富差距而为特殊人群设立的具有针对性的收入分配制度，是消除和防范城乡困难户的基本政治制度。在现代化国家发展中，为保证社会安定，推动经济增长，每个国家都应重视城乡困难户救助制度的建设和完善。

第一节　历史沿革

一、中国住房救助制度发展的历史沿革

1. 中华人民共和国成立到改革开放以前（1949～1978年）

　　住房问题作为居民刚需，从古至今早就被列入中国战略规划，从民国时期，

孙中山就提出了"居者有其屋"的建设规划，也正是从这时起，住房问题一直就作为中国重点关心的部分被列入发展大计。

在改革开放以前的中华人民共和国成立初期，受苏联影响，实行计划经济体制管理，全国上下统一实行"先生产，后生活"的政策，中国住房援助制度主要采取集中统一管理分配的方式，将全国住房资源集中管理，实行福利房、宅基地等分配制度。农村住房援助制度以"宅基地"的形式体现，城镇住房援助制度则分为福利分房和低租金租房两种形式。虽然成功解决了多数居民的居住需求，但这种统一管理也存在许多问题，集中管理带来的是严重资金问题，中国财政负担加重，居民住房需求得不到释放，平均主义带来的畸形的住房平均，人们不能按需居住，加剧腐败和不公，体制化管理效率很低，居民积压的住房需求越来越多。所以在计划经济下，住房建设进度缓慢，供不应求，资金也无法实现良性循环。

2. 改革开放至党的十八大（1979~2015年）

改革开放以来，计划经济体制被打破，住房管理逐渐转为市场化经营，商品房开始出现，市场开始主导房产交易，国家退居二线成为间接管理者。居民被压抑的住房需求得到释放，全国住房建设水平得到飞速提高，新建住房发展如火如荼，居民住房条件得到极大改善。与此同时，中国开始更多地关注住房援助体系的建立，发挥行政效能，解决住房援助问题。从时间跨度和改革进程来看，改革开放后的住房援助制度体系发展大致可以分为探索、完善、深化三个阶段。

（1）住房援助制度探索阶段（1979~1991年）。在改革开放初期阶段，虽然引入商品房制度管理，实行市场经济，国家允许个人建设房屋，允许房屋出售买卖，实行住房制度改革，但是受到此前的计划经济制约，人民群众手中资金普遍不足，而中国又逐步取消分房制度，导致一批居民的住房需求集中爆发，加剧住房供需不平衡，为了解决这一问题，达成良性循环，邓小平提出了住房援助制度的初步设想，即采取经济适用房制度，从1988年起，中国开始对不同收入阶层的居民群体出售经济适用房，以此缓解中低阶层居民对住房的刚需。1991年，中国进一步充实住房援助制度体系，采取降低公有资产租金、组织居民集资盖房低价买房、发展住房买卖金融信贷业务等多种措施，对中低收入者进行住房保障，事实证明效果显著，住房制度改革顺利进行，居民需求缓慢满足，国家顺利发展。

（2）现代住房援助制度完善阶段（1992~2004年）。在改革开放中期，中国越发重视住房制度改革，尤其是城镇居民的住房改革发展，从1992年起，党的十四大会议提出，在推进社会主义市场化改革的同时，要兼顾城镇住房制度改革，住房制度改革成为中国重点发展战略。随之而来的是越来越多被释放的住房需求，住房改革要想顺利深入实施，首先就要解决初期爆发的住房需求困难，此前，中国已经通过经济适用房等一系列措施取得初步效果，在这段时期，住房援助制度体系得到飞跃完善和发展。

1994 年，国务院发布《关于深化城镇住房制度改革的决定》，明确提出要重视经济适用房开发和建设，对经济适用房的立项、规划、建设、拆迁、出售等环节提出了明确意见，采取行政扶持的方式支持经济适用房圈地建设，并在财政税收方面给予优惠政策，确保经济适用房价格低廉符合中低收入者发展情况，能够缓解住房压力。这是中国首次把经济适用房提升到制度层面，并进行全国推行。同期中国还试点了一系列住房援助措施，包括信贷服务、降低公屋租金等。

1997 年，国务院发布《关于进一步深化城镇住房制度改革加快住房建设的通知》，明确提出全国各地要建设"安居工程"为核心的经济适用房，并大力推行廉租房制度，同年，住房公积金制度经过试点已经推广至全国各个大中城市。至此，中国住房援助制度体系初步形成，该体系以经济适用房为核心，配以住房公积金制度和廉租房制度，初步解决中低收入者买房、租房的集中需求，对于推进住房制度改革具有重要意义。住房援助体系中的住房供应体系和住房金融体系初步建设完成。

2002 年，国家计划委员会和建设部联合颁布《经济适用住房价格管理办法》，对经济适用房制度进一步完善和补充，明确了经济适用房的开发成本和基准价格，规定经济适用房价格应当与城镇中低收入家庭经济承受能力相适应，要与当地商品房价格保持合理差价，经济适用房的定义再次被明晰，其定位就是中低收入者的保障性用房。

2003 年，国务院发布《关于促进房地产市场持续健康发展的通知》，从整体角度分析了全国住房供应的情况，提出要因地制宜调整住房供应，采取合理结构设置，通过经济适用房、廉租房、商品房合理规划，来满足多类住房需求，从整体大局上实现居民住房供需平衡。并且严格要求各地政府要合理依规确定保障性住房的供应范围和对象，妥善做好住房保障工作。这是中国首次建成住房保障初步体系，提出并完善"住房保障"这一概念。

2004 年，国务院发布的《经济适用住房管理办法》再次对经济适用房进行明确界定，严禁经济适用房作为商品房使用，专门出台此次制度对经济适用房的各项属性，如面积、售价、供应范围进行限制，经济适用房管理水平得到再次提升。

（3）住房援助制度深化阶段（2005~2015 年）。2005 年以后，全国住房改革经历初步阶段，进入深化改革阶段，居民需求越来越多地被释放，市场经济的弊端开始显现。伴随房地产市场飞速发展，房价迎来飞涨期，尤其是以北京、上海为首的大中城市的房价，在城市化进程飞速发展的同时，越来越多的人和资源涌入大城市，带来的住房需求持续转化为激增的房价。供需矛盾进一步凸显，社会经济发展水平与房价逐渐脱节，人民群众的工资增长水平远远落后于房价涨幅，从那时起，住房援助迎来新的挑战，旧制度已经远远无法满足高房价下部分居民的住房需求困难。中国住房政策开始转变为宏观调控，在调控房地产市场的同时，为了缓解供需矛盾，国务院出台《关于做好稳定住房价格工作的意见》，进一步加强经济适用房和廉租房推广建设，增加保障住房数量。

2007 年国务院发布《关于解决城市中低收入家庭住房困难的若干意见》，对经济适用房制度再次进行调整，此次办法指出，经济适用房建筑面积要控制在 60 平方米内，购买的经济适用房必须满 5 年后才可进行上市交易，对于购买满年的，只需按照届时同地段普通商品房与经济适用房差价的一定比例向政府缴纳土地收益等相关价款，对于不满 1 年的，政府应按照原价格并考虑折旧和物价等因素进行回购。此次举措进一步规范经济适用房建设管理，对其交易提出明确要求，再次提倡"人人有房住"理念，进一步打击经济适用房违规买卖等投机行为。

此后中国陆续发布《关于促进房地产市场平稳健康发展的通知》《关于继续做好房地产市场调控工作的通知》，进一步加强保障性住房建设，提出安居工程，并对保障性用房加强基础设施配套建设，优化人居环境，住房援助制度得到进一步完善。

3. 党的十八大至今（2016 年至今）

2016 年，"抑制房地产泡沫"与"房子是用来住的、不是用来炒的"成为房产调控的主基调，一方面，中国采取金融手段与政策调控抑制房产投资行为；另一方面，加强保障性住房供应缓解供需矛盾。

中国住房援助体系基本成熟，形成以经济适用房、廉租房、公租房等形式为主的住房援助供应体系，人均住房建筑面积逐年增加，城市和农村居民人均住宅建筑面积从 1978 年的 6.7 平方米、8.1 平方米增至 2016 年的 36.6 平方米、45.8 平方米，分别增长了约 4.5 倍和 4.7 倍。根据不同研究及调查数据，2010 年左右，中国城镇居民户均住房套数已达到 1 套。居民住房资产不断增加，从 2004 年的 32.74 万亿元增加到 2014 年的 136.52 万亿元，8 年增加了 100 多万亿元，占居民非金融资产的比重一直在 90% 以上，住房援助制度的实行对于改善居民住房需求发挥了重要作用。

二、中国城乡困难户救助制度发展的历史沿革

1. 中华人民共和国成立之初的城乡困难户救助

中华人民共和国成立初期的中国，中国仍然实力较弱，饥饿、贫困充斥着大部分人们的日常生活，对困难户的基本生存造成了极大的威胁。万物百废待兴，新人民政权为维护社会基本稳定，一方面积极发展生产，增强社会调节控制能力；另一方面又迫切需要来解决穷人的生存问题。除了中华人民共和国成立初期接连发生的特大全国性自然灾害外，城乡还有一大批需要救助的困难户，主要包括：穷人、受灾者、失业者、散居者、老年人、残疾人。为了帮助广大困难户渡过战后难关，这一时期的社会救助工作大部分采取了紧急救助和临时救助的形式。不同群体的社会救助会采取不同的救助政策，明显具有突发性和紧急性。

对此，当时政府有关部门运用多种策略自上而下进行了全国大范围的社会救助：一是大规模临时救助的实施。灾后为保证灾民的基本生存，而进行了紧急赈灾救助、节约款捐献、受助者劳动所得自救，灾民互助等多种大规模渠道的社会救助。二是大力发展自救模式。与被动的临时救助比起来，主动的自救使同样困难的政府减轻不少压力。三是安排灾民在本地安置。灾后部分困难户颠沛流离，居无定所，既不利于灾后重建也不利于地区人员秩序的管理，所以中央在1949年发布了《政务院关于生产救灾的指示》文件，明确表示反对灾民随意逃荒，并采取就近安置或省级移民的办法。四是兴修水利。农业受天气变化影响大，中国作为农业大国为保证农业的稳定发展，积极兴修水利，同时用减免灾民农副业税收对其进行间接救助。

中国建设初期的大规模社会救助为当时困难户的生活提供了基本保障，维持了社会的稳定发展，进一步巩固了新型人民政治权力。这是中国构建社会救助体系的巨大努力。自此，社会救助的原则、方向和形式得以确立，这是中国社会救助制度的基础，既对中国社会救助制度的进一步发展产生了深远的影响，也对中国国民经济的恢复起到了不小的作用。

基本完成"三大改造"任务后，中国公有制占主导地位。建立了人民公社，其提供给困难户一定的生活上的救助。随着中国经济的快速恢复、发展和人民生活水平的显著提高，城乡困难户数量逐渐减小。城乡困难户救助的模式也相应地出现了一些新的变化，正式形成了以集体保障为主，以中国救助为辅助的传统社会救助方式，转紧急型救助为经常性救助。

2. 计划经济体制下的城乡困难户救助

计划经济的建立后，城市的救助职责的重担交给了单位，就业与社会保障综合的单位保障制度逐渐建立起来；农村同时开展"五保"的政策实施工作，困难户救助职责交给集体经济组织。且自城乡困难户救助制度发展初期阶段开始后，就开始呈现出了二元经济结构特征，并出现许多差异。

1966~1976年，中国经济社会的建设受到了严重影响，社会救助项目一度进入滞缓期，甚至停滞不前。

3. 改革开放后市场经济体制下城乡困难户的救助制度

中国共产党十一届三中全会后，党和国家的各方面的工作都与过去画了分号，进入了新时期，社会救助工作也开始了新阶段。中央和地方各级的民政部快速恢复并重建给城乡困难户救助制度的制定和政策的顺利实施提供了稳健的组织保障。

这一时期对社会救助的标准进行了科学的调整。因为改革开放后的社会经济发生了非常大的变化，过时数据定下的社会救助标准不再适合实际。在举行全国城市社会保障会议之际，民政部已确定：城市救助的主要受益者是"无依无靠的单身人士、无收入成年人、无固定工作者、无收入的困难儿童、老人以及生活中有困难的人等根据中央法律的规定提供救助的人，按规定的程序行事"。从文件中可以看出，这些人的活动范围逐渐地变大。为了有效地帮助城市困难户，中国每年都在增加社会救助支出的比例，因此，所有地区的民政当局都根据当地经济的发展及时调整了紧急援助标准。

农村贫困救助是这一阶段社会救助重点。无论在哪个国家，大部分困难户都在农村，所以主要对农村进行社会救助的措施：一是定期定量的社会救助；二是完善农村"五保供养"救助制度；三是用开发式扶贫的方式来缓解农村贫困状况。

因为中国扶贫政策的有效调整和实施，城乡困难户救助工作快速恢复、发展，农村的绝对贫困人数逐渐减少直至消失。但困难户救助制度并没有冲破过去的旧的体制和结构框架的"枷锁"，且表现出其工作的随意和投入救助经费保障机制的稀缺的特征，所以改革开放时期的困难户救助是具有一定过渡性质的，与困难户的实际需求还不太对标，救助制度的城乡二元差异依然显著。

20世纪90年代，中国逐步构建了覆盖城乡的以低保户救助、五保供养为核心，专项救助为辅的新型社会救助体系。城乡困难户救助制度达到初步规范，更有体系，且定型。在此期间，也穿破了消除贫困老旧理念的"窗户纸"，实现了从救"济"到救"助"的重大转型。

党的十四大明确开始界定中国经济体制改革模式。随着传统计划经济被打破，市场经济体制逐步建立了起来。有效需求不足、下岗失业等问题，特别是国有企业改革，逐渐使城市贫困问题凸显。这一问题的出现，不仅直接影响了国企改革的效果，还影响了社会的稳定。在这种背景下，党和政府加大了社会救助改革力度，同时也采取了多项措施。例如，积极安排失业人群再就业及安排其子女入学，帮助解决住房困难问题等，同时推进保险事业的发展和制度的改革。针对住房问题，1998年实现了分层次的有差别的住房供应政策；针对医疗问题，中央联合国务院在2002年首次提出，并在2003年明确建立农村医疗社会救助制

度，对象主要是农村患大型疾病的困难户；针对因突发事故导致生活出现困难的
人群，民政部围绕此类人群发出了许多较为精准的临时救助的文件。总而言之，
在这些措施具体实施后，基本形成了以最低生活保障为基础，专项救助、临时救
助为有效补充的新科学救助体系。困难户救助已从历史上的"木桶补短板"转
变为稳定的"社会安全"，城乡二元差异依然显著。

4. 党的十八大以后

中国城乡困难户社会救助制度演进，如表 11-1 所示。

表 11-1　中国城乡困难户社会救助制度演进

颁布时间	颁布主体	行政法规/规章制度名称	类型
1994 年 1 月 23 日	国务院	农村五保供养工作条例	行政法规
1999 年 9 月 28 日	国务院	城市居民最低生活保障条例	
2006 年 1 月 21 日	国务院	农村五保供养工作条例	
2014 年 2 月 21 日	国务院	社会救助暂行办法	
2003 年 11 月 18 日	民政部、卫生部、财政部	关于实施农村医疗救助的意见	部门规章
2005 年 3 月 14 日	民政部、卫生部、劳动保障部、财政部	关于建立城市医疗救助制度试点工作的意见	
2007 年 11 月 8 日	建设部、国家发展和改革委员会等	廉租住房保障办法	
1997 年 9 月 2 日	国务院	关于在全国建立城市居民最低生活保障制度的通知	行政规范性文件
2007 年 7 月 11 日	国务院	关于在全国建立农村最低生活保障制度的通知	
2012 年 9 月 1 日	国务院	关于进一步加强和改进最低生活保障工作的意见	
2014 年 10 月 3 日	国务院	关于全面建立临时救助制度的通知	
2016 年 2 月 10 日	国务院	关于进一步健全特困人员救助供养制度的意见	
2017 年 6 月 20 日	财政部　民政部	关于印发《中央财政困难群众救助补助资金管理办法》的通知	
2021 年 1 月 18 日	国务院	关于进一步做好困难群众基本生活保障工作的通知	

第二节 现状解析

一、中国住房救助制度发展的现状分析

1. 中国住房现状

近年来，中国居民总体住房平均面积一直在增加，通过图 11-1 可以看出，1990~2018 年，中国城镇与农村人均住房建筑面积显著增加，中国住房建筑产业飞速发展，总体建筑体量增长远远高于居民数量自然增长，从总体上分析，中国现有住房总量基本能够满足居民住房所需。但由于商品化市场竞争，房地产市场行业乱象频出，因而虽然中国居民住房总体向好，但房价涨幅越来越大，已经远超当年居民平均收入水平，住房保障体系仍需不断完善和健全，供需矛盾仍然突出，这将成为未来一段时间中国不得不面对的重要民生问题。

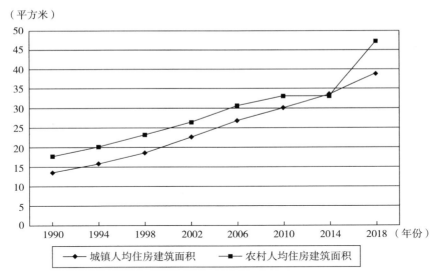

图 11-1 1990~2018 年中国城镇与农村人均住房建筑面积变化情况

资料来源：国家统计数据。

2. 救济型住房援助情况

救济型住房援助与保障型住房援助以中低收入家庭为主，从表 11-2 可以看出，中国低收入家庭在农村地区和城郊的居民群体普遍以自建房为主，而城区中的低收入群体则主要依靠房屋租赁来解决住房需求，相对来说，城区低收入群体住房需求更为迫切，租赁购买房屋都较为困难，急需住房保障。但从表 11-3 可

以看出，中国住房援助资源主要集中于县城和建制镇上，对于中心城区的住房改造补贴最少，农村地区由于实行危房改造整体住房援助资源较多，目前针对中心城区低收入群体的住房援助仍需加强。

表 11-2 2018 年中国各区域低收入家庭住房情况　　　单位:%

区域	租赁	购买	自建	住父母或子女的房子	借住	其他
中心城区	33.9	24.8	12.1	16.2	10.3	2.6
城市郊区城乡接合部	19.5	7.2	52.9	7.0	2.7	10.7
县城和建制镇	22.4	16.7	36.0	14.4	9.9	0.5
农村地区	0.9	2.3	88.1	4.3	2.8	1.5
总计	13.1	9.7	60.8	8.4	5.2	2.8

资料来源:国家统计数据。

表 11-3 2018 年中国城乡低收入家庭获得住房救助情况　　　单位:%

区域	提供廉租房、公租房	经济适用房、限价房	住房改造补贴
中心城区	21.1	0.5	6.6
城市郊区城乡接合部	15.5	0	10.4
县城和建制镇	21.6	0.5	22.1
农村地区	0.3	0.1	24.7
总计	8.9	0.2	18.2

资料来源:国家统计数据。

近年来，公共租赁住房建设成效明显，大大改善了城市住房困难群体的居住状况。"十二五"期间，中央给予充分的资金补助和信贷支持，全国开工建设1359 万套公租房（含廉租房），建成 1086 万套。基本实现现行城市低保的家庭应保尽保。2016 年，全国共有 266 万套新项目被占用。截至 2016 年底，有 1126 万个家庭拥有出租公寓。人口稠密，住房净流入的城市对出租住房的需求增加，住房供应充足。截至 2016 年，成清市是中国拥有最多租约的城市，拥有 1488 万平方英尺的投资和 21.4 万元租金，城市人口 58 万低收入居民。此外，北京和上海提供了大量的社会住房，其中 10.3 万套已完工，9.9 万套已出租；上海市累计供应公租房约 10.5 万套，入住约 8.6 万套。在房源方面，《公共租赁住房管理办法》（以下简称《办法》）计划建设新的公共房屋，但新房屋的建设仍然处于早期阶段，近年来由于增大建设规模和建设施工，新房屋建设速度飞快。随着房地产存量的增加，一些市和省建议将出租住房的供应转向购买，租赁或将补贴货币化。

3. 保障性住房援助情况

保障性住房以流动人口的住房问题为主，这在大中城市尤为突出，目前中国共有 2.45 亿外来人口，绝大部分外来人口集中在北京、上海、广州等城市，一线城市户籍管理严格，以打工者群体居多的外来人口往往难以获得当地户籍，从而无法享受当地福利住房政策，且外来人员普遍工资较低，也难以依靠自身实现购房租房居住，制度漏洞造成的居住需求得不到满足，导致居住权缺失，引发新一轮住房矛盾，外来人口以及刚参加工作的大学毕业生，甚至中高收入但无房的行业人才，都被这种住房排斥所制约，严重影响正常社交及生活，日益激化的矛盾也严重制约了城市进一步发展。而数量激增的外来人口也对一线城市住房资源带来巨大挑战，如何调控住房资源满足需求合理分配成为新的问题。

在这样的背景下，城中村（城郊村）应运而生，成为外来人口和无房族的落脚地，宽松的政策，密集但性价比高的畸形住房，逐渐使城中村成为新一轮的"贫民窟"，在市场经济的作用下，代替中国经济适用房和廉租房制度发挥了实际福利住房的作用。据统计，2019 年，北京有超过 200 个城中村。广州 600 万流动人口中的 500 万左右居住在全市 304 个城中村中。在深圳，50.3%的住房是城中村住房，而商品房和政策性住房存量只占到 27.9%。其中的受益者包括政府、村集体以及当地村民，外来人口的住房需求也暂时得以解决。

然而畸形的城中村制度在近些年来受到社会发展和国家调控制约，发展逐渐偏颇，伴随大城市进一步发展与扩张，为了开发更多资源满足城市发展需求，解决用地建设矛盾，很多城中村成为改造重点，伴随拆迁而来的是国家财政资金的介入，高强度的房产开发，给当地村民进一步带来巨额利益，开发后，开发商为了收回成分，制定新一轮高房价政策，使原有的租房外来人员群体不得不选择其他城中村或是更远的郊区居住，进一步压榨居住空间，住房保障仍然任重道远，保障形势甚至不如以前。

目前，国家已经开始重视此类问题，一些城市开始试点外来人口居住准入政策，通过城市居住证制度和户籍准入制度将外来人口划分为无居住资格、临时居住资格、半居住资格和完全居住资格，但此举虽然解决了一部分外来人口的居住需求，但对于中低收入的底层群体依然意义不大，反而加剧住房歧视和住房排斥，大中城市住房援助制度有待进一步深化调整。

4. 互助型住房援助情况

住房公积金是重要的互助型住房援助制度，影响面大，既支持个人贷款，也为公共住房建设提供资金。截至 2020 年底，住房公积金涉及 1.53 亿缴存人、5200 万提取人、缴存总额 18.5 万亿元、缴存余额 7.30 万亿元、贷款余额 5.61 万亿元[1]；用于补充廉租房建设资金 3365 亿元。该制度诞生之初，覆盖群体以机关事业单位和国企为主，并以地方经验为基础推广，加之资本市场和银行体系不

---

[1] 数据来源：住建部《全国住房公积金 2020 年年度报告》。

发达，公积金制度存在"基因缺陷"。一是体制内占比高。机关事业单位和国企职工占比51%，私营等其他企业占比31%。二是条块分割。地方独立封闭运行为主，很难异地提取或融通资金。三是与资本市场缺乏良性互动。不能充分运用发债、证券化等手段，贷款资金来源和资金使用范围相对单一。存款只能存银行或购买国债，实际国债投资不足1%。7.30万亿元存款余额缺乏增值手段，给予职工的年收益率仅约1.5%。

5. 中国住房援助制度存在的问题

住房援助制度的政策供给未能有效契合弱势群体的主导性需求，两者之间存在着契合度偏差，这种契合度偏差主要表现在制度执行低效化、管理机制混乱化和供给主体单一化。

（1）制度执行低效化。从住房援助政策运行情况来看，当前中国住房援助制度在实际中起到的效果并不良好，尽管政策是好的，但受市场化和人为因素影响，在政策落实上效果并不尽如人意，群众普遍反映不太满意。据《关于基本住房保障服务的调查》，中国东、中、西部地区居民各项住房援助满意度的平均分都不高（满分100分），最低分为29.38分，最高分为62.31分。

总体上来看，当前中国住房援助制度的低质化现象主要表现在以下几个方面：一是对象甄别标准单一。符合住房援助条件的对象首先必须满足收入指标标准，但在实际操作过程中，界定标准主要依据当地经济发展水平作为参照。也就是说，现有准入标准主要以家庭人均收入和居住面积为评价指标，而忽视了家庭消费结构、市场价格变动对援助对象住房可支付能力的影响等因素，援助对象遴选标准过于单一。二是覆盖范围较窄。一方面，由于中国住房交易和住房需求主要集中于城市，房产交易市场也相应在城市设置，受限于人口流动，农村房产交易市场一直不太活跃，农村房产交易亟待规范化，尤其是一些城乡接合部，虽然地处农村，但房产交易异常繁荣，充斥大量灰黑交易，真正有住房需求的群体反而难以解决问题，如大量职工、大学毕业生"夹心层"；另一方面，虽然中国已建立了经济适用房、廉租房、"两限"房（限套型、限房价）和公共租赁房等多层次的住房援助体系，但由于各类型援助房之间衔接不当，致使分化出了一类"租不到，买不起"或"买不到，买不起"的特殊"夹心层群体"，随着人口流动越来越频繁，大学持续扩招，这类群体日益庞大，已经成为制约城市良性发展的障碍。三是退出机制不健全。住房援助制度是基于住房资源而衍生出的保障性制度，基于资源上限，要想保障住房援助体系长久健康发展，必须建立有效的住房援助推出机制，让不符合住房援助条件的人及时退出，达到资源的平衡性。然而中国的生房退出机制并不健全，当前的制度设计由于受到退出标准模糊、资格审核困难和多部门管理协调难等多重因素的影响，导致退出机制无法充分发挥其

"能进能出"的筛选和甄别功能，以致让一些符合条件的弱势群体无法获得住房援助，而一些富人却长期占用援助性住房资源，出现富人挤出穷人的不良现象，严重影响住房援助实际效果。

（2）管理机制混乱化。按照现行的行政管理体制和职能划分，中国住房援助制度的具体管理部门涉及住房和城乡建设部、发展和改革委员会、财政部、民政等多个部门，这些主管部门均制定了相关的住房援助政策和规范文件，但是因"利益本位主义"的存在，政府部门之间往往沟通不畅、协调不够、难以形成统一有效的管理体制，具体表现在以下两个方面：一是部门缺乏联动机制，难以实现齐抓共管。当前，中国住房援助的管理部门主要涉及住房和城乡建设部、发展和改革委员会、财政、民政、国土、监察、审计等多个部门，呈现出"多龙治水"的格局。在这种格局下，部门间为追求自身利益最大化，忽视整体性利益，各自为政，缺乏沟通与协调，致使住房援助管理成本高、效率低、效果差。二是政策与地方实际利益存在冲突，执行落实难。当前中国住房援助政策之间的衔接性较差，交叉性、矛盾性较为突出，从而给住房援助政策的执行带来了极大障碍。一方面，基于利益博弈的思维，虽然中央政府从维护弱势群体基本权利的角度出发制定了体现社会公平的住房援助政策，但由于担心援助性住房建设会增加地方财政负担，影响地方经济利益，所以地方政府常常会采用变相执行或者选择性执行的策略对待中央住房援助政策，导致政策执行效果大打折扣；另一方面，地方政府对廉租房、经济适用房、公共租赁房、限价房等不同类型保障性住房实行差异化管理办法，从而增加了住房保障管理的复杂程度和协调难度，这也在一定程度上削弱了住房保障政策的执行效果。

（3）供给主体单一化。受"大政府、小市场"改革发展路径的影响，中国援助性住房供给主体单一化严重。从实践情况来看，援助性住房主要由政府部门供给，对象为城镇中低收入家庭和部分符合条件的非城镇居民。供给主体严重单一化直接导致了两个问题：一是地方政府积极性不高。保障性住房属于准公共产品的范畴，市场力量因无利可图而选择退出该领域，如果政府不主动承担提供援助性住房的责任，那么必然难以解决弱势群体的住房问题。二是社会力量参与住房援助建设缺乏制度保障。虽然政府在住房援助障方面具有天然的责任，但也存在成本偏高、可居住性差、质量隐患多等问题，使单独依靠政府力量必定难以满足规模庞大的低收入群体的住房需求。而社会组织在援助对象的甄别、管理方式、管理效率和筹资方式等方面有着政府部门无法比拟的优势，其凭借这些优势能够弥补政府之不足，可以成为政府在住房援助领域的有效补充，进而提高住房保障的整体效果。

二、中国城乡困难户救助制度发展的现状分析

改革开放以来，中国的社会救助体系不断建立健全，以城乡低保为核心，涵盖五保供养、医疗救助、住房救助、教育救助、临时救助等在内的新型社会救助体系取得快速发展，为困难群体打造出一张能够保障其基本生活的社会安全网。

1. 城乡困难户救助受助者情况

2011~2020年城乡困难户救助人群情况如表11-4所示。

表11-4　2011~2020年城乡困难户救助人群情况

年份	城市		农村			
	最低生活保障人数（万人）	最低生活保障户数（万户）	最低生活保障人数（万人）	最低生活保障户数（万户）	特困人员救助供养人数（万人）	临时救助（万人次）
2011	2276.8	1145.7	5305.7	2672.8	551.0	886.9
2012	2143.5	1114.9	5344.5	2814.9	545.6	639.8
2013	2064.2	1097.2	5388.0	2931.1	537.2	698.1
2014	1877.0	1026.1	5207.2	2943.6	529.1	650.7
2015	1701.1	960.2	4903.6	2843.1	516.8	516.7
2016	1480.2	855.3	4586.5	2635.3	466.9	850.7
2017	1261.0	741.5	4045.2	2251.8	466.9	893.0
2018	1007.0	605.1	3519.1	1901.7	455.0	1108.0
2019	860.9	524.9	3455.4	1892.3	439.1	993.2
2020	805.3	489.0	3621.5	1985.1	446.5	1341.1
年均增长率（%）	-10.9	-9.0	-10.3	-3.3	-2.3	4.7

资料来源：国家统计局。

由表11-4可见，近年来，中国城乡困难户救助制度日趋成熟完善，它确实有助于确保贫困家庭的生存权，解决他们生存的矛盾，稳定经济和社会，主要确保了社会安全。在2020年，城市和农村居民最低生活保障救助人数达到805.3万人和3621.5万人，城乡最低生活保障户数分别达到489.0万户和1985.1万户，2011~2020年特困人员救助供养平均每年达到495.4万人；临时救助每年约救助857.8万户次；城市和农村各项覆盖人数除临时救助外，年均增长率均为负增长。说明随着经济增长、救助水平的不断上升，需救助的城乡困难户显著减少，临时救助项目不断加强。

2. 中国最低生活保障标准情况

2007~2022年中国最低生活保障标准如表11-5所示。

表 11-5 2007~2020 年中国最低生活保障标准

年份	月人均保障标准（元）		月人均生活消费支出（元）		保障标准/月人均生活消费支出（%）		城市保障标准/农村保障标准
	城市	农村	城市	农村	城市	农村	
2007	182.4	70.0	833.1	268.7	21.9	26.1	2.6
2008	205.3	82.3	936.9	305.1	21.9	27.0	2.5
2009	227.8	100.8	1022.0	332.8	22.3	30.3	2.3
2010	251.2	117.0	1122.6	365.2	22.4	32.0	2.1
2011	287.6	143.2	1263.4	435.1	22.8	32.9	2.0
2012	330.1	172.3	1389.5	492.3	23.8	35.0	1.9
2013	373.0	202.8	1540.1	552.1	24.8	36.7	1.8
2014	411.0	231.4	1664.0	698.6	24.7	33.1	1.8
2015	451.1	264.8	1782.7	768.6	25.3	34.5	1.7
2016	494.6	312.0	1923.2	844.2	25.7	37.0	1.6
2017	540.6	358.4	2037.1	912.9	26.5	39.3	1.5
2018	579.7	402.8	2176.0	1010.4	26.6	39.9	1.4
2019	624.0	444.6	2338.6	1110.6	26.7	40.0	1.4
2020	657.5	478.8	2250.6	1142.8	29.2	41.9	1.4

资料来源：国家统计局。

由表 11-5 显示，保障标准呈逐年提高态势，城市低保最低生活标准从 2007 年的 182.4 元/人/月逐年上升到 2020 年的 657.5 元/人/月，14 年时间内增长了 260.5%，农村最低保障自 2004 年才开始普及，生活保障标准从 2007 年的 70.0 元/人/月逐年上升到 2020 年的 478.8 元/人/月，14 年增长了 584.0%；城市保障标准自 2007 年之后在月人均消费支出中的比例越来越大，从 21.9%增长到 29.2%，农村自 2007~2020 年占比从 26.1%增至 41.9%，说明救助标准可保障城乡居民基本生活的程度越来越大；由城乡标准比可看出，城市保障与农村保障在逐渐缩小差距，农村困难户救助事业取得良好的发展，但 14 年来城乡最低保障标准比依然高达 1.4，农村困难户救助依然落后于城市，这说明中国近期仍存在城乡困难户救助差距，甚至说不公平救助。

3. 中国城乡救助财政投入支出情况

从世界社会保障制度发展的历史来看，财政保障是社会保障制度产生和健康发展的重要物质基础。如果没有政府的财政支援,城乡困难户救助制度就会变成"没有水的井"。实际上,由于福利的刚性和生活水平的提高等影响,在很多国家,用于救助城乡困难地区的财政支出逐年增加。中国城乡困难户救助的整体财政也有支出增加的倾向。从实际情况看,社会救助资金主要来源于中央政府,中央和地方政府支出比例不确定,每年都在变化。据统计,自 1999 年以来,全部财政支出从 20 亿元增长到 2020 年估计值的 1746.5 亿元,中央财政支出从 4 亿元长到 1469.1 亿元,地方财政支出从 16 亿元变为 2020 年估计值 277.4 亿元,平均年增长率为正,整体呈增长态势;中央在全部财政支出中的占比逐年增大,而地方财政支出的占比则逐年减少,两者差距越来越大。如表 11-6 和图 11-2 所示。表明中央政府的财政支出与地方政府的财政支出占比差距越来越大,越来越不均衡。

表 11-6　1999~2020 年中国最低生活保障财政支出分配情况

年份	低保中央财政支出（亿元）	低保地方财政支出（亿元）	低保全部财政支出（亿元）	中央财政支出的占比（%）	地方财政支出的占比（%）
1999	4.0	16.0	20.0	20.0	80.0
2000	15.0	12.0	27.0	55.6	44.4
2001	23.0	19.0	42.0	54.8	45.2
2002	45.5	63.2	108.7	41.9	58.1
2003	92.0	59.0	151.0	60.9	39.1
2004	100.6	72.4	173.0	58.2	41.8
2005	112.0	79.9	191.9	58.4	41.6
2006	136.0	88.2	224.2	60.7	39.3
2007	189.9	196.6	386.5	49.1	50.9
2008	363.1	259.0	622.1	58.4	41.6
2009	614.2	230.9	845.1	72.7	27.3
2010	634.6	335.1	969.7	65.4	34.6
2011	1004.6	323.0	1327.6	75.7	24.3
2012	870.5	521.8	1392.3	62.5	37.5
2013	1157.9	465.7	1623.6	71.3	28.7
2014	1101.5	490.5	1592.0	69.2	30.8
2015	1166.7	484.1	1650.8	70.7	29.3
2016	1341.5	360.9	1702.4	78.8	21.2
2017	1326.6	365.7	1692.3	78.4	21.6

续表

年份	低保中央财政支出（亿元）	低保地方财政支出（亿元）	低保全部财政支出（亿元）	中央财政支出的占比（%）	地方财政支出的占比（%）
2018	1372.5	259.6	1632.1	84.1	15.9
2019	1420.0	226.7	1646.7	86.2	13.8
2020	1469.1	277.4	1746.5	84.1	15.9

资料来源：2018~2020年低保中央财政支出数据由2013~2017年五年数据增长率估计而来，2020年低保全国全部财政支出由2010~2019年十年数据增长率估计而来。

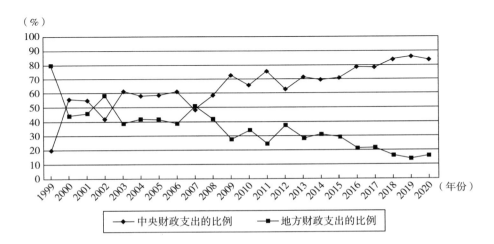

图11-2　1999~2020年中国最低生活保障财政支出分配比例趋势

资料来源：财政部网站。

此外，中国的城乡困难户救助资金应该主要来自中央、省、市、县财政。但《社会救助暂行办法》并没有明确财政责任承担的主体，也没有确定中央财政和地方财政的比例，致使分配差距逐渐变大。

第三节　中外制度比较及经验借鉴

一、中国住房救助制度与国外制度比较及经验借鉴

根据公共住房的提供主体的不同可将住房援助模式分为：政府主导的普惠模式、政府主导的"政府—私人合作"模式与市场主导的剩余模式，其基本模式的运行如表11-7所示。

表 11-7　国外住房救助的发展模式

住房救助模式	主要特征	援助方式	政府职责	代表国家和地区
政府主导的普惠模式	为所有人提供充足的可支付公共住房，扩大非营利租赁住房	大力兴建公共住房、租金补贴、房租管制，政府直接提供资金与土地支持	负责建造、管理与分配	新加坡和中国香港
政府主导的"政府—私人合作"模式	政府发挥了调节住房资源的主要作用，社会住房提供给广大社会群体	政府与私人合作建房出售，政府提供资金补贴	政府负责规划和管理，建筑商负责承建	日本和德国
市场主导的剩余模式	市场发挥了调节住房资源的主要作用，社会住房仅供给最贫穷阶层	以市场购买为主导，中央政府提供住房基金，容忍非法居住形式	政府负责规划，建筑商负责承建	英国和美国

1. 政府主导的普惠模式

这种模式以新加坡为代表，政府是调节住房资源的主导者，住房市场发展主要特征如下：①公共住房主要由政府提供，公共住房保障比率非常高，2014年新加坡的公共住房保障比率达到80.4%，住房福利水平也达到较高水平。②保障与市场双轨制封闭式运作，严格依据收入水平实施的公共住房配售制度，辅以不同层次水平的住房补贴和完善的抑制租屋炒卖的法律措施，确保了公共住房供应的公平与效率。③在土地国有化基础上，以政府合理规划为前提，以中央公积金制度为依托，政府以福利价提供公共住房，私人住房市场以市场价格提供住宅，新加坡获得了"居者有其屋"的"花园城市"的美誉。

新加坡的公共住房的政策保障值得借鉴，很好地解决了公共住房的准入问题。新加坡的政府主导让新加坡的住房问题得到优先解决，形成良性的产业发展。而对于新加坡的出售制公共住房，将资金回收变得相对容易。相比中国以出租为主，租金的收入让公共住房的资金回收慢，导致公共住房的建设力度不足，资金投入不足。而出售制或成为解决融资问题的一种方法。新加坡对准入准出的法律约束，避免了投机行为的存在，使公共住房及物业服务产业更加规范。法律保障为产业发展保驾护航。对中国公共住房及物业服务产业发展提供了好的政策借鉴。新加坡模式因新加坡的地域特征而受限，因此，新加坡模式更适合地理面积较小、经济较为发达的地区。

2. 政府主导的"政府—私人合作"模式

这种模式以日本和中国香港地区为代表，政府与市场的职能各占一半，住房发展主要特征如下：①住房私有化率和公共住房率基本各占一半，2014年底，日本的住房私有率约为 52.6%，香港特区的住房私有率约为 56.6%。香港特区政府一方面致力于公共住房的建设和改造，另一方面对市场化住房采取的是积极不干预政策，使住房市场出现公共住房与市场化住房并行发展的局面。②住房社会机构成熟。香港公共住房的职能大部分由社会性的住房机构负责，代表性机构是房委会和房屋协会。日本的住宅公团、住宅公社和住宅金融支持机构，都是具有社会性质的住房组织，在公共住宅方面发挥着重要作用。

德国是典型的政府私人合作模式。德国的住房政策上，由联邦政府提供补助性政策，进行资金补助。由地方政府对公共住房进行建设。在第二次世界大战的历史背景下，德国采取了福利制住房，由政府出资，非营利的社会团体建设。政府通过各种补贴政策如减收税费、低价出让土地等吸引社会资本进行住房建设，提供相应的补助，在还清住房贷款前属于公共住房的管辖范畴，在贷款还清后属于社会商品房。对于自建房屋也提供相应的补助。在最大程度上满足当时德国的面向广大人群提供住房的政策目标。而在 20 世纪 70 年代住房优惠政策逐渐被取消，公共住房逐渐被私有化。一方面，最初贷款公共住房的因为还清贷款而使房屋属性改变，成为社会住房。另一方面，随着经济发展部分公共住房被出售转让给私人。德国的公共住房建设上，集合社会力量值得中国的公共住房建设学习，在政策制定、税费减免、低价出让土地等，学习分析德国的政策，为中国公共住房的建设上提供强有力的支持。充分发挥社会资源来解决建设问题。德国的政府和私人合作模式符合中国当下公共住房及物业服务产业的发展趋势。

在日本的住房保障体系中，第三部门的介入是日本住房保障的一大特色。例如，日本于 1967 年 3 月成立的勤劳者住宅协会，它是低收入家庭住房供给主体，集储蓄、融资、建房、分配、维修和向社外出租或出售房屋等功能为一体，尽管具有丰富的"经济行为"。却是日本政府明确规定的"非营利性组织"，具有强烈的"政府色彩"，不仅日本政府在法律上规定了劳动金库（工人银行）与住宅金融公库（住宅银行）作为日本住宅合作社发展负有融资的义务，而且政府还给予了一定的优惠以降低贷款利息。日本政府规定个人建房资金的 20% 为个人储蓄存款，80% 从住宅银行和工人银行贷款，但利息很低，年息仅为 3%。为了扩大资金来源，日本还引进以职工财产存款为财源的财团基金和以养老保险基金为财源退休的退休基金，以惠及更多的日本普通职工。日本政府在扶持勤劳者住宅协会方面，除上述的资金支持外，还在税收方面给予各种优惠政策，如免除法人税、注册税、印花税，对于向勤住协出售土地者削减让渡税，勤住协在获得土地后不纳土地税等。日本政府还规定其不受国土利用法、宅地建筑交易业法及其他土地使用政策的限制。住宅合作社建设房屋的土地 60% 来源于国有土地，目前日本政府正在积极实现对国家、地方公共团体等机关团体的土地有优先购入权的目标。

3. 市场主导的剩余模式

这种模式以英国和美国为代表，市场是调节住房资源的主要手段，公共住房走向剩余化之路，面向人群少，主要保障低收入人群，对无法在市场上获取住房的人提供保障。住房市场发展主要特征如下：①大部分住房需求通过市场解决，住房私有化比率高，英国住房私有化率达到60%以上。但与国家住房私有化率并行的是主要城市的住房私有化率较低。例如，伦敦和纽约的住房私有化率大致为30%，这是因为城市化率提高到一定水平后，人口流动性增大、房价偏高，住房需求从所有权转向使用权。②住房保障手段从实物补贴转向货币补贴。公共住房建设逐渐减少，对需求方的补贴力度加大，在英国体现为挖租政策，在美国体现为"住房选择租房券"。③成熟完善的房地产市场机制是市场主导模式顺利运作的关键。其中价格形成机制、供求机制、竞争机制和风险缓冲机制等方面，英美两国都具备成熟完善的法律和制度，并有相应的机构监督和实施。

美国公共住房与市场联系密切，充分调动市场力量，对于中国当前经济背景，市场力量尚未完全调动，可借鉴美国的公共住房发展建设模式，调动市场力量，但在这里需要注意避免受市场波动过大，从而导致市场完全主导波动公共住房及物业服务产业发展。美国的政府私人合作模式对开发商的激励使私人愿意参与到公共住房及物业服务的建设上来。中国可参考美国的PPP模式运用到政府与私人的合作上。对于低息贷款鼓励购买住房的政策，可使公共住房面向人群减少，从根本上解决产业面向人群过广的问题。美国是地广人稀的国家，对于公共住房的建设中由自建房屋解决，但中国的人口密度大，对于自建房屋并不适用。因此，美国模式适合土地面积广、人口少的经济较发达国家。

一是兴建大量公共住房，美国国会在1949年颁布的《全国可承受住房法》中指出美国的住房政策目标是"向全体美国人提供全面、安全和整洁的居住环境"。自此，美国每年兴建公共住房100万套以上，一直持续到20世纪60年代。到20世纪80年代中期，全国每年兴建住房150万~180万套，住宅投资占固定资产投资的6%~8%。目前，美国的联邦住房与城市发展部每年会编制150亿美元的住房发展，计划向400万户低收入家庭提供住房补贴和资助建设4400套住房。二是提供住房补贴，1937年的首个住房法案开创了联邦政府资助公共住房的先河，联邦政府资助地方政府为低收入家庭建立合适标准的住房，公共住房的兴建成本完全由国家支付。1965年，约翰逊政府为减轻政府的负担，保证住房市场的良性发展，联邦政府开始鼓励私营发展商为低收入阶层建造住房，并建立了一个专门针对低收入阶层的小规模房租援助计划，允许公共住房管理部门出租存量私有住房，通过补贴使低收入房客能够居住。1972年尼克松当选总统后，制定了 1974 年的住房与社会发展法案，它是对 1965 年法案的修订稿，法案中的低收入家庭租金帮助计划与前面计划不同，之前的补贴是面向住房供应方的住房建设补贴，而此项计划是一个面向需求方的补贴计划。主要体现在租金证明计划和租金优惠券计划上。两者的主要区别是，持租金优惠券的房客在市场上所租住房的租金，低于政府规定的市场租金时，允许房客保留未花完的优惠券，下次继续使用，也可租住高于市场租金的住房，多出的费用自掏腰包。而参加租金证明计划的房客，则只能在市场上租住不高于政府规定标准的固定区位范围的住房，政府根据住房总租金的实际情况补贴差价。目前，在美国大约有 300 万家庭、近 700 万人口接受政府住房资助。其中，以租金优惠券形式的租金补贴最受欢迎，这种补贴的依据就是美国 1974 年《住房法》第八条款的规定。

对英国而言，只要其收入低于政府设定的标准，都可申请住房补贴。从英国住宅的补助手段看，可分为直接补助和间接补助。直接补助是政府将补助提供给住宅消费者，即通过财政拨款、税收减免等方式对居民卖房、建房、租房给予资助，主要分为两种：自有住宅补助和房租补助。间接补助是政府将补助提供给住宅供给者。主要分为两种：第一，发展商的建屋补助。主要通过税收减免，提供开发低息贷款以及财政拨款等方式；第二，社会出租补助。承租户承租社会出租住宅时只需按政府所规定的租金标准支付，租金标准与市场租金之差额由政府直接补助给出租者。

二、中国城乡困难户救助制度与国外制度比较及经验借鉴

根据困难户救助的目标、路径、资金来源和运行机制，将世界贫困救助模式分为四种：包括以保险为主的贫困救助模式、以就业救助为主导的贫困救助模式、农村反贫的救助模式和精准扶贫模式。如表 11-8 所示。

表 11-8 城乡困难户救助战略比较

困难户救助模式 项目	以保险为主的 贫困救助模式	以就业救助为主 导的贫困救助模式	农村反贫的 救助模式	精准扶贫 模式
代表国家	美国	日本	印度	中国
贫困救助的 主要目标	保障贫困 人员利益	以提升贫困者 能力为主要目标	"人性化的" 反贫困道路	反对绝对贫困
救助人群	城市贫困者	城市贫困者	农村贫困者	农村贫困者
救助路径	通过保险实现 救助覆盖	通过能力激活 实现贫困自助	通过信贷 支持贫困	通过搬迁、生态补偿、 发展教育，社保兜底
资金来源	联邦政府主导	中央政府投入	中央政府投入	中央政府投入
运行机制	根据项目 进行资金配置	政府和地方 多元化支持	政府和地方 多元化支持	党领导下的 全面治理

1. 以保险为主的城乡困难户救助制度模式

社会保障制度最早起源于西方发达国家，至今已有近 200 年历史，作为人类文明发展进步的必然结果，其对解决各国经济和社会发展过程中产生的贫富差距等问题具有重要作用。

美国受教会影响，崇尚自由，利用道德、良知、同情心等价值观来影响市场和非营利组织发挥各自在社会救助中的作用，教会负责在资源分配过程中进行调节。所以美国的社会救助以社会上的组织为主体，国家参与程度较低，降低了政府对救助资源分配的干预，政府在救助过程中起辅助作用。美国经济学家凯恩斯主张"国家干预经济，增加资源配给，解决有效需求不足等问题"，这个理论作为美国现代社会福利的思想基础。罗斯福新政就是根据凯恩斯的政府干预理论，推行"救济、复兴、改革"，以政府干预调节国民收入分配，缓解劳资关系，以解决资本主义国家周期性的经济危机中暴露出来的生产资料私有制与需求之间的矛盾。

美国于 19 世纪 30 年代制定了社会保障法，在 1964 年、1965 年分别颁布了《食品券法》和《医疗保险法》，美国从 20 世纪 60 年代至今建立了完善的、多类别的社会保障体系。社会保障初期发展集中于解决贫困问题和安置失业工人。具体包括：一是建立全国性社会保障制度。建立起以解决失业、养老为主体的社会保障制度。二是突出政府在社会保障中的职责。通过征收个人累进所得税、遗产税和提高公司所得税等方式增加政府财政收入。三是由政府进行投资推动公共事业发展。一方面解决了基础设施建设，另一方面解决了就业问题。后期，政府仍不断完善社会保障制度，随着社会发展，人们物质生活需要加大，开始建立医疗、教育、住房等全方位保障项目。

社会保障模式反映着一个国家在社会保障建设思路上的战略选择。当前世界上具有"保险""福利""储蓄"和"保障"四种保障模式，美国是以"保险"为主的贫困救助制度模式代表，这种模式主要运用市场解决社会保障问题，社会保障主要由政府、雇主和个人三部分组成，三个重要组成部分分别扮演着各自不同的角色。该模式具有以下特点：一是以劳动者个人为核心。美国保险项目种类繁多，不同的保险项目针对不同类型的工作人员，劳动者个人可以根据自身情况选择适宜的保障项目，保险项目的设置主要以养老、医疗项目为主，当投保人面临生活困难时，可以申请享受相应类别的保险金。二是风险共担。美国社会保障是以联邦政府为主导，以个人和雇主投保为主，三方共同承担社会保障资金筹集责任，参保人员需有权利保护意识。三是互助共济。当参保人员面临生活困难时，为体现互帮互助和共担风险原则，其参保的不同的保险项目资金可以在不同人员间调配。四是强调参保人员权利与义务对等。参保人员要想享受待遇，就得履行缴费义务，若未能及时缴费，则参保人不得享受相关社会保障待遇。五是以效率与公平兼顾。美国社会保障制度主要致力于保证多数贫困民众的基本需要，坚持市场效率与公平兼顾的原则，来解决美国民众的生存困难，实施过程中也并不是一味地强调公平，有时甚至更加注重效率。

作为社会保障的核心部分，美国的社会保险体系包括：一是养老保险。美国建立了以政府出资、企业投保和个人负担的综合性养老保险体系。主要由以下三部分构成，第一部分：基本养老保险制度（Oldage，Survivors and Disabilily Insurance，OASDI）。作为美国社会保险制度的基础，它由老年和孤寡生活保险、残疾保险构成。第二部分：雇主养老保险计划，简称 401K 计划。覆盖全美约 60% 家庭，它是由雇员个人缴费为体系的养老项目计划。第三部分：个人储蓄养老保险计划。该计划是适用于全美年龄不大于 70 岁且有劳动收入的雇员依靠自愿投保参加的计划，有些保险项目对参保人的参保项目数有明确的限制，而该计划对雇员参加保险项目的数量没有限制，只要符合条件且有意愿都可以参加。

二是医疗保险。美国的个人医保是社会福利的重要组成部分，分为个人和社会医疗保险两部分，主要保障对象是年龄不低于 65 岁的老年人或低于 65 岁但患有重大疾病的相关人员。大部分医疗保险通过企业为员工缴纳，而由个人购买的比例较低。社会医疗保险主要包括年老、疾病和残疾保险，它是美国第二大财政保障项目，主要包括大病保险、补充医保、特色医保项目以及 2006 年 1 月实施的处方保险项目。

三是失业保险。美国失业保险金来源于企业缴纳的相关税收，企业解雇多少工人，就需要按相应比例缴纳一定的税，由失业人员享受此类补贴，失业保险主要针对失业人员的工作年限、缴纳期限等做出了不同的救助决定。

美国社会保障制度有效缓解了由资本主义生产方式带来的社会矛盾和经济危机，有效提高了综合国力和民众的生活水平。在完善中国城乡困难户救助制度改革的过程中，不仅要了解美国社会保障的形成背景、运行模式和相关内容，还要借鉴它的发展经验。不但要立足长远，结合中国国情，而且要遵循中国经济社会的发展水平和文化价值观，不能盲目照搬，要形成具有中国特色的社会救助制度体系。

2. 以就业救助为主导的贫困救助制度模式

日本贫困救助制度几乎包括了居民生活中可能涉及的方方面面，其针对引起贫困的原因对社会救助项目进行了细分，根据贫困原因设置了不同的专项救助，因为不同原因致贫就需要有针对性的扶持，这样各类贫困人员可在一定范围内得到满足其需求但又不会导致资源浪费。所以根据贫困原因，日本救助制度主要分为八项：教育救助、医疗救助、生活救助、照护救助、就业救助、丧葬救助、分娩救助和住宅救助，其中以就业救助为主导，居民可根据哪方面导致贫困，选择相应的救助服务。

日本贫困救助制度不仅包含项目全面，涉及居民生活需求的方方面面，并且对救助制度的保障措施较为完善。日本的救助制度已被设定为法律，法制基础较好，社会救助制度主要包括社会救助责任主体、社会救助的原则、社会救助对象评判基准和基础救助费用基准等内容，这些重要问题均可找到相对应的明确的法律条文规定，例如《宪法》《社会救助法》均有对于社会救助项目涉及具体内容的规定，社会救助必须按照明确的法律条文规定实施。

日本的贫困救助制度不仅在法律上对社会救助的良好做法值得我们学习，其对社会救助过程中涉及责任主体划分也具有一定的参考价值。日本的社会救助经过长期的运行，且其相当重视国民民生幸福感，所以在时代发展的进程中不断地改革完善相应的法制规范。日本利用法律对社会救助中涉及责任主体的权利和义务进行了严格划分，政府在责任主体承担方面具有绝对权威，不仅通过法律约束社会救助制度的运行，同时也通过法律保障被救助者生存权和申诉权，通过法律保障其权利使受助者接受到更好的社会救助。《社会救助法》第1条明确规定了政府应对所有需要得到救助的国民提供最低生活保障，依据贫困程度和贫困原因有针对性地给予必要的保护，保障生存条件的同时，进一步帮助其自立。这条法律制度约束着日本政府作为国家实施贫困救助的责任主体，保证了社会救助制度在实施过程中不会出现责任交叉导致分工不明确，因此在贫困救助实施过程中若出现问题便不会发生各有关部门推卸责任的情况。

另外，日本在实施社会救助的过程中也有较好的方法可供中国参考借鉴。日本通过为救助者提供现金、物质、优惠政策和服务等来实施救助，而就业救助作为八大专项救助制度的核心，注重通过政府协助其实现自立，依靠自己的力量脱贫，而并非长期依靠国家供养和救助保障最基本生存条件。就业救助项目通过为有工作能力的受助者提供技能培训、创业启动资金和工作所必需的资金，帮助贫困者自立自强，在政府的扶持下逐渐通过自己的力量摆脱贫困，拥有工作能力，保障其长期生活资金来源。此类援助项目的目的在于通过前期强化贫困者在生活保障，保障受助者在生存的最后一道安全网的基础上，帮助其建立生存能力，实现长期的自保能力，这是保障其生存发展的第二道安全网，只有拥有稳定的收入来源，才能在受到政府扶持脱贫后，在未来的人生中有能力保证自己不再发展成为需要救助的对象。提供就业支持，不仅在短期保障了受助者最低生存条件，还为其提供了长期的生存保障，在极大限度上减轻了政府未来的扶贫压力，也在一定程度上为国家就业提供了人才保障，另外被提供了就业援助的群体，在受到救助后，可在未来为国家创造更多的可能超过其受助资金的财富。

3. 大国农村反贫的困难户救助制度模式

农民拥有的土地不足以保证其基本农业生产，且在城市难以谋生造成大量失业是造成印度贫困问题的主要原因。所以，印度采取农村返贫的救助制度，通过为农村贫困家庭提供就业机会，发展乡村，在一定限度上阻碍了农村人口向城镇大量流入，以此缓解城市的贫民窟问题。印度扶贫以发展乡村作为核心措施，因此提出了"向贫困进军"的计划。

印度农村反贫计划自 20 世纪至今经历了多次改革。作为印度"六五"计划到"八五"计划期间反贫困的核心内容，是于 1965 年开始实施农村综合发展项目，并于 20 世纪 80 年代逐渐扩展到全国，从 1980 年起实施全国农村就业项目，20 世纪 80 年代中期，中央政府建立农村无地者就业保障项目，重点解决农村无地者就业问题，20 世纪 80 年代末，全国农村就业项目和农村无地者就业保障项目合并成为农村工资就业计划，中央政府于 20 世纪末成立了农业发展部门，扩大了本项目发展，在 1999 年发展成为农村自主就业项目，在上述各救助计划基础上，2005 年政府设立了农村就业保障项目，并于第二年发布《全国农村就业保障法案》，是政府为保障解决农村贫困问题的首部法案，2010 年在计划委员会的建议下，印度政府又将其改革为全国农村生计项目。

印度的"向贫困进军"计划主要采取以下两方面措施：

一是实施农村综合发展项目。此项目包含两个子项目：一个是农村妇女和儿童发展项目和农村青年自营职业培训项目。项目更新后的核心要素是为受助农民提供小额信贷，帮助其获得创业资金以从事自主经济活动，与此同时采取扩充社会资源和自主团体建设来实现减贫效果的最大化。印度政府通过支持农村家庭自主创业的方式来建设当地，为扩大农村贫困户收入来源，促进其自主开展创业活动，政府无偿向无地居民和贫困农户提供贷款和补助，以贷款作为主要方式。另一个是通过政府向受助者提供农业生产资料和其他方面的支持，包括农药种子化肥等生产要素的投入，还包括对农民进行技术培训，政府提供基础设施建设等支持。政府支持当地包括小型非农产业、种植业、服务业以及畜牧业在内的各产业集群的发展，由政府和基层组织共同带领贫困农民完成经济活动选择和方案设计。就地开展自主创业经济项目，不但能促进当地经济发展，还在一定限度上阻止了农村人口进城，防止加大城乡贫富差距，防止在放空农村的同时加大城镇贫民窟的聚集，促进农村新发展，也有利于城镇环境改革。

二是以工代赈。印度扶贫政策的核心是以工代赈，即政府通过加大农村公共基础设施建设，一方面促进农村经济发展，另一方面为农村居民提供了大量就业机会，为其提供除农业生产之外的收入来源。以工代赈的救助方式，不但促进农村环境发展，还减轻了政府财政负担，将扶贫支出同国家建设支出合为一体，取得双重效果。印度政府在农村实行的以工代赈项目主要包括以下内容：翻修现有公路，"要想富先修路"，便利的交通有利于农村与外界沟通和经济交流；土地改造工程，印度贫困问题主要由农民没有足够的土地供其进行生产劳作，所以从根源出发，尽可能地开发和改造大量土地，保障农业生产；农村雨水收集工程，印度地区大量缺水，人们饮水用水均面临巨大困难，所以，要有效利用天然资源；排洪泄洪建设工程，印度基础设施建设不发达，洪涝灾害会导致贫困问题加重，所以排洪泄洪建设工程应作为一大重点内容；植树造林工程，印度风沙较大，造成大量水土流失，农村环境恶劣，导致荒漠化地区贫困人口向城市流动，形成贫民窟；疏通灌溉水渠，印度农业发展受到的阻碍不仅是土地缺乏，而且，由于缺水、缺少灌溉的基础设施建设，所以农业难以得到发展。

第四节　改革方案

一、中国住房救助制度改革方案

1. 改革目标

2020 年中国全面建成小康社会，社会保障覆盖面进一步扩大，不仅是绝对贫困人口，相对贫困人口如今也能获得国家的补贴扶持。随着改革逐渐进入深水期和攻坚阶段，社会经济发展和产业转型中存在新矛盾、新问题和新局面也不断显现。第一，贫困主体转化伴随着诸多问题。中国的贫困主体在全面建成小康社会之前是绝对贫困人口，之后范围扩大到相对贫困人口，贫困的原因也随之发生改变，由原先的收入贫困变为权力、机会和可行能力的缺乏。因此，减少贫困人口的方式方法也应当变化；又因为近年来社会救助制度改革的弊病逐渐凸显，以维持最低生存保障为标准和以物质补偿为主要手段的旧方法不能满足如今贫困人口的生存发展需求。第二，导致物质型贫困的原因更加多元复杂。随着生活水平进步和对贫困的认识不断深入，人们意识到物质型贫困不单是由物质条件不足所导致的，而且，其背后可能牵扯到心理失衡、社会排斥、参与集体机会缺乏、可行能力被剥夺、权力的匮乏、人力资本低下和社会资本差距大等多重因素，就算抛开援助资金是否充足的问题，单一的物质援助非但不能解决根本性问题，还可能导致贫困者形成依赖心理、贫困人口进步积极性减弱等更严重的后果，投入大量资金仅将贫困者拉到贫困线以上，一旦失去援助，贫困者依然无法靠自己实现阶级跃迁，最终跌回原点陷入"贫困—救助—再贫困—再救助"的恶性循环。因此，社会对城乡困难户的救助应该考虑多重因素，通过构建相对贫困指数，根据各个地方的贫困原因对症下药，使社会救助发挥事半功倍的成效。

2. 改革框架

（1）扩大救助范围，覆盖相对贫困。中国之前为了扶持绝对贫困人口，传统的社会救助理念和目标是维持受助者的基本生存能力，救助方式单一而且救助标准低。基于上述理念的一系列救助措施存在很大的缺陷，无法适应如今经济高速发展、人民生活水平不断提高的新时代，不仅难以帮助贫困人口摆脱困境，而且会导致贫困线附近的家庭在失去补贴后无法维持现有经济水平从而跌回贫困线以下。这些家庭抵抗风险能力差，稍微遇到一些变故就有可能使受助者贫困情况加重，所以中国脱贫人口返贫率较高。在如今返贫率高、相对贫困人口也归纳为帮扶对象的形势下，中国应当出台更完善、更彻底的脱贫政策，应适度扩大救助范围，将徘徊在贫困线周围、抗风险能力差的家庭也列入帮扶名单，实现脱贫不返贫、帮扶方式多元化的政策目标，即通过物质条件帮扶、工作技能培训、增强抗风险能力等方式使贫困家庭有能力、有信心、有机会一次脱贫，终生不返贫。

（2）用专项救助与机构救助相融合式的救助。学习借鉴相似国家的社会救助政策也有利于中国扶贫政策的完善。与我们文化、背景相似的日本的社会救助共有八种专项救助方式，涵盖了贫困家庭生活的方方面面。日本的生活贫困者在申请社会救助时无须在其相对不贫困的方面捆绑式接受全方位救助，只需要申请其中个别一项或几项即可。这套专项救助政策根据其致贫原因细化分类，这样既使救助资金的救助效率提升，又能防止贫困家庭对政府救助产生依赖丧失抗风险能力。同时，日本的救助机构也提供对身体缺陷者、精神障碍者的专项扶持，为他们提供特殊的生活训练、就业指导和保障，引导其逐渐适应正常的社会生活。社会救助与专项扶持相辅相成，为贫困者提供更加切实有效的细化服务。

（3）激励就业的受助者自立援助措施。学习借鉴日本的专项扶持计划，中国可以为不同原因导致贫困的家庭提供专门的帮扶方式，经过审核，贫困家庭可以享受到一项或几项扶贫优待政策。对于失业致贫的家庭，可以为他们提供暂时性物质补贴和就业技能培训；对于因为主要劳动力丧失劳动能力从而致贫的家庭，可以为他们申请残疾人补助、专门的心理辅导服务和新技能培训课程等。授人以鱼不如授人以渔，物质补贴和再就业能力学习双管齐下，不但能够有效帮助他们脱贫，还能提升家庭抗风险能力，帮助他们重拾生活的信心，积极融入经济繁荣发展的现代化社会。

（4）提升受助者综合能力水平。贫困家庭之所以会陷入困境，很大原因是其本身没有足够的工作能力或者其专业技能无法适应产业现代化发展的节奏。贫困者如果能够通过培训学习达到当前劳动力平均技能水平，让他们学会能够胜任一份工作的思路和方法，加上一段时间的适应和体验，使其提升自身就业能力，增强综合竞争力，就等于给予他们更加宝贵的财富。

（5）激发受助者工作信心。在心理辅导方面，目前中国对人们心理状况的专项服务还处于起步阶段。应当聘请专业的心理咨询师定期对有心理障碍的受助者提供心理辅导，肯定受助者所付出的努力，对受助者的负面情绪进行心理干预，帮助受助者打破心理困境，让受助者重新获得生活的掌控感，增强其重新融入社会生活的自信心和生活动力，最终使其学会正确掌握情绪管理能力从而以正确的态度来面对生活。对受助者的关注不应当止步于其重新找到工作的时刻，应当重视其就业一段时间后的心理咨询服务，直到确定受助者在生理和心理都融入了社会生活为止。

（6）提升自立计划参与者的道德水准和责任心。自立计划本意是鼓励受助者积极参与就业技能培训，使其拥有符合现代社会劳动力工作的能力，但是对于某些受助者而言，他们宁愿作为无业游民拿国家补助维持基本生活需要，也不愿意找一份工作，通过自身劳动换取合理的报酬。对于这类受助者，应当提升他们的道德水准和社会责任心，为他们树立正确的价值观和荣辱意识，激发其对于更加优渥的生活条件的向往，从而增强其劳动意愿，为他们树立"劳动光荣""多劳多得"的世界观，进而从源头上抑制其惰性，改变生活现状从而脱离贫困。

二、中国城乡困难户救助制度改革方案

1. 改革目标

完善、改进城乡困难户的相关社会救助制度，这既是中国经济社会发展的客观需要，也是广大人民群众的迫切需要，这对于保障困难家庭的基本权益，促进社会发展，维护社会稳定，全面促进社会经济发展和社会进步。随着社会经济的快速发展，人们的收入有了很大提高，这为城乡困难户救助的完善提供了丰富的物质基础。考虑到政府财力，近年来中国税收增长迅速，政府有能力在社会救助项目上增加一些投入。由于基层集体经济的衰落，县级以下的财政，特别是乡镇财政，在全国大部分地区比较困难。然而，这只是一个财务结构的问题。从经济实力的角度看，中国目前应该比20年前有更多的财力和能力改善该结构。因此，为了精进城乡困难户救助制度，要坚持国家支持的原则，从城乡困难户实际出发，因地制宜，以"上游"干预为指引方向，以提升社会治理能力为改进的前提，以平衡充分的完善制度框架结构为目标，以消除制度"碎片化"运行的弊端为改进的关键动力，以多维困难户需求为改革推进综合扶贫的重要推动力，与城乡相关网络平台建设相配套。

基于以上，改进和完善城乡困难户救助制度的总体思路是：

第一，树立新型制度理念。树立"上游干预""输血"和"造血"并存的理念。

第二，增强救助制度法治化。包括：①持续不断地推进立法进程。②提升政府相关实行部门法制执行理念和执行能力。③加大违反城乡困难户救助的成本。

第三，使受助者定位更精确和精细，救助标准更科学。①通过借助网络信息技术、特定人群设定救助期限等方法精确定位受助者。②特定人群设定救助期限。③准确分析和评价困难户群体的救济需求，推进精细化救助进程。④建立合理又科学的城乡困难户救助标准调整机制，提升救助标准。

第四，丰富制度内容、促进项目衔接与协调。包括：①以制度内容形式改进为核心，重视服务型救助。②救助体制项目内整合和众多反贫困制度之间的整合。

第五，救助制度主体的改进。包括：①资金主体的整合和完善。②丰富主体范围。制度项目资金在除中央财政资金以外，与个体、企业、慈善机构、外资机构等方面的捐助相结合，综合助力城乡困难户精准脱贫，加快社会经济进步的步伐。图11-3是改进思路体系：

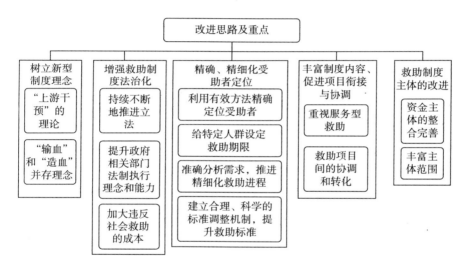

图11-3 改进思路体系

2. 改革重点

（1）树立新型制度理念。树立"上游干预"理念。从城乡困难户产生前期，就进行一定的人为干预，对困难户提供多元的服务救助、资金救助、实物救助或其他救助，使其从"上游"就切断致贫的条件，避免贫穷的代际传递和循环，打破"贫穷—救助—贫穷—救助"的无限循环，强调"预防"大过于"治疗"，引入"输血"和"造血"的概念，逐步将"他帮"转变为"自救"。新时期，贫困问题成为政策关注的焦点。困难户救助要与风险管理紧密结合，从防范、化解和应对三个方面增强抵御风险的能力，激发扶贫的内生动力，使传统社会救助制度转为发展型社会救助制度。适时划拨专项救助金，使受助者在解决生存危机的同时能掌握长久脱贫的资源，提高个人或家庭生存能力；也可为许多有劳动力的成年无助者提供更多的资金和服务救助，如就业激励使其投身于劳动力市场、拓展就业渠道、困难户子女的教育救助等，使个人或家庭提升自身技能，从而使更多的有能力的受助者逐渐摆脱救助，独立生存，减少依赖救助政策的风险。

（2）增强城乡困难户救助制度的立法工作。

1）持续不断地推进立法进程。2020年8月出台的《关于改革完善社会救助制度的意见》指出，要牢牢抓住基本民生保障的底线。这些措施，如政策要求、改革试点和完善意见等，及时调整政策，促进社会救助制度不断适应经济社会发展。所以为了今后社会大环境的良好发展，适应国家形势，要不断推进城乡社会救助相关法律的出台与实施，完善法律缺失，为困难户救助做好外部法律保障。

2）政府相关实行部门执行理念和执行能力的提升。随着中国社会救助法律制度的不断发展，中央和各级政府应把社会救助作为一项重要工作，加强社会救助工作人员的责任教育和工作，加强社会救助教育培训和普法宣传。这些措施将极大地促进社会救助政策的实施，保障社会救助体系的有效运行。

目前，在基层有许多公务员在压力大和怕问责的环境中工作，必须建立合适的立法方式，建立容错纠错的机制，为困难户救助工作人员提供机制保护，明确区分城乡困难户救助工作中的错误和失误、思考和行为混乱、责任和疏忽，同时也要区分于公和于私的界限。

（3）加大违反社会救助的成本。在有些西方国家，很少有人骗取社会救助，因为相比之下他们的法律制度更为健全，若发生了这种行为属于严重违法并承担相应的法律责任。而在中国，骗保和骗救助的现象屡见不鲜，是因为缺乏处理相应的法律法规和工作机构。而且"骗保"量刑大或承担较大法律责任的案例少之又少，大部分只是暂停救助，并受到一定程度的处罚。这会使骗保人没有恐惧，使后来有心人更加肆无忌惮。因此中国要适应社会发展不断加大欺骗社会救助者的法律成本，加强监督管理，加大惩罚力度，对涉及金额较大或影响社会救助公平的，要严格追究其法律责任。

（4）精细化救助标准与受助者定位。

1）受助者定位精确化。根据相关政策，最低生活保障金只发放给低于当地最低生活保障标准的中等收入家庭，并按差额全额或按比例发放。很多地方的实际工作，主要采用的方法是提交申请人的最低生活保障收入证明，并对民政机关工作人员进行就业录用调查。在家庭收入财产申报制度不健全的情况下，而金融信贷制度并不完善，这些机制可以说是有道理的，但不能排除隐瞒、低估或不提供个人和家庭收入，这可能会影响救助覆盖率的准确性。为此，我们应采取以下措施：第一，借助新一代信息技术。建立完备的民政信息数据库，并在政府部门之间共享，来核查提交申请的困难户是否符合标准；此外，进行受助者网上公示操作，开通有证据匿名举报通道等措施。第二，特定人群设定救助期限。例如，有能力的成年劳动力人口若因某种不可抗力致贫，国家应当给予一定的资金、物质或服务的救助，但应设置合理期限。这样做的目的是防止有能力受助者隐性就业和隐性福利，若不设限只会助长懒惰之风，使之更无法主动脱贫，积极就业。提供就业救助或子女教育救助的困难户给予 1~5 年缓冲的救助期限，直到其达到基本生存标准，且自力更生时暂停救助；灾害救助人群给予 1~5 年灾后重建救助期限，直到其恢复正常生活水平，停止救助。

2）推进精细化救助进程。只有准确分析和评价困难户群体的救济需求，才能实现有效的救助供给。在提高社会救助对象的准确性上，继续推进社会救助对象的精细化管理，是未来社会救助的一个重要特点。在新时期社会救助体系转型升级过程中，可以借助社会救助综合信息平台和线上线下调查机制，运用困境评价机制进行综合评价，并根据个性化、多样化的需求选取相对应的措施，实现"一户一策"甚至"一人一策"。不同的贫困救助需求需要不同的救助供给模式，所以要将救助模式结合起来进而形成"现金+服务+自助"的精细化救助综合模式。给予受助者现金救助，可解决其生存问题；给予困难户护理照料、陪护送医、社会融入、提升能力、资源提供等的精细服务救助，也能使救助多样化，更符合受助困难户的救助需求，进而使受助者都更加自立自强。

3）提升救助标准。在某种意义上，标准是政策，是城乡困难户救助制度的核心。救助的标准自身有一定的特殊性。与其他经济社会的发展指标不同，并不是一般越高或越大越好。这不仅要考虑困难群众的实际需求，还要适应当地经济社会发展水平和财政承受能力。社会救济标准过高，容易打压劳动者的积极性，进而增加财政负担；社会救济标准太低，使社会范围太窄，困难户又得不到应有的救助。

所以，研究建立合理又科学的社会救助标准调整机制很重要，在很多地方，经专家研究和实践过的科学方法并未有效推行和实施。即三项原则和三种方法：科学性、合理性、动态性原则；基本生活费用支出法、恩格尔系数法和消费支出比例法。或随着社会发展，有关科研人员可研究适时宜的创新新型标准体系，并对其进行合理的推广与应用才能使其发挥出应有的作用。

城乡经济社会一体化改革的目标是增加对农村困难户救助财政的投入，缩小城乡困难户救助标准的差距。所以为了缩小差距，政策上首先可适当偏重于农村困难地区，鼓励受助者主动努力脱贫；其次，在制定社会救助标准时，要根据社会经济发展状况、公共财政承受能力和居民消费水平，综合考虑到 GDP 增速、财政收入、社会平均工资水准、物价指数等指标，建立动态保障标准。

（5）丰富制度内容、促进项目衔接与协调。

1）重视服务型救助。用"助推"理论来解释为什么要重视服务救助的补充供给：人们并不是完全理性人，所以以非强制方式提供服务救助，让困难户自己做选择并受助，这种救助方式成本低、好实施、效果又好，人们也更容易接受。建立什么样的重视服务救助的助推机制，通过此改进行动，提高能力，防范风险，是未来改进政策的重点之一。经常利用的助推工具有：关键信息的推送、失误预警的发出、服务流程的简化、绩效结果的公布等。有些地方的做法还是值得学习和借鉴的，如可以设立专门的救助顾问或救助互助会，为有需要的城乡困难户提供相关的政策咨询、资源链接或者决参谋助等服务，使困难户更准确地申请符合自身状况的救助项目。再者说"扶贫先扶志"，为防止好不容易得来的扶贫成就，为其不返贫，也许增加心理救助服务项目，政府请专业心理师帮受助者建立脱贫不返贫信心等能力建设，助其脱贫更有信心。

2）项目间的协调和转化。项目的"碎片化"、重叠化，多头负责、多方救助是中国目前救助的其中一大弊端。为改进复杂、重复、多头等问题，可从两个方面整合进行改进：第一，救助体制内的整合。困难户救助审查许可权主要在民政部门，但其涉及多个其他部门，各级政府可以建立"政府领导+民政引领+部门协作+社会参与"的城乡困难户救助活动指导体制。民政部门也可建立综合困难户救助体系，专门令人对申请救助的困难户进行资格认定审查，也对于是否实施救助进行审批，防止多方审查、多头救助而浪费人力、物力和精力。第二，众多反贫困制度间的整合。明确困难户社会救助制度与社会保障制度、社会福利制度等的区别和联系，整合联系部分，保留区别部分，衔接建立梯次递进的救助结构模式，按照申请程序的进程顺序分别进行救助，谨防重复。

（6）救助制度主体的改进。

1）整合救助制度主体的资金。城乡困难户在各地因不同的原因致贫，所以若财政主体太过于平均分散化，每一部分主体都想为其类型的困难户争取更多的救助服务或资金，就难免会发生资金分散、重复或浪费的现象；有时在其他主体发放过程中，也很难规避贪污腐败，导致资金损耗。所以改进建议是把过度分散的社会捐赠资金和财政投入集中由政府主体管理和运用。

2）丰富主体体系范围。在中国城乡困难户救助体系中，无可厚非的是政府是作为第一责任主体组织起着统领主导作用。据2021年5月11日公布的第七次人口普查数据，自2020年底，中国人口共14.1178亿，呈缓慢增长趋势。由于中国人口基数非常大，仅依靠中央政府这一个重要主体是完全不能实现中国精准扶贫的。所以除中央政府救助以外，应建立以政府为主导、社会多元组织共同参与补充的困难户救治体系，政府救助与社会组织弱项相补，建立良好关系，向社会有能力的组织提供有效发展所需的必要支持和社会条件，积极扩展丰富主体体系范围，这是改善城乡困难户救助制度的必要选择。

第五节 改革方案实施保障措施

一、中国住房救助制度改革的保障措施

1. 完善住房保障法规和制度的属性

要从根本上解决问题，需要将公共住房完善立法，让人民群众有法律的保障。让法治化社会深入人民群众的基本需求中来。让地方政法有法可依。中央立法可以很大程度上解决各地方政府在公共住房及物业服务产业上存在的问题。对于各种存在的漏洞进行立法，彻底解决"钻空子"的人群存在。法律制度的确立可以让整个产业更加规范化。地方政法依法办事，人民群众遵纪守法。在公共住房上避免利益化存在，让公共住房更加公平公正。切实地解决真正需要公共住房的人的住房问题。在物业服务上，完善公共住房的相关立法，让新进入的市场中物业管理能避免"狮子大开口"来控制物业费用问题，避免出现住得进去却交不起物业费的问题存在。也让物业在公共住房中发挥出物业服务所应有的权利和义务。

2. 规范保障主体和准入标准

可将人群范围缩小，从而保障所包含的人群人人有房住，人人享政策。政策范围缩小并不代表保障的减少，而是为了真正地实现政策的普遍性。对于如何划取人群范围，可以中央颁布可纳入保障性住房的人群，如享有低保户的人群等。让地方政府有可依据的具体方法。地方政府可根据地方的人群收入划入一定比例进行全面保障。从最困难的家庭开始逐层逐步解决公众住房问题。公共住房土地资源有限，要将有限的资源最大化地满足所需人群的需求。

目前对保障人群可划分为本地和外地，而在本地人群中划分的衡量方式极为重要，是有住房需要换房还是无住房需要住房。对收入的衡量，人群的确定需要政策支持。而对外地的保障人群中，应全盘考虑，除了夹心层的人群外，还应有外来务工人员的住房保障，外来务工人员停留时间短，2/3 的农民工停留时间不足五年，但也是需要保障住房的人群，目前的廉租房的保障中，城中村起到了很大作用。而外地人员中有一部分人群对租房支付能力并不足，也需要纳入保障人群。因此保障人群的明确极为重要。人群分类广，应明确分类，制定相应的制度，因人而制，来解决所有需要公共住房保障的人群。

3. 加强筹资渠道

地方财政收入压力大，仅靠地方财政来满足地方的公共住房难度高。"十四五"规划纲要提出对未来五年中国将全面建成小康社会，保障房建设时间紧任务

重，仅依靠政府拨款无法填补巨大的资金缺口。因此在政府与企业共同建设公共住房中，可采用多种筹融资措施，加大商业银行的贷款，通过债券的方式来筹集资金用于公共住房建设。资金充足可以使公共住房建设加快，做到预期的建设都能顺利开展。车马未到，粮草先行。保障资金充足就是保障公共住房的建设问题，在物业服务上，可以将资金相应补贴给物业公司，让物业公司顺利运行，避免因政策限制让物业公司贴钱运营而导致的懈怠。当物业公司盈利为负时，或许会出现道德问题，难以保障物业公司真正地落实到对业主物业费用减少的政策要求。抑或出现低服务的情况，导致物业成了只收钱不干活的吞金公司。资金的保障对于公共住房及物业服务有着至关重要的作用。

二、中国城乡困难户救助制度改革的保障措施

1. 互联网层面保障措施

规范社会城乡困难户统计的大数据平台，更新线上城乡困难户救助申请程序。拥有完整精准的城乡困难户数据平台是实现困难户救助制度的前提保障。拥有准确数据后，可通过对大量数据的采集、模型的构建和各类数据的计量分析，实现对受助者的自动预警、救济类型的自动判断和合适的救助项目的自动推送，全面研究判断城乡家庭贫困风险，协同实施防控，真正发挥保生存、减风险、提能力、改行动的作用，运用科学严谨的方法来合理预测未来，并采取一定防范措施，这使网络平台的操作更加智慧化、智能化。因为"上游"预防比"下游"治疗更为重要，最后实现精准脱贫。

2. 人才和科研层面保障措施

招募、培养高素质的综合管理型和方法创新型学术科研人才。无论是改进还是实施救助制度政策，都缺乏高素质专项人才。例如，大数据采集整理分析、改进制度政策实施的监督、互联网平台数据库或程序的建立等都需要高素质、专业技术或学术人才，来研究撰写创新精准数据采集方法的科研论文，构建编程合理的网络平台程序等。所以政府可以划拨一部分资金用于人才培养和相关科研成果的鼓励上，来保障制度的实施和不断改进。

3. 管理与监管层面的保障

（1）加强群众、行政、媒体监督。在城乡困难户救助制度实施的过程中，需经过法定程序，公开透明，可出榜公示，由人民或舆论监督，公开受助者参与的救助项目条目和金额要经得起群众的检验和监督评议或媒体的跟进报道，保障群众的参与权、知情权和监督权。行政方面，设置并宣传监督投诉电话或线下信箱等，及时受理相关咨询、投诉举报的信息，最大程度减少了漏保骗救助的情况，建立有效问责机制严格约束工作人员，保障制度更好的实施。

（2）规范救助管理及其操作程序。为保证改进政策制度能有效实施，对相关部门进行管理约束也是非常必要的。自中华人民共和国成立以来因缺乏基层干部力量、部分农村干部缺乏法律观念，出现许多骗保、骗救助、漏保、错保、人情关系保等现象。再加上近些年救助制度和政策无法跟上快速增多的资金，程序不规范。所以为实现救助制度的法治化有效改进，必须对相关部门进行救助管理和程序规范化、透明化，经常性全员核查，避免随意性发放、对象调整等，不懈怠。

（3）政策落实的监督。很多地区有政策却不好好落实，不按章办事。若此次改进措施得以实施，国家可建立专有部门监督政策的落实、实施状况，或将此任务特定分给某个部门。加大对城乡困难户救助的监管力度，明确救济金、服务、物资的去向，确保物尽其用，做到应保尽保、应补尽补。设置合理的奖惩制度，对改进实施制度政策优秀地区进行一定奖励，相反惩罚实施不到位的地区政府。

4. 财政层面保障措施

（1）完善更合理、有效的资金支出比例体系，积极寻找，拓宽资金来源。对于整合资金的部分，可以通过建立科学合理的投入资金筹集机制，采取以政府投资为主，个人支付和社会组织集体按情况补贴为辅的办法，将救助资源集中于政府，由政府负责筹集和封闭式来保证更公正且足额发放。

（2）财政资金数据智慧共享，避免重复运用，节省财政资金。与互联网保障相结合，建立财政资金数据智慧共享平台，使相关部门掌握完整、齐全的财政信息，进行划拨调用时就可避免重复运用，合理规划实施或改进制度政策，从而节省财政资金，真正把资金用到实处。

第十二章　意外事故救助与优抚安置

现代社会是一个风险社会，各种意外事故不可避免。各种突发意外事故不仅威胁生命和财产的安全，而且容易引发各种社会矛盾，成为当今世界阻碍社会发展、影响公众生活的重要因素。为了强化各种灾害的防范，有效防控各种事故的发生，世界各国都将应急救援体制建设当作一件大事来抓，把降低各种灾害损失的着力点放在大力推广应急救援常识，提升抵抗各种灾害的能力方面。世界各国都将处理偶发事件能力、防控次生灾害水平以及应急服务体制建设当作衡量一个国家社会治理的一项指标。意外事故救助体系建设是处理偶发事件的需要，也是一个国家应急体制的一个组成部分，是对人民安全提供保障的基础。

第一节　意外事故救助

一、内涵与构成

意外事故救助是指国家部门与社会组织采取有偿或无偿义务服务的方式，为社会上发生意外事故的受害群体提供物资接济或者生活扶助而实施的一项社会保障政策，其"目标是保障受害者的最低生活水平"，帮助这类群体尽快恢复正常的生活，消除生存危机，以维护社会的和谐与稳定。

车祸事故，指行车（多指机动车）时发生的伤亡事故。造成的伤害大体可分为减速伤、撞击伤、碾挫伤、压榨伤及跌扑伤等，其中以减速伤、撞击伤为多。车祸事故的事后救助旨在保证道路交通事故中受害人在无法从致害方得到赔偿时，可以通过社会救助及时获得抢救资金和适当补偿。比如，为道路交通事故受害人垫付道路交通事故救助基金，使受害人通过社会救助及时获得抢救。

交通事故救助基金，是指依法筹集用于垫付机动车道路交通事故中受害人人身伤亡的丧葬费用、部分或者全部抢救费用的社会专项基金。对遭遇肇事逃逸的受害方来讲，交通事故救助基金无异于"雪中送炭"的"救命稻草"。但实际交通事故救助基金未能发挥其真正作用，10亿元交通事故救助基金沉睡8年，受害者权益无法保障。

道路交通事故受害人救济的模式已经从侵权损害赔偿发展到侵权损害赔偿、强制保险赔偿和道路交通事故社会救助基金"三位一体"的救济模式时代。其中，作为社会救助新形式的道路交通事故社会救助基金制度的颁布实施，对保障道路交通事故受害人权益，分担交通事故风险，促进社会和谐起到了积极的推动作用。

　　生产安全事故是指在生产经营活动中发生的意外突发事件，通常会造成人员伤亡和（或）财产损失，使正常的生产生活活动中断。其中包括矿业事故、爆炸事故、火灾、毒物泄漏与中毒和其他事故。

　　以煤矿安全事故为代表的工业事故、工伤事故在性质上属于民事侵权范畴。对于工伤事故，早在 1957 年，我国就颁布了《中华人民共和国劳动保险条例》，规定了应建立职工工伤保险。1991 年 2 月 22 日公布了《企业职工伤亡事故报告和处理规定》，但该规定属于行政程序的规定，并未对工伤事故的处理方式作出实质性规范。1994 年制定的《中华人民共和国劳动法》，只是在第七十三条规定了工伤事故享受保险待遇的一般原则，对于具体的实施方法，并未作出规定。1996 年 3 月，国家技术监督局颁布了《职工工伤与职业病残程度鉴定标准》。1996 年 8 月，劳动部颁布了《企业职工工伤保险试行办法》，给我国企业的职工工伤保险提出了新的任务和解决方法。2002 年 6 月 29 日我国颁布了《中华人民共和国安全生产法》。

　　我国最早尚未细分意外事故救助制度，意外救助制度包含与社会救助制度，我国社会救助工作的形成始于 1949 年的计划经济时代。直到改革开放后，全国掀起一片现代化建设的春风，我国的社会救助体系在市场经济体制下也重新焕发了生命力。经过多年的探索和实践，逐渐形成了符合社会主义国家需要的救助内容。其具体包括：

　　第一，贫困救助。公民因客观环境或者个人能力问题无法适应激烈的社会竞争，导致生活出现持续困难并达到国家收入和生活法定的最低标准，由国家承担提供其基本生存条件的救助责任。

　　第二，失业救助。公民因突然失去工作，一时间没有生活来源和稳定收入，出现难以维持生计的情况，国家出于社会福利的需要，可以向其提供相应的物资救助，保证社会秩序的良好运行。

　　第三，病残救助。公民因长期患病或者身体残缺，基本或完全失去劳动力，在没有社会保险津贴补助的情况下，按照社会保障制度的要求，由国家负责为其提供必要的生活物资帮助。

　　第四，临时救助。当城市中出现乞讨人员或弃婴儿童时，应被列为社会救助的对象，由政府福利部门提供临时性救济，以助解决当下出现的困难。

第五，紧急救助。当社会出现重大的灾祸侵袭，导致公民财产和生命受到严重影响，一时无法进行正常生活时，国家和社会有义务和责任启动紧急救助机制，给予相应的援助让受困灾民尽快走出劣境，协助其恢复最基本的生活水平。

二、历史沿革

1. 社会主义探索时期的意外事故救助建设阶段（中华人民共和国成立至改革开放）

由于连年战乱，中华人民共和国成立之初社会经济萧条，国家存在着众多失业、半失业人口。另外由于 20 世纪四五十年代，我国大部分地区遭受严重的自然灾害，导致这一时期贫困人口急剧增加，农村以及城市中大量的灾民、难民、失业者和孤老残幼等弱势群体挣扎在生存边缘需要国家的救济扶助。针对当时的社会形势，1949 年政务院、内务部采取了紧急救济政策，分别发出《关于生产救灾的指示》《关于加强生产自救劝告灾民不往外逃并分配救济粮的指示》来处理应对灾情。1950 年 1 月，内务部发出《关于生产救灾的补充指示》，并于同年 2 月和 4 月分别成立了中央救灾委员会、中国人民救济总会，社会救济开始在全国开展。1950 年 7 月，国家设立社会司来主管全国的社会救济工作。1953 年 7 月，内务部又增设了救济司，主要职责是主管农村救灾以及社会救济工作。

伴随着社会建设的深入发展，我国在物质条件方面出现了显著的城乡差异。由此开始，我国救助制度已经从中华人民共和国成立初期的紧急救助型，逐步发展成为日常救助，从生存救助转成了生活救助。同时，专项救助也得到了一定程度的发展，如城市居民以单位为基础的各项保障机制稳定运行，各单位对职工提供了就业保障、医疗保障等多种救助服务。公民在住房、医疗等专项救助方面获得了一定的帮扶。但是关于社会临时救助仍然缺乏科学的制度依据，临时救助制度并未真正意义上纳入社会救助体系之中。此后，我国意外救助体系的发展一度停滞，并在一段时间内处于错综复杂的混乱状态。一段时间内我国社会救助主要依靠企业、单位自身及农村地区的人民公社开展。然而，由于长期依赖政府救助，加之企业、单位救助能力有限，一些企业和单位在参与社会救助方面缺少主动性，企业和单位内部的意外救助制度并不健全。

2. 改革开放以来的意外事故救助建设阶段（改革开放至党的十八大）

1978 年党的十一届三中全会后，我国社会主义现代化建设进入了新的历史时期，社会意外救助制度的建设也进入了新的发展轨道。这一年，民政部恢复设立并设置了城市社会福利司和农村社会救济司等司局级单位，各级民政部门同时设立了社会救济的专门机构，意外救助自上而下的建设有了相应的主管部门。我国于 1989 年到 1992 年正式建立社会主义市场经济体制，市场经济体制目标的确立使我国社会进入全新的发展阶段。1993 年，邓小平南方谈话这一标志性的历史节点，为我国意外救助体系的发展带来了机遇。中国特色社会主义市场经济的建立和迅速发展，使我国的社会救助制度向着多元化方向发展，新型的城乡社会救助体系形成，各项社会救助制度得到了优化。改革开放探索阶段出台的社会救助相关文件主要有《关于企业职工医疗保险制度改革的设想》《关于建立统一的企业职工基本养老保险制度的决定》及《工伤保险试行办法》等。这一时期的社会救助带有一定的时代特征，表现为制度的创新和改革，对后来我国社会救助体系的建设思路提供了有益的借鉴和指导。

2007年第十届全国人民代表大会常务委员会制定颁布了《中华人民共和国突发事件应对法》（以下简称《突发事件应对法》），为应对突发事件做了全面系统的规定，为各类突发事件的有效处置提供了法律依据。这部法律不仅包括明确的应急救援任务，还包括突发事件的预防准备工作和事后的重建工作等内容。《突发事件应对法》第一章总则第三条规定："本法所称突发事件，是指突然发生，造成或者可能造成严重社会危害，需要采取应急处置措施予以应对的自然灾害、事故灾难、公共卫生事件和社会安全事件。"通过这条法律规定可以看出，这部法律将自然灾害应急工作纳入法治化管理体系之中。《突发事件应对法》第四章应急处置与救援的第四十九条专门针对自然灾害等，明确规定政府机关可以采取的处置措施，这些处置措施实质上就是政府机关对遭受自然灾害等公民实施的行政救助，简单说包括营救人员、控制危险、采取安全保障措施、提供物资援助、维护灾区稳定等。国务院在2010年制定了《自然灾害救助条例》，这是一部关于自然灾害救助的规范性法律文件，具有重大的理论和现实意义。该法明确规定了灾前准备、救助主体及其职责、救助原则、工作机制、过渡安置、灾后重建、法律责任等内容，为自然灾害救助工作提供了规范指引、法律约束与法治保障。2011年新修订的《国家自然灾害救助应急预案》明确了应对自然灾害的响应措施，尤其是国家减灾委员会办公室、民政部、财政部、公安部、国家发展和改革委员会、农业农村部、商务部、国家粮食和物资储备局、受灾地区政府等行政主体确立的行政救助的职责。

3. 党的十八大以后的意外事故救助建设新阶段

党的十八大后新型社会救助体系包含三个大的类别：一是基本生活救助，由农村"五保"、城乡最低生活保障组成。二是专项救助，涵盖司法援助、住房、医疗、就业以及教育等方面。三是辅助救助，主要包含临时救助、补充救助以及应急救助等。当前我国社会救助事业的发展状态良好，社会救助力量得到了整合，与国家救助制度并肩发展的社会慈善事业获得了较快的发展，对社会救助本身的实践起到了重要的补充和辅助作用。企事业单位、民间慈善组织机构、高校、社区等社会力量得到了深入的挖掘，社会救助体系的发展呈现出了多位一体的协同发展模式。社会救助中也增添了更多的人性化色彩，社会法律救助和心理救助得到了一定程度的发展。新型社会救助体系建设时期我国出台了《国务院关于在全国建立城市居民最低生活保障制度的通知》《关于进一步加强城市居民最低生活保障的通知》以及《城镇最低收入家庭廉租住房管理办法》等相关制度规定。此外，社会力量开始全面辅助社会救助体系的发展，社会救助实践更加公开、透明，监督体系更加健全，整体社会救助的档次和质量得到了极大提高。

国务院于 2014 年 2 月 21 日颁布的《社会救助暂行办法》系统规定了社会救助的原则、工作机制、救助主体、救助对象、救助内容、救助义务等，将社会救助分为最低生活保障、特困人员供养、受灾人员救助、医疗救助、教育救助、住房救助、就业救助、临时救助几大类，并就社会力量参与救助作了详细规定，该办法将自然灾害救助纳入社会救助的体系中。国务院颁布的行政法规《四川地震灾后恢复重建条例》《地质灾害防治条例》《森林防火条例》《草原防火条例》等均规定了一些自然灾害行政救助的内容，确立了行政主体在自然灾害发生时的救助责任。

但当前我国正处于并将长期处于社会主义初级阶段，此时的社会救助体系仍存在许多亟须完善之处，包括社会救助体系不完善、实践方式单一、监督不到位，缺少社会救助的专项研究和实施团队，地缘差异化以及社会救助观念的转变、方法的创新等，社会救助体系建设还需要进一步优化和发展。

三、现状解析

我国近年来事故频发，原因很多，其中一个重要原因就是事故致劳动者人身损害赔偿机制不健全。虽然我国建立了工伤社会保险赔偿制度，但这种赔偿只是对受害人的最低补偿，仅能维持其基本的生活或生存水平。许多企业尤其是一些私有企业存在宁愿发生事故后对伤亡者或其家属予以赔偿，也不愿进行较高的投入去改善企业的安全生产条件。

对劳动者而言，事故就是一场灾难。轻者致残，重者失去生命，给劳动者本人及其亲属带来无限的痛苦。损害发生后能否获得充分的救济，直接影响到劳动者及其亲属的切身利益。事故致劳动者人身损害，大多符合工伤的特点。对于已参加工伤保险的劳动者，可以依法享有工伤保险待遇；没有参加工伤保险的，在司法实务中，也是参照工伤保险待遇予以民事赔偿。但工伤保险是一种社会保障机制，其目标主要在于维持工伤者的基本生活，保险待遇无疑是比较低的，充其量只能为工伤劳动者及其亲属提供最低生活保障，并不能对其予以充分救济。况且，生命价值是不可完全用金钱来衡量的。

刑事被害人救助制度最直接的功能就是对被害人应有的权益提供保障。犯罪行为人的经济赔偿是刑事被害人得到经济赔偿最主要与最重要的方式，但是当诉讼被搁置、拖延而无法结案或者出现犯罪行为人无法负担相应经济赔偿款额时，如何合理、有效地保障被害人应有的权益就成了最棘手的问题。

在立法上，我国现行的法律法规明确了刑事被害人的当事人地位，并且加大了对刑事被害人获取经济赔偿等合法权益的保障力度。2009 年中央政法委联合其他七部委共同下发了《关于开展刑事被害人救助工作的若干意见》。2014 年初，中央政法委等六部委共同出台了《关于建立完善国家司法救助制度的意见（试行）》（以下简称《意见》）该文件对被害人的相关救助工作进一步进行规范，其实质性地整合了《意见》的相关要求，对提供救助的对象、程序、资金保障以及标准等各方面进行了梳理，并细化了规定。目前，这两部文件是当前中央对开展刑事被害人救助工作的最高指导意见，为各地区的救助工作提供了政策指导，在一定程度上对于保障被害人的权益和彰显司法公正起到了良好作用。如今，对刑事被害人进行救助的相关具体规范多是依靠各地区自身探索而形成的。

我国刑事被害人国家司法救助制度存在的不足之处。我国刑事被害人国家司法救助制度在运行过程中存在着几个方面的突出问题，表现为救助主体重复救助与不受理救助申请的问题并存、救助工作信访化，工作开展的延续性较差、救助金的整体标准较低，相似案件不同救助的问题较为普遍、调查监督机制缺失、司法救助与社会救助的衔接机制缺失。

1. 救助主体重复救助与不受理救助申请的问题并存

依据 2014 年《意见》中"人民法院、人民检察院、公安机关、司法行政机关在办理案件、处理涉法涉诉信访问题过程中，对符合救助条件的当事人，应当告知其有权提出救助申请"之规定可知，在我国刑事被害人国家司法救助的主体包括人民检察院、人民法院、公安机关以及司法行政机关，即广义上的司法机关。刑事案件发生后，刑事被害人可以向上述任一机关提出司法救助的申请，且只要申请符合应予救助的条件，接收申请的机关不得以任何理由拒绝救助。根据公平原则以及一次性救助原则，同一申请人不应该从两个以上的救助主体获得救助。但着眼实际，不同救助主体对同一救助对象的重复救助和有权救助的主体之间互相推诿，无正当理由拒不受理救助申请的问题同时存在。救助主体不受理救助申请问题的出现，大致有两点原因：其一，与特定救助主体的服务意识薄弱、工作积极性不高以及责任心缺失有关。其二，在特定的刑事诉讼环节上，存在着救助主体的重叠，这非但没有使申请人在获得救助的可能性上多一重保障，反而导致两个以上的主体对谁才是适合的救助主体产生争议。

2. 救助工作信访化，工作开展的延续性较差

"司法救助是一种辅助性的救助，对象应当限定在遭受犯罪侵害或民事侵权，无法经由诉讼渠道获得足额赔偿的当事人"。国家司法救助制度基于实践需求产

生，初衷是救急解困，随着制度内涵扩展，逐渐分化出息诉罢访的维稳目的，原始目的发生偏移，导致实践中国家司法救助功能异化。但有的学者则认为"被害人救助制度的实质就是花钱买平安、花钱买和谐，最大受益者是国家"。《意见》规定了八类救助对象，前七类可以概括为刑事案件的被害人及其近亲属、特定民事案件的被侵权人以及执行申请人、受到打击报复的举报人、证人、鉴定人。第八类为"党委政法委和政法各单位根据实际情况，认为需要救助的其他人员"。该条款为兜底性条款，在具体适用时应当遵循同类解释和体系解释的要求。实务中，一些救助主体基于维稳压力和业务条线考核的原因，不规范地扩大该条款的适用范围，甚至异化为"小闹少救助，大闹多救助，不闹不救助"，"花钱买平安"的倾向明显。司法救助异化为信访维稳救助，是对国家司法救助目的曲解，损害了实际符合国家司法救助条件的群体利益，占用了本就十分有限的司法救助资金。

3. 救助金的整体标准较低，相似案件不同救助的问题较为普遍

在刑事诉讼中，如何在降低司法成本和确保司法公正之间做好平衡是一个永恒的话题。我国刑事被害人国家司法救助的主要方式为一次性金钱给付，在心理治疗、社工帮助等配套救助措施不到位以及与其他社会救助衔接阙如的情况下，救助申请人能够获得的司法救助金的多寡，直接影响其生存困境的改善和对司法公正的感受。我国现阶段由法院、检察院等为主开展的司法救助，在救助资金的来源方面，主要依靠各级政府的财政支持，离开了财政资金，司法救助将成为无源之水、无本之木。现阶段个案中司法救助金额普遍较低。从全国来看，检察机关人均救助金额不足 1 万元，人民法院案均救助金额不足 2.4 万元，人均救助金额不足 1.9 万元。实际工作中，大额司法救助金能够获得政法委审批的可能性较低，有的人民检察院的司法救助案件个案救助的金额少则两三千元，多则一两万元，对缓解救助申请人的生存困境而言，只是杯水车薪，实际作用不大。且不同地区之间、同一地区的不同时期之中，相似案情不同救助的问题亦较为普遍。

四、中外制度比较及经验借鉴

意外事故救助是非常基础的社会保障方式，在维持受伤害者基本生活，维护社会稳定方面发挥托底保障作用。意外救助立法是实现意外救助制度化和规范化的重要方式，是建立和完善意外救助制度的基本路径，有助于其托底性功能的实现。因此，各国普遍重视意外救助立法。

1. 专门性法律保障模式

德国于 1884 年通过了《工伤事故社会保险法》，日本最早的救助立法是 1874 年的《恤救规则》，美国社会救助立法起步较晚，20 世纪初地方才开始制定相关法律，1933 年联邦政府通过了《联邦紧急救济法》，这为 1935 年《社会保

障法》的出台奠定了基础。随着经济的发展和社会的进步，早期的社会救助相关法律逐渐显示出立法理念滞后、救助范围较窄、法律位阶偏低等不足，各国纷纷进行更为现代意义上的社会救助立法。通过社会救助单行法、社会保障法典等形式，对社会救助进行更高层次的法律规范。1935 年美国率先颁布《社会保障法》，日本于 1946 年和 1950 年颁布了新旧《生活保护法》，英国于 1948 年颁布了《国民救助法》，德国则在 1961 年颁布了《联邦社会救助法》。以上法律的颁布标志着各国正式建立起现代社会救助制度。

20 世纪 70 年代以来，受资本主义经济危机影响，同时社会救助制度本身在运行过程中也产生了诸多问题，各国持续改革社会救助制度，相应地修正完善救助法律，积累了丰富的社会救助立法经验。至今，日本对《生活保护法》已进行了十几次修订，还制定《老年福利法》《儿童福利法》等法律共同规范社会救助制度。美国社会保障法已扩充至包括 1935 年社会保障法条文及其修订和相关的成文法规则，共二十一编；英、德两国在不断调整社会救助立法基础上，也朝法典化方向发展。从各国社会救助发展历程看，优先制定社会救助相关法律并在制度改革中及时修正，这是世界各国的通行做法。同时，由于社会救助立法的核心在于明确社会救助的目标定位及主要原则，在此基础上形成制度完整、相互协调、功能配合的社会救助体系。

美国社会保障立法中没有社会救助制度的专门性法律，有关社会救助的内容分散在社会保障法律的各个部分。由《社会保障法》和相关成文法规则对缴费型社会保险与非缴费型公共援助进行统一规定。

2. 社会救助兜底保障模式

德国由于其完善的社会保险制度和浓厚的合作主义传统，社会救助仅作为最后的社会安全网，在社会保障体系中居于次级性和辅助性地位。社会救助立法赋予公民享有最低生活保障现金待遇的权利，从而保证合乎人类尊严的生活。《社会法典》第 12 部第 1 条明确规定了社会救助的任务和目的，社会救助要"使受助者能够合乎人类尊严地生活，并且有能力努力依靠自己的力量独立生活"。德国社会救助立法以辅助性为核心原则；社会公平与社会安全也是德国社会救助立法的重要原则。辅助性原则，包含自下而上的自我责任以及自上而下的国家辅助支持两层意思：一层是国家要减少干预，只发挥从属和辅助功能；另一层是个人和家庭要积极承担自我保障的职责，同时作为国家和个体之间联结的社会组织有权得到国家资助，也应承担保障责任。社会公平与社会安全原则。这是德国社会保障的总原则，因而也是社会救助的重要原则。《社会法典》第 1 部（总论）第 1 条规定，"社会法典是为实现社会公平和社会安全而制定的包括社会救助和教育救助在内的社会给付的法律"，核心在于"实现基本法规定的社会国家原则所要求的社会正义和社会安全"。

美国社会救助立法强调个人取向和市场取向原则。换言之，自我维持和自我发展，国家仅作为最后角色出场；同时以市场化思路提供社会救助。该原则集中反映了美国社会救助补救性兜底保障的目标定位。个人取向原则，是指尽管国家是社会救助的责任主体，但基本生活需要的满足始终要以个人责任和家庭社会的相互责任为前提，政府只为最贫困群体提供最基本的生活条件。自我维持和自我发展也是美国社会保障制度的总原则，由《1935年社会保障法》所确立，直至今日，美国社会保障制度始终遵循此项原则，以尽可能远离福利陷阱。

英国社会救助立法深受贝弗里奇普遍主义观点影响，社会救助长期以来都是一项重要的补充性制度，在提供最低生活保障方面发挥重要作用。《贝弗里奇报告》中设计了以社会保险为基础、以国民救助和自愿保险为补充的社会保障计划。国民救助作为社会保险的重要补充，用于解决未被社会保险所覆盖的所有保障需要，应对为数有限的特殊需求。救助标准必须要比社会保险待遇低，仅维持贫困者的最低生活，同时要以家庭经济状况调查为前提。

英国社会救助立法遵循普遍性原则和最低原则。普遍性原则，即确保全体英国国民都能享受到社会保障的收益目标。英国政府通过社会救助立法，对少数没有参加强制性社会保险的人或未被社会保险覆盖的需求给以制度性援助为最低原则。对比其他发达国家，英国社会救助立法格外重视最低原则。根据社会救助法的规定，救助标准必须低于社会保险水平，仅供维持最低生活需求。最低原则很大程度源于英国的济贫传统，《新济贫法》所确立的"劣等处置原则"在英国社会发展中影响深远。

日本社会救助在整个社会保障体系中承担综合性兜底保障作用，旨在维持贫困国民最低限度的生活并促进其自立。战后日本现代社会救助制度的建立深受盟军最高司令部影响，因此社会救助领域的法律在很大程度上反映了东亚传统福利思想与欧美现代生存权理念的平衡。日本社会救助领域的基本法是《生活保护法》，该法第1条规定了社会救助的目的，即"国家对生活贫困的所有国民按其贫困程度进行必要的保护，以保证其最低限度的生活并帮助其自立"。日本社会救助立法遵循无差别平等、最低限度生活保障以及补足性三项原则，分别由《生活保护法》第2、第3、第4条规定，无差别平等原则，是指符合条件者都应该无差别、平等地受到保护，不以其人种、信条、性别、社会身份、门第等而予以优先或差别对待。这也是宪法"法律面前人人平等"适用社会救助时的具体确认。最低限度生活保障原则。"最低限度"在《生活保护法》中规定为"能够维持健康的、具有文化意义的生活水准。"不单单是指满足衣食住等基本需要，而是在营养状态、体格、精神生活等方面达到一定水准，同时在文化和社会生活方面也要达到最低限度标准。补足性原则，即受助者需穷尽个人所有可能的方式，在资产能力优先、亲属抚养优先、他法优先情况下，仍不能维持最低限度生活，才可以通过社会救助来补充其不足的部分。

从各国社会救助立法的目标定位看，社会救助普遍作为社会安全网的最后一道防线，承担托底保障功能。尽管如此，由于历史传统、经济社会及制度背景的差异，各国在具体定位上各有侧重。在自由主义福利体制的美国，社会救助处于社会保险之后的补救性地位；英国受普救主义传统影响，社会救助长期作为重要的补充性社会保障计划；德国因其完善的社会保险制度和合作主义传统，社会救助强调其次级性和辅助性地位；日本现代社会救助制度受欧美影响较广，反而较为综合性地体现了社会救助的兜底保障功能。另外，由于 20 世纪 70 年代石油危机和经济"滞涨"的影响，以及社会救助制度本身在实际运行中产生的一系列问题，各国先后开始了较大规模的社会救助制度改革，同时修正完善相关法律。尤其是 20 世纪 90 年代以来，改革重点强调权利与义务的对等，关注个人责任和相互责任，能力建设、工作自立与社会救助的关系。社会救助从"权利的安全网"转向"机会的跳板"，政策话语也从再分配转向社会融合。

美、英、德、日四国的社会救助立法原则直接反映出社会救助目标定位上的差异，实质是各国历史传统、经济社会和制度背景的综合体现。美国社会救助立法强调个人取向和市场取向，权利与义务相平衡；英国突出普遍且最低的保障；德国则强调辅助性原则下提供社会救助；日本以无差别平等原则为核心。美国社会救助立法集中反映了个人取向原则和市场取向原则，既与社会救助的补救性定位相匹配，也符合自由主义福利体制国家以市场为中心的特征。英国社会救助立法遵循普遍性原则和最低原则，与其社会救助制度的补充性定位一致；普遍保障与最低保障深受贝弗里奇普遍福利计划和"劣等处置"济贫传统的双重影响。由于完善的社会保险和合作主义传统，德国社会救助立法以辅助性原则为核心，社会救助在社会保障中处于次级性地位；此外德国还特别明确了社会公平与社会安全原则，重视社会稳定。日本社会救助立法所确立的无差别平等、最低限度生活保护和补足性三项原则充分回应了社会救助综合性兜底功能；既包含了英、美所突出的普遍公民权利，在提供方式和救助程度上又与德国存在较大相似性，重视家庭和互助组织的作用和较高救助标准。

3. 被害人司法救助保障模式

刑事被害人救助制度的建立与发展源自被害人学的兴起与蓬勃开展。1957 年，英国最早提出建立被害人补偿制度的设想。1964 年，新西兰颁行了世界第一部被害人补偿的专门立法《犯罪被害人补偿法》。截至目前，英国、美国、法国等多个国家和地区相继建立了刑事被害人救助制度。

1980 年，日本颁行了《犯罪被害者等给付金支付法》。该法是亚洲第一部被害人补偿方面的专门法律，之后分别于 1995 年和 2000 年进行了修订，被害人补偿制度据此建立并发展完善。该法规定补偿因出于对他人的生命、身体进行伤害的故意而实施的犯罪行为产生死亡、重伤以及伤残等结果。补偿对象包括直接被害人及间接被害人：死亡被害人的遗嘱，并对遗属的补偿顺位做了规定。日本的补偿金分为三类：遗属补偿金和残障补偿金，以及在该两类补偿金的基础上，均可能获得的重伤补偿金。补偿金的发放均采用一次性的给付方式。补偿经费以一般税收为财源，全额由国家国库负担。

1964 年，英国正式实施《刑事伤害补偿方案》。1995 年，议会通过《刑事伤害补偿法》。补偿对象包括因暴力犯罪或其他特定情形造成刑事伤害的被害人或死亡被害人的亲属。补偿的范围包括物理性的身体伤害、精神损害，以及遭遇性犯罪而怀孕的情形。补偿经费由国家承担，由议会决定。补偿项目包括丧葬费、医疗费、误工费、交通费、残障复健费用（若保险未能给付）、精神损害费用、抚养费、扶养费等，并规定了补偿金的上限。在社会援助方面成立了众多的专门针对被害人的民间援助团体，对于促使被害人权利的充分行使，治愈被害人的精神创伤，发挥了不可或缺的重要作用。英国被害人救助制度的显著特点为将补偿的事由严格限定为暴力犯罪行为，但将精神损害纳入补偿的范围之内。在补偿程序的救济方面则采用同级复审，上级申诉的方式进行。

1965 年，美国加利福尼亚州制定了犯罪被害人补偿计划。20 世纪 80 年代，美国及各州均已出台有关被害人保护的法规，并成立了多家被害人援助机构。美国联邦《犯罪被害人法》规定，补偿对象主要为暴力犯罪的被害人和被害人遗属，还包括醉酒驾驶和家庭暴力在内的各种暴力犯罪。资金来源于犯罪罚款、罚金和没收的保释金。该资金由财政部门设立基金专门账户，由司法部长管理。用以资助各州的被害人补偿计划、被害人援助项目、联邦犯罪被害人补偿和犯罪被害人法律援助拨款等。补偿范围包括医疗费、误工费以及丧葬费等。美国各州的被害人补偿计划大致相当。在资金的来源方面，大多数州主要从向加害人收取的费用中提取。以对人身犯罪的补偿为主，多数州对财产犯罪损失不予补偿。一言以蔽之，美国通过采取经济补偿、社会援助等多种方法，为维护被害人的合法权益延展了另一个维度和空间。

1976 年，联邦德国通过了《暴力犯罪被害人补偿法》，标志着犯罪被害人补偿制度的建立。补偿对象为发生在德国境内的人身犯罪被害人或其遗属。补偿经费主要由各州负责。一般来说，由犯罪发生地州政府承担被害人补偿，在无法确定的情形下，则由犯罪发生时被害人的住所所在州政府承担。补偿给付主要以人身伤害为限，包括劳动报酬损失、医疗装备购置等财产损耗，直接财产损失则不在其列。补偿项目涵盖医疗及康复费用、替代性补助、生活保障费用等。对被害人诱发犯罪、给付被害人补偿将造成不公、被害人未尽力协助侦查和追诉犯罪人三种情形，规定可以不予补偿或者减少补偿。如果该项补偿与其他所获赔偿或者补偿竞合，则不予补偿或者要求申请人择一选择补偿。德国刑事被害人救助最为显著的特点为：确立了国家在支付救助金之后向加害人的损害赔偿请求权。申请人不服救助决定时，可以向行政法院起诉。建立了分支机构遍布德国全境的、统一的被害人社会援助组织。

4. 我国刑事被害人国家司法救助制度的主要组成

（1）被害补偿。"财产权益保护不仅关乎被害人及其近亲属的利益，也关乎社会稳定和国家信任的建立"。被害补偿为最狭义的刑事被害人国家司法救助，是以金钱方式救济特定刑事被害人的一种制度。我国现阶段的国家司法救助仍以支付救助金为主要方式，通常认为被害补偿制度包括被害补偿的原则性规定、救助主体和救助对象、救助方式和标准、救助程序、救助资金管理等。急需医疗救治等特殊情况下的紧急资金拨付亦属于被害补偿的范畴。据报道，"2015～2017年，全国法院共办理司法救助案件 12 万件，共使用司法救助资金 26.7 亿元，案均救助金额 2.2 万元"。2014～2017 年，全国检察机关共救助 84497 人，人均救助金额超过 0.7 万元。

（2）被害援助。被害援助指金钱补偿以外的，国家和社会对刑事被害人在心理、医疗、法律、社会等方面的支持和帮助。笔者认为，具体的被害援助包括办案机关在办案过程中对刑事被害人遭遇不幸的心理安抚与疏导。对出现心理创伤和精神损害的刑事被害人，自行或者通过购买社会服务、争取公益机构支持的方式实施心理治疗，协助开展日常生活照顾。对行动能力受限、需要长期治疗的刑事被害人，帮助落实医疗、康复机构。对需要提起附带民事诉讼的刑事被害人，协助减免相关诉讼费用。对符合劳动年龄、有劳动能力和创业意愿的刑事被害人，协调有关部门为其提供必要的劳动技能培训。对可以纳入社会救助范畴的刑事被害人，为其提供政策咨询和必要的帮扶转介服务，主动与民政等部门做好对接、沟通。对义务教育阶段的未成年被害人，还包括指定监护人、帮助重返校园、协调转学等。对性犯罪的被害人则还可以包括协调其住所地的社区加强隐私保护、防止信息扩散等。

5. 域外之经验借鉴

通过以上对域外主要国家或者地区刑事被害人司法救助制度的考察，可以有以下多个方面的经验，可供我国在构建全面、长效的刑事被害人司法救助机制时适当取舍后借鉴：①被害人救助的立法模式。既可以采取制定专门的"刑事被害人国家司法救助法"的立法模式，也可以通过在刑事诉讼法典中确立对被害人的补偿制度。②救助的范围。亦采取较多数国家（地区）的通行做法，将救助限于人身犯罪的原则和做法，将财产犯罪暂时排除在外。③救助经费来源。建立刑事被害人司法救助专项基金。设立专门账户，以政府财政资金投入为主，从没收的犯罪人财产和判处的罚金以及服刑人员的劳动所得中提取部分款项，并要求国家控股或参股的保险公司上缴一定比例的盈利，共同作为救助基金的经费来源。④救助的对象。为在我国境内发生的刑事犯罪行为侵害的我国公民、在犯罪发生时在我国合法居留的外国人或者无国籍被害人，并考虑互惠原则。以犯罪的结果是否造成被害人重伤或者死亡，以及保护性侵害犯罪被害人为标准，将补偿的对象限定为重伤被害人、死亡被害人的遗属以及遭受性侵害的被害人。⑤及时救助与补偿竞合。坚持及时救助原则，不要求刑事被害人申请救助时已穷尽其他救助手段。但如果司法救助与其他赔偿或者补偿竞合时，补偿机构有权要求刑事被害人归还全部或者部分补偿金。⑥申请补偿的时限。借鉴大多数国家（地区）的做法，要求刑事被害人在刑事犯罪行为发生后的一定时间内提出申请，笔者建议以两年为宜，超过两年时，若有特殊情况，如刑事诉讼程序（不包括申诉程序）尚未终结，能够证明在两年内无法提出者，仍接受申请。⑦补偿金额和补偿标准。设置补偿金额的上限和下限，既避免补偿金额过低，对公众产生"雷声大雨点小"的反向引导，又兼顾救助资金有限性的现实因素。⑧拒绝或减少补偿的情形。包括刑事被害人对犯罪行为的发生存在诱发行为、无正当理由不及时报案、在司法程序中不配合或拒绝向公安司法机关提供相关信息，以及加害人可能从救助中受益等。例外情形为，即使申请人与加害人同属于一个家庭或者具有实际上的经济供养关系，但申请人属于未成年人的或者对申请人进行救助不会招致不公的，不得据此拒绝或者减少补偿。⑨救助程序的救济。申请人若对公安司法机关的救助决定不服，可以在收到救助决定书后 30 日内向作出救助决定的机关申请复议。若对该复议决定不服或者复议机关在规定期限内没有作出决定的，还可以在 30 日内向上一级主管机关提出申诉。⑩确立国家的损害赔偿请求权。如果刑事被害人已经得到了国家的司法救助金，救助主体将在其支付的资金数额范围内取得被害人对加害人的损害赔偿权，以回流救助资金。⑪引进非政府组织、社团组织、公民个人等社会力量参与救助工作，共同致力于保护社会弱势群体的合法权益。⑫完善司法救助制度，使刑事被害人获得与其诉讼地位对等的司法保障。

我们在立足于本国的实际情况的基础上，合理借鉴域外先进立法经验与完善的责任体制，把握其相关立法理念与技术，才能促进我国立法的进程，解决纠纷问题。

五、改革方案

1. 总体思路

当前我国正处于深化改革的攻坚阶段，这一阶段充满了希望和机遇，但也充斥着矛盾与挑战。面对当前我国意外事故救助体系存在的问题与紧迫任务，应进一步完善我国社会救助制度体系，创新意外事故救助工作方式、提高意外事故救助的科学性，重点强化对意外事故救助的监督检查。同时，积极鼓励社会力量参与意外事故救助，实现意外事故救助的多方参与，从而促进社会救助体系的完善，使意外事故救助体系在推动国家治理现代化的进程中发挥更好的作用。

2. 总体目标

一方面，我国意外事故救助工作在多年来的现代化建设中已经取得了一系列的经验，形成了适应于社会发展的社会救助理论和方法体系，这些优秀的成果应得到继承和延续。同时意外事故救助体系建设还应继承发扬党和政府关心、关怀与帮扶群众的优秀传统，并从中华民族优秀传统文化中汲取营养，积极向国内外优秀的国家和地区学习社会救助的先进经验和做法。另一方面，应在继承借鉴的基础上加强意外事故救助体系的创新。加速我国社会的现代化进程最终目的是要实现人民群众自己的利益，加强意外事故救助的创新有助于人民利益的实现，促进人民群众对社会救助发展的创新与创造。因而，当前意外事故救助体系的发展应坚持继承借鉴与发展创新相结合的原则，尊重传统，遵循规律，积极学习，勇于创新，始终围绕人民的利益，加速全社会意外事故救助体系的现代化发展。

3. 改革的重点内容与举措

（1）事故救助基金。自《道路交通事故社会救助基金试行办法》颁布以来，道路交通社会救助基金在国内扶危救困、推动社会和谐发展等方面均发挥着巨大作用，与此同时，在实际运作期间也存在着诸多弊端和不足。交通事故发生后，受害方若想获取基金救助，可谓重重受阻，救助拖延以及不能救助的情况时有发生，因此实现交通事故社会救助基金的创新管理显得尤为关键和重要。

1）救助基金发挥更加有效的作用。由于救助基金会存在大量结余的情况，以深圳市为例，对社会公开征求《深圳市道路交通事故救助基金管理办法（征求意见稿）》的意见，并且进一步放宽了道路救助基金的申请范围，电动自行车以及非机动车车辆出现交通事故急需垫付抢救费用时，同样拥有申请救助基金的资格。以上规定旨在持续发挥基金救助效果，不仅要相对放宽基金申请条件，还要不断加大对外宣传力度，让更多的人得到基金扶持、帮助，救民于水火。

2）实现基金管理部门的统一、协调运作。地方财政部门要建立救助基金管理小组，小组成员要涵盖运输部和民政部，还要囊括计划生育委员会以及保监会等，通过多方发力，共同致力于救助基金决策和筹集以及调用等。关于道路安全交通事故救助基金具体运营，要委托给高资质、有能力的保险公司负责，由其负责基金申请、申请人调查等业务。由此便可保障道路安全交通事故救助基金由国家统一管理、统一分配，最大限度上弥补地区间的差异，发挥出该项基金的最大化作用。并且还要兼顾救助业务建设，委托给直接处理补偿事务能力强的保险公司去负责，以增加政府编制的方式，实现救助业务的大范围拓展。基金申请人对救助受理以及补偿等存在异议的，可以向各级救助基金管理机构去申请仲裁，也可以通过向法院起诉的方式来维权。

3) 对基金申请流程进行适当简化。各级交通主管部门设立专门的办公场地以及窗口，作为统一的基金管理办事部门对外服务，并且由专门的保险公司去负责，这样就便于申请人去申请基金，也会易于办事机构和管理机构之间有效协作。审批流程简化也十分重要，对丧葬费和医疗费等需要民政部、卫健委工作人员介入审核的，各部门要委派专员到办事机构值班，精心处理基金审核业务。材料审批完成后，基金管理机构要和财政部之间形成联动，打通救助基金快速申请通道，将救助基金划入医院抑或是其他账户中，做到快速到账、高效救助。

（2）惩罚性赔偿救济制度。惩罚性赔偿救济制度是英美法系国家的一项民事制度，最早适用于侵权行为领域。惩罚性赔偿一般是指法庭判定的损害赔偿数额超过受害方实际损害数额，以此对加害方予以惩罚，是一种集补偿、惩罚、遏制等功能于一体的制度。建立事故致劳动者人身损害惩罚性赔偿救济制度是非常必要的，表现在两个方面：惩罚性赔偿可以为受害人提供充分的救济；惩罚性赔偿对用人单位或雇主形成有效的约束。

对大多数企业尤其是私营企业来说，惩罚性赔偿给用人单位增加经济上的负担，使其为不法行为付出代价，促使用人单位采取较为安全的措施以防止事故的发生，或者将事故发生的危险降到最低，这本身就是遏制事故发生的机制。

1) 实现工伤保险与民法侵权赔偿的竞合。据统计，在我国煤矿事故中，有99%是责任事故。这样的情况依我国《工伤保险条例》规定，职工一方面应经民事诉讼之方式，取得与工伤保险参保职工相对等水平的赔偿，由企业来支付这笔赔偿金；另一方面，可以同时进行民事诉讼向用人单位要求过失侵权责任。违法企业应承担其过错责任，也应为其消极不作为的行为给职工造成的间接损害受到惩罚。

2) 消除煤矿事故中行政干预与工伤救济的冲突。比起对责任人的行政处罚，应当更加重视伤亡矿工的经济赔偿。近些年开始试行的煤矿企业特别是在乡镇煤矿企业风险抵押金制度就是一个很有效的尝试。不仅有利于落实安全生产责任，而且有利于保障煤矿职工的合法权益。与其不具备将所有中小型煤矿短期内改组的可能性，不如认可其生产状态，利用其生产能力。但是必须加强矿山安全监察单位的定期和抽样安检，将安全隐患降至最低，才符合我国现阶段煤矿生产现状的可行性措施。将新矿开采的准入资格提高的同时，也加大了对现存煤矿的检查。对于确有的安全隐患，应当限期处理，在整治期间不允许矿下作业，而不是

"一刀切"式的予以关闭。让行政干预切实有效地发挥作用的同时，将煤矿安全事故的处理重点放在伤亡矿工的补偿。与此同时，加强安全监管力度，做好煤矿安全事故的预防工作。

综上所述，实现工伤保险与侵权责任的竞合，是建立完整的工伤救济体系的要求。在我国特殊国情下，可区别煤矿企业是否为员工参保及企业是否有过错的具体情况，选择采用"取代模式"或"补偿模式"。当煤矿未为员工参保，且确有过错的情况下，企业除了支付侵权赔偿外，甚至还应当承担合同之债。要使工伤救济最大限度地保障工伤、工亡职工权益，就应当加大安全监管的力度，将行政工作的重心从对煤矿企业的处分转移到引导和监管上来。从而减少行政工作对煤矿企业生产、煤矿事故工伤救济的阻碍。在整个工伤救济体系中，加入精神损害赔偿的内容，将工伤救济的工作目标定为工伤职工建立起以工伤预防、待遇补偿和工伤康复相结合的新型救济模式。虽然我国近年来修改后的《中华人民共和国刑事诉讼法》加大了对刑事被害人的保护力度，且中央针对相关救助工作的开展陆续出台了多部救助指导性文件，但在刑事被害人救助方面的专门立法尚处于缺失状态。

这里通过对域外主要国家和地区刑事被害人司法救助制度的批判性分析，针对我国刑事被害人国家司法救助制度存在的问题，探求可行的解决方案。

（3）建立司法救助信息共享平台及确定适合的救助主体。建立司法救助信息共享平台，实现历史救助信息一键查询、一目了然。确立适合的救助主体兼顾避免多头救助和保证及时救助。

1）建立司法救助信息共享平台。司法救助信息共享平台，应当是跨区域和跨部门的信息平台。跨区域，旨在实现司法救助案件管辖地司法机关与刑事被害人住所地民政部门之间的信息共享；跨部门，则旨在实现司法救助案件管辖地人民法院、人民检察院、公安机关、司法行政机关之间的信息共享，二者的侧重各有不同。在该信息共享平台上，拟进行救助的主体可以以救助申请人的姓名、居民身份证号码或者案件当事人基本情况等为检索关键词，查询救助申请人是否因某一案件向有关主体提出过司法救助或者社会救助的申请，以及是否获得了救助，获得救助的金额或者具体救助方式等信息。查明救助申请人是否因同一事由重复提出救助申请，是否已经通过社会救助措施，得到了合理的补偿、救助，进而决定是否予以救助。该信息共享平台的建立，将极大地提高司法救助信息的透明度，提高拟救助机关进行基础信息核实的效率，原则上可以避免重复救助等损害公平原则的情况发生。最高人民法院于2018年提出"开发高度智能、便捷易用、四级联网、协同共享的司法救助信息化平台"。

2）确立案件管辖地最初受理救助申请机关为适合的救助主体。在当前救助的主体多元，救助的诉讼阶段可选的情况下，确定案件管辖地最初受理救助申请机关的救助主体责任可以有效避免各有权救助主体之间推诿扯皮不予受理救助申请的问题发生，保障申请人及时获得救助，尽早摆脱因刑事案件的发生所导致的现实的经济困境。在该原则下，笔者认为有以下几点具体要求：只要被害人及其近亲属因为刑事被害而陷入生活困难的，可以随时提出国家司法救助申请，而不以相关案件的刑事诉讼程序已经终结为必要条件。刑事诉讼终结一般指侦查机关作出撤销案件的决定、人民检察院作出不起诉的决定或者人民法院作出生效的刑事裁判。司法救助工作部门与专门负责刑事侦查、审查起诉和刑事审判的部门并不同一。在刑事诉讼程序尚未终结前，专门负责刑事侦查、审查起诉和刑事审判工作的部门虽然工作重心各有侧重，但却均不在解困被害人的经济困境上。其依职权主动告知刑事被害人有权提出救助申请的动力不足，客观上导致刑事被害人对司法救助工作的不了解，也就没办法及时、积极地提出救助申请。直至案件诉讼程序终结，各有权救助主体基于对案结事了以及案件办理"三个效果"统一的考虑，工作的重点才从追诉犯罪转到对被害人经济权益的保障上，此时救助工作才会被提上日程。

（4）科学划定救助对象及设置排除条款。"对被害人的法律援助并不是一个简单的法律问题，而是一个反映了社会制度、经济结构、公共福利等多维度的社会问题"。考察世界各地关于补偿对象的规定，对一定范围的刑事被害人，主要是暴力犯罪的被害人进行救助已经成为各个国家或者地区的通行做法。

1）科学划定救助对象。刑事被害人补偿制度关系着刑事被害人一方的生存、发展，关系着社会主义和谐社会的构建。在讨论如何科学划定救助对象之前，有必要厘清"救助对象"与"救助范围"这两个概念。二者的含义是不同的，尽管在理论以及实践中二者有时会被不加区分地加以使用。笔者认为，"救助对象"指的是"救助的目标群体"，即什么样的刑事被害人能够申请并获得国家司法救助，解决的是"定性"的问题。而"救助范围"指的是"救助的程度"，即国家对已经确定了的"救助对象"给予多大范围、多大程度的救助，解决的是"定量"的问题。科学划定救助对象，是下一步合理地确定救助范围的准备阶段和必经程序，二者是有前者才有后者的关系。以刑事犯罪结果作为区分，将救助的对象限定为身体受到伤害的被害人以及死亡被害人的近亲属，对导致结果发生的犯罪手段以及罪过形式则在所不问，仅将考察的重心放在被害人因刑事被害而生存能力降低或者丧失上，客观上导致了现实的生存状态艰难即可，这样操作性更强，也更为合理。结合我国的刑事犯罪实际来看，国家司法救助的对象需要具备三个条件：一是犯罪结果条件，必须是故意或者过失犯罪造成了被害人的重伤或者死亡。二是经济上的因果关系条件，被害人或者其家属必须是因刑事被害而导致生活、医疗或生存存在严重困难。三是刑事加害人没有归案，或者虽已归案，但是没有赔偿能力或者赔偿能力与被害人或者其家属已经支出或者必将支出的医疗费用、康复费用明显不成比例。遭受性侵害的被害人具有一定的特殊性，可将上述条件之中的犯罪结果条件排除在外。

2）合理设置排除条款。对救助设定一定的消极条件，当刑事被害人的行为落入消极条件的范围之内，司法机关决定不予补偿或者减少补偿金额。其中，主要的消极条件为刑事被害人的表现，即刑事被害人在被害之前的表现、被害时的表现和被害后的表现：①申请人无正当理由未及时报案。申请人在刑事被害后及时控告犯罪，对尽快查清案件事实，确定加害人，以及避免其他人被害等方面具有关键作用。如果申请人非出于受到加害人的恐吓、恫吓，人身自由受到限制或者健康受损无法行动等正当理由，没有及时报案的，可视为对自身合理利益的漠视，司法机关可以将此作为拒绝或者减少补偿金额的因素。②申请人不积极配合公安司法机关工作。"国家补偿制度的目的之一在于促进刑事案件侦查和诉讼的顺利进行"，在被害人不积极配合公安司法机关工作的情况下，办案机关在收集、固定证据以查清犯罪事实或者确定犯罪人上势必要花费更多的时间和精力，消耗更多的司法资源，从这个意义上说，国家减少补偿的金额，也并非没有道理。③被害人有过错的。"一般而言，被害人过错的性质（故意或者过失）、过错的程度对犯罪案件的发生有着直接的影响"。如果被害人存在重大过错导致犯罪发生的，根据责任自负的原则，需由被害者本人承担刑事被害的不利后果，国家可以据此决定不予救助，以引导社会成员的行为，避免被害。如果被害人仅有轻微的或者一般的过错却意外招致过分的、不成比例的犯罪侵害，国家仅能减额补偿，而不得拒绝补偿。

六、改革方案实施保障措施

交通事故救助的保障措施可以从健全救助基金法律体系着手。财政部等部门所制定的规章条例让基金的救助功能无法透彻彰显出来，并且对省级政府的约束力不高，这便会阻碍道路交通事故社会救助基金管理制度的深度落实。在《工伤保险试行办法》中，均将有关操作规定的制定权下放到地方，各地区立法若是分散开来，规定便难以统一，再加上贫富差距、地域差距的存在，矛盾必然持续增加，这有悖于我们国家追求"社会公平正义"的基本目标。应注意，全国性保障制度务必要借助相应法律去强制规范，此为统一国内法治的必然要求，所以说务必要建立位阶更高的法律体系，那样才能让道路交通事故社会救助基金管理水平得到提升，让事故受害方得到及时、有效的救助。

第一，可效仿德国交强险的运作模式，将交通事故社会救助基金制度予以优化后，正式纳入《机动车交通事故责任强制保险条例》中，使其成为此项条例中的重点项，拥有高度行政法规效力。

第二，基于当前《工伤保险试行办法》，基于对国内各地区执行效果考量、对发生问题予以分析的基础上，系统化地去完善和创新制度的细则，不断充实道路交通事故社会救助基金管理制度的内容，条件允许情况下还要制定出"道路交通安全事故社会救助基金管理条例"，使之成为救助交通事故受害方的基本法。要和责任险制度达成紧密联系，并且还要进一步满足社会救助制度的要求，不断查漏补缺，建成一套科学化、规范化、常态化的国家道路安全交通事故社会救助基金法律制度。

生产安全事故可以依靠加入精神损害赔偿来为受害人提供保障。《中华人民共和国侵权责任法》第二十二条规定：侵害他人人身权益，造成他人严重精神损害的，被侵权人可以请求精神损害赔偿。依此思路，工伤、工亡的矿工及其家属请求精神损害赔偿的权利应当予以保障。

抚恤金是为救济因职工伤亡而带来的家庭经济短缺而给予的补贴。把精神损害赔偿置于生活所需的框架之内，并没有真正地实现精神赔偿的作用，也不利于法学理论上的完整性。死亡赔偿金包含的丧葬费等内容都是有具体的用途的，不能够体现精神损害赔偿的性质。且死亡赔偿金一般都是固定的，但精神损害是一种无形却也不可计价的损害。死亡赔偿金都属于被害人一方直接的、确定的或将来肯定导致的经济损失的赔偿，而精神损害赔偿金仅是指对被害人一方的精神利益损害的补偿。我国精神损害数额的确定依赖于法官自由裁量权的行使，所以，确定精神损害赔偿的最高限额是非常必要的。

确定赔偿数额时，应当考量精神损害赔偿补偿性与惩罚性相结合的目的，对精神损害的缘由做出程度相当的赔偿判决。具体因死亡而产生的金钱赔偿中，可以参照《中华人民共和国国家赔偿法》规定的数额，使精神损害赔偿金额与其他损害赔偿金额水平一致。我国《中华人民共和国国家赔偿法》规定的死亡赔偿金不能超过国家上年度职工平均工资的 20 倍。这也是相关法规中规定的最高额，可以作为精神损害赔偿数额的最高限额。

犯罪事故救助的保障措施可以从提高救助额度，规范救助标准入手。"政府的全部职责就是尽其所能保护每一个在其管辖下的人的人权"。让救助工作显示出救助效果，需要拓宽刑事被害人国家司法救助资金的来源及筹措方式以提高个案救助金额，并规范救助条件，确保救助工作在法治轨道上依法规范、持续开展。

1. 拓宽救助资金的来源及筹措方式

"被害人国家专项救助是被害人救助中的终局性救助，要发挥其在被害人救助中的综合统筹作用"。资金不足是导致司法机关难以持续有效开展刑事被害人国家司法救助工作的一大"瓶颈"。加大政府财政资金支持力度，确保救助资金充裕，是提高个案救助标准的主要途径。从司法机关收缴的赃款、赃物、违法罚没款、罚金、没收财产中提取一定比例的资金，在国家补偿制度相对成熟的国家或者地区亦属通行做法，能充分地体现被告人对被害人的补偿。基于此解决资金来源问题的关键是建立被害人国家救助专项基金，可以借鉴《道路交通事故社会救助基金管理试行办法》，抑或接受社会的捐赠，也可以借鉴韩国等国家的做法，由国家对犯罪人进行代位求偿，以回流救助资金。

2. 细化救助标准，确保救助公平

关于救助标准，主要涉及有无救助金额的上下限和具体的补偿标准两个问题。考虑到司法救助案件衍生于原刑事案件又不同于原案件的特点。"刑事被害人救助的标准应该根据个案的具体情况来定，不能搞一刀切。刑事被害人所在地区的经济发展水平不同，个体所遭受的暴力侵害程度亦不同，因此给予救助的金额和具体的救助方式应当有所区别，如果采取整齐划一的方式追求表面的平等，则有可能会造成实质的不平等"。应坚持具体问题具体分析的方法，确定救助金额时，以帮助刑事被害人脱离基本生存困境，维持基本生活为底线。

第二节　军人优抚安置

一、内涵与构成

军人优抚安置是国家依据法定形式，对以军人为代表的为保障国家安全、维护社会稳定作出贡献的人以及家属提供的优待、抚恤和安置保障，以保证其生活水平不低于所在地平均生活水平的一项补偿性社会保障制度。军人优抚安置工作是在优抚安置制度下逐步形成并发展起来的一项传统工作，主要包括国家和社会优待军人及其家属，抚恤烈士家属及残疾军人，安置和管理退役军人等工作内容。军人优抚安置工作主要包括对符合规定的军人及其家属提供的优待、抚恤和安置三项内容。军人的优待包括两个方面：一是指对退役军人自身的优待；二是指对退役军人家庭方面的优待，主要包括发放优待金，以及在医疗、就业、子女教育、住房等方面给予优待。军人抚恤也分为两个方面：一是死亡抚恤，针对军人死亡被认定为烈士、因公牺牲或者病故的，其遗属依法享受一次性抚恤待遇和定期抚恤待遇；二是残疾抚恤，残疾军人被认定为因战、因公或者因病致残三类的，依法享受残疾抚恤待遇。军人安置主要包括军人复员安置、退役安置、转业安置、退休安置等方面的内容。

按照现行法规《军人抚恤优待条例》《退役士兵安置条例》和《军队转业干

部安置暂行办法》，优抚安置对象是指中国人民解放军、中国人民武装警察部队的现役军人及其家属、残疾军人、复员军人、退伍军人、转业军人、烈士遗属、因公牺牲或者病故军人的遗属等。在学术界有人将优抚安置对象界定为烈士遗属、因公牺牲军人遗属、病故军人遗属（以下简称"三属"）、在乡退伍红军老战士、西路红军老战士和红军失散人员（以下简称"三红"）、残疾军人、退伍军人、复员军人、转业军人等。在法律法规与学者划分方式的基础上，本书依据退役军人事务部优抚安置职责，将优抚安置服务对象界定为"三属"、"三红"、残疾军人、带病回乡军人、转业军人、复员军人、退伍军人等几类人群。

二、历史沿革

退役军人是党和国家的宝贵财富，是国家现代化建设的重要力量。重视退役军人优抚安置工作，是党和国家一以贯之的优良传统。因此，无论是在革命战争年代还是在建设改革时期，党和政府都高度重视退役军人优抚安置工作，在各历史时期退役军人优抚安置政策在当时都具有相对优惠性。自中华人民共和国成立以来，国家一直十分重视优抚安置工作的开展，颁布了多项优抚安置条例，为加强军队和国防建设、维护退役军人的合法权益、维持社会稳定和促进经济发展起到了积极的作用。

1. 社会主义探索时期的军人优抚安置建设阶段（中华人民共和国成立至改革开放）

革命战争年代，党在战争洗礼中初步创立退役军人优抚安置的政策制度。土地革命时期，我军就以制度的方式安置退役官兵，主要由根据地的政权机构安置伤病残人员和将不适合军事工作的干部集中安排到地方工作，安置制度开始萌芽。抗战时期，便有了集中安排转业军官的措施和办法，此时安置尚属探索阶段。解放战争初期，为贯彻"兵贵精不贵多"的建军原则，正式颁发了《中央复员委员会关于复员工作的指示》，指出官兵复员工作"必须慎重处理，除在政治上彻底解释清楚外，必须对复员妥为安置，各得其所"，正式提出退役军官"复员""转业"等专业术语。解放战争后期，为适应政权建设和城乡管理的需要，毛泽东和党中央提出"我们必须准备把二十一万野战军全部就地转化为工作队"，向全国进军所需要的"一切工作干部，主要地靠军队本身来解决"。这时，已开始把退役官兵优抚安置工作同军队建设和政权建设、经济社会建设联系起来，形成退役官兵优抚安置政策制度雏形。中华人民共和国成立后，党和国家一以贯之关心爱护广大退役军人，党在全国范围内探索建立统一的优惠的退役军人优抚安置政策制度，退役军人也在党和政府的领导下积极投身社会主义建设，为国家各项事业作出重大贡献。中华人民共和国成立初期，党和国家对军人优抚安置工作非常重视，在革命战争时期根据地经验的基础上，在全国范围内逐渐建立起以内务部为主体的优抚安置机构体系。1949 年中央的内务部和地方的民政局属于常设性的优抚安置机构，共同负责残疾军人、烈士遗属、军人家属的优待抚恤，退伍军人的安置，烈士褒扬追悼以及优军优抚等事项。在法制层面，内务部颁布了多项优抚条例，逐步将优抚安置工作纳入法制轨道。1950 年 6 月，中央、各大行政区、省、专署、县、区、乡和军队的兵团、军、师、团均成立了相应的组织领导机构，负责本地区和本单位的复员工作。1955 年 5 月颁发的《国务院关于安置复员建设军人工作的决议》指出，妥善安置复员军人，使他们各得其所，在各个工作岗位和生产战线上发挥积极作用，是国家的一项长期的重要政策。1965 年 9 月国务院颁布了《中国人民解放军退出现役干部转业地方工作暂行办法》，规定转业干部必须统一分配，但如国家有困难，可在地区上给予照顾，在我国历史上第一次以法的形式强调了退役军官转业地方工作的权益保障。1975 年邓小平主持中央和军委日常工作后，批准成立国务院军转安置工作小组，他强调对转业干部"地方要承担起来，把他们安置好"。

2. 改革开放以来的军人优抚安置建设阶段（改革开放以来至党的十八大）

改革开放之后，退役军人优抚安置政策制度在适应社会主义市场经济体制过程中不断改革发展。1978 年 3 月设立中华人民共和国民政部后，明确了退役军人复员安置的职能分工，军官转业安置继续受国务院军队转业干部安置工作小组领导，日常工作由人事部门负责。1980 年 7 月，为整合民政部人事局和之前国务院设立的"军队转业干部安置工作小组办公室"承担的转业军人安置职责，国务院将二者进行合并成立了国家人事局。1983 年 7 月国务院明确指出由地方民政部门负责军队离休干部的安置保障工作。1985 年 7 月中共中央、国务院印发《关于尊重、爱护军队、积极支持军队改革和建设的通知》专门强调"对军队转业干部一定要热情欢迎，积极接收，认真培训，合理使用，使他们成为国家建设的一支重要力量"。1997 年 3 月颁布的《中华人民共和国国防法》对退役军人优抚安置权益保障做出规定，"国家妥善安置退出现役的军人，为转业军人提供必要的职业培训，保障离休退休军人的生活福利待遇"。2001 年 1 月中共中央、国务院、中央军委颁布实施《军队转业干部安置暂行办法》规定，军队转业干部实行计划分配和自主择业相结合的方式安置，这使我国退役军人优抚安置逐渐走出了单纯由政府指令性计划分配的传统模式，为军人退役提供了更多的安置选项。

3. 党的十八大以来的军人优抚安置建设新阶段

党的十八大以来，在以习近平同志为核心的党中央正确领导下，站在国家发展和民族复兴的战略高度，强调了退役军人优抚安置工作的重大意义。2018 年 4 月 16 日退役军人事务部挂牌成立，在统一的专门国家机关部门统筹指导下，全面梳理评估中华人民共和国成立以来涉及退役军人的所有政策法规，逐步建立和完善政策法规、待遇保障、优先优待、接收安置、服务管理、工作运行、督导检查等机制和体系，搭建起了退役军人工作的"四梁八柱"，退役军人优抚安置工作更加富有实效，取得重要成就。毋庸置疑，强国必须强军，军强才能国安，开展军人优抚安置工作是减少军人后顾之忧、保障国家安全、维护社会稳定的重要措施。

一般来说，组织中都存在不同的层次，包括组织各部门和层级之间的横向和纵向分工协作及沟通协调。就现状来看，中央成立退役军人事务部，各省级政府成立退役军人事务厅（局），各市、县级政府推进成立退役军人事务局，相关事业单位组建相应的机构，初步形成了覆盖全国的退役军人事务部门体系。退役军人事务部门体系形成的纵向结构，是纵向分工形成的层级制，显著特征是下级组织受上级组织直接管辖，工作的开展按照自上而下的垂直方向进行。按照组织间的相互关系，退役军人事务部门体系在行政系统中有上级与下级机关的隶属关系，其实质是存在命令与服从的关系，退役军人事务部对其所属的退役军人事务厅（局）、退役军人服务中心等有监督的命令权，下级组织则对退役军人事务部有服从命令的义务，军人优抚安置事务管理工作从中央到地方由统一的事务部门体系负责实施。本书梳理了中华人民共和国成立以来，我国退役军人管理保障机构的发展历程如表 12-1 所示。

表 12-1　我国退役军人管理保障机构的发展历程

1950 年 6 月 30 日	人民革命军事委员会、政务院发布《关于人民解放军 1950 年的复员工作的决定》规定，中央人民政府人民革命军事委员会与政务院，共同组成中央复员委员会，领导并进行全国复员工作。周恩来任主任、聂荣臻任副主任，统一处理复员人数、时间、回家生产补助费、地方欢迎安置等项问题，各级成立了相应机构
1951 年 12 月	为统一领导全军的转业建设工作，中央决定成立中央转业建设委员会，周恩来为主任，李富春、聂荣臻、薄一波为副主任。《人民革命军事委员会政务院关于人民解放军 1952 年回乡转业建设人员处理办法的决定》，规定了各级转业建设委员会的组成和设置
1957 年 11 月 23 日	国务院常务会议决定，撤销中央转业建设委员会，其工作分别由总参动员部和内务部负责
"文革"期间	军队干部的正常进出机制遭到严重干扰和破坏，军队转业干部安置制度被取消，军转安置的各项工作基本处于停滞状态
1975 年 1 月	邓小平同志主持中央和军委日常工作后，亲自批准成立了国务院军队转业干部安置工作小组，军转安置工作得到恢复和发展
1975 年 6 月	国务院军队转业干部安置工作小组召开第一次会议，讨论确定把办事机构搞起来，定名为"国务院军队转业干部安置工作小组办公室"，办公室主任由张文庄同志（原外贸部政治部副主任）担任，中组部、总政治部各派一人担任办公室副主任。其他工作人员分别由中组部、总政治部、国家计委劳动局、国务院政工小组抽调，共 20 人。办公地点在国务院机关事务管理局院内

续表

1979 年 11 月	全国人事局局长会议在京召开，会议明确了人事部门的职责范围，其中包括军队转业干部的接收安置工作
1980 年 7 月 14 日	国务院决定将民政部政府机关人事局和国务院军队转业干部安置工作小组办公室合并成立国家人事局
1982 年 5 月	劳动总局、国家人事局、国家编委和国务院科技干部局合并成立劳动人事部，设军官转业安置司，加挂国务院军队转业干部安置工作小组办公室
1988 年	国务院机构改革，撤销劳动人事部，成立人事部，设军官转业安置司，加挂国务院军队转业干部安置工作小组办公室
2008 年	国务院机构改革，撤销人事部、劳动和社会保障部，成立人力资源和社会保障部，设军官转业安置司，加挂国务院军队转业干部安置工作小组办公室
2008 年后	根据国务院和人力资源和社会保障部规定，军官转业安置司（国务院军队转业干部安置工作小组办公室）职能：拟订军队转业干部安置、培训政策和安置计划，完善培训和安置制度，承担中央国家机关及其在京有关单位安置、选调和培训工作；组织拟订部分企业军队转业干部解困和稳定政策；承担自主择业军队转业干部管理服务工作；承担国务院军队转业干部安置工作小组的具体工作。下设四个处：综合培训处、安置处、自主择业工作处、调研处
2018 年	退役军人事务部挂牌成立，在统一的专门国家机关部门统筹指导下，全面梳理评估新中国成立以来涉及退役军人的所有政策法规，逐步建立和完善政策法规、待遇保障、优先优待、接收安置、服务管理、工作运行、督导检查等机制和体系

资料来源：李玉倩，陈万明. 当前我国退役军人管理保障机构的设置研究［J］. 中国行政管理，2018 （8）.

三、现状解析

自退役军人事务部成立以来，军人优抚安置工作体制更加科学，运行更加顺畅，从军人优抚安置工作的实施现状来看，已取得了一定的现实成果，但退役军人事务部作为组织机构的生成及发展阶段，并且历史遗留任务重，优抚安置工作的开展仍然存在一定现实问题。我国在机构改革后配套的法律法规尚不完善，在构建上下贯通的工作运行体系方面仍面临阻碍，退役军人事务部门作为我国新组建的行政组织，其编制管理的内容繁多，只有处理好组织编制管理中的职能管理、机构管理和人员管理三个方面的内容，才能逐渐形成贯通上下、运行高效的工作体系。我国虽然已初步建立覆盖全国、上下贯通的退役军人事务部门体系，但各个地区发展不平衡，退役军人事务部门上下级之间命令与服从的实质性关系，在上级传达下级落实的过程中会受到地区差异大的影响。在构建上下贯通的退役军人事务部门体系的层次必须适当，要同时兼顾管理幅度，从而寻找其中的平衡点。

1. 军人待遇显著提升

在机构改革过程中，民政部及人社部军人优抚安置职能划转至退役军人事务部，相关预算和实际支出同时划转至退役军人事务部。退役军人事务部 2020 年财政拨款收支总预算 45837.95 万元。2020 年退役军人事务部支出总预算情况如表 12-2 所示，支出包括一般公共服务支出 381.93 万元、外交支出 729.84 万元、住房保障支出 750.29 万元。

表 12-2　退役军人事务部支出总预算　　　　　　　单位：万元

性质	2019 年	2020 年
一般公共服务支出	400.00	381.93
外交支出	281.17	729.84
行政事业单位养老支出	553.62	1684.94
退役安置	205.00	407.00
退役军人管理事务	38519.11	45757.16
住房保障支出	584.00	750.29
合计	40542.9	49711.16

资料来源：中华人民共和国退役军人事务部官网。

2020 年财政拨款支出总预算占比见图 12-1。

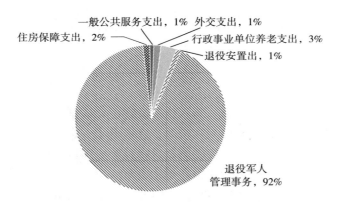

图 12-1　2020 年财政拨款支出总预算占比

国家还通过提高部分农村优抚对象的抚恤标准，面向困难群体建立专项补贴的方式，来减小城乡退役军人在抚恤待遇方面的差距。国家不断提高在乡退伍红军老战士、农村义务兵、农村烈士子女等农村困难退役军人群体的抚恤标准，还建立基层退役军人工作站，努力为农村退役军人提供便利，使优抚对象能够享受经济发展的成果，提高其生活标准，离军人优抚安置的城乡统筹更进一步。从表 12-3 可以看出，政府重视对于优抚对象的补贴，是以残疾的等级为划分依据的；在三属定期抚恤金方面，2016 年以前，进行了城市与农村的区分，城市三属的定期抚恤金水平高于农村三属定期抚恤金水平，在 2016 年，国家提高了农村三属定期抚恤金水平，从 2016 年开始，城乡三属的定期抚恤金实现了城乡统一。除此之外，国家还对农村籍老义务兵、在乡老红军等群体进行补助，都体现出国家要缩小军人优抚安置待遇城乡差距的倾向，逐步使农村的优抚对象的待遇水平与城市优抚对象的保障水平统一。

表 12-3 我国部分优抚对象等人员抚恤和生活补助标准　　单位：元

等级	性质 执行时间	2015 年 10 月 1 日	2016 年 10 月 1 日	2017 年 10 月 1 日	2018 年 8 月 1 日	2019 年 8 月 1 日	2020 年 8 月 1 日
一级	因战	60210	66230	72850	80140	88150	96970
	因公	58310	64140	70550	77610	85370	93910
	因病	56400	62040	68240	75060	82570	90830
二级	因战	54490	59940	65930	72520	79770	87750
	因公	51620	56780	62460	68710	75580	83140
	因病	49690	54660	60130	66140	72750	80030
三级	因战	47810	52590	57850	63640	70000	77000
	因公	44930	49420	54360	59800	65780	72360
	因病	42080	46290	50920	56010	61610	67770
四级	因战	39180	43100	47410	52150	57370	63110
	因公	35370	38910	42800	47080	51790	56970
	因病	32500	35750	39330	43260	47590	52350
五级	因战	30610	33670	37040	40740	44810	49290
	因公	26760	29440	32380	35620	39180	43100
	因病	24850	27340	30070	33080	36390	40030
六级	因战	23920	26310	28940	31830	35010	38510
	因公	22630	24890	27380	30120	33130	36440
	因病	19120	21030	23130	25440	27980	30780
七级	因战	18170	19990	21990	24190	26610	29270
	因公	16260	17890	19680	21650	23820	26200
八级	因战	11470	12620	13880	15270	16800	18480
	因公	10500	11550	12710	13980	15380	16920
九级	因战	9530	10480	11530	12680	13950	15350
	因公	7650	8420	9260	10190	11210	12330
十级	因战	6690	7360	8100	8910	9800	10780
	因公	5730	6300	6930	7620	8380	9220

续表

等级 \ 执行时间 性质	2015年10月1日	2016年10月1日	2017年10月1日	2018年8月1日	2019年8月1日	2020年8月1日
城镇烈属	19120	21030	23130	25440	27980	30780
农村烈属	14510					
两参补助	月460	月500	月550	月600	月650	月720
带病回乡	月410	月450	月500	月550	月600	月660
城因公遗属	16410	18050	19860	21850	24040	26440
乡因公遗属	13850					
城病故遗属	15440	16980	18680	20550	22610	24870
乡病故遗属	13270					
红军、西路军老战士		45930	50520	55570	61130	67240
红军失散人员		20720	22790	25070	27580	30340

资料来源：中华人民共和国退役军人事务部官网。

截至2019年，国家抚恤、补助各类重点优抚对象858.5万人，全国共有军队离退休人员管理中心、活动中心293个，服务军队离退休人员37.5万人，烈士纪念设施100多万处，在境外27个国家也建有中国烈士纪念设施。在受新冠肺炎疫情影响，经济下行压力和财政压力较大的情况下，国家仍以较大幅度提高抚恤补助标准，并且明确了今后军人优抚工作的原则，即坚持现役与退役衔接、优待与贡献匹配、关爱与管理结合、当前与长远统筹四项原则，综合考虑优抚对象为国防和军队建设所做贡献，给予优待，树立贡献越大优待越多的鲜明导向，促进优待工作更加科学规范。

2. 初步建立退役军人事务部门体系

自退役军人事务部成立以来，全国31个省（自治区、直辖市）建立了省级退役军人事务厅（局），各市、县级政府因地区发展情况不同，成立退役军人事务局进度不同，正在按照计划开展，初步建立了覆盖全国的优抚安置工作体系。建立多层级的军人优抚安置机构，对深化机构改革，增强优抚安置工作优化建设，提升优抚安置服务水平有巨大作用。目前，还有的省份成立了从省级到乡村的五级的退役军人服务机构（如河北、天津），但因各地区发展情况不同，还未在全国范围内实现推广。2018年11月27日退役军人事务部内设机构基本组建完成，包括办公厅、政策法规司、思想政治和权益维护司、规划财务司、移交安置司、就业创业司、军休服务管理司、拥军优抚司、褒扬纪念司（国际合作司）、机关党委（人事机构）共10个司（厅），但各机构的关系和主体职责还未确定。

2019 年 2 月 26 日，退役军人事务部直属事业单位国家退役军人服务中心成立，省以下各级正积极组建相应的机构，未来将逐步实现省、市、县级退役军人服务中心，乡镇、村退役军人服务站全面覆盖。

3. 机构改革后配套的法律法规尚不完善

自 2018 年 4 月 16 日至今，退役军人事务部会同相关部门颁布一项法律法规、一项部门规章以及多项规范性文件，但机构改革后相应配套的优抚安置法律法规目前还存在很大的局限性。主要由于指导我国军人优抚安置工作开展的主要法律依据依然是机构改革前的《军人抚恤优待条例》《退役士兵安置条例》以及《军队转业干部安置暂行办法》等条例，但是原有条例的规定过于原则化，对现实中开展优抚安置工作的指导性不强。主要体现在：第一，我国主要以《军人抚恤优待条例》作为开展军人优抚工作的重要依据，法律地位低且强制力度小。第二，条例中对优抚对象概念的界定不清晰，各个负责部门在考察优抚对象资料时，往往按照部门工作习惯或各自的方法进行查看，缺少统一的指标，致使一些本该享受优抚待遇的人游离在个别部门规章制度之外。第三，相关条例对优抚工作的具体内容规定相对较少且有些规定不够具体，原则性话语较多，导致实践中各地政府可操作空间大，很多优待安置问题落实不到位。第四，除主要条例外，我国《中华人民共和国国防法》《中华人民共和国军官法》《中华人民共和国兵役法》等法律条文都对军人的保障工作作出了不同的说明，导致军人优抚安置工作在具体执行中依据的法规及政策文件存在相互交叉重叠的现象。因此，若继续沿用之前的法律法规，对机构改革后开展一系列优抚安置工作带来一定的困扰，还需要尽快完善军人优抚安置基本法律法规，指导退役军人事务部军人优抚安置工作的开展，提高军人优抚安置工作的法律地位。

4. 军人优抚安置历史遗留任务重

长期以来，我国军人优抚安置工作政出多门，领导管理权力分散，导致优抚安置政策统筹协调困难、优抚安置工作得不到有效落实、优抚安置对象应有的需求得不到保障等历史遗留问题繁重。很多历史遗留任务分布在不同的组织层次之中，各层级之间能否将遗留任务进行分解协调，对形成密切衔接的上下级工作运行体系也带来一定的挑战。一方面，由于我国优抚对象类别众多，少量优抚对象的保障服务主要以优抚保障政策为主，所以保障内容丰富且保障水平较高，但还有大量优抚对象的优抚保障政策只是简单的照顾，保障内容简单且保障水平较低。这种按照不同类别实施差异化的优抚保障政策，虽有一定的合理性，但也形成了不同类别间优抚对象保障待遇上的极大差异，特别是带病回乡退伍军人、农籍老义务兵等，可能存在基本生活无保障的问题，每月几百元的优抚待遇对于日益提高的物价水平来说还存在较大的差距。另一方面，我国还有三类军人存在退伍安置问题：第一类是在军队中做出重大贡献的离退休士兵，已转给符合安置条件的干部和其他离退休士兵，尚未得到安置。第二类是地方虽然安置，但安置工作没有得到最低保障的。第三类是有关部门未根据法律规定对残疾退伍军人提供住房和医疗保障政策的。截至目前，待遇差距大、部分优抚对象待遇低、相当数量退伍军人长期得不到安置的问题依然存在，涉及全国数百万退伍军人。自退役军人事务部成立后，坚持统一领导、全面负责的原则，加快完善相关政策制度，但毫无障碍地开展优抚安置工作仍然需要一个过程，一些优抚安置对象多年来积累的包括医疗、住房、补助、保险、就业、养老等诸多历史遗留任务，还需要组织机构尽快完善政策法规体系，积极创造有利条件推动优抚安置工作的落实解决。

5. 上下贯通的工作运行体系面临阻碍

退役军人事务部门作为我国新组建的行政组织，其编制管理的内容繁多，只有处理好组织编制管理里面的职能管理、机构管理和人员管理三个方面的内容，才能逐渐形成贯通上下运行高效的工作体系。政府机构的设立以职能为依据，职能的履行需要以特定的机构为载体，同时机构又是人员编制的基础，能否实现组织目标、是否科学管理职能及设置机构最终都会反映到人员的编制中，妥善处理这三项内容对组织的运行至关重要。在新一轮机构改革过程中，军人优抚安置事务工作统一由退役军人事务部、退役军人事务厅（局）等负责实施，军人优抚安置职能面临新的要求。另外，据退役军人事务部官网显示，目前退役军人事务部内设十个机构的工作职能定位还未公布，无论是内设机构的职能配置，还是优抚安置事业单位的职能定位以及各级人员的管理，新部门组建任务和业务工作都十分繁重。因此，全面落实优抚安置工作需根据退役军人事务部的具体职能，厘清并开展好组织编制的各项内容，注重转变和优化优抚安置职能。

四、中外制度比较及经验借鉴

西方国家在优抚安置领域，基本不存在城乡之分，虽然不能为我国提供具体的军人优抚安置的操作方法，但是西方国家的制度原则可以为我国提供借鉴。本书主要对西方国家军人社会地位、军人法律体系、待遇确定办法、中央政府责任及社会力量参与五方面进行考察与学习，为我国优化军人优抚安置制度提供重要启示。

1. 典型国家军人优抚安置制度实践

（1）明确的优抚安置法律。英国的军人优抚安置制度主要由《国防部法》和《武装力量法》进行规范。法律系统地规定了英国退役军人的社会保障权利、待遇水平等内容，并且这两项法律会结合国家经济发展水平、社会政策发展情况进行定期修订，每五年修订一次，使英国的优抚安置法律具有很强的适应性，英国退役军人的待遇也随着本国经济发展水平的提高而提高。

美国的军人社会保障制度有着完善的法律体系作为支撑，促使其军人社会保障制度能够不断完善。美国重视军人的社会保障权益，在军人社会保障方面出台了一系列专门的法律。甚至每一项军人保障项目，从军人的招募到退伍、就业、养老等，都有专门的法律作为指导，从各方面对军人的社会保障权益进行保障，并且立法层次较高，具有较强的约束力。还出台了相关的配套法律法规，做出了较为具体、可操作性的指导，有效地为军人提供了法律保护。

（2）突出国家责任，建立全国统一的领导管理体系。各国退役军人安置管理领导机构都是国家重要职能部门，机构层级高、极具权威性。美国退役军人事务部是内阁中第二大部，直属总统领导。俄罗斯联邦军人社会问题委员会，直属总统委员会领导，主任由第一副总理兼任，成员由国防部、财政部、劳动和社会发展部等部门负责人组成，是退役军人政策、经费等重大问题的决策机构。韩国管理退役军人事务的国家报勋处，由总理室直接领导。同时各国安置管理机构由上至下成体系化架构、网格化分布，功能健全，运行高效。美国退役军人事务部除在首都设立办公机构外，还在全国及海外基地设有 57 个地区办公室，各州也设有军事和退役军人事务局；直接管理 154 个医院、134 个疗养院和 122 个军人公墓等服务机构。加拿大退役军人事务部下设 3 个部、5 个局，在全国有 30 个办事处、9 个服务保障中心和 24 个健康中心。

作为西欧主要军事国家之一，英国对庞大的退役军人群体采取了一个相对集中和简单的优抚体系——英国退役军人由国防部的英国退役军人局（Veterans UK）负责管理。该体系最大的特点就是以各类法律法规为主导，广泛依靠社会福利和全民参与，政府并非唯一的角色。其重要原因是英国拥有一个庞大、全面的社会保障制度，涵盖了育儿、工作、健康、伤残、养老、住房等各个方面。除一些特殊待遇如武装部队伤残金、武装部队养老金和军人住房福利之外，正常的社会保障体系和公共卫生系统承担了英国军人优抚的大部分需要。此外，英国退役军人的优抚工作也得到社会各界的广泛参与，这些在人力、物力和财力方面都是对公共资源的极大补充。除国家投入外，英国退役军人优抚的相当一部分功能是依靠"其他的社会保障机构""社会慈善机构""公益保障组织"来实现的。

美国是典型的自我保障国家，社会保险奉行自给自足、自我保障，但是在军人社会保障领域，美国政府承担了几乎所有的费用。美国的退役军人相关支出按照功能支出，应该在国防费之下列支，但是并不在国防部门的预算下，也不在社会保障资金内列支，而是独立列支。美国在 2017 年，用于退役军人的经费为 177.3 亿美元，2018 年为 179.5 亿美元，2019 年为 201.1 亿美元，在 2019 财年，美国用于退役军人的支出总额为 201.1 亿美元，其中联邦政府负担了 200.5 亿美元，州政府负担了 0.6 亿美元。由此可见，在美国的军人社会保障体系中，中央政府承担起了最主要的责任，地方政府的职责是宣传和落实联邦政府的政策，维护好各地的服务机构，并不需要承担财政支出责任。

（3）充分体现社会优待。一是享有崇高地位。多数国家军队在军官退役时举行隆重仪式。美国军官退休时名单在其军报刊登，由军种部长签署荣誉证书，将官由国防部长宣布退役命令，总统或副总统出席仪式并授予勋章。美国、日本等国的军官退役后仍享有现役时的身份地位，可以享受相关礼遇和优待。多数国家为强化退役军官的职业身份和荣誉感，规定退役军人在重大活动和节日可着军装，佩戴军衔和勋章。

二是享有优厚保障。很多发达国家给予退休军官高额退休金，使其收入明显高于退休公务员，并通过补助资助等形式鼓励其购买社会服务。俄罗斯军官退休后，除按月领取退休金外，还一次性发放相当于 20 个月薪金的补助金。澳大利亚还规定退役军人享有服务、服装、养老、疗养、子女教育等多种补贴，保证其生活处于社会较高水平。多数国家退役军人享受免费医疗。美国、俄罗斯、葡萄牙、印度等国的军人退役后，本人及家属仍可在军队医院就医，英国、法国、德国、日本等国军人退役后的医疗则纳入社会保险体系，本人及家属就医基本免费，个别国家需个人承担不超过 20% 的治疗费用。

三是享有全面优待。多数国家对退役军人免征个人所得税。比如，美国退役军人及家属可免税购物，开办中小企业的免收营业税。各国普遍重视军人退役后的继续教育。比如，韩国服役满 10 年以上双拥的退役军人可以免费上大学；美国平均每年有 50 万名退役军人及家属享受特别教育资助，金额达 26 亿美元，还为退役军人子女建有专门学校。退役军人在出行、参观、娱乐等方面享受便利或优惠。比如，俄罗斯规定退役军人可免费乘坐市内交通工具，每年享受一次免费长途旅行；巴基斯坦退役军人参观公园、博物院等公益场所全部实行免费。

（4）优抚安置水平高。美国根据服役年限为退役军人发放退役金补助。服役年数不满 20 年的退役军人的退役金计算方式为：退役金 = 年薪 × 10% × 军龄，退役金上限为 3 万美元；服役年数超过 20 年的退役军人的退役金计算方式为：退役金 = 最后三年平均年工资 × 40%，之后的每年都会增加 3.5%。在退役军人医疗待遇方面，退役军人及其家属可继续享受部队的"军人健康和治疗"待遇。在部队医院和退役军人事务部直属医疗机构看病时，可以免除医疗费；住院治疗时，免除退役军人的全部住院费，减免其家属的部分住院费。在就业安置方面，美国不负责安置退役军人就业，但是很重视退役军人的教育问题，并在退役军人就业方面出台了专门的法律。美国《退役军人优先权法》赋予退役军人优先择业的权利，在进入政府部门的考试中，为保障其享受就业优待政策，为退役军人提供加 10 分的支持；重视保障残疾退役军人的就业权，对于残疾程度达到规定要求的，只要可以满足工作要求，就可以免除入职考试直接就业；美国还为退役军人提供了大量的就业机会与岗位，规定在政府雇佣人员时，应该先考虑退役军人，本着退役军人优先的原则解决本国退役军人的就业问题。此外，美国政府重视退役军人的教育问题，为了鼓励军人退役后进入大学校园继续学习，美国为退役军人设立了高额的助学金，提供给进入大学的退役军人，帮助其完成学业。

　　加拿大的退役军人事务部向退役军人提供的服务种类是最齐全、最全面的，针对弱势军人群体的措施可以为我国解决困难老兵的问题提供借鉴。加拿大出台了多项保障退役军人及其家属生活水平的福利制度。加拿大有收益止损福利，这项制度的目的是确保退役军人退役后的收入水平，使退役后的工资至少达到服役时全部工资收益的 90%，这项福利在退役军人因服役期间造成的伤害或疾病死亡时，可由配偶和子女继续享用。针对低收入家庭退役军人（指无法领取收益止损福利或年龄低于 65 岁并且未找到合适的工作），加拿大制定了收入资助福利，旨在帮助低收入退役军人家庭及其遗属和受监护子女。在退役军人养老方面，加拿大有退休收入保障福利，这一福利使退役军人的年总收入至少达到其在 65 岁之前，从退役军人事务部获得的七成福利。当那些长期领取收益受损福利的老兵和遗属不能再继续领取收益止损福利时，为其提供追加退休金，弥补其较低的养老金。

　　（5）社会力量充分补充。英国鼓励社会力量参与到退役军人再就业过程当中，英国国防部与英国 Right 管理公司签署了职业过渡伙伴计划，专门来解决退役军人的安置及就业问题。Right 管理公司是一家专门从事职业培训、职业生涯规划及再就业的公司，英国国防部通过与其签订合作协议，使管理公司根据其协议规定的职业培训内容，为英国的 10 个安置中心提供专业的职业培训，培训课程涉及管理、电气工程、建筑和信息等内容，通过培训，使英国的退役军人获得相应的生活技能以及就业所需的技能。英国国防部规定所有的退役军人都必须接受由 Right 管理公司提供的培训。除提供培训外，Right 管理公司还建立了在线岗位数据库、在全国各地举办招聘会，为退役军人提供岗位需求信息，英国国防部与 Right 管理公司的合作，大大提高了英国退役军人的就业率。英国还组织国内高校为退役军人提供就业方面的知识培训与咨询服务。英国的非政府组织大多是在民间基金会及大型的公司的基础上建立的，为军人提供就业、生活、法律援助等方面的支持。

　　加拿大有一项退役军人独立计划，通过为退役军人提供财务援助、住址维护、个人护理等服务，帮助退役军人在家庭和社区生活中实现自给自足。该计划不会取代国家的其他项目，而是对现有项目的补充。加拿大政府重视退役军人的再就业，为了帮助其尽快找到合适的工作，加拿大退役军人事务部制定了全面的就业服务政策，为退役军人再就业提供支持。首先，为退役军人提供职业过渡服务，通过有资质的职业咨询顾问对退役军人提供一对一的辅导，帮助他们制作简历及准备面试，制定适合退役军人的职业规划，帮助他们找到最适合自己的工作。另外，加拿大退役军人事务部还向有需要的退役军人家庭提供专项帮扶服务，当退役军人及其家属存在问题时，就可以向退役军人事务部寻求帮助，在退役军人离开部队时，退役军人事务部会派顾问与退役军人进行交谈，结合退役军人及其家庭情况，确认其是否需要专项帮扶服务。加拿大不允许无家可归的老兵的存在，加拿大的退役军人事务部通过当地的组织，向无家可归或面临无家可归的退役军人提供帮助。在医疗方面，为这些退役军人提供包括救护车服务、牙科服务、医疗服务等在内的 14 个项目，并报销去外地治疗产生的车费。还为这些退役军人提供心理健康咨询，通过全年 365 天 24 小时的免费电话咨询服务，为无家可归的退役军人提供心理慰藉。加拿大的优抚金事业局，是一个加拿大退役军人事务部内部的一个全国性律师组织，面向那些认为其自身没有受到公平待遇的退役军人，为其提供免费的法律援助，争取其合法权益。

2. 对我国完善军人优抚安置制度的启示

（1）提高军人地位。西方社会给予了军人崇高的社会地位，在全社会范围内营造出尊崇军人的风气，使全体社会成员都认识到退役军人的伟大之处，在全体社会成员的拥护下，退役军人的社会保障水平较高。我国也有建军节，虽然也会举行一些仪式，并且还会有"八一"慰问活动，但是在全社会范围内，拥军优属的氛围尚未形成。在和平年代，人们逐渐忘却了退役军人、参战军人及农村老兵的贡献，社会中出现了不尊重军人的现象。我国要借鉴国外的做法，提高军人的社会地位，退役军人、农村老兵都应该得到尊敬，不仅要在国家层面采取行动，还要动员社会成员从点滴做起，在全社会范围内树立军人的形象，建立起社会成员对于军人及退役军人的尊敬，从而营造出良好的拥军优属社会氛围，对于农村退役军人也是如此，抵制一切忽视农村退役军人、损害农村退役军人合法权益的行为，使退役军人感受到社会的温暖。

（2）法律保障待遇。立法先行是西方国家军人社会保障制度的鲜明特征。西方国家做到了有法可依、有法必依，对于军人的各个问题都有专门的法律作保障，清晰、明确地将军人的社会保障权利界定下来，并制定配套措施作为支撑，为军人的社会保障权益保驾护航。我国应该借鉴西方国家在军人优抚安置立法方面的经验。首先，提高军人优抚安置立法层次，制定国家层面的法律规章，加强军人优抚安置立法的保障力度。其次，对于每一项军人优抚安置措施，都出台相应的专门的法律文件进行规定，将军人的每一项权利都上升到法律高度，提高地方政府的重视程度。再次，要在法律文件中界定清晰，地方政府在执行政策时，参照物就是军人优抚安置的法律法规，如果不加以严格界定，难免存在地方政府钻法律的空子，侵犯军人的权益，所以在法律法规制定之时，就应该严格界定对象、项目、标准等内容，不给地方政府太大的发挥空间。最后，要出台配套文件作为具体指导，将具体的操作方法等内容传达给地方政府，使地方政府逐步统一优抚安置措施，从而逐步实现军人优抚安置的城乡统筹。

（3）贡献决定待遇。通过国外的退役军人退役金、养老金标准的核算，不难看出，国外在对退役军人待遇标准进行界定时，并没有将户籍作为标准，而是将军龄、贡献大小及实际的生活是否困难等因素作为标准。同一级别、同样军龄的农村退役军人与城市退役军人享受同等的待遇。反观我国，在军人优抚安置的很多方面都进行了城市与农村的区分，在城镇化进程当中，城乡二元的优抚安置政策产生了许多历史遗留问题，这些问题解决不好，难以为农村退役军人提供平等的待遇，难以实现军人优抚安置的城乡统一。我国可以借鉴国外的经验，虽然我国的城市与农村的二元结构传统与国外不同，但是国外也曾经历过城市与乡村的差距加大，我们可以借鉴其处理城市与农村军人待遇的方法。在军人优抚安置等方面，要做到城市与农村退役军人一视同仁，在发放优抚待遇时，将其贡献作为最重要的衡量标准，以免出现"同役不同酬"现象，引起不公正问题，影响军人优抚安置制度的发展与完善。对于那些依然生活、就业困难的退役军人，做好其他社会保障项目的保障和救助，逐步缩小同级别退役军人之前的差距，从而逐步实现军人优抚安置的城乡统筹。

（4）增强中央政府责任。通过以上几个国家的实践可以看出，中央政府在军人社会保障领域发挥了最主要的作用，甚至是承担了几乎全部的责任。在财政责任方面，中央政府承担了几乎所有的优抚安置经费支出以及转移支付支出。在事权划分方面，基本都是由退役军人事务部这一中央机构出台权威的政策文件，统筹全国的军人保障工作。地方政府充当了执行者的角色，主要负责执行中的文件，针对当地的情况进行适当的调整。可见在国外，军人优抚安置的财政支出主要是由中央政府负责的。而我国则有所不同，我国的中央政府主要负责出台政策、制定基本标准，以及负责少数抚恤项目的支出，其余绝大部分优抚安置资金，需要由地方政府承担。各地具体的优抚安置待遇，也是由地方政府做主进行制定与发放，这就给了地方政府很大的发挥空间，难以避免地出现优抚安置待遇水平低、城乡优抚安置待遇差距大等不公正现象的产生，不利于我国军人优抚安置制度的完善。因此，我国可以向西方国家学习，在结合我国经济水平的基础上，使中央政府负责更多的优抚安置项目的支出，加强中央政府的统筹调控功能，减轻地方政府的负担，给地方政府更多的精力去抓好制度的落实。

（5）鼓励社会参与。西方发达国家的军人社会保障事务当中，慈善机构发挥了至关重要的作用，政府与非政府组织之间形成了良好的合作关系，共同为军人谋福利。这些非政府组织通过社会捐款、成员会费等渠道筹集资金，为本国的军人及退役军人提供包括就业培训、生活救助、法律援助等各方面的帮助。我国当前鼓励社会力量参与社会治理，也产生了很多社会组织，但是还没有专门为军人及退役军人群体服务的社会组织。我国要学习西方国家的是，首先，要提高社会组织的公信力，要使社会组织在军人优抚安置方面发挥作用，就是要让优抚对象相信社会组织能够为他们带来好处，要宣传社会组织的作用，提高社会组织的社会影响力。其次，要鼓励企业发挥出社会责任，在军人优抚安置方面发挥出其独特的作用，同时也能够提高企业的竞争力。最后，要社会组织发挥作用，政府需要进行一定的鼓励与支持，要在财政、土地、政策等方面对参与军人优抚安置的社会组织及企业进行鼓励，提高其积极性。总之，要对社会组织与政府间的相处模式进行调整，加强政府与社会组织间的合作配合，在政府做不好的领域，让社会组织发挥其作用，弥补政府的不足，从而补齐军人优抚安置方面的短板，缩小城乡军人优抚安置水平差距，逐步实现军人优抚安置的城乡统筹。

五、改革方案

1. 中国军人优抚安置的总体思路

我国成立退役军人事务部，将军人优抚安置职能进行整合，不是简单的职能叠加，而是结构上的进一步改革，功能上的进一步完备，工作上的进一步优化。但受制于机构改革后配套的问题，当前军人优抚安置保障工作距离广大退役军人的期待还存在一些差距，需要从完善法律法规、构建上下贯通的工作运行体系、妥善处理军人优抚安置事务责任主体各方关系、扩大服务主体，提高社会化程度等方面着手，对军人优抚安置工作进一步优化。

2. 中国军人优抚安置改革总体目标

优化城乡统筹的军人优抚安置制度，遵循城乡统筹、省级统筹、系统统筹及分类统筹原则，结合当前我国经济发展水平及制度建设现状，可能当前难以同时兼顾四个原则，所以在对军人优抚安置制度进行城乡统筹建设过程中，应首先遵循城乡统筹的原则，做到公平优先，兼顾效率。在实现城乡统筹时，当前应补齐农村优抚对象的优抚安置待遇的短板，在政策、财政支持等方面进行倾斜，逐步使城乡军人优抚安置待遇水平实现城乡公平。

3. 中国军人优抚安置改革重点内容与举措

（1）明确制度原则。

1）城乡统筹。要实现军人优抚安置制度的城乡统筹，仅仅督促地方政府加强制度落实是解决不了根本问题的，要从源头上确立城乡统一的原则与方向。当前我国政策文件中，对于军人优抚安置城乡统筹的规定不在少数，但大多是地方文件，对于全省、全国范围的军人优抚安置的城乡统筹的指导意义不大。所以，应该从国家制度建设之初，就确立城乡统筹的原则，在城乡统筹大原则之下制定政策。在义务兵家庭优待金方面，各省的优待标准不同，有的省份取消了家庭优待金的城乡之分，实现了义务兵役家庭优待金的城乡统一，但是仍然存在不少省份在家庭优待金方面存在城乡之分。究其原因，是我国顶层制度设计中，进行义务兵家庭优待金的标准制定时，没有明确城乡统筹原则。在抚恤金方面也存在同样的原因，在标准制定时，对于农村优抚对象的抚恤标准的硬性规定偏少，难免使地方在执行时产生偏向城市的做法。应该对现有的制度进行改善，明确在制定优待抚恤金标准时，首先应该遵守城乡统筹的原则，使城乡统筹原则成为大前提以及社会共识，这样才能逐渐缩小城乡之间的差别。

在就业安置方面，农村的退役军人面临的主要是历史遗留性问题，2011年以前退役的农村军人，国家不负责安置就业，这样使农村退役军人的生活水平逐渐与同等条件下的城市退役军人拉开了差距，在强调退役军人就业安置的城乡统筹时，一方面应该做好2011年以后退役的军人的就业扶持工作，重视农村地区退役军人的技能培训，促进其再就业；另一方面还要弥补历史政策的不足，增加对于农村未安置退役军人的就业扶持，这样才能逐渐达到城乡统筹。

2）省级统筹。当前我国军人优抚安置制度的统筹层次较低，达到县市级统筹，造成同一省份不同县市，军人优抚安置待遇千差万别的现象，影响军人优抚安置的城乡统筹进程。因此，要逐步提高军人优抚安置制度的统筹层次，当前我国的现实情况还不具备实现全国统筹的条件，首先应该实现省级统筹。省级统筹并不是省内所有地区、所有优抚对象的待遇的绝对相等，而是制定省级调整标准，使省内各地区在进行优抚安置待遇标准发放与调整时，按照省级的待遇标准，统一进行，各地区之间保持同步发展，提高军人优抚安置的公平性，避免攀比与不公平现象的发生。

要实现省级统筹，省级军人优抚安置调控资金是经济基础。省级军人优抚安置调控资金的作用在于，对优抚安置对象多、财政压力大的市县进行支持。省级军人优抚安置调控资金由三部分组成：第一部分是中央财政资金，是中央对于各省的财政支持，对于兵员大省及经济发展水平较低的省份进行财政支持；第二部分是省级财政资金，这部分资金主要来源于省内的税收收入；第三部分是县市级财政资金。在进行资金统筹时，要对省内各市县的经济发展状况、优抚对象人数等问题进行清晰的考察，根据各地区的经济发展水平及优抚对象人数，计算出各市县所需的优抚安置经费，对于压力大的地区，进行财政支持，使其军人优抚安置工作的城乡统筹工作具备经济基础，保证省内各地区的军人优抚安置待遇都能够统一调整、统一发放，促进省内军人优抚安置待遇的公平公正，实现省内军人优抚安置待遇的城乡统一。

在军人优抚安置其他待遇方面，如就业安置、拥军优属活动，都要实现省级层次的统筹，省级政府要对省内的军人优抚安置工作进行规定，指导各省市优抚安置制度的执行与落实；在就业安置、拥军优属工作方面，要制定省级统一基准，各省市要严格执行，保证省内各优抚对象都能够得到相应的待遇与重视。

3）系统统筹。当前我国军人优抚安置只是在少数项目上规定了城乡统一，但是在实际运行中，即使国家规定了城乡统筹的原则，还是没有完全实现城乡统一。实现军人优抚安置的城乡统筹，不应该区分项目，应该统筹全部的优抚安置项目，使所有的优抚安置制度都遵循城乡统筹的方向。要统筹军人优抚安置的所有项目，首先应该对军人优抚安置的项目进行排查，将所有的军人优抚安置项目、涉及的优抚对象群体列出，逐一研究该群体、该项目是否有了城乡统一的规定，是否实现了城乡统筹，在这个项目上，城市优抚对象与农村优抚对象之前存在着怎样的差距，将这些问题整理清楚后，再"对症下药"，弥补制度的不足。

以参与战争的人员为例进行分析：在我国，参与战争的军人主要分为五类：第一类参与战争的军人还在服现役，在军队中发挥重要作用，生活水平在五类参战人员当中属于最高，各类保障设施、制度齐全。第二类参战人员数量少，在机关事业单位工作，在生活水平方面没有问题，能享受到各类保障，但这部分人员中，还有部分人的住房条件亟待改善。第三类参战人员在各类企业就职，其中包括在职待岗与内退人员，人员分布散，数量大，难以统计，其中少部分人能够享受较高的生活水平，大部分人生活水平偏低，能够享受到的各类保障参差不齐。第四类参战人员是退休参战人员，人数难以统计，年龄多在 50~80 岁，大部分生活水平偏低，住房条件需要改善。第五类参战人员是城镇失业及农村务农参战人员，人数在五类参战人员当中最多，这类参战人员生活困难，基本保障不全甚至缺失，属于贫困人员，需要重点帮扶。可见，同一时期的参战人员之间，待遇差别很大。以参战人员优抚政策为鉴，在制定优抚安置政策时，应该仔细划分不同优抚对象的保障现状，然后针对具体的问题，进行政策的完善。

4）分类统筹。军人优抚安置涉及很多军人群体，包括现役军人、现役军人家属、退役军人、伤残军人及其家属，以及义务兵等。在进行城乡统筹制度优化过程当中，首先要遵循城乡统筹、省级统筹、系统统筹的大原则，但统筹并不意味着所有军人群体、所有优待项目的绝对一致。要实现军人优抚安置的城乡统一，应该严格区分不同职位、不同贡献与不同风险的军人类别，以贡献及类别作为制定优待抚恤标准的参考指标，而不是区分户籍，这样可以实现同一地区内、同一类别、同一贡献的各类军人群体得到公平的优抚安置待遇，促进军人优抚安置的城乡统筹。实现分类统筹，要在待遇标准、优抚安置政策等方面实现有层次的统筹。在待遇制定时，要根据本省的经济发展水平、可支配收入、物价水平等影响人们生活水平的指标，建立规范的军人优抚安置待遇的计算公示，在全省范围内实行，省内各地区要利用自己的相应的指标，利用公式，计算出各自的军人优抚安置待遇水平，使同一类型的优抚对象，在不同经济发展水平地区有所差别，但计算方法是科学的、统一的，待遇的调整也是同步的，同时进行待遇的提高，计算出的待遇标准可以满足其在当地的生活所需。

（2）建立统一的优抚安置制度，打破碎片化局面。

1）建立统一的优抚安置制度是基础。借建立退役军人事务部的契机，应加快建立统一的优抚安置制度。首先应对优抚安置对象进行统一的概念界定，避免出现模棱两可的现象，导致各单位在履行职责的过程中对优抚安置对象的差异化认定。在优抚待遇方面，应细化军人优抚安置对象待遇的实施细则，使优抚安置对象基本权益落到实处，对优抚待遇计算标准进行科学统筹，应根据国家统计局相关指标进行科学精算，统一各地区优抚待遇计算原则及实施细则，避免引起各地优抚安置对象的内心不公平感。在统筹层次方面，针对优抚政策县（市）层次的统筹导致社会经济发展水平较低的县（市）无法贯彻落实相关要求，造成部分优抚对象相应的待遇得不到保障的问题，在结合各地区经济发展水平实际情况的基础上，可以逐步实现优抚安置保障政策的省级统筹层次，打破地区之间的碎片化局面。在构建上下贯通的工作运行体系过程中，也要考虑地方差异，不能采取一刀切的工作方式，在不同的地区灵活控制管理幅度与管理层次之间的平衡。在建立统一的优抚安置制度的基础上，可提升军人优抚安置制度规范性以及具体规定的可操作性，避免上级组织传达命令，各下级单位在实施中对模棱两可的规定自行决策，如增强具体规定的明确性和严密性，细化优抚安置工作开展步骤等。

2）帮扶农村困难老兵。首先，为农村老兵提供专项岗位。当前我国很多省份、地区出台了为退役军人提供专项公益性岗位的安置政策，用于解决就业难的退役军人的再就业问题。但是这些专项公益性安置岗位，用于安置较为年轻的及城市户籍的退役军人，忽视了农村老兵的安置，使农村老兵没有工作，历史遗留的问题仍然得不到解决。因此，要实现军人优抚安置的城乡统筹，必须要重视农村退役军人的安置问题，在专项公益性岗位安置计划中，应该重点解决农村老兵的安置问题，使其走上工作岗位，提高其生活水平。

其次，在对农村退役老兵进行安置时，要界定好农村退役老兵的对象及年龄条件。在安置对象的选择方面，应该优先安置那些自谋职业中在就业困难的、符合安置条件却没有得到安置的以及安置后又下岗的退役军人。在安置对象的年龄条件方面，针对不同的岗位，需要体力的岗位可以对年龄进行限定，其余的较为轻松的岗位，可以放宽年龄限制，只要农村退役老兵的身体条件允许、能够胜任工作，都可以进行安置上岗。在安置岗位方面，应该由村、镇、县级政府提供一些公益性的岗位，如退役军人服务站、民政所及城镇执法监察大队及事务协理员等较为轻松的岗位。对于这些得到安置的农村退役军人，他们的工资应该由政府发放，不纳入正式编制，对这些专项公益性岗位，也应该确保工资科学，根据当地的生活水平及物价指数制定出一个能够保障退役军人生活的标准。为农村老兵提供专项公益性岗位，有利于其增加收入，提高老年的生活水平，也有利于解决我国在军人退役安置方面的历史遗留问题。

最后，建立退役军人关爱基金。当前，河北、山东、湖北等省份成立了退役军人关爱基金，对享受优抚安置政策后仍然生活困难的退役军人提供资金支持。其他省份也可以借鉴此经验，在全省范围内建立起困难退役军人关爱基金。在建立关爱基金时，应明确统筹层次、基金管理主体、申请条件等方面的内容。在统筹层次方面，退役军人关爱基金应该达到省级统筹，从省市级财政吸纳关爱基金，积极吸纳社会救助基金，将这些基金缴入省级国库进行预算管理，以此来确保关爱基金可以在省级范围内统筹安排，实现退役军人关爱基金不分城乡，从而通过对困难军人提供更多的基金支持，缩小退役军人优抚安置的城乡差距。在基金管理主体方面，应该由省级退役军人事务厅主管，联合省级慈善总会，由市、县、乡级退役军人服务站配合，形成连贯的工作流程，保证退役军人关爱基金形成一套顺畅的管理体系，更加高效地为退役军人提供帮助。在申请条件方面，应该取消城乡差别，不以户籍作为审核标准，而是对那些在享受现有优抚安置政策之后，仍然生活困难的退役军人提供关爱基金，这样可以为农村困难退役军人提供帮助，更好地达到政策效果，更大程度上缩小退役军人优抚生活水平的城乡差距。

3）提供覆盖城乡的优抚服务。一是建立乡镇级优抚医院。当前我国优抚医院基本上分布在城市，对于城市的优抚对象就医提供了便利，但是农村地区的优抚对象就医需要到城市，路途遥远加上医疗费用昂贵，使农村地区的优抚对象有病不敢到医院，只能到农村的诊所进行简单的治疗，这样不利于农村优抚对象疾病的治疗。所以，要加强乡镇级优抚医院的建设。一方面，由中央政府对乡镇级优抚医院进行政策扶持，对乡镇级优抚医院实行税收减免政策，并且对乡镇级优抚医院进行财政支持，使其具有更高的竞争力，吸引到更多的医务工作人员。另一方面，对于乡镇级优抚医院的工作人员，可以从乡镇诊所选拔水平较高的医生到乡镇优抚医院挂职。城市医院的医生实行轮岗制，轮流到乡镇级优抚医院坐诊，对农村优抚对象提供更加便捷的医疗服务。

二是发挥基层退役军人服务保障中心的职责。我国退役军人事务部提出要建立省、市、县、乡、村的五级退役军人服务保障体系，当前我国已经有部分省份、地区建立起了五级退役军人服务保障体系，但是在基层的退役军人服务保障中心，服务保障功能还不能完全地发挥出来。接下来的重点是将基层的退役军人服务保障中心的功能发挥出来，首先要明确基层退役军人服务保障中心的工作职责，包括解决农村优抚对象的工作、养老、医疗等问题，还要负责好农村优抚安置对象的政策宣讲解答与落实，在农村优抚安置对象权益受损时提供帮助。要使基层的退役军人服务保障中心做好这些工作，首先要明确当前其所在地区的优抚安置工作现状，这就需要对当地的优抚安置对象的就业、经济收入、生活状况等情况进行调查，掌握当时优抚安置对象的动态，以对其进行有针对性的帮扶。其次，要将优抚安置工作落到实处，不能停留于表面，要真正了解优抚安置对象的心声与需求，主动为其谋求福利，寻求解决问题的方法。

4）扶持多方力量参与。当前农村地区的优抚安置政策还不完善，各项服务还不健全，可以支持社会力量的参与，加强对于农村地区优抚安置工作的支持，弥补农村地区优抚安置保障的不足，逐步实现军人优抚安置的城乡统筹。

首先，在农村优抚安置资金方面，鼓励社会捐款。可以发动社会基金会等非政府组织、企业等社会组织及个人捐款，建立军人优抚安置专项资金，专款专用，用于落后地区的军人优抚安置当中。要引导非政府组织加入军人优抚安置工作当中来，将会费等收入作为资金的来源。培育企业的社会责任感，采取税收优惠政策，鼓励企业参与到军人优抚安置当中，将企业的部分收入用于帮扶困难老兵。在全社会培养尊重、拥戴军人的观念，鼓励人们自觉缴纳拥军优属费，所缴纳资金全部用于困难军人的优抚安置工作。对于军人优抚安置专项资金，必须遵循公开透明的原则，公开资金的使用方向，接受社会的监督。

其次，在优抚安置服务方面，社会力量能够提供更加有针对性、更加高效率的服务。其一，鼓励志愿组织定期到农村进行优抚安置政策宣传讲解，使农村的优抚对象对国家政策有更深入的理解，一方面能够减少盲目攀比、盲目上访的次数，另一方面能够使优抚对象及时申请其应该得到的补助。其二，非政府组织可以到农村地区为农村优抚对象提供法律援助，帮助其用法律手段维护自身的权益。其三，优抚事业单位应该将更多的医疗、养老服务带到农村，国家可以对乡镇级的优抚医院、优抚养老院提供场地及资金支持，使农村地区的优抚对象也能享受到便捷的医疗及养老服务。其四，商业性的企业也可以提供优抚安置服务，可以组织公益活动，实现帮扶老兵与提高社会影响力的双赢。企业还可以定期举办职业培训会，为尚未安置的退役军人提供免费的培训，使其准确地掌握就业技能，促进其就业。

最后，引导社会力量参与，离不开政府的支持。政府要通过经济、技术、政策等方面的一系列支持，为社会力量参与优抚安置工作提供便利，为社会力量参与军人优抚安置营造良好的环境。

六、改革方案保障措施

1. 加强法制约束

出台专门的法律指导军人优抚安置的城乡统筹。当前我国在军人社会保障方面出台了一系列法律法规，在保障退役军人合法权益方面做出了重要的支持。《退役士兵安置条例》《伤残抚恤管理办法》等法律法规当中，都对退役军人优抚安置待遇的城乡差别做了统一化的规定，但是这些法律的立法层次还不够，没有足够的强制力，导致地方政府在实行具体的政策时，落实不到位。我国现在已经有了《中华人民共和国退役军人保障法》的草案，对于退役军人的各方面的权益有了更加有力、更加具有强制力的保障，退役军人优抚安置政策也向着更加规范化的方向发展。但是对于如何缩小退役军人优抚安置的城乡差距、退役军人优抚安置取消城乡差别之后，原来农村的退役军人的优抚安置工作如何实施、农村退役军人的优抚安置待遇如何得到弥补，还没有一套系统的管理办法。导致虽然国家层面很重视退役军人优抚安置的城乡统筹，但是在具体实施方面存在各种各样的障碍，使很多有利于缩小城乡差距的优抚安置政策无疾而终。所以，国家要出台专门的军人优抚安置城乡统筹管理办法，从管理主体、工作流程、各种问题的解决办法等方面做出全国统一的指导，将军人优抚安置城乡统筹提高到国家法律层面上来，以此加强政策的强制力，将统筹城乡退役军人优抚安置作为军人社会保障中的重要制度来实施，使退役军人优抚安置的城乡统筹工作在国家法律的指导下有序开展。

2. 完善制度规定

当前我国优抚安置政策规定中，还对农村优抚对象与城市优抚对象进行区分，部分待遇是只有城市优抚对象能够享受到，同时也有专门针对农村优抚对象的专项补贴，这样对优抚对象进行城市与农村的划分，在根本上不利于军人优抚安置的城乡统筹。因此，要实现军人优抚安置的城乡统筹，在政策制定时，就应该取消城市与农村的区别，对所有的优抚对象、优抚项目进行统一的规定。对于已经出台的政策，还要加大完善力度。当前各省份都出台了自己的有关军人优抚安置的政策文件，但是这些文件当中还存在与国家政策方针不符合的地方，因此，要使军人优抚安置城乡统筹真正落实到地方，还需要对地方的政策文件进行完善，确保地方的政策文件与中央文件保持一致。

首先，完善地方政府制定的规范性文件。这些文件中，地方政府的自由发挥空间较大，其中有当地政府对于当地军人优抚安置标准的规定，有的省份地方政府在制定政策之初，就将优抚对象进行了农村与城市的区分，在优抚安置待遇标准上，也是偏向城市而轻视农村，这样显然不利于当地军人优抚安置实现城乡统筹。其次，要完善地方政府对于人社部、民政部等部门制定的规范性文件的执行办法文件。这些文件当中规定了当地的具体操作办法，我国民政部、财政部等部门联合制定的文件当中，规定了农村参战老兵及农村籍老义务兵的补助标准，但是当前存在个别地方，在执行时有悖于规范性文件的规定，不执行补助标准，对地方政府的执行政策进行完善与调整，才能够使优抚安置政策真正落到实地，从根本上实现军人优抚安置的城乡统筹。最后，对于地方政府出台的政策参照中央政策进行系统的考察，查找是否存在中央已经出台文件，而地方尚未出台相关执行办法的情况。地方政府政策文件的空白，会导致当地优抚安置对象享受不到某项待遇，因此要填补当地政府的政策空白，完善相关配套政策，督促地方政府抓紧填补政策空白，保证优抚安置对象享受到其应有的优抚安置保障待遇。

3. 加强职能部门间的配合衔接

军人优抚安置工作涉及优待、抚恤、安置、养老、医疗等多方面的工作，这些工作分别由民政部、人社部、中央、地方等多个部门承担，是一个庞杂的体系。当前我国各部门之间的职责范围不够明确，各自出台的政策不够衔接，管理机制不够协调，军人优抚安置工作在运行过程当中出现了很多问题，产生制度之间相互矛盾，部门之间相互推诿的现象，削弱了军人优抚安置制度的统筹和整合的工作力度，阻碍了军人优抚安置城乡统筹进程。因此，为了实现军人优抚安置的统筹运行，需要对各部门的职责进行明确与整合。

首先，明确各部门的工作范围，将民政部、人社部、退役军人事务部等相关管理部门当中，涉及军人保障的工作进行提炼，根据工作内容与性质进行划分，合理分配各部门的职责，明确各部门各自应该负责的范围与项目。其次，将军人优抚安置各项目进行整合，加强民政部、人社部、退役军人事务部之间的协调配合，将民政部、人社部负责的有关发放退役军人补贴的职能交由退役军人事务部负责，提高退役军人事务部的专业性，使其成为军人优抚安置的专门性机构，完善退役军人事务部的各级体系，加快建立省、市、县、镇、村五级退役军人保障服务体系，使退役军人事务部有完整的支持系统，从政策制定到执行，都有确切的机构和部门负责，使我国的军人优抚安置工作更加专业化、精准化，这样才能逐步地将军人优抚安置制度进行统筹管理。

4. 规范地方政府行为

首先，对地方政府行为加强监督。对于当前在优抚安置政策落实过程中存在的办理假兵档案、私吞优抚金、挤占农村优抚对象优抚资源的不良现象，要加大监管力度。一方面，要加强对于优抚安置工作人员的监督；要构建优抚安置工作监管体系；要实行包括优抚对象、社会团体、政府部门等多主体的监督，通过开通优抚安置专线，为优抚安置对象提供监督维权渠道；鼓励社会组织的参与，对地方的优抚安置工作进行监督；在政府部门设立专门的优抚安置工作监督管理部门，专门负责地方政府优抚安置工作的执行情况进行考察，并进行评价和监督。另一方面，可以通过绩效考核、地区间的竞争等多元化的方式提高地方政府对于优抚安置工作的重视程度。可以制定一套地方优抚安置工作绩效的考核标准，将优抚水平、优抚对象满意度等标准纳入考核体系，由权威部门对地方优抚安置工作水平进行考核，纳入年度政府绩效考评之中，可以在省级范围内，对经济发展水平相近的地区进行比对、竞争，优抚安置工作水平高的地区，可以享受税收、补助等方面的优惠政策，这样可以提高地方政府对于当地军人优抚安置工作的重视程度。

其次，壮大地方政府工作人员队伍。地方优抚安置工作人员的数量在很大程度上影响着地方优抚安置政策的落实效果。我国 2018 年正式成立退役军人事务部，当前很多省份已经建立起了乡镇级的退役军人保障服务站，但是地方的工作人员数量还不足以发挥乡镇级退役军人保障服务站的功能。基层民政部门负责当地的优抚安置工作，工作人员数量较少，应该增加地方工作人员的数量，保证地方优抚安置工作的工作效率。一方面，应该适当增加基层退役军人服务中心及基层优抚安置工作人员的编制，保证工作量大的工作岗位上有足够的工作人员，减少基层优抚安置工作人员的工作量；另一方面，可以引入社会力量的参与，通过鼓励基层的志愿者、曾经从事过优抚安置工作的退休人员再参与等方式，吸引社会力量加入基层优抚安置工作当中，壮大基层优抚安置工作的人员队伍，使基层优抚安置工作更加高效，好的优抚安置政策落到实地。

最后，提高地方政府工作人员能力。一方面，在地方工作人员的办公能力方面，要加强对其职业技能培训，很多基层的优抚安置工作人员之前缺乏相关的办公经验，对优抚安置工作不了解，应该对他们进行全方位的培训，可以通过专家讲座的形式，对优抚安置的政策进行解读，使他们对政策更加了解；派上级优抚安置工作人员下乡进行培训，对优抚安置工作的流程、可能遇到的难题等进行讲解，提高基层优抚安置工作人员的工作效率。另一方面，在基层优抚安置工作人员的思想觉悟方面，要采取措施提高其对基层优抚安置工作的重视程度。可以带领他们进行实地调研，深入农村优抚对象家中，了解其真实的生活状况，使其认识到优抚安置工作对于优抚对象生活的重要性；还可以通过影片等方式，让基层优抚安置工作人员意识到优抚对象的贡献与伟大，提高其对于优抚对象的认同与尊敬，使其更加重视基层的优抚安置工作。

5. 改进优抚安置责任分担方式

对于中央与地方优抚安置责任的划分，方向是使中央政府承担更多的财政支出责任，减轻地方政府沉重的财政负担。

首先，在优抚安置责任划分时，不同区域的划分应该有所差别。我国 31 个省份之间，经济发展水平存在着很大的差距，落后的省份、落后的农村地区的优抚安置财政压力大，难落实，需要中央财政加大支持力度，给予中西部地区、兵员大省以及农村地区更多的财政补助，减轻当地政府的压力，使落后地区的优抚安置工作能够顺利实施，这样才有可能实现军人优抚安置的城乡统筹。对于经济发展水平较高的省份，可以适当减少直接的财政补助，更多的是通过政策手段，鼓励和引导当地积极拓展优抚安置资金筹集渠道，发展多样化的优抚安置措施，实现自我保障。

其次，在不同的优抚安置项目上，也应该对中央与地方的责任进行合理划分。对于那些抚恤人数容易统计、不存在地方与中央信息不对称的项目，应该由中央财政承担完全责任。在优待方面，主要涉及义务兵家庭优待金的发放责任。义务兵的家庭优待金是对于义务兵家庭的生活补助，保障义务兵在服兵役期间，其家人维持正常的生活水平，关乎提高适龄青年应征入伍的积极性，应该由中央制定全国统一的优待金标准，由地方政府根据自身经济发展水平，在此基础上进行再次补贴，由中央政府承担基准内的优待金支出，地方财政仅负责高出基准的部分的财政支出，这样一方面可以使城乡义务兵的优待金在国家层面实现城乡统一，另一方面可以减轻地方财政的负担，有利于义务兵家庭优待金水平的提高。在抚恤方面，死亡抚恤、一到六级伤残抚恤的抚恤水平较高，并且人数较少，易于确定，不存在中央与地方的信息不对称，应该由中央财政全部负担，这样也可以充分体现国家对于军人的重视。七到十级伤残军人具有部分劳动能力，抚恤水平较一到六级伤残人员低，可以由地方政府负担。在就业安置方面，可以由中央政府确定全国统一的经济补助标准，由中央财政支持一次性经济补助，由地方政府负责当地退役军人的就业安置与培训，为退役军人提供就业公共服务，促进当其退役军人就业。

第十三章　跨区救助与国际救援

第一节　跨区救助

跨域突发事件跨越了行政地理边界或者社会功能边界。此时传统的应急组织结构和管理方式往往难以及时有效地应对跨域突发事件产生危害，因此需要跨部门、跨区域、跨系统的联动救助。

一、历史沿革

自古以来，受儒家文化影响，"一方有难，八方支援"的理念便深入人心，这便是朴素的跨区救助思想。正是因为这一思想根植于心，在面对各种影响重大的天灾人祸时，各族人民各地区人民才能团结一致，互帮互助，共渡难关。但是，目前我国关于跨区救助方面系统性研究还比较少，对于跨区救助发展还未有明确的划分。本章将以几次较大的事件作为起点，对我国跨区救助发展进行简单描述。

1. 中华人民共和国成立至改革开放

2008 年汶川地震——多元跨区救助。

随着我国经济社会的不断发展，我国也逐渐加快建立全国性的灾害应急管理体制的步伐，尤其自"非典"疫情发生以后，以该重大公共卫生事件为契机，促使了我国改变过去分散协调、临时响应的应急管理模式，同时也完善了相关法律体系，先后制订了《国家自然灾害救助应急预案》《国家突发公共事件总体应急预案》等一系列法律法规。并且随着 2006 年《国务院关于全面加强应急管理工作的意见》（国发〔2006〕24 号）的发布，我国在应对重大灾害时逐步建立健全了社会捐助和对口支援等社会动员机制，动员社会力量参与重大灾害应急救助和灾后恢复重建，我国跨区救助模式逐渐向多元跨区救助转变。

2008 年 5 月 12 日，汶川发生震级为 8.0 级的地震，此次地震是中华人民共和国成立以来破坏性最强、涉及范围最广、灾害损失最重、救灾难度最大的一次地震。此时我国已初步形成了"统一领导、综合协调、分类管理、分级负责、属地管理为主"的应急管理体制，因此中央政治局常委会成立了抗震救灾指挥部，并设立由有关部门、军队、武警部队和当地省委、省政府主要负责人参加的救援组、预报监测组、医疗卫生组等8个抗震救灾工作组。同时与唐山大地震截然不同的是，由于《国家自然灾害救助应急预案》和《中华人民共和国政府信息公开条例》的颁布，公众媒体可在第一时间进行全方面长时段的实时报道。正是因为政府的高度重视、信息的报道及时和社会舆论正确导向等多种因素的共同作用，大量企业、个体与社会组织积极主动参与到救助中。与以往需要社会动员、企业才会捐款捐物相比，此次地震中众多企业慷慨相助，充分发挥生产优势，全力以赴赶制灾区急需物品支援灾区。同时，志愿者等社会组织同样积极参与救助。截至2008年6月5日，仅四川省团委这一个渠道志愿者人数就累计达到一百多人并且在灾区后方，如北京、上海、广州、厦门等各地民间公益组织积极为灾区筹备物资和捐款。此外由于灾后重建十分艰巨，中央政府采取"一省帮一重灾县"的原则，合理配置力量，建立对口支援机制，组织北京等省市支援救助，而这种对口支援机制在此后的新冠肺炎疫情中也得到充分利用。

随着改革开放的不断深入，我国经济水平不断提升，国家和人民逐渐富裕起来。但是我国各地区间仍然存在较大的差距，这为救助带来困难，因此基于对口支援机制的跨区救助有利于弥补这一劣势，使地区之间能够有效互补。此外雄厚的经济基础和信息的透明化形成了多元主体参与的基础，社会团体以及个人可以快速了解到灾难的发生以及救援进度，因而灾难发生后社会组织、个人等可积极参与到救助中。不同于以往救助主要是政府作为主体，需要政府号召才会有个人和社会参与到救助中，该时期社会力量以及个人力量可自发参与灾害救助，并且其提供的大量人力、物力、财力在灾害救助中发挥着不可忽视的作用。

2. 党的十八大至今

2019年新冠肺炎疫情——新时期跨区救助。

随着我国大数据的快速发展，以大数据为代表的新一代信息技术渗透和嵌入社会生产和流通的各个层面，以及政府组织运行的各个方面，驱动着数字化社会和智慧型政府的到来，各类大数据信息的涌现，为大数据与政府应急治理能力相结合奠定客观基础。

以新冠肺炎疫情为例，综观阻击疫情的过程可以发现，以政府为主导、以企业与社会力量为补充的社会救助和"互联网+社会救助"模式在抗击疫情中起到了重要的作用。与以往在国务院层面建立由多部门组成的领导小组不同，此次疫情形成了由中央工作领导小组、国务院联防联控工作机制和派驻地方指导组共同构成的"两组一机制"的决策领导体制。这种体制体现了党的集中领导、中央政府的统筹协调、中央对地方的指导以及地方政府负责制的有机结合，充分实现对各种资源的调动，各项工作有序开展，成为此次疫情防控工作的重要分水岭。此外，自媒体的兴起使信息的传递更为快速和准确，这有利于众多企业和社会力量积极主动参与到救助中。例如，各地民众在看到不同区域的求助信息后定向定点捐助物资，中国石化在"微博"平台发布的消息"我有熔喷布，谁有口罩机"引起大量人群关注转发，在较短时间内联系到相关厂商，促进合作，制造出更多口罩。在救助过程中对"大数据""人工智能"等先进技术的运用，使多元救助主体等能够通过互联网平台办理相关工作，有效遏制病情扩散，避免因大规模人群聚集产生交叉感染，同时满足社会和群众的实际需求。例如，社区志愿者通过微信群等相关平台满足被隔离人民的相关需求，并且宣传相应的防疫知识。

随着大数据、云计算、互联网等技术的不断发展，信息技术已经逐渐融入人们生活之中。由于信息技术具有客观性、动态性、共享性的特点，有助于为个人、组织与政府提供更为灵活和便捷的手段，提高信息收集和整合的效率，在跨区救助中发挥着不可忽视的作用。因此新时期的跨区救助由于信息技术的引用，应急管理工作的效率大幅提升，应急管理工作更为及时、有效、科学地进行。

二、现状解析

我国行政区域划分主要分为三级，大部分社会救助都在各自的行政区域内进行，如对于低收入人群的物质帮扶等。但是，存在一些范围较广、危害较大、性质较为严重的事件，其影响范围涉及多个行政区域并且具有高度复杂性，如地震、疫情等。此时，单一行政区域的资源和救助能力难以迅速且高效地进行相关救助，此时救助范围就突破了行政区域的限制从而需要进行跨区域救助。

1. 救援方式

我国是政府主导的社会主义国家，政府具有无可替代的权威和权力。纵观我国近年来各类跨区域突发事件，政府在整个事件中一直处于主导地位。目前我国跨区救助尚未正式地构成一个体系，更多的时候是当重大灾害发生的时候，从我国采取的救援方式体现出来。因此从我国近年来灾害事件发生后国家的处理情况，可以看出我国的跨区救助主要是采用以政府为主导，企业积极实践和非营利组织、个人等积极参与的形式出现。以此次新冠肺炎疫情防控为例，中央于2020年1月25日成立应对疫情工作领导小组，全面加强疫情防控的集中统一领导，同时国务院启动联防联控机制，协调疫情防控中出现的具体问题，省级人民政府也相继成立疫情防控指挥部，从而建立了各级党委政府集中统一、联动应对的领导指挥体系。并且在国家卫健委的整体部署和指挥下，各省市积极组建医疗队伍分批支援武汉，采取"一省包一市"战略，对口援助武汉各市。同时，企业在跨区救助中发挥着重要作用。除捐钱捐物外，更重要的是在解决问题上提供了强大的支撑。强大且完备的工业制造业使我国在10天就建成了火神山，12天建成了雷神山，为隔离和治疗新冠患者提供了空间载体。并且，以中石化、比亚迪为代表的众多企业在特殊时期当机立断地将原有生产线改为口罩生产线，弥补了国内口罩短缺。同时，强大的物流行业不断将物资运输到需要的地方，助力防疫工作。最后，社会组织和个人积极参与救助。在疫情发生时，中华慈善总会发起公共募捐行动，号召企事业单位、个人以及社会各界全力提供善款、善物支援疫区，参与疫情防控，充分发挥慈善组织作用；社会组织及其志愿者、社会工作者等迅速投身社区一线，开展宣传教育、健康监测、信息排查、隔离观察、发放物资等疫情防控工作；各地医护协会、心理健康协会等社团通过线上咨询、心理辅导等方式服务民众。这种方式能够较为迅速、高效地解决问题。但是其同样面临着一旦政府中某个系统出现问题，则会影响整个国家政府的公众信誉和社会公信力的风险。

2. 跨区域应急管理合作机制

近年来，各地区、各有关部门不断推动跨区域应急管理合作机制迅速发展。根据国务院应急管理办公室（2014）统计，截至2013年底，全国已建立近1200个各级各类跨区域应急管理合作机制。其中，省级跨省综合应急管理合作机制7个，省级跨省专业领域应急管理合作机制272个，市县政府及其部门跨省应急管理合作机制273个，市县政府及其部门本省跨市县应急管理合作机制560多个。例如，2008年的《粤港应急管理合作协议》；2009年的《泛珠三角区域内地九省（区）应急管理合作协议》；2010年的《江苏安徽山东河南应急管理工作合作协议》；2011年的《江西省与湖北省应急管理合作协议》《东北四省（区）应急管理合作协议》《黄河中游四省（区）应急管理合作协议》；2014年的《北京市天津市河北省应急管理工作合作协议》等。

同时，地方政府和企业之间也形成了相关协议。例如，2019年应急管理部与中国民用航空局签署了应急联动工作机制协议、湖北省应急管理厅与湖北工建等部分中央在鄂企业、省属重点企业签订应急救援力量合作协议；山西省应急管理厅与中国空间技术研究院签订战略合作协议，山西省将利用航天高技术提升应急管理能力。2020年应急管理部与阿里巴巴集团签署战略合作框架协议、河北省应急管理厅与国家矿山应急救援开滦队等四家专业救援单位签订《应急救援合作协议》、兰州市应急管理局与甘肃蓝天救援队等三家单位签订《应急救援合作协议》。

这些区域应急联动机制围绕重大突发事件信息快速通报、应急联动响应、平台建设协作机制、基层应急管理合作、应急预案的编制和修订等事项开展深入合作，提高了突发公共安全事件的区域应急联动能力。但总体而言，当前中国的灾害应急联动大都还局限在单一的行政区域内（一般是省级），且主要是在某一行业内部开展，联动效率低，尚未形成制度化的统一、协调、灵敏的跨域灾害应急协调联动机制。

3. 应急救援队伍

《中华人民共和国突发事件应对法》明确规定，县级以上政府应当整合应急资源，建立或者确定综合性应急救援队伍。目前我国应急救援队伍从纵向层级划分为国家级救援队伍、地方救援队伍和社会（民间）救援队伍。应急管理部指挥两支国家级综合性应急救援队伍，分别是消防救援队伍和森林消防队伍。厅、局一级的应急与消防部门是平级单位，两部门间的交流协作仍需加强。同时，各应急管理部门（厅、局）在管辖区域内各类应急救援队伍的备案与管理，差异化协调发展，社会救援队伍的奖励和补偿机制等方面还需要进一步加强。目前基层应急管理能力较薄弱，需要强化建设乡镇应急管理部门建设。在乡镇设立应急管理办公室，确保机构和人员编制到位；各基层视任务量而定，组建素质过硬、反应灵敏的乡镇专兼职应急救援队伍，定期依据各类应急预案进行有针对性的应急演练；通过政府购买服务的形式为应急救援队伍配备先进救援装备，确保充足的应急物资储备。

表 13-1　应急救援队伍分类

突发事件级别	应急救援队伍
重特大突发事件	中国人民解放军、武警部队、国家级综合性和专业性应急救援队
重大突发事件	国家级综合性应急救援队、消防救援总队、专业性应急救援队
较大突发事件	消防救援支队、大队、中队，专业性应急救援队、社会（民间）救援队
一般突发事件	消防救援大队、中队，社会（民间）救援队、志愿者

我国应急管理人才培育起步较晚。2008 年，暨南大学开办应急管理本科专业，这在全国范围内实现零的突破并于 2009 年成立了我国首个应急管理学院。在此之后，国内大致有 87 所院校开设应急管理相关专业，并自应急管理部组建后近些年此类院校与专业仍在持续增加。2020 年新增备案本科专业中新增应急管理专业 20 个，应急技术与管理 16 个，应急装备技术与工程 1 个。尽管我国跨区救助已有雏形，但仍存在着一些问题，具体如下所述：

（1）相关法律法规缺乏。目前，我国与应急管理相关的法律共有 103 部，其中自然灾害类法律法规 17 部，事故灾难类法律法规 39 部，公共卫生事件类法律法规 11 部，社会安全事件类 36 部。如图 13-1 所示，我国现有法律法规数量与发达国家（如日本）仍存在较大的差距。并且，我国现有法律法规大多以灾害类型为划分依据，出台了防汛抗旱、气象灾害防治、地质灾害防治等相关方面法律，涉及跨区救助方面规定很少。2006 年颁布的《中华人民共和国突发事件应对法》中提出，我国要建立统一领导、综合协调、分类管理、分级负责、属地管理为主的应急管理体制，这明确了建立社会各主体共同治理危机理念的法律地位，将政府之外的其他社会组织引入社会危机治理中，但是没有明确提及非营利组织参与社会治理的法律地位，此后政府也未出台明确社会主体参与危机治理的相关法律法规。

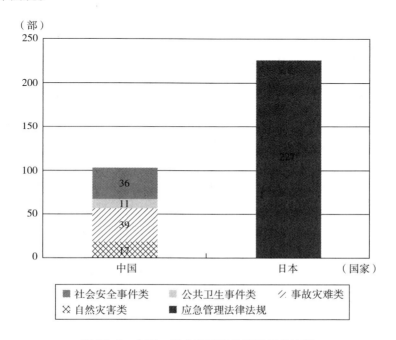

图 13-1　中国、日本两国应急管理相关法律

资料来源：CNKI 中国知网。

（2）行政划分约束。我国政府的行政模式有明显的等级制和官僚制的特点，每个部门都有自己部门的职责和权力，形成了政府内部的科层制结构，政府外部和内部这种明确划分的权力界限，导致的直接结果是各个地方的政府或政府内部的各个部门都会以自身利益的最大化为行政执行的目标，造成与其他政府或部门之间缺乏必要的合作。这使在发生各种跨区事件时，涉及的各地区政府只会针对本地区所出现的各种问题采取相应的应对措施，出现各自为政的弊端。这种忽视事物发展连续性和整体性的单区域各自治理的行为，会极大地延误跨区事件解决的最佳时机，甚至可能造成危机的扩大化和救助的不及时。同时，还可能增加政府救助的成本，降低救助的效率。

（3）合作机制不完善。目前我国社会各主体在跨区救助时缺乏沟通协调机制。这主要体现在两方面：一是政府没有明确认可其自身组织之外的其他社会组织参与的必要性，导致突发事件发生时政府会第一时间参与到救助过程中，但不会在事件发生的第一时间内将相关的具体信息主动传达给其他社会救助主体；二是在政府无法单独应对事件所引起的所有负面影响的时候，政府可能会考虑转向其他社会组织的支援和帮助，然而，多数情况下其他非政府组织的救助行动也会因为缺乏有效沟通协调机制，从而导致难以配合政府相关工作任务的分配和执行，使各个非政府救助主体之间缺乏统一的领导，而造成资源的极大浪费，救助效率的低下。

三、中国与国外制度的比较

目前对跨区救助的研究比较少，其中日本和美国对跨区救助有较为明显的相关政策支持。因此，本部分选择日本和美国进行比较。

1. 日本——全政府模式的突发事件应急管理体制

与我国不同，日本的国土面积较小，大约是我国的 1/25，与云南省的面积接近。且日本的首都圈近似处于中间地区到南北最远地区飞行时长都小于 2 小时，因此跨区救助在日本有着天然的优势。同时，作为一个岛国日本四面环海，处于环太平洋火山地震带上，易发生火山和地震。突发重大灾害的风险较大。因此日本采取全政府模式的突发事件应急管理体制，具体如表 13-2 所示。

表 13-2　发生灾害时日本政府各部门职责

有关部门	主要职责
首相	作为最高指挥官处于核心地位。在紧急状态发生时，有权力召集内阁会议并做出重大决策，可直接下令调动自动队
内阁官房	首相的辅佐机构，负责各个政府部门间整体的协调和联络。迅速获取相关信息并及时通知有关部门。通过中央防灾会议、安全保障会议、内阁会议制定相关政策，同时负责消除国民的恐慌和不安的宣传
中央防灾会议	首相担任主席，国防大臣和其他大臣参与。应对频繁发生的自然灾害，并制订和实施《地区防灾计划》和《灾基本计划》
安全保障会议	主要负责处理国防和国家安全等重大事宜。其下设立专门对策委员会，为决策提供重要建议
内阁会议	在有关国民重大生命和财产安全的紧急情况发生时，首相及内阁成员对重大事宜进行商讨

资料来源：《国外防灾减灾应急管理体制》。

在中央，全政府应急管理体制以首相为核心。首相负责协调中央各部门之间、中央和地方政府之间的关系。中央防灾会议、内阁官房和安全保障会议对首相负责。

在地方，实施知事直管型管理体制。地方防灾会议对其负责，知事下设危机管理监督机构，对其直接负责且职能与中央内阁管理总监督相同。

日本建立的应急管理体制，增加了首长和地方长官的权力，使其能做出最迅速、果断的决策。同时，最大限度地整合了政府各方面的力量，规范了应急管理制度，有助于实现应急管理模式的法治化、一致性和灵活性。

广域政府的危机管理合作体系。为了对地方政府职责进行减轻，日本政府统一规定了应急管理涉及的相关事项，有助于大范围内合作沟通。这种广域间的合作不是通过制定法律来强制实施，而是通过协商协定。不仅加强了多个地方政府的合作，扩大了空间幅度，赋予了广域地区的发展机会，而且有助于不同地区发挥各自在地理、物资、人员等方面的优势，最低限度地降低人员损害。

全面参与机制。日本是一个自然灾害多发国，由于地理位置等自然环境的限制和与之产生的危机应对教育造成日本国民强烈的防灾意识。日本政府充分利用了这一点。各种应急管理的法律法规明确规定了日本国民的职责：既要保障自身安全，还要援助他人。防灾教育的启蒙也十分早，几乎从小学开始就进行防灾教育，每年还要进行多种形式、规模不一的救灾抢险、灾区维护等救灾活动。这种良好的应急教育和防灾训练，使民众掌握了应对各种灾害的自救和救他人的方法。

发达的信息处理传输系统。日本非常重视组织及时收集、分析、处理和传递信息的能力，这对应急管理工作至关重要。在日本，由中央防灾无线网、行政防灾无线网、防灾相互通信网，具备影像传输、卫星通信和移动通信功能，有助于各地信息的交流以及良好的沟通与协作、快速掌握事态整体形势，提供准确及时的信息，便于在最短的时间内做出最正确的决定。

完善的应急管理法律体系。日本具备完善的应急管理法律体系，其是措施得以迅速有效实施的保证，如《灾害对策基本法》《武力攻击事态应对法》《安全保障会议设置法修正案》等对灾害的不同发展阶段的工作和任务都做了明确规定，这些法律对保障政府有效实施权力、尽快处置突发事件、减少损失意义重大。

2. 美国——府际协和治理

美国是一个自然灾害多发国家，东部、中部和西部是地震活跃地区，南部沿海地区常遭受飓风袭击，干旱和洪水也非常严重。与中国不同的是美国是一个联邦制国家。各州相对独立拥有非常大的自主权力，拥有独立的行政权、司法权、立法权等。因此，形成了独特的救助模式。

在联邦政府层面，美国设立联邦应急管理署、国土安全部。建立了《国家事故管理系统》并制订《国家响应计划》使联邦、州、地方各级政府全面提升了应对各种威胁和挑战的能力。在州层面，美国制定了《州际应急管理互助协议》（EMAC）。这为跨州区域灾害性公共危机管理协同治理提供合法性机制。各个等级的地方政府都设有应急管理中心，并且形成县与县、县与市、市与市协同治理的模式。

（1）纵向协同治理。美国宪法第十条修正案赋予各州处理内部事务的权力。因此，州政府在危机规划与应对中起着核心作用。它主要的职责是负责灾害救济过程中州内与州际政府间的协调，而将灾后响应的权力委托于当地政府。《州际应急管理互助协议》（EMAC）为跨州区域灾害性公共危机协同治理提供合法性机制——将州际区域应急管理协作以法律的形式固定下来，为各州创建区域应急管理合作的基本制度框架，推进跨州区域应急管理协作走向制度化、程序化与整体化，有效地开发了应急管理协作行动的能力。州政府与当地政府协同合作，并协同其他地区以及非政府组织与私营组织，适当分配联邦政府的赈灾资源。州政府一般通过会议、研讨会为县政府提供帮助，而且在灾难中为各地提供重要的资源，所以，州政府常常扮演支持者的角色。州政府经常通过联邦资助帮助当地政府缓解、准备、响应和恢复活动。在大多数州，州政府的职责载于应急准备和响应计划中。

（2）横向协同治理。横向协同治理是指地方政府间、地方政府内部的协同合作。具体来看，横向协同体现在以下几个方面：

1）县与市协同治理。县政府以最低政府的形式来应对灾害性公共危机，是灾后第一和初级的响应者。县政府是州政府的定期联络者，可以向州政府请求援助。大多数州要求或至少是鼓励县建立应急管理机构。在同一个县，每个市都与县应急管理机构协调活动，每个市的计划也都和县应急管理计划相符合。县与市的交流则是以季度例会的形式体现的。为了发展地方减灾战略计划，县与市辖区、学校特区合作，进行培训和演练。全县应急管理机构负责培训城市应急管理协调员，确保市与县同步发展。若城市没有应急管理协调员，则由县来负责这个城市的应急管理工作。若小城市缺乏提供公共安全服务的能力，全县可提供诸如警察、消防等应急管理服务。县也可以通过灾害管理中心的电话会议直接进行沟通或是针对具体问题作出应急回应。另外，较大的县政府可以采取划分区域的办法处理关系，全县划分为若干区域，同一区域的城市在危机中相互协作，共同分享资源。

2）县与县的协同治理。由于灾难经常是跨行政辖区的，所以县与比邻的县会面临共同的问题与危险。因此，在应急管理中处于同一区域的县级政府常常相互合作。县中每一个区域都有一个协调者，由他来负责和县级应急管理部主任某一区域与应急管理有关的事宜进行交流，同时也向州政府反映工作状况。这种事前的合作关系对每个县了解自己的本地合作伙伴来说尤为重要。同一区域的县除在日常工作中通过电话和电子邮件相互沟通，此外每一季度开一次会，了解危机救治的最新进展。县与县之间的正式和非正式关系可以通过参加专业的网络组织建立，或者通过参加会议和研讨会来建立。灾难中县与县之间的合作通常是通过互助协议来规范。这种互助协议由政府机构间起草，主要是在消防、执法以及危机与医疗领域相互支持。主要有三种不同类型的互助协议：自动的援助协议、本地的互助协议、全州的互助协议。自动的援助协议是指当政府机构自身不具有充足的资源以有效地应对紧急情况时需要请求其他机构提供支持。加盟自动援助协议机构的各个机构会在危机发生时自动分发资源给发出请求的部门。本地的互助协议是指当地机构没有充分资源是向其他签署互助协议的当地机构申请援助，被请求机构将会补偿请求者的花费并提供援助。通常，当灾难发生时间较长并影响若干县时，诸如火灾或者飓风，本地的互助协议便开始工作。全州的互助协议是响应任何超过单一地方政府应对能力的大事件。联邦政府在灾难中集中现有的可利用资源，及时协调地方政府，伸出援助之手。

3）大城市与其他直辖市之间的协同治理。灾害救治中，大城市为周边直辖市提供物力与人力资源。大城市经常举行会议并邀请周边邻近的市政府参与，其主要目的在于了解周边直辖市的需求，并帮助大城市的危机管理机构在与县危机管理机构交流时为直辖市的利益说话。换言之，大城市是直辖市与县政府的桥梁，因此，直辖市与大城市直接的合作变得越来越紧密。

3. 中国与美日对比

首先，在法律建设方面。由于日本是受灾害影响比较大的国家，因此在应急管理方面法律法规比较完善和健全并且在预防和减灾救灾领域立法先行。除了根本大法《灾害对策基本法》之外，日本先后颁布各类应急管理法律法规200余部，并且依据《灾害对策基本法》各地方（包括道、府、县）都制定了相应的地方性法规。在跨区救助方面，日本政府通过《大规模灾害时消防及自卫队相互协助的协议》等一系列法律法规。作为一种政府间应急管理协作安排，美国《州际应急管理互助协议》，为跨州区域应急管理协作提供了合法性机制——将州际区域应急管理协作以法律的形式固定下来，为各州创建了区域应急管理合作的基本制度框架，推进跨州区域应急管理协作走向制度化、程序化与整体化，有效地开发了跨州应急管理协作行动的能力，以便在必要时根据突发事件的严重程度、影响范围及损失大小快捷、有序调动和整合各方面的资源，真正做到一方有难，八方支援，最大限度地拯救生命和减少财产损失。目前我国有《中华人民共和国突发事件应对法》和《中华人民共和国国家安全法》为应急管理跨区域协作提供了法律依据。《中华人民共和国突发事件应对法》第五十二条规定："履行统一领导职责或者组织处置突发事件的人民政府，必要时可以向单位和个人征用应急救援所需设备、设施、场地、交通工具和其他物资，请求其他地方人民政府提供人力、物力、财力或者技术支持，要求生产、供应生活必需品和应急救援物资的企业组织生产、保障供给，要求提供医疗、交通等公共服务的组织提供相应的服务。"《中华人民共和国国家安全法》第四十九条规定："国家建立中央与地方之间、部门之间、军地之间以及地区之间关于国家安全的协同联动机制。"但是这两部法律描述比较模糊，并没有对救助全过程做明确的界定，也没有对工作职责和承担的任务等作出详细的描述。并且，还需要制定专门的跨区域应急治理合作法律制度框架，赋予跨区域应急治理合作协议法律约束力。

其次，在协作机制方面。日本建立了跨区域协作机制、消防、警察和自卫队应急救援机制，强化了中央和地方、部门与部门之间统一指挥、分工合作的力度。发生巨灾时，为提高运转效率，首相设置非常灾害对策本部，统一调度指挥。美国着重强调属地管理与地方区域自治，州与地方政府拥有很大的自主权，因而在面对一般灾害时均由各州自行负责。一旦事故灾害超出州的控制范围，将按照联邦与州之间的"合作协议"、《州际应急管理互助协议》（EMAC）启动跨州区域互助组织及机制。作为一种跨地区协作契约 EMAC 的执行不是依靠科层制组织，而是由一个网络化组织——全美应急管理联合会管理，具体运行则由其成员州代表组成的 EMAC 委员会负责。我国根据《中华人民共和国突发事件应对法》，建立了"统一领导、综合协调、分类管理、分级负责、属地管理为主"的应急管理体制。2018 年国务院机构改革设立应急管理部，就是力图通过应急管理机构的重塑和应急资源的整合优化，推动中国特色应急管理体制重构，提升应急管理的组织化、制度化和整体化协同能力。但是在实际运行中存在一定的问题。

最后，在应急文化建设方面。日本是一个岛屿国家并且处在太平洋火山地震带上，自然灾害一直多于其他国家。因此，日本历来就非常重视应急防御教育和宣传培训工作。日本公共危机管理的教育工作从中小学就开始了。为了从小培养防灾知识和防灾意识，各级教育委员会编写了浅显易懂的公共危机教育教材，在中小学普及防灾知识课程。同时，日本政府还向居民教授防灾抗灾知识，经常通过各种媒体为国民传播各类抗灾知识。目前，在日本全国，已经形成了良好的突发事件应对和灾后安抚以及重建的应急文化氛围。美国也非常重视应急文化的建设。一方面通过专业培训机构对应急从业人员进行正规的培训，另一方面通过加强社会舆论的宣传增强民众的应急意识。在全国各州、市、郡都设有对外开放的培训中心或者培训基地，可以为社会服务，对企业、社会组织和个人提供商业性的应急培训。并且，美国强制性要求应急从业人员必须每年都得参加相关培训，提高突发事件的应对能力。我国成立了应急管理部宣传教育中心。但是每年急救知识普及人群 1000 多万，应急教育普及率仅为 1%，与发达国家 50% 的平均普及率相差甚远。在北京、上海等经济发达地区，应急救护培训多为地方政府买单，但在其他地区，资金的缺乏让急救培训难以接地气，更难常态化。急救普及，成为中国急需补上的生命教育课。

四、跨区救助的改革方案

1. 发展思路

我国人口众多，幅员辽阔，自然生态环境复杂，是自然灾害高发国家。自然灾害具有不可抗拒性和不可预测性并具有突发性和破坏性强的特征。在小范围内的突发自然灾害，当地政府能够较为快速地反应，采取相关措施，减少各方损失。但是，面对破坏性强、范围广的灾害，如汶川地震。仅依靠当地政府是远远不够的。因而，为保障当自然灾害发生时，我国可以快速做出反应，减少灾害所造成的损失，我国应构建以"各区域政府合作救灾、多元化主体参与救灾、灾害信息传递网络化"为发展方向的跨区救助体系。

2. 发展目标

党的十九届四中全会指出我国要构建统一指挥、专常兼备、反应灵敏、上下联动的应急管理体制，优化国家应急管理能力体系建设，提高防灾减灾救灾能力。

至 2050 年为止，完善跨层级、跨区域、跨部门的协调联动机制，确保应急力量的全面安排部署和应急处置工作的迅速化、高效化。做到厘清不同部门主体、人员之间的关系和职责划分，加强应急与其他部门之间的交流协作；搭建信息共享机制平台，加快应急指挥平台的专业化、信息化建设，加强信息通报与共享，使各部门能实时获取最新情况并统筹应急资源、力量的管理和分配；配备充足的救援力量和物资，建立全国统一的生产调度机制和物资采购体系，对应急物资进行集中统一管理、调拨和配送，加快重点工程建设；建设完备的基础设施，通过政府直接建设、政府购买服务等多种方式，加快各类应急救援基础设施的建设。各级地方政府也应针对自身特点，依托现有基础条件，加大政策扶持力度，规划建设若干省级区域性应急救援基地，并实行差异化协调发展。依据应急预案，定期开展针对各类突发事件的预案演练，并在实战和应急演练中不断检验和完善应急预案，助力军地之间、地区之间、部门之间完善应急救援协同联动机制，真正做到降低应急成本，整合应急资源力量，提高应急工作效率。

3. 发展内容

（1）构建跨区救助网络。跨区救助网络是指将政府部门与非政府组织联合在一起，形成以政府为主导，民间组织为辅的救助网络。跨区救助涉及不同的区域，因而在灾害发生时，会受到管辖权的限制。此时就需要明确各方权责范围，这样才能有序地开展相关工作从而避免救助过于集中或者是救助出现空白区域。同时，受我国传统文化的影响和随着我国发展水平的提高人民对更高层次幸福感的追求，越来越多的人愿意并且积极参与到救助活动中。非政府组织与政府组织之间的合作一方面能够便于跨区救助的进程，另一方面也会带来许多问题。并且，跨区救助应该在灾害发生前就形成相关制度或者体系，将政府各部门和非政府组织连接在一起。只有这样，才能在灾害真正发生时充分发挥其作用。因此，形成一个完善的跨区救助网络的重要性就此体现出来。

（2）搭建跨区救助平台。长久以来，我国电子政务平台存在着一些问题：宏观规划缺乏，明确的发展目标缺失，并且也没有相应的发展规划。应当推进政务服务跨地区、跨部门、跨层级数据共享和业务协同，建立起一个标准统一的跨区救助平台，有助于信息之间的及时、高效、精准传递，减少相关损失。

（3）健全统一的应急物资保障体系。应急物资储备是应急物资保障体系的重要组成部分，是有效应对突发事件的重要保障。目前，我国已经初步建立了政府储备和社会储备、实物储备和能力储备相结合的中央、省、市、县4级应急物资储备体系，但还需要进一步加强建设。

4. 发展举措

（1）完善相关法律。跨区救助涉及社会救助、突发事件和应急管理等多个方面。不仅其本身目前缺乏相关法律法规，其所涉及的相关方面法律建设也仍然存在一定的问题。一直以来，我国社会救助一直以行政法规、地方性法规为主，直至2020年9月7日，才公布了《中华人民共和国社会救助法（草案征求意见稿）》，征求社会各界意见。并且，虽然我国突发事件法通过时间较早，但我国突发事件仍处于多发频发、体量居高的严峻态势，进一步修改完善突发事件应对法迫在眉睫。目前我国关于跨区救助领域的研究还十分少，法律部分存在一定空白，因此需要尽快完善相关法律法规。

首先，确定应急管理部的主导地位。跨区救助涉及多个部门，若各个部门各自为政，则会产生壁垒，降低跨区救助的及时性和有效性。因此，要确立应急管理部主导地位，赋予其指挥、调度等相关权力，对资源进行整合利用，提高效率，及时高效进行救助，避免灾害影响的进一步加深。

其次，建立跨区救助标准。根据对灾害等级的划分，可以将灾害划分为一般、较大、特大和重大等级。前两者属于较低等级，后两者分别为中等级和高等级。低等级的灾害基本只需要当地政府主导，中等级则需要当地政府领导且周围政府合作，进行区域内的跨区救助。高等级需要应急灾害管理部主导，各省市部门合作，是全国范围内的跨区救助。跨区救助标准的建立，有助于减少资源浪费。

最后，明确法律责任。对各部门的职责范围做出明确规定，并对未履行法定职责的进行相关处罚。避免出现救助过于集中抑或是存在救助空白。

（2）加强专业人才培养。跨区救助网络的实现离不开大量的专业人才。我国应急管理教育起步较晚，并且各高校人才培养规格差异较大，没有形成统一的课程体系。应急管理人才培养挂靠在相关学科和专业下，教育规模很小，专业师资力量严重缺乏并且学生毕业后就业困难，因此在此方面的专业人才较为缺乏。

同时，目前应急救援方面存在较多人员是兼任的情况，这也意味着大量组织人才的缺乏。2020年新冠肺炎疫情的暴发，更是体现出基层社区安全与应急管理力量的严重不足。

首先，加快应急管理二级学科的建设，在基础层面推动我国的应急管理事业。培养出大批专业人才，并且设置符合需求的岗位，使这些人才能够真正在救助方面发挥优势。并且，组建多学科人才团队，包括语言、民族、国外法律等相关人才，为今后国际合作做好准备。

其次，促进培训机构的建立。对社会人群进行专业培训并对考核合格人员颁发相应等级的合格证书。志愿者等其他非政府组织人员可以通过相关培训机构进行学习，这可以调动广大人民群众的积极性，提高专业人才覆盖面。并且，依托培训体制和全省的人才库建立应急管理人才系统，保证各个地区在发生灾害时都能够有专业的相关人员参与其中。

最后，注重应急救援的再教育。由于环境的复杂性与多变性，救助也随之需要进行相应的改变。因此，再教育的重要性就此凸显出来。应该对相关人员进行定期的再教育，不断更新救助方面的知识。

（3）完善应急物资保障体系。物资保障是突发事件应急管理的基础。因此，应当优化应急物资储备内容，科学调整应急物资数量、种类、规格等。

首先，建立平战结合的物资生产机制。挑选重点企业，日常生活中生产符合市场需求的相关产品。在紧急情况发生时，可以迅速转型为重点需求物资生产企业。例如，新冠肺炎疫情暴发后，面对口罩的大量需求，中国石油、比亚迪等相关企业及时转换生产，提供了大量的口罩。

其次，形成通畅的物资运输系统。将应急物资运输需求纳入国家及省市的相关交通、物流规划中，制定应急物资储备点、分拨点以及运力资源的配置原则、标准、使用方式及保障政策，优化节点布局和资源配置。构建干线运输网络与城市末端配送网络有机衔接的应急物流网络，充分发挥综合运输系统的干线运输能力和城市交通运输系统的分拨配送能力，整体提升应急物资运输保障能力。

最后，提升应急物资的储备质量与快速分配能力。加大应急物资保障系统的科研投入力度，使更多科研成果用于应急物资储备的设施建设、内部管理、应急物资调配等方面，形成高效的物资分配与运输系统，利用区块链、大数据、人工智能等先进技术，确保在突发公共卫生事件的应急过程中物资供需匹配高效，且能安全、及时、全数送达所需地点。

五、改革方案实施保障措施

首先，加快互联网技术创新发展。在此次疫情中，互联网、大数据、人工智能、云计算等先进技术在疫情监测分析、病毒溯源、防控救治及资源调配等方面发挥着重大作用：加快了信息的分析、传递和物资的调配，提高了救助的效率。这类新兴技术的发展便于跨区救助的进行，是跨区救助平台的基础。其能够实施整体化救助，提升跨区事件的把控能力和科学决策力；能够实施精准化救助，提升应对跨区事件的态势感知力、资源匹配供给力和差异化服务能力；实施参与式救助，提升跨区救助的协同能力。

其次，坚持工业高质量发展。制造业是立国之本、强国之基。历史和现实都表明，没有强大的制造业，就没有国家和民族的强盛。党的十八大以来，我国大力发展高技术产业和先进制造业，工业和信息化加速融合，制造业智能化水平持续提升。现如今，中国制造业走出了一条独立自主、自力更生、适合中国国情的发展道路，形成了创新引领、协同发展的产业体系，中国成为全世界唯一拥有全部工业门类的国家。跨区救助的发展离不开工业的高水平发展。正是由于我国工业的完备，在突发事件来临时各行各业迅速行动，转变生产方向，生产满足受灾人民需要的各种物资，同时能够将物资运送至灾区。强大的工业制造业满足了救灾物资的储备、运输等多个环节。并且各种大型机械在灾区中发挥着重大作用。

最后，提升多元合作意识。一是提升政府部门间合作意识。以往在应对突发事件时，政府部分职能部门之间存在相互推诿、互不配合的情况。并且政府受官本位思想的影响，对社会力量在应对突发事件中的力量不大重视，大多应急方案和决策都是在政府内部进行，不善于吸纳和动员社会其他的行动主体参与应急管理。二是加强政府部门与社会公民之间合作的意识。由于科学技术和经济水平的发展，群众参与救助的积极性不断提高。但是无序的救助反而会降低跨区救助的效率。因此要加强政府与民众的沟通和合作，面对灾难时在政府的统一指挥下进行安全且高效的救助。三是完善非营利组织提高合作意识。加强对非营利组织人员的教育和监管。大力解决我国非营利组织在发展过程中存在的腐败等问题所导致的与其他多元主体与之合作的机会和动力的减少。

第二节　国际救援

一、历史沿革

国际救援是一个国家或地区在遭受重大灾害侵袭，造成重大人员伤亡和经济损失时，世界各国以及国际组织在得到受灾方同意的情况下，基于人道主义原则给予的无偿人力、物力、财力支持。在全球化时代，重大灾害或公共危机的救助已超越了种族和国别，是全人类所面临的共同威胁或浩劫。面对全人类的共同威胁或浩劫，国际社会需要大力加强交流与合作，取长补短，相互支援。

在其他国家遭受灾害或需要援助时，中国总是以友好的人道主义精神施予援助。但是对于接受国际救援却经历了很长一段历程，直到改革开放之后，中国应对国际救援的政策才出现松动。中国从拒绝国际救灾援助到逐步主动接受外援的这一过程，充分体现了中国的开放历程。现如今，中国以更加开放包容的姿态面对国际救援，积极参与国际救援，主动承担起大国责任，展现出大国的气度与风采。

1. 改革开放前

中华人民共和国成立伊始，国家制度、环境等方面还不稳定，自然灾害频发，这一时期我国基本拒绝任何国家的国际救援，对外援助被当作严肃的政治行为，一般是向一些社会主义国家或者亚非拉等国家进行的国际援助，目的是摆脱当时孤立无援的现状（见表 13-3）。

表 13-3　中国改革开放前对外援助情况

时间	援助国	内容
1950 年 7 月	蒙古	中国政府派出 8200 名工人，帮助蒙古建设学校、医院、热电站等基础设施。中蒙两国于 1956 年 8 月签订了经济和技术援助协定，商定：从 1956 年至 1959 年，中国无偿援助蒙古 1.6 亿卢布
1950～1954 年	越南	无偿提供 1.76 亿元物资
1950 年	朝鲜	派遣中国人民志愿军并给予巨大的人力、物力和财力援助
1960 年	几内亚	1 万吨大米
1961 年	阿尔巴尼亚	几十万吨粮食以及 2.5 亿元外汇人民币
1970 年	坦桑尼亚和赞比亚	耗资近 20 亿元帮助非洲修建坦赞铁路

资料来源：《中国的对外援助》。

2. 改革开放后

伴随着改革开放事业发展，我国综合国力不断增强，国际地位逐渐提升，中国与国际社会在国际救灾援助方面的互动与合作日趋频繁。援助对象不再局限于社会主义国家与非洲等国，而是转向世界各国，救援形式逐渐丰富，救援技术不断进步。中国政府不仅在本国受灾时对外国政府或国际组织提供的救灾援助予以积极响应，而且也更加主动和频繁地对世界其他受灾国进行援助，充分展现了一个负责任大国政府的形象。

（1）国际救援队的发展。2001 年 4 月，中国国际救援队成立，主要任务是对因地震灾害或其他突发性事件造成建筑物倒塌而被压埋的人员实施紧急搜索与营救。中国国际救援队主要依托工兵团某部，由国家地震局应急司主管，中国地震应急搜救中心负责提供相关技术、培训和物资保障，总人数为 480 人。国际救援队的成立意味着我国对国际救援更重视，国际救援水平逐步提高（见表 13-4）。

表 13-4　中国国际救援队队伍组成

中国国际救援队 （由救援队员、地震专家和 医护人员组成）	支队（3个）	搜索分队
		营救分队
		医疗分队
		技术分队
		保障分队
	直属队（1个）	参谋组
		技术组
		保障组

资料来源：中国应急信息网。

　　其组建原则是"一队多用、专兼结合"；任务定位为"迅速搜索与营救由于地震或其他灾害事故造成城市建、构筑物破坏而被压埋的人员"；对救援队的素质要求是"反应迅速、机动性高、突击力强，能随时执行紧急救援任务"；救援行动由国务院统一协调指挥。这支专业救援队伍可以在指挥、搜索、营救、结构、通信、医疗救助、条件保障、公共教育课程培训等方面发挥作用。

　　救援队实行重大事项联席会议办公室讨论、日常事务由救援办公室办理的制度，逐步建立健全了各项具体、实用、配套的制度，并在训练工作中抓落实。制定了救援队手册，主要明确了各级人员职责和救援队指挥关系；根据不同规模的灾害，制订了多种组队方案，包括 16 人、27 人、42 人、67 人、230 人五种组队出动方案、空中机动及摩托化出动行进方案；各单位制订了收拢、机动、疏散、展开等基本方案；制订了不同类别灾害的专项行动预案；制定了救援队装备使用与维护规程、救援队手册、救援医疗手册、救援现场管理规定、紧急救援的有关法律约定等。做到了内容全面、针对性强、适应性好，取得了良好的实效。

　　自中国国际救援队建立以来，救援队共实施了赴阿尔及利亚、伊朗、印度尼西亚、巴基斯坦、海地、新西兰、日本等国 10 次 13 批人道主义紧急救援任务。每次救援队都会遇到各种各样的复杂环境和困难，但每次都凭借坚强意志，出色完成任务（见表 13-5）。

表 13-5　中国国际救援队参与的诸次国际救援

时间	地点	灾害	内容
2003 年 5 月 21 日	阿尔及利亚	6.2 级地震	中国国际救援队第一次参与国际救援，30 名经验丰富的队员携带约 4 吨重的轻型救援装备和 3 条搜索犬，参加抗震救灾工作

续表

时间	地点	灾害	内容
2003 年 12 月 26 日	伊朗	7.0 级地震	出动救援人员 38 人，记者 5 人，携带 4 条搜索犬、131 件（套）/52 种救援装备，以及保障用品和中国政府捐赠给灾区的部分救灾物资，共计 17 吨
2004 年 12 月 26 日	印度洋	海啸	向受灾国提供各种援助共计 7 亿多元人民币，还向受灾国派遣了 4 批医疗救援队。直到 2005 年 2 月，最后一批救援队员才在圆满完成任务后返回中国
2005 年 10 月 8 日	南亚次大陆	7.6 至 7.8 级地震	赴巴基斯坦地震重灾区巴拉考特，成功营救出 7 名幸存者的搜索营救行动，医治了 590 多名伤员
2006 年 5 月 27 日	印度尼西亚	6.4 级地震	由 44 人组成的中国救援队赶赴地震重灾区班图尔县开展救援，救援行动为期 18 天，救治伤员 3015 人
2010 年 1 月 13 日	海地	7.3 级地震	一行 60 余人携带生命探测仪等抢险救护装备和大量物资、药品支援当地抢险救灾，向海地提供 100 万美元的国际人道主义紧急援款
2010 年 8 月 26 日	巴基斯坦	水灾	55 名队员前往灾区救援，医疗分队共携带了 100 余种、价值 300 万元的物资装备和 16 大类、1500 余种、价值 500 万元的救援药品和耗材
2011 年 2 月 22 日	新西兰	6.2 级地震	一行 10 人协助新西兰政府开展紧急救援和灾情评估工作
2011 年 3 月 11 日	日本	9 级地震及海啸	一行 15 人赶往东北沿海重灾区，携带包括搜救设备、保障物资等在内的 4 吨物资，帮助搜救幸存人员，并协助灾区供电、通信等设备的保障
2015 年 4 月 25 日	尼泊尔	8.1 级地震	由 62 名搜救队员、医护队员、地震专家、技术保障人员组成，携带有搜救、医疗等有关救援设备和 6 条训练有素的搜救犬。数百名由救援队、官兵等组成的队伍，运送约 1300 吨、价值 1.5 亿元人民币的紧急救援物资，抢通、保障道路约 500 千米，并协助尼方开展地震灾害损失综合评估

资料来源：中国应急信息网。

2018 年 8 月，中国救援队在应急管理部组建之后迅速成立。中国救援队是以北京市消防救援总队为主要骨干，加上中国地震应急搜救中心和中国应急总医院有关的人员组成的救援队，具备管理、搜索、营救、后勤、医疗五个方面能力。2019 年 10 月，中国救援队首次参加联合国国际城市搜索与救援咨询团组织的国际重型救援队测评，同时，中国国际救援队通过复测，我国成为亚洲首个拥有两支获得联合国认证的国际重型救援队的国家。中国救援队的建立意味着我国救援力量、国际救援能力的进一步提升。

2019 年 3 月，非洲东南部莫桑比克等国遭遇热带气旋导致暴雨，引发严重洪涝灾害。经党中央、国务院批准，应急管理部随后派出了由 65 名队员组成的中国救援队，携带搜救、通信、医疗救援设备前往莫桑比克重灾区贝拉市开展人道主义救援行动。中国救援队根据救灾形势发展和当地政府需求，深入灾情和疫情严重的地区，积极参与搜索救援、医疗救助和卫生防疫等工作，尽全力挽救生命和帮助灾民。据统计，中国救援队共治疗 3337 人，清洗消毒 33.08 万平方米，为当地数千名灾民发放急需的食品、药品、饮用水等。

（2）向受灾国捐献物资。除派遣国际救援队参与受灾国的国际救援外，我国还积极主动地向一些受灾国捐献物资。

2011 年与 2012 年，非洲之角和萨赫勒地区连续遭遇严重旱灾，中国先后三次向埃塞俄比亚、肯尼亚、吉布提、索马里等非洲之角国家提供价值总计 4.4 亿元人民币的紧急粮食援助，向乍得、马里、尼日尔等非洲萨赫勒地区国家提供价值总计 7000 万元人民币的紧急粮食援助。

2020 年新冠肺炎疫情在世界快速蔓延以来，我国通过多种渠道向疫情扩散的国家和国际社会表达积极的姿态、释放帮助的善意。在 2020 年 2 月中旬日本疫情防控趋于严峻之际，中国外交部就已开始着手开展向日本提供援助的相关事宜。随后，中国又向伊朗、韩国等疫情较为严重的国家提供医疗物资和技术援助。3 月中旬之后，中国根据全球疫情防控的形势将对外抗疫援助的对象拓展至意大利、西班牙、比利时、法国等欧洲国家。至 2020 年 5 月 31 日，中国政府分多批次向 150 个国家和 4 个国际组织提供抗疫援助，地方政府和民间团体也通过各种渠道向 150 多个国家、地区和国际组织捐赠抗疫物资。

（3）多元化参与国际救援。21 世纪以来，中国不仅积极参与国际救援帮助受灾国救灾，还同各国政府、国际组织和国际机构在救灾减灾领域建立了多层次、多渠道的交流合作。中国积极参与对外紧急救援行动，并在国际紧急人道主义救援事业中发挥着越来越重要的作用。

2002 年以来，中国一直努力推动上海合作组织成员国政府间的救灾协作，还签订了政府间救灾互助协定，与各成员国开展了救灾联络、信息交流、边境区域救灾等多种形式的合作。与东盟和南亚国家讨论签署双边或多边减灾救灾协定，开展减灾人力资源开发合作，积极探讨中国—东盟合作协议和行动计划，推动建立亚洲国家间的减灾对话与交流平台。2005 年以来，中国先后承办了海啸受灾国灾害风险管理培训班、东盟国家灾害应急救助培训班等一系列国际培训班，增进了各国之间的了解与互信；这些丰富多彩的"救灾外交"活动，不仅增强了我国在减灾救灾领域的国际地位，还提高了我国自身的救灾工作水平，更为实现"和谐亚洲"乃至"和谐世界"的外交目标做出了贡献。

中国在救灾减灾领域还与联合国开发计划署、人道主义援助事务协调办公室、亚太经社理事会、世界粮食计划署、粮农组织等机构建立了紧密型合作伙伴关系，积极参与联合国框架下的减灾合作。

21世纪以来，积极、主动、规范、多元地参与国际救灾援助，使中国在国际救灾援助方面积累了丰富的实践经验，不仅提高了救灾减灾能力，而且增强了国际地位。

二、现状解析

1. 我国参与国际救援的工作机制

目前，我国参与国际救援的模式主要有三种：

（1）灾后的救灾援助。《国家自然灾害救助应急预案》规定"经国务院批准，向国际社会发出救灾援助呼吁"，每次大灾之后，民政部代表中国政府及时向国际社会通报灾情，积极争取外援，接受救灾援助，开展灾民紧急救助联合行动。"5·12"汶川地震后，我国政府积极对待来自国际社会的援助。地震不久，我国政府就做出了接受国际援助的决定，迅即建立国际援助物资和人员实行快速通关及运送机制。同时，相关部门还为援助抗震救灾开设了专门渠道，同有关国家和组织就此保持沟通。外交部向国际社会和我国驻外使馆通报灾情。争取国际社会的同情和支持，获取一切有利的国际援助。例如，汶川大地震发生后，广州检验检疫局就本着"优先检、快速检、免费检"原则，特事特办，迅速行动，制定国际救灾援赠物资快速通关便利措施，设立"国际救灾援赠物资报检专窗"。实行24小时受理报检服务，确保国际救灾援赠物资快速验放和安全卫生。

（2）开展灾害领域国家间的双边和多边合作。目前，民政部代表中国政府在灾害管理领域与俄罗斯联邦以及上海合作组织成员国间起草签署国家级应对突发灾害的双边和多边救灾互助协定，与其他国家的双边合作也出现了良好的势头。

（3）与相关国际组织和非政府组织在灾害管理领域开展交流与合作。目前，民政部已经与联合国开发计划署、联合国人道主义事务协调办公室、联合国减灾战略秘书处、联合国儿童基金会、亚洲备灾中心、亚洲减灾中心、世界银行、亚洲开发银行等机构建立了合作关系。在信息交流、人员培训等领域开展了卓有成效的合作。

2. 存在的问题

由于之前我国在接受和参与国际救援方面的实践比较少，因此，并没有建立起系统、稳定的国际救援协调机制，更多的情况下是依靠特事特办的原则，建立一些临时性的机构来解决问题，缺乏协调国际救援的专门机构和组织，导致很多优秀的国际救援资源没有充分利用起来，严重降低了国际救援的效率。例如，在汶川地震救援中，有关国际救援力量的组织和协调工作由临时组织的指挥部或者委员会来负责，没有形成一套成熟的危机处理方案，如果我国在国际救援方面有专门的协调机构，每一次操作的方案都能够完整地保存下来，并且不断地更新，从而在遇到类似问题时做到有备无患。

三、中外国际救援机制的比较

相较于一般的人道主义援助，国际救援是一个较为特殊，且专业性很强的领域，只有在受灾国明确表示需要国际社会提供人员搜救行动的支持时，联合国才会在整体的响应机制中启动该部分。而国际救援队伍的整体协调同样是由联合国人道主义事务协调办公室负责，其下属的组织国际城市搜索与救援咨询团提供具体的技术支撑和服务。

1. 国际救援响应机制

国际救援的响应期可按照时间顺序分为预启动、启动和响应以及响应结束三个主要阶段，加上非响应期的能力提升与准备阶段，则形成了一个国际救援响应机制的闭环。

预启动阶段联合国通过 GDACS 网站发布灾害信息后，OCHA 根据灾害情况在 VO 上开辟专栏，各国救援队开始关注此次灾情并根据需求派出队伍，或取消关注的这一过程。启动和响应阶段是指受灾国通过官方渠道，一般是在 VO 网站中此次灾害的专栏里，向全球发布需要国际救援力量支援的请求，各国派出国际救援队伍到灾区开展救援行动至现场搜救阶段结束的整个过程。一旦国际救援响应机制正式启动，各国际救援队则可以派出队伍前往灾区。响应结束阶段是当搜救工作接近尾声时，灾区政府会根据具体情况宣布搜救工作的结束，并通过 UCC 通知各国际救援队，开始场地交接和准备撤离。

2. 国际救援协调机制

联合国在长期与天灾人祸作斗争的实践中，逐渐建立并完善了一整套减灾救援协调体系。以联合国人道事务协调办公室 OCHA 为轴，负责处理联合国人道机构与非联合国人道主义合作伙伴间的政策协调和发展决策的"机构间常设委员会"IASC 和负责加强联合国内部各机构之间协调的"人道主义事务执行委员会"ECHA 为两翼，OCHA 逐渐发展成为国际人道救援协调的枢纽（见表13-6）。

表 13-6　国际救援组织

单位	功能
现场协调中心（OSOCC）	靠前指挥、协调各方救援力量
灾害评估与协调系统（UNDAC）	第一时间进驻灾区，调查灾害程度及灾民需要，为后续救援提供第一手数据信息
国际搜救咨询小组（INSARAG）	为搜救提供技术指导和专业培训
应急储备登记处（RES）	提供除医药及粮食之外的物资支援
军民协调部（CMCS）	在必要时刻，征调各成员单位的军事及民防设施用以救援
全球灾害警报与协调系统（GDACS）；地理信息支援队（GIST）	为防灾减灾提供预警

续表

单位	功能
人道主义信息中心（HIC）	整合制作专题资讯
中央紧急应对基金（CERF）	为融资渠道，为救援提供紧急启动资金

国际救援响应基本流程概念见图 13-2。

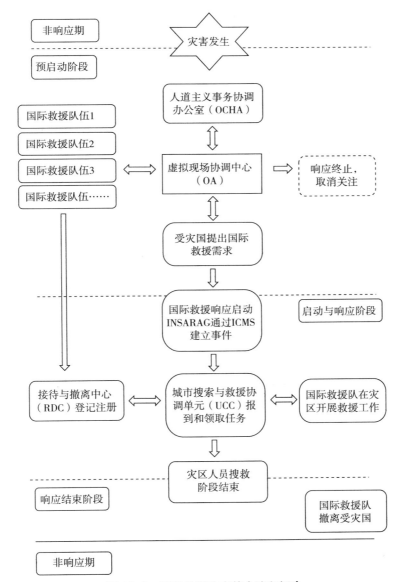

图 13-2　国际救援响应基本流程概念

四、改革方案

1. 发展思路

我国参与国际救援不能简单化，应当从国家战略高度充分审视把握参与国际救援活动的重大意义，以推动人类命运共同体建设、促进国家间沟通交流、改善国际关系、塑造良好国际形象为引领，整体布局、精心谋划，在体现人道主义精神的同时，充分彰显中国负责任、敢于担当以实现人类共同福祉为己任的国际形象。因此，未来我国关于国际救援的发展思路可以从以下方面开展：第一，完善参与国际救援的预案体系；第二，形成参与国际救援的保障制度及法律体系；第三，建立参与国际救援的协调机制；第四，向外传播我国积极参与国际救援的正面形象。

2. 发展目标

（1）完善参与国际救援的预案体系。突发性灾难事故事前很难预测，这对各个国家的应急处置和临时派出救援队等各项能力都是极大的考验，加之灾难发生地难以提前预测，当地受灾情况难以详尽掌握，更增添了救援行动的难度。制订一套完备的预案体系，明确详细的预案细则并定期进行演练，能够有效避免临时性灾难发生后救援行动混乱、效率低等问题的发生。

（2）建立参与国际救援的协调机制。受灾国向国际社会发出援助请求，接受联合国机构、区域组织、非政府组织和其他国家等来自多方面的人员、物资和资金支持时，本国与国际社会之间的合作与协调机制是否能够得到有效的对接和适时的调整，是影响整个救援行动效果的重要因素之一。积极参与各类国际救援活动，能够提高我国的国际地位，同时加强同其他国家的交流和合作。一方面，推进在常态下与各个国家、区域，以及合作伙伴之间的合作需要更加完善的合作与协调机制；另一方面，在国际救援任务中，能够对来自各个方面的救援队伍进行有效的协调，达到救援力量使用效果的最大化，资源配置的最优化，将是未来决定救援任务是否成功有效的决定性因素。因此，我国参与国际救援未来需要建立更加完善的协调机制。

（3）建设国际一流的国际救援队伍。我国国际救援队建立时间比起发达国家虽然晚，但是起点高、进步快。我国的国际救援队伍有着自身鲜明的特点和优势，包括高效的动员机制、有力的保障体系、严明的队伍纪律、灵活的出队模式等。但客观来说，这些特点和优势的根源来自我国的制度优势，距离更一流的国际救援队伍还有很大的进步空间。

要提高我国的国际救援的能力，未来还需要在救援队自身能力、出队模式以及协作机制上继续提高能力。加大队伍培训力度，合理配置专业力量，确定跨国救援的装备需求，推动教学与实战相结合，不断提升队伍的实战能力和训练水平；加强与国际接轨，建立完善标准规范，形成跨国救援力量，确保关键时刻能拉得出、顶得上、打得赢。

3. 发展内容

建设国际一流、业务精干、机动高效的国际综合性应急救援队伍是构建大国应急体系的重要组成部分，是加强和创新应急管理事业的重要任务。

（1）标准化的多层级救援队伍。科学合理的国家救援能力结构应该具有不同层级，并设有相对应队伍能力建设和数量的要求。实际上，在发生一定规模的破坏性灾害或事件后，生还幸存者的绝大部分都是来自民众的自救互救和当地的救援力量，专业能力相对强的国际救援队伍虽然能够在复杂的废墟环境下搜索并营救出难度较大的幸存者，例如，从数量上来看是相当少的。2015 年的尼泊尔地震救援，参与到救援行动的，通过 INSARAG 认证的国际救援队伍一共有 18 支，但一共才营救出 5 名幸存者。因此，全面提升各个国家自身的救援能力建设，包括国家、地方、民间救援力量，以及潜在数量庞大的第一响应人，是救援队伍发展的重点。

（2）灵活的出队模式。随着全球的气候变化，自然灾害更加频发且多样化，2020 年新冠肺炎疫情带来的公共卫生事件给全世界一则警示，未来的国际救援任务可能会更加复杂，救援队伍需要做好能够参与到其他灾害的国际援助任务中的准备。有科学家预判，在未来的人类社会还会出现更多类似于此次全球疫情的情况，在这种情况下一旦需要执行国际救援任务，救援队伍将面临更加复杂和困难的挑战，队伍的出队模式也需要更加灵活。

（3）多国合作协调救灾。根据联合国现场救灾协调办公室要求，在国际救援行动过程中，一般都是由两个以上不同国籍的专业救援队伍进行协同编组作业。两个以上不同国籍的救援队伍协同，既可做到作业现场理念、方法和装备物资上的互通有无，又可做到作业现场的相互监督。两支或两支以上救援队伍在现场作业，存在着语言、理念、技术等诸多方面的不同，如果不能做到有效融合、合理编组，就会打乱战、低效率，甚至毫无成果。因此，必须突出一个核心、灵活编配、精准分工、平行展开，才能确保现场的各项工作有条不紊进行。

4. 发展举措

（1）进一步提升队伍的专业化与标准化。我国共两支国际救援队，这两支重型国际救援队应充分发挥在国际城市搜索与救援领域的标杆作用，积极投入我国国内与国际应急救援整体能力的建设事业当中。未来要再进一步提升队伍的专业化与标准化。

第一，扩充救援队人员数量。在现有国际救援队人员组成的基础上，进一步扩充人员数量，可采用雇佣职业救援人员的形式，利用网络大数据模式建立国家救援人员储备信息库，面向社会招募志愿报名登记的有相关救援专业知识、专业技能的特殊行业人员，通过严格审查和选拔，在国家向受灾国派出国际救援队的同时，以其所在地域和是否能够在最快时间前往受灾地为依据，进行补充作业。

第二，建立救援骨干人才保留机制。救援队员是越老越有价值，但因为部队士官制度的约束，很多同志服役到期不得不退伍返乡，这对救援队的队伍架构和作战实力是一个不小的损失。还需要对国际救援队中核心骨干队员进行培训和考核淘汰制度，采取"以老带新"模式保证全员覆盖和救援经验共享，整体提高实战能力。

第三，定期组织预案演练。应急救援队员应在日常情况就熟练掌握各类专业装备，实现人装合一，并结合国际救灾形势探索参与国际救援任务的装备操作方法；定期组织抽组训练和实战演练，将人员和装备抽调组织起来，制订针对各种灾害的紧急预案，再结合实际行动经验，顺畅指挥机制、协调救援力量。

（2）打造更加灵活快速的出队模式和装备模块。能够根据不同的任务需求，快速调整出队模式和装备方案，是我国国际救援的传统优势之一，例如，2004年印度洋海啸救援，2010年巴基斯坦洪水医疗援助，以及2011年新西兰10人搜救小队等。随着国际人道主义援助环境的复杂化，我国的国际救援队伍应具备适应新形势需要的出队能力，在已有的不同队伍规模出队模式，以及搜救与医疗两种国际任务人员和装备模块的基础上，进行优化和扩充。

第一，划分不同的国际救援出队类型。按照灾情严重程度可以划分重、中、轻三种队伍类型；按照灾害发生类型划分出自然灾害、公共卫生等类型；还可以组建特殊单元队伍，包括可以是救援先遣队、多领域专家工作组、国际救援协调单元和搜救犬队等。这些出队模式将配有相适应的人员构成和装备模块，以面向多灾种多需求，形成更加灵活快速的国际援助输出能力。

第二，简化队伍出队的审批程序。很多时候，在各级组织的层层审批过程中耗费了过多的时间，建议顶层直接下令并通知到中间各级组织，队伍闻令而动。

第三，加强队伍日常的战备拉动演练。分步骤、分阶段依托摩托化和空中输送的方式对队伍展开针对性的训练，确保队伍出动效率上环环紧扣，无缝对接。

（3）优化救援装备设施。救援装备是救援队人员的武器，是救援任务的核心。中国国际救援队成立至今，绝大部分在编装备器材都是从国外公司进口的，但进口器材的购置、维护、保养以及售后服务的费用较高，严重限制了器材的推广和使用。而国内部分厂家生产的产品，在救援之初使用过程时暴露了不少安全问题。因此，优化救援设备对于提高救援能力必不可少。

第一，做好救援设备日常管理。由于救援设备价值、维护费用等价格不菲，因此应有专门的组织负责购置、维护、保养等一系列工作，并设有监督小组防止专款挪用；另外，集中培养一批救援装备器材维护保养的应急救援骨干型人才，确保救援装备始终处于良好状态。

第二，填补国内企业对于救援设备的不足与空缺。以需求为导向，对救援装备研发企业提出技术需求，扶持国内企业并实施监管，切实提高国产机械设备的利用率和性能质量。

第三，增建物资储备仓库。在全世界各大洲可选择相对较稳定的机场建立我国境外物资储备仓库，在任何一国发生灾害时，可以根据受灾类型的不同和受灾国需求，就近、快速、灵活地将物资运送至受灾国，这也就可以提高救灾物资援助的效率，保证受灾国在第一时间接受到救助，同时也可以节约较长路程的运输费用。

（4）培养与储备国际救援专业人才。人才储备是队伍能力能够得以持续发展的核心途径之一，要使队伍保持在国际一流救援队伍的行列，并逐渐进入核心圈，获得话语权，从规则的执行者变成规则的制定者，拥有一批国际型的专业人才是必备条件。

第一，按照国际救援不同领域培养专业人才。例如，国际救援协调人员、搜索与救援专家、后勤专家和医疗专家等。其中，在与其他国家合作时，国际救援协调人员显得格外重要。增加语言类、文化类、法律类等人员的叙述。

第二，对国际救援队队员进行定期或不定期集中培训和考核淘汰制度，专业技术训练主要侧重在复杂恶劣天气和气候环境下进行，并加入心理训练和当地语言、人文知识培训，使队员能够应对各类极端灾难后的救援工作。

第三，与高校、医院等机构的专家合作，建立国际救援外部智囊团。在收到国际救援申请时，需要一个有能力有效率的智囊团基于国家间的合作关系、救援所需人力、物资等全方位来考量，快速做出统筹决策。

五、改革方案实施保障措施

（1）积极参与海外国际救援协调的机制建设。积极参与以联合国为中心的救援协调，联合国作为世界上最重要的国际组织，拥有人道救援专门机构和完善的救灾架构，不仅"在制定政策、设计和实施方案方面经验丰富、机制完善，完全可以作为协调国际救援的中心，而且可以在较短的时间内有目的、有针对性地集中各项国际救援资源并且有计划、有秩序地开展国际救援工作，最大限度地发挥国际救援效用"积极参与联合国为中心的救援协调。不仅能够提高我国的国际社会地位，而且能够加强国际间的交流与合作。

（2）维护和谐的政治军事环境。国与国之间的政治军事因素会影响国际救援的效率。例如，2014年马航失联事件中，由于失联海域是马越两国的共同责任区，马来西亚搜救队伍进入越南领海进行搜救要先获得越南的批准，而对于中国和美国来说程序就更为复杂，不但要先通知马来西亚，还要申请越南政府的批准。加上主导国的经济和军事能力不足，由于设备等原因，马来西亚和越南方面在入夜后都停止空中搜索，只有海上救援船继续搜索，大大降低了搜救效率。由此可见政治军事环境对于国际救援的影响，对于中国而言，维护国际友好关系是大国应承担的责任。

（3）完善参与国际救援的保障制度与法律法规。随着国际交流的频繁，我国也应积极建设完善的制度以及法律法规。首先，完善参与国际救援的社会保障制度及法律体系可以为中国政府、组织和个人参与国际救援提供法律保障，使每一次行动有法可依，为中国国际救援队提供法律依据和保障。例如，日本就专门制定了关于如何派遣国际救援队、如何提供救灾物资和资金的《国际紧急救援队派遣相关法律》，不仅使每一次行动有法可依，而且规范了派遣的条件、程序、任务范围和指挥协调，在国际救援协调中发挥了重要的作用。其次，推进我国有关非政府组织和个人物资捐赠相关法律法规的制定，可以切实保障捐赠资金和物品能够专款专人、专项专用、物尽其用，防止不法分子趁机对有关物资贪污挪用，保障用于国际救援的资源得到充分利用。另外，根据我国现下参与的国际救援经验来看，我国国际救援队目前正在使用的大部分在编装备器材都是从国外公司进口，进口器材的购置、维护等需要花费较高的费用，限制了器材的使用。若形成参与国际救援的保障制度则可以以需求为导向，对救援装备研发企业提出技术需求，不但能提高对外救援的效率，还可以扶持国内企业并实施监管，切实提高国产机械设备的利用率和性能质量。因此，未来将参与国际救援形成完善的制度与法律体系是我国参与海外救援的根本保障。

参考文献

［1］蔡凤梅．欧亚国家生育保险制度安排及比较分析［D］．中国人民大学硕士学位论文，2005.

［2］蔡和平．中德工伤法律制度比较研究［D］．北京大学硕士学位论文，2004.

［3］察志敏，潘旭华．我国与欧盟社会保障支出对比分析［J］．调研世界，2017（9）.

［4］陈成文，赵玲．工伤康复中的社区康复：国外模式及启示［J］．中国软科学，2008（11）.

［5］陈娟．新时代青年社会责任培养研究［J］．思想教育研究，2020（3）.

［6］陈秀红．影响城市女性二孩生育意愿的社会福利因素之考察［J］．妇女研究论丛，2017（1）.

［7］陈仰东．保障获得感不断提升的五年［J］．中国社会保障，2017（10）：32.

［8］成立中．关于建设退役军人管理保障机构的若干思考［J］．魅力中国，2018（19）.

［9］程惠霞．失业保险制度促进就业功能的发挥及递进研究［J］．社会保障评论，2018，2（4）.

［10］范志欣，苏筠，冯涛．2011—2015年我国自然灾害救助应急响应的时空分布特征［J］．灾害学，2016，31（3）.

［11］冯英，康蕊．外国的工伤保险［M］．北京：中国社会出版社，2009.

［12］付德团．德国工商保险制度［J］．中国劳动保障，2008（5）.

［13］高恩新．自然灾害救助制度框架与实践——以震后救助为例［J］．中国应急管理，2011（11）.

［14］高质量发展"高"在哪儿？习近平总书记这样解析［EB/OL］．半月谈网站，http：//www.banyuetan.org/szjj/detail/20210308/10002000331359916151 84095447615874_1.html，2021-03-08.

［15］古钺. 从失业救济到失业保险——新中国社会保险史话之一［J］. 中国社会保障，2019（1）.

［16］郭晓宏. 中国工伤保险制度研究［M］. 北京：首都经济贸易大学出版社，2010.

［17］郭志刚. 中国低生育进程的主要特征——2015 年 1% 人口抽样调查结果的启示［J］. 中国人口科学，2017（4）.

［18］郭志刚，田思钎. 当代青年女性晚婚对低生育水平的影响［J］. 青年研究，2017（6）.

［19］国务院新闻办. 中国性别平等与妇女发展白皮书［J］. 当代劳模，2015（10）.

［20］韩克庆. 就业救助的国际经验与制度思考［J］. 中共中央党校学报，2016，20（5）.

［21］杭琰. 建立工伤保险预防基金制度的探讨［J］. 中国劳动，2012（4）.

［22］侯佳伟，等. 中国人口生育意愿变迁：1980—2011［J］. 中国社会科学，2014（4）.

［23］黄桂霞. 生育支持对女性职业中断的缓冲作用——以第三期中国妇女社会地位调查为基础［J］. 妇女研究论丛，2014（4）.

［24］黄桂霞. 中国生育保障水平的现状及影响因素分析［J］. 妇女研究论丛，2015（5）.

［25］黄雯. 我国工伤保险"三位一体"制度建设现状分析与对策［J］. 前沿，2012（4）.

［26］计迎春，郑真真. 社会性别和发展视角下的中国低生育率［J］. 中国社会科学，2018（8）.

［27］贾玉娇，生育率提高难在何处？——育龄女性生育保障体系的缺失与完善之思［J］. 内蒙古社会科学（汉文版），2019，40（3）.

［28］简家民. 中美退役军人安置制度比较［J］. 重庆科技学院学报，2008（2）.

［29］赖志杰. 农村五保集中供养的现状及其政策思考［J］. 中州学刊，2019（11）.

［30］黎大有，张荣芳. 从失业保险到就业保险——中国失业保险制度改革的新路径［J］. 中南民族大学学报（人文社会科学版），2015，35（2）.

［31］李红阳. 非正规就业对已婚女性个体生育意愿的影响———基于 CHNS 的数据研究［J］. 财经论丛，2021（1）.

［32］李坤刚．"互联网+"背景下灵活就业者的工伤保险问题研究［J］．法学评论，2019（3）．

［33］李满奎．新西兰工伤保险制度及对我国的启示［J］．财经科学，2012（7）．

［34］李明镇．历史欠债怎么来还？——关于社会养老保险制度改革中隐性债务问题及对策研究［J］．人口研究，2011，24（3）．

［35］李迎生．时代变迁、制度创新与民生保障高质量发展［J］．中共中央党校（国家行政学院）学报，2021，25（4）．

［36］李月，成前，闫晓．女性劳动参与降低了生育意愿吗？——基于子女照护需要视角的研究［J］．人口与社会，2020（2）．

［37］李珍，丁向红．减轻企业社会保险负担与提高企业竞争力［J］．经济评论，2011，19（5）．

［38］李珍，王怡欢，张楚．中国失业保险制度改革方向：纳入社会救助——基于历史背景与功能定位的分析［J］．社会保障研究，2020（2）．

［39］李珍，王怡欢，张楚．中国失业保险制度改革方向：纳入社会救助——基于历史背景与功能定位的分析［J］．社会保障研究，2020（2）．

［40］梁佼洁，李静，赵蕴，等．生育保险制度自评估系统理论模型初探［J］．中国人口·资源与环境，2016，25（S2）．

［41］梁泽众．新一轮机构改革背景下军人优抚安置工作优化研究［D］．河北师范大学硕士学位论文，2020．

［42］林闽钢．中国社会救助高质量发展研究［J］．苏州大学学报（哲学社会科学版），2021，42（4）．

［43］刘爱民．建国以来军人优抚制度回顾［J］．前沿，2012（4）．

［44］刘庆彬，张晏玮．预期寿命对人力资本、生育率及养老金费率的影响研究［J］．中国物价，2018，30（1）．

［45］刘玉侠．美国、德国和瑞典失业保险制度对我国的启示［J］．东岳论丛，2004（1）．

［46］卢文刚，黎舒菡．中美省、州级政府间应急管理协作比较研究——以"泛珠三角"和EMAC为例［J］．北京行政学院学报，2015（5）．

［47］吕志奎．跨区域应急治理协作共同体的制度构建［J］．中国高校社会科学，2020（6）．

［48］吕志奎，朱正威．美国州际区域应急管理协作：经验及其借鉴［J］．中国行政管理，2010（11）．

［49］毛泽东．为争取国家财政经济状况的基本好转而斗争［A］//．毛泽

东选集（第五卷）［M］．北京：人民出版社，1977.

［50］孟卫军．社会保障国际比较［M］．北京：清华大学出版社，2013.

［51］孟颖颖，李慧丽．改革开放以来我国失业保险制度的政策回顾与述评［J］．社会保障研究，2015（5）．

［52］米海杰，汪泽英，等．扩大失业保险基金支出范围问题研究［J］．中国劳动，2016（14）．

［53］穆怀中，范璐璐，陈曦．养老保障制度"优化"理念分析［J］．社会保障研究，2020（1）．

［54］潘华．美国、俄罗斯对军人的社会保障及其启示［J］．西伯利亚研究，2008（3）．

［55］彭华民．中国社会救助政策创新的制度分析：范式嵌入、理念转型与福利提供［J］．学术月刊，2015，47（1）．

［56］祁毓．我国自然灾害救助财政投入现状、问题及对策［J］．地方财政研究，2008（1）．

［57］乔庆梅．德国伤残康复：理念、实践与启示［J］．河南社会科学，2009（1）．

［58］任泽平，熊柴，周哲．中国生育报告2019［J］．开发研究，2019（6）．

［59］石智雷，杨云彦．符合"单独二孩"政策家庭的生育意愿与生育行为［J］．人口研究，2014（5）．

［60］孙光德，董克用．社会保障概论（第三版）［M］．北京：中国人民大学出版社，2008.

［61］孙守纪，方黎明．新就业形态下构建多层次失业保障制度研究［J］．中国特色社会主义研究，2020（Z1）．

［62］孙树菡．工伤保险预防功能的国际经验［J］．中国社会保障，2011（2）．

［63］覃成菊，张一名．我国生育保险制度的演变与政府责任［J］．中国软科学，2011（8）．

［64］汤梦君，张芷凌．法国与德国生育率差异：家庭政策的作用？［J］．人口与健康，2019（1）．

［65］陶纪坤．共享发展视角下我国社会保障再分配机制及实现方式研究［J］．当代经济研究，2020（2）．

［66］王国军，赵小静，周新发．我国人口出生率影响因素实证研究——基于计划生育政策、社会保障视角［J］．经济问题，2016，37（Q2）．

［67］王秋文．快递员社会保障存在的问题及对策研究［J］．劳动保障世界，2018（27）．

［68］王越芬，商琳．习近平新时代青年责任观的生成逻辑［J］．理论探讨，2020（1）．

［69］魏瑞清．尽快建立和完善预防优先的工伤保险制度［J］．经济论坛，2011（9）．

［70］魏天保，马磊．社保缴费负担对我国企业生存风险的影响研究［J］．财经研究，2019，45（8）．

［71］吴波鸿，张振宇，倪慧荟．中国应急管理体系70年建设及展望［J］．科技导报，2019，37（16）．

［72］吴志忠，张杰，句鹏飞．新时代退役军人优抚安置工作进入崭新发展时期［J］．国防，2019，397（3）．

［73］习近平．完善覆盖全民的社会保障体系　促进社会保障事业高质量发展可持续发展［J］．中国社会保障，2021（3）．

［74］谢勇才．中国社会救助70年：从数量扩张走向质量提升［J］．社会保障研究，2019（6）．

［75］徐月宾，刘凤芹，张秀兰．中国农村反贫困政策的反思——从社会救助向社会保护转变［J］．中国社会科学，2007（3）．

［76］宣勇．专家详解《国家自然灾害救助应急预案》［J］．中国减灾，2005（9）．

［77］杨华嘉，胡浩链．生育目标不一致性——理论解释与实证分析［J］．人口与经济，2019，39（5）．

［78］杨华嘉，胡浩柱，沈政．目标不一致、正外部性与生育补贴［J］．中国经济问题，2019，60（4）．

［79］杨立雄．北京市贫困结构变化与社会救助改革应对研究［J］．广东社会科学，2020（1）．

［80］杨爽．国际比较视角下我国社会救助制度内容与体系研究［J］．理论月刊，2018（12）．

［81］杨文健，燕士力．德国工伤保险制度浅议及其启示［J］．中国集体经济，2010（12）．

［82］杨一心．整体性视角下的中国社会保险治理［J］．社会保障评论，2021（6）．

［83］殷俊，陈天红．关于中国失业保险费率调整机制改革的思考［J］．社会保障研究，2015（1）．

［84］于欣华．工伤保险法论［M］．北京：中国民主法制出版社，2011.

［85］喻良涛．积极劳动力市场政策与就业支出绩效评析［J］．财政研究，2010（2）.

［86］岳宗福．中国退役军人管理保障体制变革的理路与前瞻［J］．行政管理改革，2020（3）.

［87］张继良，张少辉．小微企业员工参保与企业生产经营的关系研究［J］．调研世界，2017，29（8）.

［88］张莉琴，杜凤莲，董晓媛．社会性别与经济发展：经济研究方法［M］．北京：中国社会科学出版社，2012.

［89］张楠．"互联网+"背景下的快递员劳动关系界定［J］．中国劳动，2018（6）.

［90］张同全，张亚军．全面二孩政策对女性就业的影响——基于企业人工成本中介效应的分析［J］．人口与经济，2017，37（5）.

［91］张霞，茹雪．我国职业女性生育困境原因探究——以"全面二孩"政策为背景［J］．贵州社会科学，2016（9）.

［92］张新文，罗倩倩．自然灾害救助中政府职能探讨［J］．郑州航空工业管理学院学报，2011，29（4）.

［93］张彦丽．我国失业保险制度变迁历程研究［J］．商业研究，2012（11）.

［94］张盈华，张占力，郑秉文．新中国失业保险70年：历史变迁、问题分析与完善建议［J］．社会保障研究，2019（6）.

［95］张永春，黄晓夏．城市低保制度的功能定位和实践机制及演化逻辑［J］．西北大学学报（哲学社会科学版），2018，48（6）.

［96］郑功成．面向2035年的中国特色社会保障——基于目标导向的理论思考与政策建议［J］．社会保障评论，2021，5（1）.

［97］郑功成．中国社会保障70年发展（1949—2019）：回顾与展望［J］．中国人民大学学报，2019，33（5）.

［98］郑尚元．工伤保险法律制度研究［M］．北京：北京大学出版社，2004.

［99］郑尚元，扈春海．社会保险法总论［M］．北京：清华大学出版社，2018.

［100］钟晓华．"全面二孩"政策实施效果的评价与优化策略——基于城市"双非"夫妇再生育意愿的调查［J］．中国行政管理，2016（7）.

［101］周慧文．我国工伤保险基金收支及可持续性分析研究［J］．经济问

题探索，2008（2）．

[102] 朱荟．生育支持体系对青年流动女性就业的影响研究 [J]．青年研究，2019，41（2）．

[103] 庄渝霞．生育保险待遇的覆盖面、影响因素及拓展对策——基于第三期中国妇女社会地位调查的实证分析 [J]．人口与发展，2019（5）．

[104] 庄渝霞．生育医疗待遇：政策演变、人群差异及优化策略 [J]．社会科学，2017，38（12）．

[105] 左停，贺莉，赵梦嫒．脱贫攻坚战略中低保兜底保障问题研究 [J]．南京农业大学学报（社会科学版），2017，17（4）．

[106] Anne H. Gauthier. Social Norms, Institutions, and Policies in Low-Fertility Countries, in Naohiro Ogawa and Iqbal H. Shah, eds., Low Fertility and Reproductive Health in East Asia, Dordrecht：Springer, 2015.

[107] Anne H. Gauthier. The Impact of Family Policies on Fertility in Industrialized Countries：A Review of the Literature [J]．Population Research and Policy Review, 3, 2007, 26（3）．

[108] Casas Lidia, Herrera Tania, Maternity Protection vs. Maternity Rights for Working Women in Chile：a Historical Review [J]．Reproductive Health Matters, 2012, 120（40）．

[109] Hanel, Barbara. The Impact of Paid Maternity Leave Rights on Labor Market Outcomes [J]．Economic Records, 2013, 89.

[110] Hill Heather D. Welfare as Maternity Leave? Exemptions from Welfare Work Requirements and Maternal Employment [J]．Social Service Review, 2012, 86（1）．

[111] ILO, Maternity clad Paternity at Work：Law and Practice across the World [R]．Geneva：ILO, 2014.

[112] ILO, World Social Protection Report 2017-2019 [R]．Universal Social Protection to Achieve the Sustainable Development Goals [R]．Geneva：ILO, 2017.

[113] John Krinskyand Ellen Reese. Forging and Sustaining Labor-Community Coalitions：The Workfare Justice Movement in Three Cities [J]．Sociological Forum, 2016, 21（4）．

[114] Keim S, et al. Tie Strength and Family Formation [J]．Which Personal Relationships Arc influential Personal Relationships, 2013（3）．

[115] Mills M, et al. Gender Equity and Fertility intentions in Italy and the Netherlands [J]．Demographic Research, 2008（1）．

［116］Olivier Thevenon and Anne H. Gauthier. Family Policies in Developed Countries：A "Fertility－booster" with Side－effects ［J］. Community，Work and Family，2011，14（2）.